긍정심리학

이론, 연구 및 응용

서 평

"잘 이해되고 그래도 종합적인 이 저서는 긍정심리학 영역에서 우수한 새로운 자원을 제공한다. 학생, 연구자 및 개업자들은 이론, 연구 및 응용의 능숙하고 생동감 있는 통합으로부터 서로 비슷한 이득을 얻을 것이다. 저자는 국제 긍정심리학 운동의 저명한 일원이고 그래서 광범위한 심리학을 포함하여 긍정심리학 분야에 대한 확신적이고 실용적이고 대단히 중요한 평가를 전해줄 수 있을 것이다."

Angela Clow, University of Westminster, UK

"긍정심리학에 있어서 Hefferon과 Boniwell은 이 새로운 과학에 관한 종합적이고 최신의 개관을 제공한다. 이 저서의 주제는 개인적 웰빙에서부터 탄력성을 포함하여 작업현장에 대한 응용까지 펼쳐 있다. 저자들은 긍정심리학의 학생과 열렬한 지지자들에게 자료들과 좀 더 몰입적인 방식으로 연결을 갖도록 하기 위해서 개인적 반성, 평가 및 활동과 같은 특징들을 현명하게 포함시켰다. 긍정심리학은 질 높은 읽을거리이고 정보의 저장고이다."

Dr. Robert Biswas-Diener, Managing Director, Positive Acorn and
Part-time ionstructor, Portland State University, USA

"이것은 10여년 이상의 긍정심리학 연구를 몰입할 수 있고, 이해가능하고 그리고 교육적인 각각의 장들로 종합한 탁월한 저서이다. Hefferon과 Boniwell은 연구와 실천으로부터의 증거를 가치를 헤아릴 수 없는 자원으로 이용하는 방식을 통해서 문헌들에 능통하였음을 증명한다. 이 저서는 세상의 도처에 있는 긍정심리학의 연구자, 교육자 및 개업자에게 필수적인 지침서가 될 것이다."

Professor Alex Linley, Founding Director, Capp

"이 저서는 긍정심리학 입문을 찾고 있을 뿐만 아니라, 인간 행동과 경험 연구에 대한 혁신적인 접근법에 관한 종합적이고 최신의 개관을 알기를 원하는 학생들에게 가치 있는 자원이다. 이것은 긍정심리학에서 개발된 가장 적절한 이론과 구성개념 그리고 개입과 가장 다양한 삶의 영역에 대한 응용을 광범위하게 포함하고 있다. Hefferon과 Boniwell은 엄격하지만 이해가 가능하고 친절한 방식으로 표현하고 있다. 그들은 효과적인 학습을 지지함으로써 각각의 주제에 대한 비판적인 반성에 있어서 독자들의 능동적 참여를 자극한다. 저자들은 균형적이고 객관적인 접근을 통해서 긍정심리학을 비교적 최근의 영역으로 특징짓는 몇 가지 쟁점과 개방적인 물음을 표명한다."

Antonella Delle Fave, University of Milano, Italy

"Kate Hefferon과 Ilona Boniwell은 긍정심리학이라는 흥분되는 새로운 영역에서 고등교육에 참여하는 학생과 교사를 지원하는 것을 목적으로 하는 최초의 교과서를 만들어 내었다. 저자들은 각 장에서 기술된 강의를 가르친 경험을 갖고 있고 그리고 이 저서는 학생들이 몰입과 흥미를 느낄 수 있는 방식으로 저술되었다. 각 장은 학습목표, 학습 전 질문, 측정도구, 요약과 추가의 자원을 위한 안내를 싣고 있다. 저서의 내용은 잘 연구되었는데 앞부분의 장들은 정서, 행복, 웰빙, 낙관성 및 탄력성과 같은 긍정심리학의 주요 개념들을 포함하고 있다. 나중의 장들은 더욱 새로운데, 개입과 응용을 비판적인 시각에서 다루고 있다. 특히 주목할 것은 '긍정심리학에서의 신체'라는 장이다—긍정심리학 분야의 다른 교과서들의 '사고와 감정' 접근으로부터 자주 생략되는 주제이다. 나는 이 저서를 심리학의 모든 학생들과 교사들에게 강력히 추천하려고 한다."

Nanette Mutrie, Professor of Exercise and Sport
Psychology, Strathclyde University, UK

POSITIVE PSYCHOLOGY

Theory, Research & Applications

긍정심리학

이론, 연구 및 적용

Kate Hefferon · Ilona Boniwell 지음

정봉교 · 추선희 옮김

박학사

역자 서문

궁정심리학은 인간의 가치 있는 삶에 대한 새로운 과학으로서 "긍정 정서, 긍정적 성격특질 그리고 긍정제도의 연구에 대한 포괄적 용어"로서 정의된다. 긍정심리학의 주요 목표는 인간의 행복, 긍정적 정신건강 및 개인적 번영을 증가시키는 방법에 관한 지식을 증진시키고 이를 개인의 현실적 삶에서 활용하는 것이다.

긍정심리학 운동의 시작에서 중요한 역할을 한 미국 펜실베이니아대학교의 Martin E. P. Seligman 교수는 1999년 미국심리학회 회장에 취임사를 하는 과정에서 '병리에 초점'을 둔 심리학의 방향을 수정하기 위한 중요한 제안을 하였다. Seligman에 의하면 제2차 세계대전 이전의 심리학은 세 가지 사명을 갖고 있었는데, 첫 번째 사명은 정신질환을 치료하는 것이고, 두 번째 사명은 천재와 타고난 재능의 발견과 육성이고, 세 번째 사명은 평범한 삶을 보다 더 만족스럽게 만드는 것이다. 정신질환이 개인, 가족 및 사회에 심각한 영향을 미치기 때문에 심리학은 주요 정신질환의 치료라는 첫 번째의 사명에 집중하였고, 그 결과로 과학적 연구 그리고 임상적 연구와 치료에서 획기적인 성과를 수립하였다. 그러나 첫 번째 사명에 대한 집중은 상대적으로 두 번째와 세 번째 사명을 소홀하게 만들었다. 긍정심리학은 무시되어 온 나머지 두 가지 사명을 완수하려는 목표를 갖고 출발하였다.

긍정심리학자들에 의하면 전통의 심리학은 인간의 삶의 부정적 측면—우울,

정신질환, 장애, 실패 및 약점—에 관심을 가져왔고 심리적 훈련은 행복과 웰빙을 증가시키기보다는 약점, 고통과 불안을 감소시키는 데 초점을 두었다고 한다. 이런 실천의 밑바탕이 되는 가정은 어떤 개인의 고통이 감소되기만 하면, 개인의 웰빙은 저절로 증진될 수 있다는 것이다. 그러나 긍정심리학은 인간의 부정적 정서와 긍정적 정서는 독립적인 것이고, 부정적인 정서의 감소가 곧 긍정적인 정서를 증진시키는 것이 아니라, 긍정적 정서를 증진시키기 위한 별도의 활동이 반드시 필요하다는 것을 보여 주었다. 긍정심리학의 전체적 조망은 인간의 올바른 것에 초점을 두자는 것이다. 따라서 긍정심리학의 연구 주제는 단순히 쾌락적 행복을 의미하는 긍정적 정서뿐만 아니라 좋은 삶의 요소가 되는 가치와 미덕까지 확장되었다.

본 역자는 2008년도부터 긍정심리학을 심리학과의 정규교과목으로 개설하면서 여러 교재 특히 번역된 서적을 다루어 왔다. 상당히 많은 긍정심리학 저서 및 역서가 국내외에서 출판되었는데, 각각의 저서들은 나름대로 긍정심리학에 대한 저자의 독특한 관심을 바탕으로 가치 있는 내용을 담고 있다. 특히 어떤 저서들은 긍정심리학의 이론, 연구와 더불어 실천 방안을 잘 기술하고 있다. 그러나 역자가 강의를 하면서 항상 느낀 것은 한 학기라는 제한된 시간에 어떻게 학부과정을 이수하고 있는 학생들에게 긍정심리학의 이론과 연구를 전반적으로 소개하고 또한 이것을 삶에 활용하는 방안을 경험시킬 수 있는가 하는 점이었다. 역자는 Hefferon과 Boniwell(2011)이 저술한 『긍정심리학: 이론, 연구 및 응용』을 접하고서 이런 바람이 잘 충족될 것이라는 희망찬 기대를 갖고 번역작업을 착수하기 시작하였다. 특히 이 책의 눈높이가 학부과정이나 교양적인 소양을 증진시키려는 독자들에게 맞추어져 있다는 점은 대학원생 독자들에게는 큰 문제가 되지 않겠지만, 긍정심리학 전문연구자들이 이 책을 접하면 이론 및 연구를 다루는 심도가 다소 미흡하다고 느낄 가능성도 충분히 있다.

이 저서는 긍정심리학의 목표를 성취하기 위한 이론, 연구 및 응용을 포괄하여 다루고 있는데, 긍정심리학의 정의와 역사, 정서와 웰빙, 낙관성, 탄력성과 외상 후 성장, 긍정적 나이 듦, 가치, 동기 및 목표이론, 긍정심리학 훈련, 긍정심리학에서의 신체, 긍정심리학 응용을 다루고 있고 특히 예리한 관점에서 긍정심리학에 대한 진솔한 비판과 미래의 전망을 독자와 함께 강구하고 있다. 각 장의 구성을 살펴보면 장이 끝나는 부분에는 학습에 대한 보충질문을 통해서 학습내용을 다시 한 번 확인하는 방식을 취하였고, 그 장의 주요 주제에 해당하는 긍정심리척도를 제시함으로써 스스로 자신을 진단해 보는 기회를 제공하고 있다.

이 저서는 2011년에 출간된 초판이고, 한국어로 처음 번역되어 소개되는 것이다. 이 책의 역자인 정봉교는 서문, 1장, 2장, 6장, 7장, 8장을 번역을 하였고, 공동역자인 추선희는 3장, 4장, 5장, 9장, 10장, 11장의 번역을 담당하였다. 영어로 된 책을 한글로 옮길 때마다 겪는 어려움은 항상 존재하기 마련인데, 원문이 가진 내용을 충분히 전달하면서도 독자들에게 이해가 쉽도록 표현하는 것이 가장 중요한 도전이다. 그리고 두 명의 역자가 번역을 함으로써 발생하는 번역용어와 문장표현의 차이를 감소시키는 것도 또한 중요한 과제이다. 이 문제는 역자들이 꾸준히 의논을 나눔으로써 많이 개선이 되었다고 생각하지만 그래도 오류와 어색한 표현이 발견되는 점을 부정할 수 없다. 이것은 전적으로 역자들의 책임으로 생각하면서 책을 읽는 과정에서 발견 오류에 대한 충고에 항상 기꺼이 경청할 것을 약속드린다.

끝으로 번역서의 출판이 순조롭지 않은 국내의 현실에서도 이 책의 번역을 흔쾌히 수락하고 번역판이 나오는 것을 가능하게 해준 박학사의 구본하 사장, 신속한 편집과 교정을 통해서 이 책이 빠른 기간에 출판되는 것을 가능하게 해주신 박학사 관계자들에게 감사를 드린다.

2013년 6월

역자 일동

저자 서문

이 책의 목적

단지 영어만을 사용하는 긍정 심리학의 유럽 학부과정 강사로서 우리는 학부과정의 학생들을 위한 포괄적인 교과서가 거의 없다는 사실에 충격을 받았다. 그래서 이 책은 심리학 혹은 다른 분야의 모든 학생들이 참조할 만한 재료를 담고 있다. 더구나 이 책은 긍정심리학 분야에 생소한 강사들에게 긍정심리학 교과목을 가르치기 위한 종합적이고 분명한 구조를 제공한다.

이 책의 강조점

우리의 배경은 이제 막 긍정심리학을 공부하기 시작하고 있는 당신들과는 매우 다르다. 실제로 우리 둘은 긍정심리학이라는 포괄적인 용어 아래에서 주제 영역들이 다루어지기 이전에 이 영역에서 공부를 하고 연구를 해 왔다. 이것은 궁극적으로 우리가 긍정심리학내의 주제들에 대한 더욱 비판적이고 다분야들 간 접근을 하고 있음을 의미한다. 우리의 책과 다른 긍정심리학 교과서들과의 주요한 차이는 다음과 같다.

- 균형을 갖춘 메시지. Kate Hefferon의 외상, 암 및 성장에 관한 연구는 긍정심리학이 긍정적 삶의 사건과 동시에 부정적 삶의 사건에도 초점을 맞

추어야만 한다는 관점을 확고하게 해 주었다. 우리 모두 이런 관점을 갖고 있고, 그것은 이 책의 전반에 걸쳐 나타날 것이다.

- 연구방법의 확장. 일차적으로 질적 연구자인 우리는 미국 연구자들의 '과학적 방법'에 관한 선입견에 대해 상당한 이의를 제기한다. 실제로 사람들을 단순히 숫자와 평균으로 환원을 시키려고 하면서 인간의 웰빙을 다루는 과학을 갖는다는 것은 역설적인 것처럼 보인다. 질적 연구는 우리에게 이야기의 더욱 풍요롭고 깊은 측면을 볼 수 있도록 허용해 주고 양적 연구와 결합되어 사용되어야만 한다.
- 비판적 조망. 유럽인들은 전통적으로 비판적이고 자유로운 조망을 가진 심리과학의 선구자이었다. 몇 가지 연습과 동시에 비판적인 조망을 도처에 포함시킴으로써 우리는 이런 중요한 평판을 유지하려고 노력한다.
- 이 책은 학구적인 증거를 고수하면서 재미있고 호감이 가는 목소리를 낸다. 우리는 이것이 당신 즉 독자에게 재미있고, 유익하고 그리고 교육적이 되기를 원하고, 우리는 이것을 가능하도록 만드는 것에 많은 시간을 사용해 왔다.

이 책의 구조

이 교과서는 1학기 동안 11회의 강의를 하도록 11장으로 나누어진다. 한 학기 동안 더 많은 시간을 운영하는 제도의 경우에는 각 장을 나누어서 그 주제들 중 어떤 것을 더 세부적으로 집중할 수 있다. 각 장들은 긍정심리학 이론에 관한 정보로 채워졌을 뿐만 아니라, 연구와 이 분야의 응용을 융합하는 것을 돕는 연습들로 포장되어 있다. 각 장들은 당신이 일상생활에 사용하거나 실천하기 위한 연습으로 끝을 맺는다. 더구나 각 장은 당신으로 하여금 특수한 주제에 관한 학습을 계속하는 것을 가능하게 해주는 추천도서의 목록과 웹 소스를 제공한다.

장들의 시작

우리는 당신이 처음부터 학습을 시작할 수 있도록 이 책을 배열하였다. 우리는 각 장마다 그 장에 있는 재료들에 대한 정보를 당신에게 제공하는 것을 돕는 분명한 학습목표를 갖고 시작한다. 다음으로 우리는 당신에게 그 장의 내용에 적절하다고 믿어지는 세 가지 '학습 전 질문'을 제공한다. 우리는 당신들로 하여금 이 질문들에 답할 때 유용할 것 같은 내용을 살펴볼 것을 요청한다.

장 전반에 걸쳐

각 장마다 우리는 당신의 학습을 도와주는 몇 가지 학습/흥미 상자를 포함한다. 주의를 할 첫 번째 상자는 이것이다.

생각해보기

이 상자는 이 책 전반에 걸쳐 당신에게 우리가 바로 전에 전해준 내용과 이론을 생각해 보도록 하기 위해서 곳곳에 존재한다. 이것은 당신이 학습한 것을 분석하고, 그 주제에 관해 비판적으로 반성을 하기 위해 매우 좋은 방법이다.

주의를 할 두 번째 상자는 이것이다.

실험

우리는 논의되는 이론들과 연결되는 적절하고 획기적인 연구를 상세하게 설명하기 위해서 이 책 내에 이 부분들을 포함하였다. 우리는 그 연구들을 기술하는 예리하고 재치 있는 한 줄의 제목을 선택하였는데, 그것으로 인해 당신이 재미있고 쉽게 기억하기를 희망한다.

마지막으로 우리가 일반적 심리학의 쟁점에 관한 지식을 요약하거나 새롭게 할 필요가 있을 때 이것에 주의를 하라.

0:00:00 TIME OUT

이 상자는 당신에게 인식론, 타당도, 신뢰도 및 뇌와 같은 주제를 다시 학습하는 시간을 제공한다. 당신은 이 일반적 심리학의 정보를 이미 알고 있다고 하더라도 재교육을 필요로 할 것이다.

장의 끝

우리는 응용 긍정심리학과정을 가르치면서 당신이 바로 전에 이야기 한 것 혹은 읽은 책에서 제공하는 것 이상을 필요로 한다는 것을 안다. 각 장의 끝은 당신에게 학습과정에서 능동적이 되도록 하기 위한 몇 가지 방법을 포함한다. 당신은 거기에서 다음과 같은 부분을 보게 될 것이다.

- **장 요약**. 우리는 각 장의 서두에서 학습목표를 제공한 것과 마찬가지로 당신이 그 장을 읽은 후에 알아야만 하는 모든 것을 요약한다. 이것으로써 당신은 그 정보에 관한 요약된 개관을 갖게 될 것이다.
- **추천 자료**. 우리는 웹 링크들을 제공하고 그것들이 당신에게 이득이 되기 위해서 각각의 유용성을 설명한다. 그것들을 살펴보면 어느 것이 당신의 학습에서 가장 유용한 것인지를 이해할 것이다.
- **측정도구**. 심리과학은 종합적인 심리측정 도구가 없이는 완전할 수가 없으므로 우리는 원저자의 허락을 맡아 당신이 몇 가지 널리 사용되는 긍정심리학 도구들을 시도해보고 곰곰이 생각을 해보도록 하기 위해서 각 장의 끝에 포함하였다. 경험이 학습과정에서 매우 중요하기 때문에 당신은 그것을 완성하는 데 반드시 시간을 써야만 한다.

Kate Hefferon

Ilona Boniwell

감사의 글

나는 지지와 사랑을 표시해준 나의 가족에게 감사를 하고 싶다. 그들은 진정으로 나에게는 무엇과도 바꿀 수 없다. 나는 또한 이와 같은 경이로운 합작품을 만들도록 해준 Ilona의 우정, 시간 및 쾌활한 성격에 관해서도 감사를 하고 싶다(Kate).

나는 이 프로젝트에 대한 헌신, 모든 가용한 연구들에 대한 심도 있는 탐색 그리고 진정으로 이런 훌륭한 작업을 가능하게 하는 데 열정을 보인 Kate에게 감사를 한다(Ilona).

저작권의 소유자에 대해 추적을 하고 감사를 하였고, 이 책에서 게재된 재료들에 대한 분명한 허가를 얻기 위한 모든 노력들이 이루어졌다. 출판사는 연락하기에 가능하지 않았던 저작권 소유자에게서도 분명한 허가를 얻어내기 위한 적절한 조처를 기꺼이 취하였다.

그림, 표 및 설문지 목록

그림

표

설문지

학생들을 위한 학습 가이드

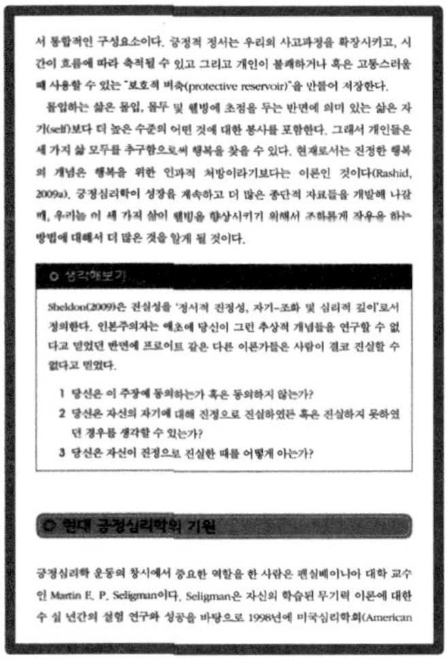

서 통합적인 구성요소이다. 긍정적 정서는 우리의 사고과정을 확장시키고, 시간이 흐름에 따라 축적될 수 있고 그리고 개인이 불쾌하거나 혹은 고통스러울 때 사용할 수 있는 "보호적 비축(protective reservoir)"을 만들어 저장한다.

몰입하는 삶은 몰입, 몰두 및 웰빙에 초점을 두는 반면에 의미 있는 삶은 자기(self)보다 더 높은 수준의 어떤 것에 대한 봉사를 포함한다. 그래서 개인들은 세 가지 삶 모두를 추구함으로써 행복을 찾을 수 있다. 현재로서는 진정한 행복의 개념은 행복을 위한 인과적 처방이라기보다는 이론인 것이다(Rashid, 2009a). 긍정심리학이 성장을 계속하고 더 많은 종단적 자료들을 개발해 나갈 때, 우리는 이 세 가지 삶이 웰빙을 향상시키기 위해서 조화롭게 작용을 하는 방법에 대해서 더 많은 것을 알게 될 것이다.

○ 생각해보기

Sheldon(2009)은 진실성을 '정서적 진정성, 자기-조화 및 심리적 깊이'로서 정의한다. 인본주의자는 애초에 당신이 그런 추상적 개념들을 연구할 수 없다고 믿었던 반면에 프로이트 같은 다른 이론가들은 사람이 결코 진실할 수 없다고 믿었다.

1 당신은 이 주장에 동의하는가 혹은 동의하지 않는가?
2 당신은 자신의 자기에 대해 진정으로 진실하였든 혹은 진실하지 못하였던 경우를 생각할 수 있는가?
3 당신은 자신이 진정으로 진실한 때를 어떻게 아는가?

○ 현대 긍정심리학의 기원

긍정심리학 운동의 창시에서 중요한 역할을 한 사람은 펜실베이니아 대학 교수인 Martin E. P. Seligman이다. Seligman은 자신의 학습된 무기력 이론에 대한 수 십 년간의 실험 연구와 성공을 바탕으로 1998년에 미국심리학회(American

생각해 보기

이 상자는 당신에게 논의된 내용과 이론에 관해 생각을 해보도록 하기 위해서 이 책의 전반에 걸쳐 있다. 이것은 당신에게 한 걸음 물러나서 그 주제에 관해 생각하고 반성을 하는 기회이다.

실험

이론이 전부가 아니다. 당신이 지금까지 가장 영향력 있는 긍정심리학 실험에 관해 학습을 하기를 원하면, 당신의 지식을 그 장의 주요한 주제내용과 관련된 실생활 예로 확장시켜주는 이 간단명료한 상자를 살펴보라.

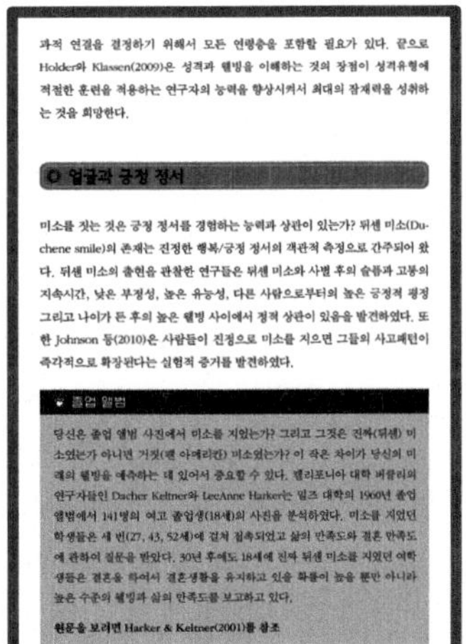

과적 연결을 결정하기 위해서 모든 연령층을 포함할 필요가 있다. 끝으로 Holder와 Klassen(2009)은 성격과 웰빙을 이해하는 것의 장점이 성격유형에 적절한 훈련을 적용하는 연구자의 능력을 향상시켜서 최대의 잠재력을 성취하는 것을 희망한다.

○ 얼굴과 긍정 정서

미소를 짓는 것은 긍정 정서를 경험하는 능력과 상관이 있는가? 뒤셴 미소(Duchene smile)의 존재는 진정한 행복/긍정 정서의 객관적 측정으로 간주되어 왔다. 뒤셴 미소의 출현을 관찰한 연구들은 뒤셴 미소와 사별 후의 슬픔과 고통의 지속시간, 낮은 부정성, 높은 유능성, 다른 사람으로부터의 높은 긍정적 평정 그리고 나이가 든 후의 높은 웰빙 사이에서 정적 상관이 있음을 발견하였다. 또한 Johnson 등(2010)은 사람들이 진정으로 미소를 지으면 그들의 사고패턴이 즉각적으로 확장된다는 실험적 증거를 발견하였다.

♥ 졸업 앨범

당신은 졸업 앨범 사진에서 미소를 지었는가? 그리고 그것은 진짜(뒤셴) 미소였는가 아니면 거짓(팬 아메리칸) 미소였는가? 이 작은 차이가 당신의 미래의 웰빙을 예측하는 데 있어서 중요할 수 있다. 캘리포니아 대학 버클리의 연구자들인 Dacher Keltner와 LeeAnne Harker는 밀즈 대학의 1960년 졸업 앨범에서 141명의 여고 졸업생(18세)의 사진을 분석하였다. 미소를 지었던 학생들은 세 번(27, 43, 52세)에 걸쳐 접촉되었고 삶의 만족도와 결혼 만족도에 관하여 질문을 받았다. 30년 후에도 18세에 진짜 뒤셴 미소를 지었던 여학생들은 결혼을 하여서 결혼생활을 유지하고 있을 확률이 높을 뿐만 아니라 높은 수준의 웰빙과 삶의 만족도를 보고하고 있다.

원문을 보려면 Harker & Keltner(2001)를 참조

TIME OUT

이 상자에서 멈춰서 일반심리학의 주제에 관한 당신의 지식을 요약하거나 새롭게 할 기회를 가져라. 이것들은 모두 현상학, 타당도, 신뢰도, 뇌 등과 같은 핵심적인 주제에 기초를 두고 있다.

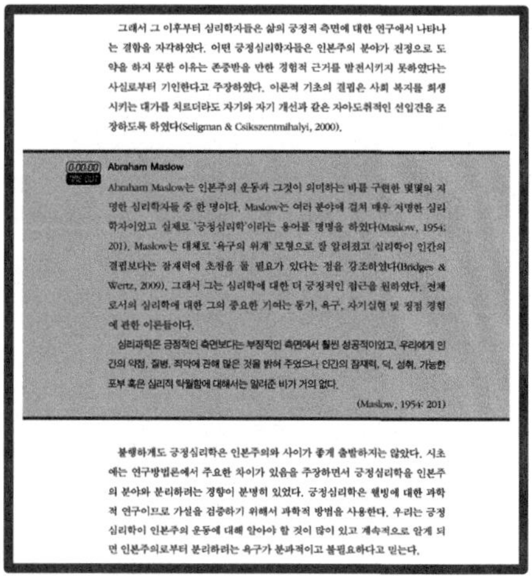

그래서 그 이후부터 심리학자들은 삶의 긍정적 측면에 대한 연구에서 나타나는 결함을 자각하였다. 어떤 긍정심리학자들은 인본주의 분야가 진정으로 도약을 하지 못한 이유는 존중받을 만한 경험적 근거를 발전시키지 못하였다는 사실로부터 기인한다고 주장하였다. 이론적 기초의 결핍은 사회 복지를 희생시키는 대가를 치르더라도 자기와 자기 개선과 같은 자아도취적인 선입견을 조장하도록 하였다(Seligman & Csikszentmihalyi, 2000).

0:00:00 TIME OUT **Abraham Maslow**

Abraham Maslow는 인본주의 운동과 그것이 의미하는 바를 구현한 몇몇의 저명한 심리학자들 중 한 명이다. Maslow는 여러 분야에 걸쳐 매우 저명한 심리학자이었고 실제로 '긍정심리학'이라는 용어를 명명을 하였다(Maslow, 1954: 201). Maslow는 대체로 '욕구의 위계' 모형으로 잘 알려졌고 심리학이 인간의 결핍보다는 잠재력에 초점을 둘 필요가 있다는 점을 강조하였다(Bridges & Wertz, 2009). 그래서 그는 심리학에 대한 더 긍정적인 접근을 원하였다. 전체로서의 심리학에 대한 그의 중요한 기여는 동기, 욕구, 자기실현 및 정점 경험에 관한 이론들이다.

심리과학은 긍정적인 측면보다는 부정적인 측면에서 훨씬 성공적이었고, 우리에게 인간의 약점, 질병, 죄악에 관해 많은 것을 밝혀 주었으나 인간의 잠재력, 덕, 성취, 가능한 포부 혹은 심리적 탁월함에 대해서는 알려준 바가 거의 없다.

(Maslow, 1954: 201)

불행하게도 긍정심리학은 인본주의와 사이가 좋게 출발하지는 않았다. 시초에는 연구방법론에서 주요한 차이가 있음을 주장하면서 긍정심리학을 인본주의 분야와 분리하려는 경향이 분명히 있었다. 긍정심리학은 웰빙에 대한 과학적 연구이므로 가설을 검증하기 위해서 과학적 방법을 사용한다. 우리는 긍정심리학이 인본주의 운동에 대해 알아야 할 것이 많이 있고 계속적으로 알게 되면 인본주의로부터 분리하려는 욕구가 분파적이고 불필요하다고 믿는다.

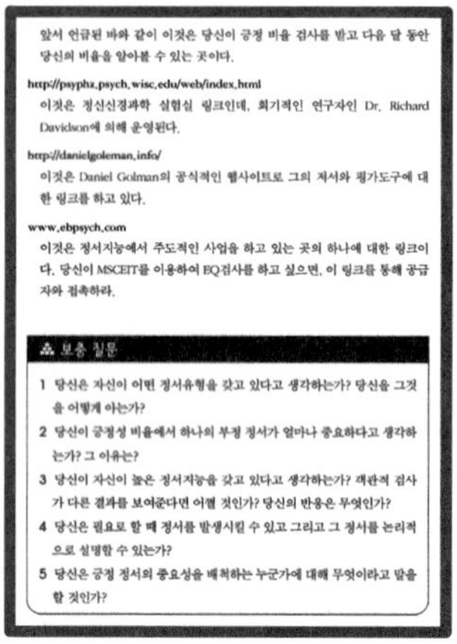

앞서 언급된 바와 같이 이것은 당신이 긍정 비율 검사를 받고 다음 달 동안 당신의 비율을 알아볼 수 있는 곳이다.

http://psyphz.psych.wisc.edu/web/index.html
이것은 정신신경과학 실험실 링크인데, 획기적인 연구자인 Dr. Richard Davidson에 의해 운영된다.

http://danielgoleman.info/
이것은 Daniel Golman의 공식적인 웹사이트로 그의 저서와 평가도구에 대한 링크를 하고 있다.

www.ebpsych.com
이것은 정서지능에서 주도적인 사업을 하고 있는 곳의 하나에 대한 링크이다. 당신이 MSCEIT를 이용하여 EQ검사를 하고 싶으면, 이 링크를 통해 공급자와 접촉하라.

보충 질문

1 당신은 자신이 어떤 정서유형을 갖고 있다고 생각하는가? 당신을 그것을 어떻게 아는가?
2 당신이 긍정성 비율에서 하나의 부정 정서가 얼마나 중요하다고 생각하는가? 그 이유는?
3 당신이 자신이 높은 정서지능을 갖고 있다고 생각하는가? 객관적 검사가 다른 결과를 보여준다면 어떨 것인가? 당신의 반응은 무엇인가?
4 당신은 필요로 할 때 정서를 발생시킬 수 있고 그리고 그 정서를 논리적으로 설명할 수 있는가?
5 당신은 긍정 정서의 중요성을 배척하는 누군가에 대해 무엇이라고 말을 할 것인가?

보충 질문

각 장의 끝부분에 추가의 물음들이 핵심적 주제들에 관한 논의를 가져온다. 이 물음들에 답해 보는 것은, 당신에게 자신의 반응을 알 수 있게 하기 때문에, 연구와 응용을 융합하는 것을 도울 것이다.

개인 훈련

이 연습은 각 장의 원리들이 당신에게 어떻게 적용되거나 혹은 영향을 미치는가를 탐색한다. 당신이 여러 날 동안 상이한 과제들을 반성해보면 그 장에서 표현된 조망이 실제 세상에서 어떻게 작용을 하는가를 학습하게 될 것이다.

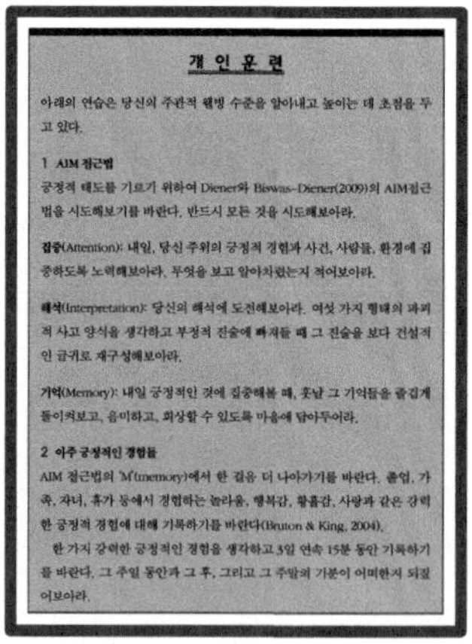

개 인 훈 련

아래의 연습은 당신의 주관적 웰빙 수준을 알아내고 높이는 데 초점을 두고 있다.

1 AIM 접근법
긍정적 태도를 기르기 위하여 Diener와 Biswas-Diener(2009)의 AIM접근법을 시도해보기를 바란다. 반드시 모든 것을 시도해보아라.

집중(Attention): 내일, 당신 주위의 긍정적 경험과 사건, 사람들, 환경에 집중하도록 노력해보아라. 무엇을 보고 알아차렸는지 적어보아라.

해석(Interpretation): 당신의 해석에 도전해보아라. 여섯 가지 형태의 파괴적 사고 양식을 생각하고 부정적 진술에 빠져들 때 그 진술을 보다 건설적인 글귀로 재구성해보아라.

기억(Memory): 내일 긍정적인 것에 집중해볼 때, 훗날 그 기억들을 즐겁게 돌이켜보고, 음미하고, 회상할 수 있도록 마음에 담아두어라.

2 아주 긍정적인 경험들
AIM 접근법의 'M'(memory)에서 한 걸음 더 나아가기를 바란다. 졸업, 가족, 자녀, 휴가 등에서 경험하는 놀라움, 행복감, 황홀감, 사랑과 같은 강력한 긍정적 경험에 대해 기록하기를 바란다(Burton & King, 2004).

한 가지 강력한 긍정적인 경험을 생각하고 3일 연속 15분 동안 기록하기를 바란다. 그 주일 동안과 그 후, 그리고 그 주말의 기분이 어떠한지 되짚어보아라.

측정도구

편리하게도 우리는 당신의 긍정심리학 학습을 위해서 자료를 수집하는 데 필수적이고 잘 사용되고 있는 여러 가지의 심리측정 도구를 포함시켰다. 당신은 제공된 척도를 이용하여 자신의 반응을 측정한 다음에 자신이 학습하고 있는 분석법을 적용해 볼 수 있다. 각 절은 또한 당신에게 특수한 도구를 사용하여 자료를 측정하는 것의 중요한 장점과 한계를 가르쳐줄 것이다.

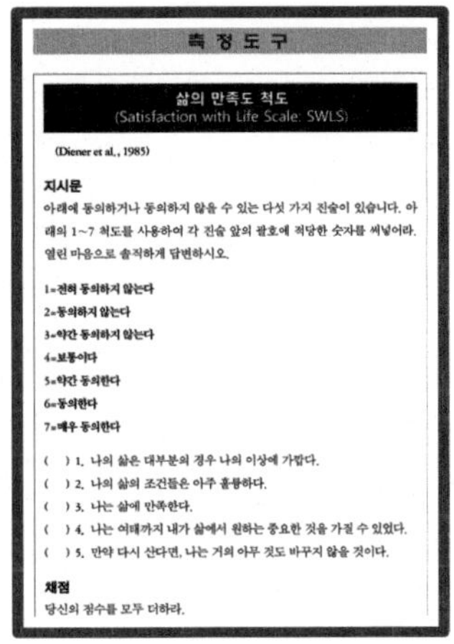
측정도구

삶의 만족도 척도
(Satisfaction with Life Scale: SWLS)

(Diener et al., 1985)

지시문
아래에 동의하거나 동의하지 않을 수 있는 다섯 가지 진술이 있습니다. 아래의 1~7 척도를 사용하여 각 진술 앞의 괄호에 적당한 숫자를 써넣어라. 열린 마음으로 솔직하게 답변하시오.

1=전혀 동의하지 않는다
2=동의하지 않는다
3=약간 동의하지 않는다
4=보통이다
5=약간 동의한다
6=동의한다
7=매우 동의한다

( ) 1. 나의 삶은 대부분의 경우 나의 이상에 가깝다.
( ) 2. 나의 삶의 조건들은 아주 훌륭하다.
( ) 3. 나는 삶에 만족한다.
( ) 4. 나는 여태까지 내가 삶에서 원하는 중요한 것을 가질 수 있었다.
( ) 5. 만약 다시 산다면, 나는 거의 아무 것도 바꾸지 않을 것이다.

채점
당신의 점수를 모두 더하라.

차례

CHAPTER 1

긍정심리학 들어가기

❖ 학습목표

긍정심리학은 행복, 낙관성, 주관적 웰빙 및 개인적 성장과 같은 다양한 주제에 대해 연구한다. 이 서장은 두 가지 목표를 갖고 있는데, (1) 최근 이 새로운 영역의 출현과 발달을 설명하고, 비판적으로 검토하는 것과 (2) 긍정심리학자들에 의해 연구되고 있는 일부 주제들을 학생들에게 알려주는 것이다. 이 장의 끝에서 당신은 긍정심리학의 주요 주제들에 대한 설문들에 응답을 할 기회를 가질 것이다.

주제 목록

- 긍정심리학의 범위와 목표
- 긍정심리학의 역사
- 우리의 행복을 측정하는 방법
- 좋은 삶과 진실성
- 인본주의 심리학
- 오늘날의 긍정심리학의 위상

학습 전 질문

1 '긍정' 심리학과 "전통 심리학" 사이의 차이를 비판적으로 논의하라.
2 긍정심리학은 주장하는 바대로 인본주의 심리학과 다른가?
3 우리가 긍정심리학을 필요로 하는 이유는 무엇인가?

긍정심리학이란 무엇인가?

오늘날과 같은 세상에서 사회는 지구 온난화, 자연재해, 경기후퇴, 전례 없는 노숙자, 테러 및 진을 빼는 전쟁의 계속 등과 같은 형태의 극단적으로 어려운 도전들을 직면하고 있다. 모든 이런 슬픔과 공포에 비추어서, 세상 어디에서 행복, 웰빙, 개인적 성장 및 '좋은 삶(good life)'을 검증하는 데 기초를 두는 과학이 현대의 연구과제로서 적합할 것인가?

이 책은 당신에게 긍정심리학이라는 새로운 과학으로 안내를 하려고 하는데, 이 분야는 개인과 공동체를 번성하게 해주는 요인들을 '이해하고, 검증하고, 발견하고 그리고 촉진하는 것'을 목표로 한다(Sheldon et al., 2000). 긍정심리학은 웰빙, 행복, 플로우(몰입), 개인적 강점, 지혜, 창의성, 상상력 및 긍정적 조직과 제도의 특성들에 초점을 둔다. 더구나 그 초점은 개인을 행복하게 만드는 방법에만 두는 이기적이고 자기애적 접근만을 영속시키자는 것이 아니고, 집단 수준에서도 행복과 번영을 추구하자는 것이다. 우리는 개인과 집단이 어떻게 번성을 하고 전자의 웰빙을 증가시키는 것이 어떻게 후자의 웰빙에 긍정적 영향을 미치게 되는가, 즉 모두 같이 이득을 보는 상황(win-win situation)으로 이끌어 가는가를 살펴볼 것이다.

우리가 이 책을 통해서 증명하기를 희망하는 것은 긍정심리학이 단순히 긍정적 사고와 정서에만 초점을 두는 것이 아니라는 점이다. 긍정심리학은 그 이상의 것을 목표로 하고 있다. 실제로 긍정심리학 분야는 개인과 공동체를 쇠약하게 하는 것보다 번영시키는 것에 더 초점을 둔다. 번영(flourishing)은 '긍정적 정신건강의 상태; 정신질환이 없이 노력으로 번성하기(to thrive), 번창하기(to prosper) 및 성공하기(to fare well), 사적 및 사회적 영역에서 정서적 활기로 충만하고 그리고 긍정적으로 기능을 하는 것'으로 정의된다(Michalec et al., 2009). 실제 통계치는 성인들의 18%만이 번영의 기준에 도달함을 보여준다. 번영이 학업성취, 숙달된 목표설정, 높은 수준의 자기통제와 지속적인 인내 같은 요인들과 정비례의 관계를 보인다는 것은 놀랄 만한 일이 아니다(Howell, 2009). 그래서 번영하는 환경 및 개인의 발달과 촉진에 초점을 두는 과학은 심리과학의 중요한 확장이다.

✪ 생각해보기

왜 당신이 이 교과목을 학습하기로 결정하였는가? 당신에게 매력적으로 느껴진 교과목 개요는 무엇인가? 과거의 경험들? 어떤 주제? 잠깐 동안 이것들을 생각해보도록 하시오.

긍정심리학은 세 가지 시점의 긍정적 경험에 집중하는데, (1) 과거는 웰빙, 자족(contentment) 및 만족(satisfaction)을 중심으로 하고, (2) 현재는 행복 및 몰입경험 같은 개념에 초점을 두고 (3) 미래는 낙관과 희망을 포함하는 개념을 중심으로 한다. 긍정심리학은 시점들에 따른 웰빙들 간의 구분을 할 뿐만 아니라 그 주제 영역들을 세 가지 접점들(nodes)로 나누기도 한다.

- 주관적 접점은 과거, 현재 및 미래에 걸친 긍정적 경험과 상태 같은 것들을 포함한다(예를 들면, 행복, 낙관, 웰빙)
- 개인적 접점은 '좋은 사람'의 특성들에 초점을 둔다(예를 들면, 재능, 지혜, 사랑, 용기, 창의성).
- 집단 접점은 긍정적 제도, 시민 및 공동체를 연구한다(예를 들면, 이타주의, 관용, 직업윤리)(Positive Psychology Center, 1998).

비판과는 달리 긍정심리학은 이기적 심리학이 아니다. 긍정심리학은 최선을 다하려면 과학적 공동체, 사회 및 개인에게 인간의 번영 현상을 지지하기 위한 경험적 증거를 제공함과 동시에 기존의 아이디어에 새로운 조망을 제공할 수 있어야 한다. 무엇보다도 긍정심리학은 연구의 발견을 많은 다른 영역과 연결 짓는 동안 삶에 대한 결핍 접근에 대해 도전을 하여 다시 균형을 갖추어야 한다. 이 책을 통해서 당신은 긍정적 정서를 유발하는 것, 친절한 행동을 하는 것 그리고 사회적 연결을 향상시키는 것이 개인, 집단 및 공동체의 웰빙을 위한 훈련의 유용성을 증명함으로써, 개인과 사회의 번영을 가능하게 만드는 방법을 이해하게 될 것이다.

진실한 행복과 좋은 삶

좋은 삶(good life)은 무엇인가? 소크라테스, 아리스토텔레스 및 플라톤은 사람들이 덕이 있는 삶을 추구할 때 진실로 행복해진다고 믿었다. 에피쿠로스와 후대의 공리주의자들은 행복이 실제로 긍정적 감정과 쾌락의 풍부함이라고 설교하였다. 긍정심리학은 전통적으로 진실한 행복이 **쾌락적 및 자아실현적 웰빙**(hedonic and eudaimonic wellbeing)의 혼합이라고 개념화하였다(Seligman & Csikszentmihalyi, 2000). 쾌락적 행복은 높은 수준의 긍정적 정서와 낮은 수준의 부정적 정서 게다가 높은 주관적 삶의 만족을 포함한다(Diener, 1999). 자아실현적 웰빙은 비록 두 개념 사이의 구분이 논쟁의 주제이긴 하지만 삶에서 의미와 목적을 창출하는 데 더 많은 초점을 둔다(Kashdan et al., 2008; Keyes & Annas, 2009; Tiberius & Mason, 2009).

'진실한 행복(authentic happiness)'이라는 관념은 Seligman에 의해 **쾌락적 삶**(pleasurable life), **몰입하는 삶**(engaged life) 및 **의미 있는 삶**(meaningful life)의 조합을 갖춘 삶을 나타낸다고 더 세부적으로 분석되었다. 쾌락적 삶은 긍정적 정서(예, 기쁨, 감사, 평온, 흥미, 희망, 자부심, 오락, 영감, 경외 및 사랑—Fredrickson, 2009)와 관련된 느낌을 포함하는데, 우리의 성공과 웰빙에 있어서 통합적인 구성요소이다. 긍정적 정서는 우리의 사고과정을 확장시키고, 시간이 흐름에 따라 축적될 수 있고 그리고 개인이 불쾌하거나 혹은 고통스러울 때 사용할 수 있는 '보호적 비축(protective reservoir)'을 만들어 저장한다.

몰입하는 삶은 몰입, 몰두 및 웰빙에 초점을 두는 반면에 의미 있는 삶은 자기(self)보다 더 높은 수준의 어떤 것에 대한 봉사를 포함한다. 그래서 개인들은 세 가지 삶 모두를 추구함으로써 행복을 찾을 수 있다. 현재로서는 진실한 행복의 개념은 행복을 위한 인과적 처방이라기보다는 이론인 것이다(Rashid, 2009a). 긍정심리학이 성장을 계속하고 더 많은 종단적 자료들을 개발해 나갈 때, 우리는 이 세 가지 삶이 웰빙을 향상시키기 위해서 조화롭게 작용을 하는 방법에 대해서 더 많은 것을 알게 될 것이다.

생각해보기

Sheldon(2009)은 진실성을 '정서적 진정성, 자기-조화 및 심리적 깊이'로서 정의한다. 인본주의자는 애초에 당신이 그런 추상적 개념들을 연구할 수 없다고 믿었던 반면에, 프로이트 같은 다른 이론가들은 사람이 결코 진실할 수 없다고 믿었다.

1 당신은 이 주장에 동의하는가 혹은 동의하지 않는가?
2 당신은 자신의 자기에 대해 진정으로 진실하였던 혹은 진실하지 못하였던 경우를 생각할 수 있는가?
3 당신은 자신이 진정으로 진실한 때를 어떻게 아는가?

현대 긍정심리학의 기원

긍정심리학 운동의 창시에서 중요한 역할을 한 사람은 펜실베이니아 대학 교수인 Martin E. P. Seligman이다. Seligman은 자신의 학습된 무기력 이론에 대한 수 십 년간의 실험 연구와 성공을 바탕으로 1998년에 미국심리학회(American

Psychological Association: APA) 회장으로 지명되었다. Seligman은 1999년 8월 21일 매사추세츠 주의 보스턴에 열린 107차 연차총회에서 취임식을 하는 동안 오늘날 '병리에 초점을 둔' 심리학을 교정하기 위한 자신의 제안을 소개하기로 결심하였다. Seligman은 회장이라는 지위로 인해 긍정심리학 운동의 중요 인물이 되었고 긍정심리학 이론과 실제를 일상적 삶에 적용하는 데 있어서 연구기금과 정부로부터 계속적인 지원을 받았다.

장미

비록 실험은 아니지만 Seligman과 그의 장미정원은 긍정심리학 분야에서 대중적인 전설이 되었다. 그의 설명에 의하면, 긍정심리학은 자신이 장미정원을 돌보고 있는 동안 경험한 통찰로부터 시작되었다. 그 때 그의 5살짜리 딸은 아빠의 주의를 끌려고 애를 쓰고 있었다. Seligman은 딸에게 고개를 돌리고서 화를 내었다. 딸은 아버지의 반응에 불만을 느끼면서 아버지에게 자신이 3살과 4살 때에 어째서 울었는지를 기억하고 있는가를 물었다. 딸은 Seligman에게 자신이 5살이 되었을 때 울지 않기로 결심을 하였다고 말하였다—자신이 울기를 멈출 수 있었다면 아빠도 불평을 하는 것을 멈출 수 있을 거예요! 잘못된 것을 교정하는 것보다는 올바른 것을 발전시켜야 한다는 계시가 Seligman에게 미국심리학회 회장 재임동안 무엇을 촉진시켜야 할 것인가를 자극하였다. 즉 우리가 자신의 아이들과 자신에게 약점보다는 강점을 찾도록 가르쳐야만 한다는 것이다.

Seligman & Csikszentmihalyi(2000)를 참조

전통 심리학(초기~1998)

일반적인 심리학 인구들에게는 알려지지 않았지만 제2차 세계대전 이전의 심리학에는 세 가지 과제들이 존재하였다. 그것들은 (1) 정신질환을 치료하는 것, (2) 정상인의 삶을 향상시키는 것 그리고 (3) 천재를 연구하는 것이다. 두 번의 세계대전의 영향과 많은 심리적 장애를 겪는 재향군인들의 귀환으로 인해 연구 기금은 처음의 과제에 대한 지원에 초점을 두었고, 나머지 두 가지 과제는 거의 잊혀졌다[1](Linley, 2009).

우리는 최소한도 14가지의 장애들이 현재 치료될 수 있거나 혹은 상당히 완화될 수 있기 때문에 정신장애에 대한 투자가 매우 성공적이었다는 것을 인정해야만 한다(Seligman & Csikszentmihalyi, 2000). 불행하게도 병리에 대한 집착은 심리학으로 하여금 '피해자학(victimology)'이 되도록 만들었다. 심리학자들은 인간을 전향적이고, 창의적이고, 자기결정적인 존재로 보기보다는 외적 환경에 복종하는 수동적인 존재로 보았다(Seligman & Csikszentmihalyi, 2000).[2] 따라서 이차세계대전 후의 심리학과 오늘날의 긍정심리학 사이의 주요 차이는 '왜 어떤 개인은 실패를 하는가?' 대 '무엇이 어떤 개인을 성공하게 만드는가?'라는 상이한 물음이다.

> "긍정심리학 운동의 메시지는 우리의 분야가 기형적이 되었다는 것을 상기시키는 것이다. 심리학은 질병, 약점 및 손상의 연구일 뿐만 아니라 강점과 덕의 연구이기도 하다. 치료는 잘못된 것을 수리하는 것만이 아니고, 올바른 것을 형성시키는 것이기도 하다. 심리학은 질병 혹은 건강에 관심을 가질 뿐만 아니라, 일, 교육, 통찰, 사랑, 성장 및 놀이에 대해서도 관심을 갖는다. 긍정심리학은 최상의 것을 탐구함에 있어서 소망적 사고, 자기기만 혹은 좋은 인상을 주려는 불필요한 말이나 행동에 기댈 것이 아니고 대신에 인간행동의 복잡성에서 나타나는 독특한 문제에 대한 과학적 방법 중 최상의 것을 채택하려고 노력한다."
>
> —(Sligman, 2002b)

1) 재향군인 관리국(1946)과 국립정신건강연구소(1947)가 이때에 설립되었다.

2) 비판과는 반대로 긍정심리학은 모든 다른 분야를 '부정심리학'이라고 부르지 않는다. 긍정심리학은 대신에 '전통 심리학'이란 용어를 사용한다.

생각해보기

1972에서부터 2006년까지 출간된 우울증 연구와 웰빙 연구의 비율은 5:1이었다. 우리는 오늘날 그 비율이 얼마인가를 알아보기 위해서 Psychinfo에서 스스로 계산을 해보기를 권유한다.

0:00:00 TIME OUT

우울증과 정신질환

우울증과 정신질환은 우리사회 내에서 중요한 문제이고 긍정심리학 연구자들도 이 점을 부정하지는 않는다. 실제의 통계치에 따르면 우울증의 발생은 이전에도 그랬고 아직도 염려가 된다. 우울증은 1960년보다 2009년에 10배나 높게 발병하고, 오늘날 우울증에 걸리는 평균 나이는 14.4세(1960년에는 29.5세)이다. 더구나 어떤 한 때는 인구의 약 2%가 우울증에 걸렸지만 우리의 경우 14%가 35세경에 우울증을 경험한다(1950년대에 2%)(Keyes & Michalec, 2009).

질병 총부하 연구(Global Burden of Disease Study, 1996)의 결과는 우울증이 장애보정 생존년수(disability in life adjusted years: 어떤 사람이 장애를 갖고 생존한 총년수)에 영향을 미치는 상위 5개 질병에 속한다는 것을 발견하였다. 실제로 정신장애는 심혈관계 질환 다음으로 2위이었다.

정신질환은 미국에서 연간 400억불의 비용을 초래하고 이 수치는 계속 상승하고 있다(Keyes & Michelac, 2009). 깜짝 놀라게 하는 통계치는 우리 중 50% 이상이 일생동안 어떤 정신질환을 경험한다는 것을 시사한다. 더구나 우리가 일단 정신장애를 경험하면 앞으로도 또 다른 정신장애를 경험할 가능성이 훨씬 높다는 것이다. 문서상으로 발병 증가는 정신장애에 대한 공공의 자각과 더불어 우울증에 대해 도움을 추구하는 것과 관련하여 낙인을 찍는 것이 감소한 것에도 기인할 수도 있다.

질병모형 논쟁

원래 긍정심리학의 아이디어는 질병(의학 모형)으로부터 벗어나는 것이었는데(**그림 1.1**), 그 모형은 사람들을 −8에서부터 −3까지 이동시키는 것 혹은 심각하게 우울한 상태로부터 약간 우울한 상태까지 이동시키는 것에 고정되었다. 반면에 긍정심리학은 +3(쇠약한)에 해당하는 사람에게 초점을 두고 그들을 +8(번영하는)로 상승시키는 것을 돕는다. 우리는 이 모형이 학생들에게 긍정심리학의 주요 목표 사이의 구분을 가르칠 때 쉽고, 단순하고, 시각적이라는 것을 알게 된다.

−	+
정신병, 신경증 우울증, 장애	웰빙, 자족, 축복 흥분, 명랑
− ———— 0 ———— +	
결점에 초점 결핍을 극복하기 고통을 피하기 불행에 의해 관리됨 상한계가 중립상태(0)	강점에 초점 능력을 육성하기 쾌락을 찾기 행복에 몰입하기 상한계가 없음(당신은 계속 나아갈 수 있음)

그림 1.1 질병/건강 모형

물론 이 비유는 단순하고 그리고 심리학 분야들 사이의 명료화가 필요로 할 때에 요령을 보여준다. 그러나 이 이론적 모형은 사람들이 0에 도달할 수 있다는 것을 가정하는데, 그러나 무엇이 0인가? 그리고 +3이라는 것은 진정으로 무엇을 의미하는가? 이 모형은 긍정심리학이 척도의 부정적 극단에 있는 사람들을 도울 수 없다는 것을 가정한다. 그러나 우리는 긍정심리학 훈련이 정상적인 사람과 더불어 임상적으로 우울증이라고 진단된 사람들에게도 유익함을 제공할 수 있다는 증거를 갖고 있다(Sin & Lyubomirsky, 2009).

더구나 위의 도식은 건강의 의미에 관해 의문을 제기한다. 정확히 '건강'이란 무엇인가 그리고 우리가 언제 정신건강 혹은 정신질환을 나타내는가?[3] 1948년 이래로 세계보건기구는 건강을 '완전한 신체적, 정신적 및 사회적 웰빙의 상태이고, 단순히 질병 혹은 쇠약이 없는 상태는 아니다'라고 정의하였다(World Health Organization, 1948: 200). 1958년에 호주 심리학자인 Marie Jahoda는 『이상적 정신건강(Ideal Mental Health)』이란 제목으로 심리학에 기여하는 주요 저술을 하였고, 이 저서는 정상인 전집에서 발견되는 여섯 가지 기준 혹은 특징을 열거하였는데, (1) 효율적인 자기지각, (2) 현실적인 자기존중과 수용, (3) 행동의 자발적 통제, (4) 세상에 대한 진실된 지각, (5) 인간관계를 유지하고 애정을 베푸는 것 그리고 (6) 자기주도와 생산성이다. 그녀는 이 여섯 가지 기준이 '긍정적 정신건강'을 수립하는 데 필요하다고 주장하였다. 그녀의 연구는 긍정적 기능을 조작적으로 정의하려고 시도한 최초의 것에 속하고 그녀의 발견은 우리가 오늘날 정신건강과 웰빙에 대해서 알고 있는 것으로부터 그리 벗어나지 않는다.

긍정심리학자의 훌륭한 예로 볼 수 있는 Corey Keyes는 정신건강과 정신질환 사이의 관계를 발견하기 위해서 수년간의 노력을 쏟았다. 그는 연구를 통해서 그 두 가지가 동일한 연속체에 있지 않다고 즉 그것들은 두 개의 상이한 연속체에 있다는 결론을 내렸다. 그래서 정신질환이 없다는 것은 정신건강이 있다는 것과 동일하지 않다. 연구가 정신건강의 부재는 정신질환의 존재만큼 해롭다는 것을 계속적으로 발견함에 따라 Keyes는 정신장애를 다루는 두 가지 전략을 제안하였는데, (1) 정신건강의 촉진과 유지[4] 그리고 (2) 정신질환의 방지와 치료이다(Keyes & Michalec, 2009).

---

3) 정신장애/정신질환은 '정서적 고통 및 역할장애, 부모, 배우자 혹은 고용인으로서 자신의 책임을 실행하는 능력의 감소를 초래하기에 충분할 정도로 정상적인 기능으로부터 지속적인 일탈'로 정의된다(Keyes & Michalec, 2009).

4) 2004년 WHO는 정신건강 촉진을 건강한 개인의 발달을 위한 핵심적인 안건으로 포함하였다.

긍정심리학의 역사

긍정심리학에 대한 비판 중 하나는 아이디어가 새롭지 않다는 것이다. '긍정심리학'이라는 용어도 Seligman보다 수십 년 전에 Abraham Maslow에 의해 사용되었다(Maslow, 1954: 201). 그러나 Seligman은 과거 연구자, 철학자 및 과학자의 사고와 아이디어를 우리의 의식에 다시 환기시켜주는 놀라운 업적을 수행하였다. 우리는 긍정심리학 분야가 존재하기 전부터 '좋은 삶'을 탐색하였던 네 집단의 학자들을 확인하였다. 고대 그리스에서부터 시작을 해보자.

그리스인

Aristotle(384~322 BCE)의 철학에 대한 위대한 기여는 도덕성, 덕 및 좋은 삶을 산다는 것이 의미하는 바에 관한 그의 업적임이 틀림없다. 그는 이 주제들에 관해 물음을 던졌고 모든 인간에게 지고의 선은 유다이모니아(eudaimonia 혹은 행복)라고 결론을 내렸다. 궁극적으로 그의 업적은 비록 쾌락이 덕이 있는 활동을 하는 것으로부터 발생하지만 그것이 인간성의 유일한 목표가 아니라고 주장하였다(Mason & Tiberius, 2009).

공리주의

Jeremy Bentham에 의해서 창시되었고 John Stuart Mill에 의해서 계승된 공리주의는 정부의 올바른 법 혹은 정책은 '최대 행복 원리' 혹은 효용의 원리라고 알려진 '최대 다수의 최대 행복'을 만들어낼 수 있는 것이라고 주장하는 철학이다, 공리주의 철학은 경험된 행복의 양을 평가하는 여섯 가지 범주들로 구성된 도구를 만들어서 최초로 행복을 측정하려고 시도하였다(Pawelski & Gupta, 2009). 이전의 철학자들은 행복이 측정될 수 없다고 가정하였던 반면에 공리주의자는 행복의 측정이 가능하다고 주장하였고 이를 증명하려고 시도하였다. Pawelski와 Gupta(2009)는 공리주의가 주관적 웰빙, 쾌락적 삶과 같은 오늘날 긍정심리학의 영역에 영향을 미쳤다고 제안하였다. 끝으로 긍정심리학은 쾌락이 전반적 웰빙의 구성요소이지만 그것으로 충분하지 않고 공리주의 철학에 대한 보완으로서 유다이모니아적인 추구를 포함하는 것이 필요하다는 것을 수용한다.

William James

뛰어난 학자인 William James는 자신의 저서인 『심리학의 원리(The Principles of Psychology)』를 통해 심리학에 기여함으로써 잘 알려졌다(James, 1890). James는 종교, 신비주의 및 인식론에 관심을 갖기 전에 미국 보스턴에 있는 하버드 대학에서 의사로 훈련을 받았다(Pawelski, 2009). 그의 '정서(The Emotion)'라는 제목의 장은 긍정심리학으로 인정받기에 가장 적절하다. 그는 거기에서 정서는 우리가 행동을 신체적으로 표현한 후에 출현한다고 제안하였다. 예를 들면 '상식에 따르면 우리가 행운을 상실하면 슬퍼서 울게 되고, 곰을 만나면 놀라서 도망을 가고, 경쟁자에게 모욕을 받으면 화가 나서 때린다. 여기에서 옹호되는 가설은 이런 순서가 틀렸다고 말하는데 ... 우리가 울기 때문에 슬픔을 느끼고, 때리기 때문에 화가 나고, 몸을 떨기 때문에 두려워한다는 것이다...'(James, 1890: 1065-6). 이것은 정서와 표현을 함께 연결 짓는 저술로서의 최초 예가 아닐지라도, 최초 예들 중 하나이다. 생리학, 심리학 및 철학을 연결 짓는 그의 수년간의 노력은 오늘날 마음, 신체 및 뇌를 둘러싼 철학적 논점에 영향을 미친다.

인본주의 심리학

인본주의 심리학은 심리학에서 주도적이던 정신분석이론에 대한 반발로 1950년대 후기와 1960년대 초기에 출현하였다. 인본주의 운동은 심리학에 대한 총체적 차원을 첨가함과 더불어 인간의 사고, 행동 및 경험을 연구하는 데 있어서 권위 있는 패러다임으로서 질적인 연구를 소개하고 이를 굳건히 하였다. 요약하면 인본주의 심리학은 전인간(whole person)에 대한 연구를 강조하는 심리학적 조망이다. 인본주의 심리학자들은 (1) 개인의 행동이 일차적으로 자신의 주변 세상에 대한 지각과 개인적 의미에 의해 결정되고, (2) 개인들은 전적으로 환경 혹은 유전자의 산물이 아니고, 그리고 (3) 개인들은 자신의 인간적 잠재력을 성취하기 위해서 내적으로 주도되고 동기화된다고 믿었다.

인본주의 심리학의 주요 경향은 정신건강 특히 행복, 자족, 황홀, 친절, 돌봄, 공유와 관용 등과 같은 긍정적 속성에 초점을 둔다. 인본주의자는 행동주의자와는 달리 인간이 자신의 운명에 대한 선택과 책임을 갖고 있다고 느꼈다. 이런 조망은 궁극적으로 삶을 과정으로 보는 것으로 모든 인간이 성장과 잠재력을 실현하려는 선천적 추동을 소유하고 있다는 것이다. 인본주의자는 자기의 영적 속성, 세상과 웰빙을 포함하는 것까지 진행하였는데, 이것은 오늘날의 과학 사회에서조차도 논쟁이 되고 있는 영역이다.

그래서 그 이후부터 심리학자들은 삶의 긍정적 측면에 대한 연구에서 나타나는 결함을 자각하였다. 어떤 긍정심리학자들은 인본주의 분야가 진정으로 도약을 하지 못한 이유는 존중받을 만한 경험적 근거를 발전시키지 못하였다는 사실로부터 기인한다고 주장하였다. 이론적 기초의 결핍은 사회 복지를 희생시키는 대가를 치르더라도 자기와 자기 개선과 같은 자아도취적인 선입견을 조장하도록 하였다(Seligman & Csikszentmihalyi, 2000).

Abraham Maslow

0:00:00 TIME OUT

Abraham Maslow는 인본주의 운동과 그것이 의미하는 바를 구현한 몇몇의 저명한 심리학자들 중 한 명이다. Maslow는 여러 분야에 걸쳐 매우 저명한 심리학자이었고 실제로 '긍정심리학'이라는 용어를 명명하였다(Maslow, 1954; 201). Maslow는 대체로 '욕구의 위계' 모형으로 잘 알려졌고 심리학이 인간의 결핍보다는 잠재력에 초점을 둘 필요가 있다는 점을 강조하였다(Bridges & Wertz, 2009). 그래서 그는 심리학에 대한 보다 더 긍정적인 접근을 원하였다. 전체로서의 심리학에 대한 그의 중요한 기여는 동기, 욕구, 자기실현 및 정점 경험에 관한 이론들이다.

> 심리과학은 긍정적인 측면보다는 부정적인 측면에서 훨씬 성공적이었고, 우리에게 인간의 약점, 질병, 죄악에 관해 많은 것을 밝혀 주었으나 인간의 잠재력, 덕, 성취, 가능한 포부 혹은 심리적 탁월함에 대해서는 알려준 바가 거의 없다.
>
> (Maslow, 1954: 201)

불행하게도 긍정심리학은 인본주의와 사이가 좋게 출발하지는 않았다. 시초에는 연구방법론에서 주요한 차이가 있음을 주장하면서 긍정심리학을 인본주의 분야와 분리하려는 경향이 분명히 있었다. 긍정심리학은 웰빙에 대한 과학적 연구이므로 가설을 검증하기 위해서 과학적 방법을 사용한다. 우리는 긍정심리학이 인본주의 운동에 대해 알아야 할 것이 많이 있고 계속적으로 알게 되면 인본주의로부터 분리하려는 욕구가 분파적이고 불필요하다고 믿는다.

인본주의 심리학은 긍정심리학에 대해 인본주의 분야와 자신의 분야를 분리하려는 근시안적인 경향에 대해서 비판하는데, 긍정심리학은 이런 접근을 채택함으로써 주요 발견들의 일반화를 제한한다고 해서 중요한 연구의 영역과 연구방법(질적 연구법)을 배제하였다. 더구나 인본주의 심리학자들은 긍정심리학이 진실로 '과학적'이라는 것을 입증하기 위해서 지나치게 양적 연구에 치우쳐 있다고 느낀다. 이것은 학생들이 긍정심리학 연구를 착수할 때 깨달아야만 하는 매우 중요한 역사적 사실이다. 우리는 진실로 긍정심리학에서 자신의 위치를 이해하기 위해서는 자신이 어디로부터 유래되었는가를 알아야만 한다고 믿는다.

우리는 행복을 측정할 수 있는가?

이것은 긍정심리학의 가장 근본적인 물음 중 하나이다. 실제로 긍정심리학 내의 주제와 개념들이 과거에 연구되지 않은 이유는 그것들을 연구하고 측정하는 것이 불가능하지는 않더라도 피상적이고 너무 어렵다고 믿기 때문이다. 실험적 방법과 동시에 과학적 측정도구를 고안하고 검증함으로써 과학자/심리학자들은 철학적인 덕과 행복의 개념을 대상으로 하여 엄격한 과학적 검증을 한다.

당신은 긍정심리학이 인간의 사고, 감정 및 행동을 이해하기 위해서 과학적 방법을 사용하는 과학이지, 자기조력 기법이 아니라는 사실을 반복적으로 읽을 것이다. 역사적으로 심리학이 처음 시작되었을 때, 주창자들은 생물학이나 화학과 같은 자연과학과 동일하게 과학적 엄격성을 갖추기를 원하였다. 이 과학 분야들은 객관적 검증과 실증주의자의 인식론적 패러다임에 기초를 둔다. 이런 인식론은 세상을 연구하기 위해서 실험, 논리적 연역 및 합리적 사고를 사용하고 따라서 지식은 직접적이고 객관적인 관찰을 통해서 얻어진다. 사실과 지식은 인간성에 대한 법칙과 예언을 가져오고, 인과적 관계(원인과 결과)를 결정할 수 있도록 해준다.

인식론(Epistemology)

0:00:00 TIME OUT

인식론은 지식의 획득에 관심을 두는 철학의 분야이다. 다수의 철학적 관점이 방법론적 패러다임을 둘러싸고 있다. 그러므로 연구자들은 자신들이 믿는 어떤 인식론적 입장이 자신들의 연구물음에 가장 적합한가를 선택해야만 한다. 네 가지 주요한 패러다임들은 후기 실증주의, 구성주의(사회적 구성주의), 지지/참가 그리고 실용주의이다.

그러나 과학적 방법에 대한 몇 가지 비판들이 있고, 우리는 이 책을 통해서 언급을 할 것이다. 우선 그것은 역사적, 문화적 및 사회적 요인들을 인정하지 않는다. 이 방법은 인간을 숫자와 평균으로 환원시킴으로써 인간행동을 과잉단순화시키고 개인을 무시한다(Langdrige, 2004a, 2004b). 더구나 긍정심리학은 '올바른 과학'으로 인정받으려는 시도로서 가치 있는 자료수집법인 질적 연구방법을 사용하는 것을 포기하고, 과학적 원칙 내에서 주제와 결과들을 설명하고 탐색하곤 한다.

✪ 생각해보기

당신은 무엇을 '좋은 증거'라고 여기는가? 무엇이 진실인가? 연구가 전적으로 객관적일 수가 있는가? 당신 스스로 답을 쓰고 그 입장을 지지하는 예를 생각해 보시오(Forrester, 2010: 19).

오늘날 긍정심리학은 어느 위치에 있는가?

앞에서 언급하였듯이 긍정심리학 운동은 지난 여러 해에 걸쳐서 엄청나게 큰 가속도를 받았다. Seligman의 연설 이후에 연구자들은 1999년에서부터 2002년까지 새로운 긍정심리학 분야의 발달에 관해 논의하기 위해서 멕시코의 아쿠말에서 모임을 가졌다. 동시에 연구자들은 네브래스카의 링컨에서부터 워싱턴 DC까지 국내 및 국제 학자들의 모임을 가졌고, 이 학술모임은 계속 번창하고 있다(Linley, 2009).

현재 긍정심리학은 전 세계 수백의 대학에서 학부과목으로 개설되었고 동시에 두 개의 응용 긍정심리학 대학원 과정이 설치되었는데, 첫 번째는 Seligman에 의해 2005년에 펜실베이니아 대학에서 설립되었고 두 번째는 2007년에 영국의 이스트 런던 대학에서 설립되었다.[5] 이탈리아, 포르투갈 및 멕시코는 현재 자신들의 모국어로 긍정심리학 석사과정을 설립하는 중이다.

현재 유럽 긍정심리학 네트워크에 의해 제공되는 여러 개의 학술대회가 있다(Boniwell, 2009). 첫 번째 국제 긍정심리학 학술대회는 2009년 6월 18~21일에 미국 펜실베이니아 주 필라델피아에서 개최되었다. 끝으로 이 운동의 강점에 대한 신호로서 긍정심리학이 자랑할 만한 학술적, 동료평가 학술지인 2006년에 창간된 *Journal of Positive Psychology*를 발간하고 있다는 사실이다.

영국에서 몇몇 긍정심리학 자원들이 긍정심리학 연구의 기반에 기여하고 있

---

5) Ilona Boniwell은 이 책의 저자들이 현재 가르치고 있는 이 프로그램을 설립하였다.

다. 우리(저자)들은 긍정심리학 분야의 리더들을 접촉할 수 있고 동시에 연구와 자문을 위한 협력기회를 제공해주는 London Partnership for Positive Psychology in Practice(LP4) 내에서 작업을 하고 있다. 더구나 영국의 워릭에 있는 Centre for Applied Positive Psychology는 온라인으로 긍정심리학 단기과정뿐만 아니라 자문프로젝트를 운영하고 있다.

긍정심리학의 위치

심리학의 분야는 다수의 상이한 영역들로 나누어질 수 있다. 미국심리학회(APA)는 56개의 분과학회를 갖고 있는 반면에 영국 심리학회는 9개의 공인된 심리학 분야를 갖고 있다—임상, 상담, 교육, 법정, 건강, 신경심리, 직업, 스포츠와 운동 및 심리학 교사/연구자 등이다. 그러나 긍정심리학은 공인된 심리학 분야 중 어디에 적합한가?

긍정심리학이 분리된 분야인가 혹은 전체 심리학을 포괄하는가에 대해서는 의견의 불일치가 있다. 예를 들면 **그림 1.2**는 긍정심리학이 주류 심리학 분야

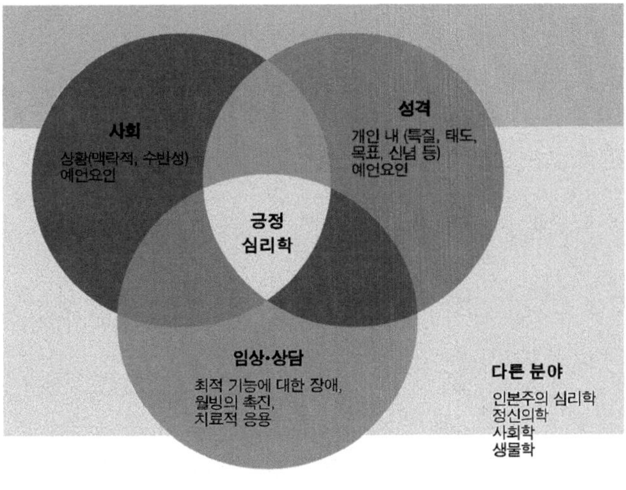

그림 1.2 긍정심리학과 전통적 심리학의 관계

내에서 위치할 수 있는 방식을 보여준다. 다른 연결 분야로는 인본주의 심리학, 정신의학, 사회학, 생물학 등이 있다. 그러나 긍정심리학이 분리된 분야가 되어야 할 것인가에 대해서는 두고 볼 여지가 있다.

긍정심리학은 과거 수년간 급속하게 성장하였고 다수의 영역이나 분야들을 포괄한다. 당신은 이 영역이 전파되고 있는 것을 이해하기 위해서는 **그림 1.3**에 있는 마인드맵을 볼 필요가 있을 것이다.

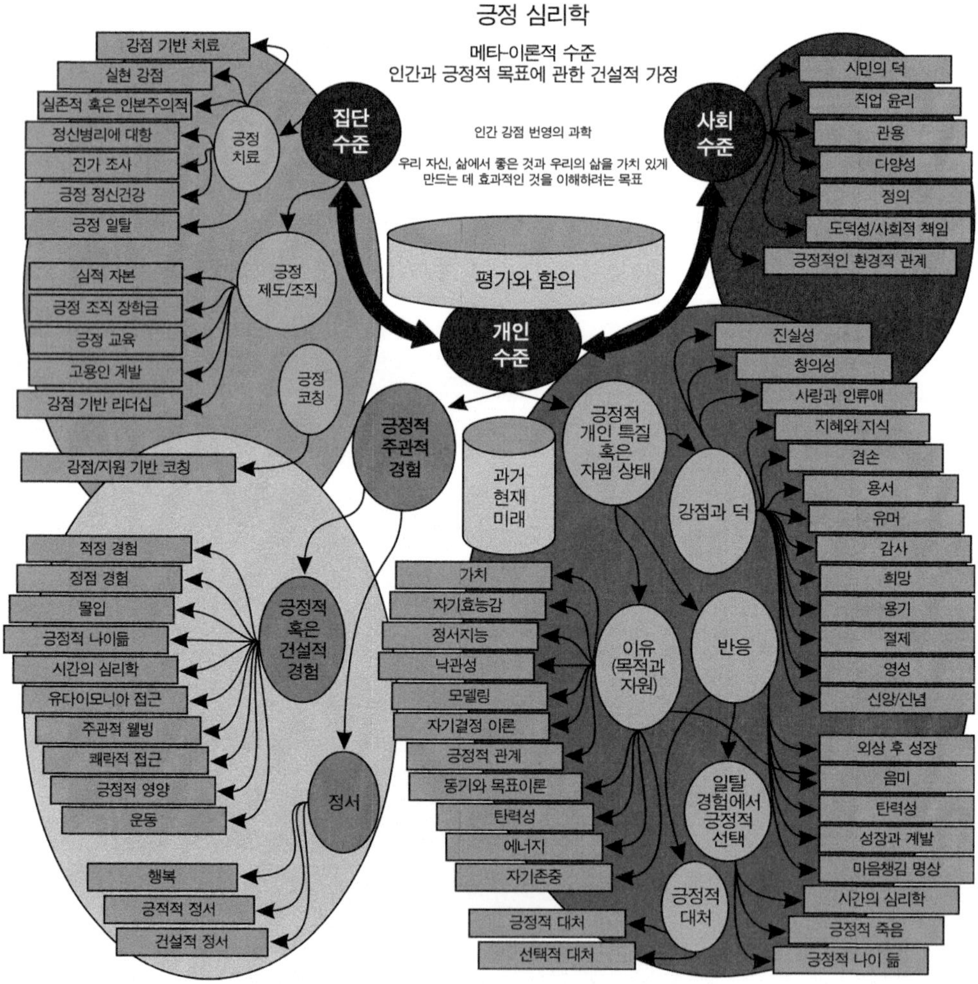

그림 1.3 긍정심리학 마인드맵(Smith, 2008)

✪ 생각해보기

이 마인드맵에서 빠진 것은 무엇일까? 당신이 이 책을 학습해 나가면서 당신 자신의 시각적 마인드맵을 만들어보면 긍정심리학 내의 많은 연결을 이해하는 데 도움을 얻을 것이다.

긍정심리학자들은 심리학이 내재적 동기, 긍정적 정서 및 창의성을 더 많이 이용함으로써 아동교육을 향상시키고, 희망, 의미 및 자기치유를 강조하는 접근법들을 개발하여서 심리치료를 향상시키고, 사랑, 부모자식 관계 및 헌신을 더 잘 이해함으로써 가족생활을 향상시키는 데까지 초점을 확장시켜야 한다고 주장한다. 그들은 사람들에게 진정한 관여를 찾거나, 몰입상태를 경험하거나, 자신의 일에 진정한 기여를 하도록 도움으로써 평생 동안 직업만족도를 향상시켜야만 한다고, 신뢰, 의사소통 및 이타주의를 증가시키는 조건을 발견함으로써 조직과 사회를 향상시켜야만 한다고 그리고 영적 충동을 더 잘 이해하거나 촉진함으로써 사회의 도덕적 특성을 향상시켜야만 한다고 주장한다.

한 가지 주목할 것은 이 전문영역들에서 많은 연구자들이 긍정심리학이 태동하기도 전에 그런 문제들에 관한 연구를 이미 하고 있었다는 점이다. 무엇이 갑자기 이런 영역들의 일부를 말하자면 임상 혹은 스포츠 심리학보다는 '긍정심리학'으로 만들었는가? 예를 들면 1980년대 이래 코치와 운동선수가 정점 수행(peak performance)을 성취할 수 있는 방법에 관한 연구들이 수행되었다. 수집된 광범위한 자료로부터 동기 이론, 계획 행동 그리고 숙달과 성공이 다른 심리학의 영역들과 결합되었다. 특히 스포츠 심리학과 수행 심리학은 동일한 성과를 찾는 것처럼 보인다. 스포츠는, 최상의 수행을 나타낸 사람들을 살펴보고, 번영을 하는 사람을 관찰하여 이 정보를 일반적인 사람과 공유하려고 시도하는 긍정심리학처럼, 자신의 전략을 더욱 더 향상할 수 있는 사람들에게 적용하려는 경향이 있다. 본 저자들은 이 두 영역들의 협동이 긍정심리학에서 필수적이라고 믿는다.

우리가 이 책에서 다루는 주제

상당한 양의 연구가 이루어진 영역들은 주관적 웰빙, 긍정적 정서, 희망, 낙관성, 탄력성, 외상 후 성장, 목표, 의미와 강점을 포함한다(Snyder & Lopez, 2007). 각 장은 긍정심리학에서 유사하고 관련이 있는 영역들을 포괄하도록 구성되었다.

더욱 구체적으로 2장은 긍정적 정서와 정서지능의 개념에 초점을 둔다. 3장은 쾌락적 행복과 주관적 웰빙의 개념을 논의한다. 잇달아 4장은 심리적 웰빙과 자기결정이론을 포함하여서, 유다이모니아 이론을 바탕으로 주관적 웰빙의 개념에 관한 물음을 묻는다. 긍정심리학의 어떤 교과과정도 낙관성, 긍정적 착각 및 희망에 관한 이론을 공부하지 않으면 완전할 수가 없다(5장). 6장은 탄력성, 외상 후 성장, 지혜와 긍정적 나이 듦에 초점을 둔다. 7장은 의미와 목표이론 그리고 이것들과 웰빙의 관련성에 집중한다. 끝부분의 몇 장들은 강점과 훈련들 그리고 우리가 그것들은 조직, 학교 건강센터 및 치료 장면에 응용할 수 있는 방법을 살펴봄으로써 긍정심리학의 응용적 성질에 보다 더 초점을 둔다. 마지막 장은 이 새롭고 흥분되는 분야들이 결국 어디에서 끝날 것인가에 대한 학자적인 예측을 통해서 더욱 비판적인 시각으로 이 분야를 살펴본다.

우리는 긍정심리학의 어제, 오늘 및 내일을 살펴봄으로써 당신들에게 그 주제들이 역사와 수십 년 간 축적된 연구들을 갖고 있다는 것을 보여주기를 희망한다. 그것들은 포괄적인 용어이기 이전에 성과가 있고, 그 운동이 심리학에서 확고한 위치를 차지하는가 여부에 따라 미래에도 계속될 것을 희망한다. 긍정심리학은 인간의 행동, 사고 및 감정의 긍정적 측면에 초점을 두는 특정 연구자들의 집단을 갖고 있으면서 그들에게 공통적 맥락을 제공해 왔다. 실제로 어떤 과학자들은 자신이 긍정심리학자이면서도 그것을 알지 못하고 있을 수도 있다(Diener, 2003).

요 약

당신이 학습목표를 돌이켜 보면 긍정심리학의 주요 목표와 그 구성요소를 지금쯤은 이해해야만 한다. 더욱 세부적으로;

- 긍정심리학은 웰빙과 최적 기능을 주제로 하는 과학이다.
- 긍정심리학에는 주관적 접점, 개인적 접점 및 집단 접점과 같은 세 수준이 존재한다.
- 긍정심리학은 고대 그리스 철학, 인본주의 그리고 여러 정신건강 분야 내에서 풍부한 역사를 갖고 있다.
- 인본주의 심리학은 긍정심리학의 가까운 사촌이지만, 주요한 차이는 긍정심리학이 과학적 방법의 사용에 초점을 둔다는 것이다.
- 우리는 긍정적 정서에서부터 익상과 성장에 이르는 광범위한 주제를 포함한다.
- 긍정심리학은 단순히 '행복학'이 아니고, '전통 심리학'을 보충하려는 의도를 갖는다.

추천자료

www.positivepsychology.org.uk

영국의 긍정심리학 웹사이트이고 선도적인 긍정심리학 연구자들과 그들의 발견에 초점을 둔다.

www.authentichappiness.org

최초의 웹사이트로 모든 선도적인 긍정심리학 도구들에 접근하고, 연구에 참여하고, 그리고 Seligman의 현재 연구를 알아볼 수 있다.

www.ippanetwork.org

긍정심리학 연구자에게 봉사하는 웹사이트로 심리학자와 긍정심리학 대학원생을 위해 준비된 정회원자격으로 접근할 수 있다. 학술대회의 세부일정을 알려준다.

www.enpp.eu

유럽의 긍정심리학 네트워크이고 유럽 내의 각국의 대표, 학술대회 정보와 학술논문요약제출 마감 등을 알려준다.

www.cappeu.com

워릭에 있는 직장에 기반을 둔 응용센터이고, 조직에서 긍정심리학의 응용적 성질을 살펴보고자 하는 사람에게 이상적이다.

www.neweconomics.org

런던에 기반을 둔 선도적인 연구/정책 싱크탱크이다.

보충 질문

1 당신이 긍정심리학에 대해 느끼는 바가 새로운가?
2 이것이 긍정심리학이라면, 모든 다른 심리학들이 부정적이라고 의미하는가? 논의하라.
3 당신은 긍정심리학이 오늘날의 사회에서 필요하다고 생각하는가?
4 당신은 어떤 주제에 대해서 공감을 하는가, 그러면 그 이유는?
5 당신은 긍정심리학의 잠재적 위험이 무엇이라고 생각하는가?

개 인 훈 련

우리는 이 과정을 시작하기 전에 당신이 자신의 현재 행복상태에 관해 생각해보기를 원한다. 당신은 얼마나 행복한가? 당신의 현재 행복수준과 당신이 어떻게 그것을 향상시킬 수 있는가를 알기 위해서 다음의 연습을 해보도록 한다.

1 이것은 급속히 성장하는 치료적 훈련인 삶의 질 치료(Frisch, 2006)에

관한 연습이다. 그것은 '행복 파이(happiness pie)'라고 알려졌다. 당신은 이것을 하기 위해서 백지 한 장을 구하고, 자신의 삶을 나타내는 큰 원 혹은 행복 파이 그리고 가족, 건강, 운동, 목표, 영적 실천, 일과 놀이 등과 같은 데 자신의 에너지를 할당하는 정도를 그린다. 당신은 이것을 훑어보고 각각에 대해 헌신하는 에너지의 정도를 반영하는 파이 조각으로 나눈다. 각 조각의 크기는 그 조각의 중요성을 나타내는가? 예를 들면 가족이 당신에게 매우 중요하지만, 파이의 작은 부분만을 나타낸다면, 어떻게 다른 영역들의 크기를 줄이고 이 특정 영역을 증가시킬 것인가를 생각해보아야 할 것이다. 마지막으로 당신이 이 조각들을 위해 시간을 마련하고 그래서 자신의 웰빙을 증가시킬 수 있는 다섯 가지 방법을 열거한다.

2 우리가 당신에게 해보도록 권하는 두 번째 연습은 당신이 이미 본능적으로 하고 있을 가능성이 있는 것이다. 이것은 당신의 일상적 일들에 대해 단순히 이름과 어떤 구조를 부여하는 것이다. 당신이 이것을 아직 하고 있지 않다면 그 때에는 매우 놀라움을 경험할 것이다(Seligman et al., 2005).

이 연습은 '세 가지 좋은 일(three good things)'이라고 불리는 데 개인의 감사하는 마음을 향상시키려고 개발된 것이다. 다음 주 동안 당신이 잠이 들기 전에 그 날 자신에게 발생한 세 가지 좋은 것들을 적어본다. 그 '일'들은 로또에 당첨되는 것 혹은 졸업을 하는 것과 같이 반드시 기념할 만한 것일 필요는 없지만, 그래도 처음에는 그것을 하는 것이 얼마나 어려운가에 대해 놀라게 된다. 마침내 당신은 시간이 감에 따라 추가되는 삶의 매우 작은 일들을 이해하고 감사하기를 시작하게 될 것이다.

우리는 당신이 '세 가지 좋은 일' 연습을 일주일 동안 실천한 후에 그 과정의 나머지 모든 것을 계속해 보도록 권유한다. 아래의 감사척도를 이용하여 자신의 훈련 전과 훈련 후의 감사점수의 변화를 확인해 보도록 한다.

측 정 도 구

우리가 당신에게 설문지를 채우도록 요청을 하기 전에, 무엇이 '좋은' 설문지인가에 대해 기억을 새롭게 하기 위해서 'TIME OUT' 부분을 살펴보기를 원한다. 수집된 자료는 수집에 사용된 설문지가 좋은 만큼만 좋다는 것을 기억하기 바란다.

0:00:00 TIME OUT

설문지의 질을 평가하기

다음 절에서 좋은 질의 설문지를 만드는 데 포함되는 주요 구성요소들을 살펴볼 것이다(Howitt & Cramer, 2008). 이 요소들은 심리학의 여러 부분에서 발견되기 때문에 측정도구 부분을 다룰 때 명심을 해야 한다.

신뢰도: 이것은 어떤 것이 일관성이 있는가를 평가하는 데 사용되는 것이다. 예를 들면, 동일한 조건하에서 동일한 결과를 생산하는 설문지의 능력이다. 그것은 검사가 비교적 변함이 없이 어떤 것을 측정하고 있느냐 혹은 그렇지 않은가를 묻는다. 점수가 시간적으로 안정적인가? 신뢰도는 어떤 설문지의 필요조건이긴 하지만 충분조건은 아니다.

- 평정자 간/내 신뢰도는 점수가 평정자 간/내에서 일관성이 있는가를 평가한다.
- 검사/재검사 신뢰도는 점수가 시간에 걸쳐서 일관성이 있는가를 평가한다. 연습효과/기분상태는 어떤가? 어떤 검사결과들은 변화할 것으로 기대된다.
- 내적 일관성: 이것은 문항들이 서로 상관이 있는가를 고려한다. Cronbach의 alpha 방법은 그 검사문항을 모든 가능한 반수로 분할하고, 모든 점수 간의 상관을 구하고 모든 분할에 대한 상관계수의 평균을 구한다. 우리는 일반적으로 심리학에서 0.7을 컷오프로 하고 0.8이 넘으면 신뢰롭다고 받아들인다.

타당도: 이것은 설문지가 측정하려고 의도하는 바를 측정하고 있느냐를 의미한

다. 타당도는 설문지의 필요조건이긴 하나 충분조건은 아니다. 당신은 타당도를 정확도로 생각할 수도 있다—설문지가 정곡을 찌르는가? 몇 가지 유형의 타당도가 있다.

- 내용/안면 타당도: 당신의 문항들이 얼마나 대표적인가? 그것들이 액면 그대로 측정하는 구성개념과 얼마나 잘 관련되어 있는가?
- 준거 타당도: 설문서가 측정하려고 의도하고 있는 것을 측정하고 있는가?
- 예언 타당도: 우리가 다양한 장면에서 설문지를 사용한다면 그것이 적절한 결과를 예언하는가? 예를 들면 수학능력 검사는 수학시험에서 성공을 예언해야만 한다.
- 동시타당도: 이 설문서가 동일한 구성개념을 측정하는 이미 타당화된 다른 측정들과 높은 상관을 갖는가? 실제 세상의 관찰과의 비교는?
- 구성개념 타당도: 보다 더 높은 수준의 개념이 조작을 하려고 의도하는 개념의 성질에 대해서 제안되는 예언을 충족시키는 검사에 적용된다.
- 수렴 타당도: 이론적으로 서로 관련되어야만 하는 구성개념들의 측정치들은 사실상 서로 관계가 있는 것으로 관찰된다.
- 변별 타당도: 이론적으로 서로 관련되지 않아야만 하는 구성개념들의 측정치들은 사실상 서로 관련되지 않은 것으로 관찰된다.
- 요인 타당도: 당신의 요인구조는 타당한가? 그것은 직관적으로 의미가 있는가? 문항들이 의미 있는 집단으로 군집을 이룬다면, 요인 타당도가 있는 것으로 추론될 수 있다.

당신 자신의 설문지를 만들기에 대한 조언

- 각 문항들이 단지 하나의 완전한 생각 혹은 아이디어를 담고 있어야만 한다.
- 문항들은 길기보다는 간략해야만 한다.
- 복잡한 문장이 아니어야 한다. 문항의 언어는 단순하고, 접근가능하고, 분명하고, 직접적이어야 한다.

- 이중 부정을 사용하지 않는다.
- 거의 모든 사람이 찬성을 하거나 혹은 아무도 찬성을 하지 않을 가능성이 있는 문항은 안 된다.
- 모호하거나 여러 가지 방식으로 해석될 수 있는 문항은 안 된다.
- 사회적으로 바람직한 반응을 분명히 담고 있는 문항은 안 된다.
- 문항의 내용과 언어는 상이한 연령의 사람, 남성과 여성들에게 적합해야만 하고, 사회경제적 변화를 넘어서 의미가 있어야 하나, 문화 특수적이지 않아야 한다.

생각해보기

평가의 가치는 무엇인가? 사회적 바람직성은 어떤가? 평가에 대한 당신의 이전 경험은 무엇인가?

감사 설문지-6문항 형 (The Gratitude Questionaire-Six Item Form: GQ-6)

(McCullough, Emmons & Tsang, 2002)

지시문

아래에 제시된 척도를 사용하여 각각의 문항에 대해 당신이 동의하는 정도를 나타내는 숫자를 괄호 안에 적어 넣으시오.

1 = **매우 동의하지 않는다**

2 = **동의하지 않는다**

3 = **약간 동의하지 않는다**

4 = **보통이다**

5 = 약간 동의한다

6 = 동의한다

7 = 매우 동의한다

(　　) 1. 나는 삶에서 감사할 것이 매우 많다.

(　　) 2. 내가 감사할 모든 것을 열거한다면, 그것은 매우 긴 목록이 될 것이다.

(　　) 3. 나는 세상을 살펴볼 때, 감사할 것을 많이 찾을 수가 없다.

(　　) 4. 나는 아주 많은 사람들에게 감사한다.

(　　) 5. 나는 나이가 들어감에 따라 내 삶의 이력의 일부였던 사람, 사건 및 상황들에 대해 감사할 수 있음을 알게 된다.

(　　) 6. 오랜 시간이 흘러간 후에야 비로소 나는 어떤 것 혹은 누군가에 대해 감사를 느낄 수 있다.

채점

1, 2, 4 및 5번 문항의 점수를 더한다. 3번과 6번 문항은 역문항 채점을 하여 더한다. 이 역문항 채점된 3번과 6번 문항의 합과 1, 2, 4, 및 5번 문항 점수의 합을 더한다. 이것이 당신의 GQ-6 점수이다. 이 점수는 최하 6점에서 최고 42점이다.

해석

당신의 점수가 35점이면 영성 및 건강 웹사이트에서 GQ-6 검사를 받은 1224명의 사람들 중에서 25% 이상에 속한다. 당신의 점수가 38점이면 당신의 점수는 상위 50%에 속한다. 당신의 41점을 맞았으면 75% 이상의 점수를 받은 것이다. 당신이 42점을 받은 경우에 상위 13%에 속한다.

문화적 및 맥락적 규준을 더 알려면 www.psy.miami.edu/faculty/mmccullough/gratitude/GQ-6-scoring-interp.pdf를 조회해본다.

개관

이 설문서는 당신의 감사수준을 알려준다. 이것은 7점 리커트 척도로 이루어진 6문항을 갖고 있다. 전반적으로 척도는 내적으로 일관성이 있고 (0.82) 그리고 긍정적 정서, 삶의 만족, 활기, 낙관성, 공감, 공유 및 용서와 정적 상관을 보인다. 이것은 우울과 스트레스와는 부적인 관계가 있다.

이 척도는 자기기만, 인상관리 척도와 보통보다 낮은 상관을 보인다 (McCullough et al., 2002).

Positive Psychology: Theory, Research and Applications

CHAPTER

2

정서의 이해

❖ 학습목표

이 장은 긍징 정서의 기원과 기능을 알아보고자 하는 것이다. 어떤 이론가들은 긍정 정서가 단순히 목표를 향한 사람들의 진보의 함수라고 주장한다. 다른 이론가들은 긍정 정서가 건설적 기능을 갖고 있다고 주장하는데 그것은 학습, 창의성 및 놀이를 촉진한다. 이 이론들 그리고 다른 이론들이 개관되고 비판될 것이다. 이 장은 1996년 이래로 대중과 연구의 관심을 많이 받아온 정서지능의 구성개념에 초점을 둔다. 당신은 이 장의 끝에서 긍정 정서를 알아보는 데 적합한 설문지에 응답해 볼 수가 있다.

주제 목록

- 정서와 기분의 정의
- 긍정 정서성의 과학과 신경과학
- '긍정성' 비율의 힘
- 긍정 정서의 확장 및 구축 이론
- 정서에 대한 유전과 성격의 영향
- 정서지능의 두 가지 주요 이론

☻ 학습 전 질문

1 긍정 정서가 유익한(그리고 유해한) 효과를 갖고 있다고 말해질 수 있는 범위를 비판적으로 논의하라.
2 긍정심리학이 우리의 정서지능의 이해에 기여한 바를 비판적으로 논의하라.
3 정서지능의 '능력' 모형과 '혼합' 모형을 비교하고 대비하라.

정서를 정의하기

우리는 당신이 몇 분간을 멈춰서 최근에 '진정으로 행복하게' 느낀 시간에 대해 생각해보는 것을 원한다. 당신이 이것을 끝냈는가? 당신은 무엇에 관해 생각하였는가? 당신이 지금 어떻게 느끼는가? 우리가 이 장을 읽어 나가는 동안 그 느낌을 간직하라. 지금 이곳이 당신에게 긍정 정서라는 흥미로운 영역에 관해 학습을 하는 훌륭한 장소가 되기를 희망한다.

정서(emotions)는 인간의 일부이다. 사실상 우리가 좋든 혹은 나쁘든 간에 정서를 느낄 수 없다면, 의사는 그 이유를 이해하고 치료를 하기 위해서 과감한 검사를 한다. 정서는 '주관적 느낌으로 정의되는 심리적 상태일 뿐만 아니라 특징적인 생리적 각성, 사고와 행동의 패턴'으로 정의될 수 있다(Peterson, 2006: 73). 정서는 과거, 현재 혹은 미래의 특수한 사건 혹은 환경에 초점을 두는 경향이 있다. 그러나 정서는 짧은 시간만 지속될 가능성이 높고, 우리는 발생하는 시점부터 그것을 자각한다.

반면에 기분(moods)은 '막연하거나 혹은 대상이 없거나, 더 장기적으로 지속하거나 배후의 의식을 점유한다는 점'에서 정서와 상이하다(Fredrickson & Losada, 2005: 121). 그래서 정서와는 달리, 기분은 초점이 없고 지속적인 경향이 있다.

심리학자들은 정서를 연구할 때 좋은 감정을 느끼는 우리의 능력을 의미하는 '쾌락 역량(hedonic capacity)'이란 용어에 초점을 둔다(Meehl, 1975). 오늘날 연구자들은 개인이 긍정적/부정적 기분을 경험하는 정도로 정의되는 '정서성(affectivity)'에 초점을 둔다(Peterson, 2006). 긍정 정서성(positive affect)은 어떤 사람이 기쁨, 자족 등을 경험하는 정도를 의미하는 반면에 부정 정서성(negative affect)은 어떤 사람이 슬픔 혹은 공포와 같은 느낌을 경험하는 정도를 의미한다.

더구나 당신 혹은 내가 경험할 수 있는 동일한 사건이 뇌의 개인차로 인해서 상이한 정서반응을 일으킬 수 있을 것이다(Davidson, 2003). 이 차이들은 우리의 정서유형이란 용어로 표현된다. 정서유형(affective style)은 '정서적 반응성의 상이한 변수들에서의 개인차의 범위로서 ... a) 반응역치, b) 반응크기, c) 반응의 정점까지 상승 시간, d) 반응의 회복함수, e) 반응의 지속시간을 포함하는 것'으로 정의된다(Davidson, 2003: 657–8). 뇌의 활동성에 있어서 이런 개인차들은 시간이 경과하여도 안정적이라는 것이 밝혀져 왔다(Tomarken et al., 1992). 과학자들은 또한 잠재적인 위협을 직면한 경우에도 탄력적인 개인들의 뇌를 관찰하였다. 그들은 탄력성이 높은 개인들이 걱정을 다루는 뇌의 영역에서 낮은 활동성을 보이는 경향이 있다는 것을 발견하였다(Waugh et al., 2008).

기본적 인간정서

인간의 정서와 표현에 관한 선도적인 연구자인 Paul Ekman(2003)은 세상, 인종, 연령 및 문화가 상이하여도 공통적으로 발견되는 여섯 가지 기본적 인간정서가 존재한다는 것을 사실로 받아들인다. 이것들은 분노, 혐오, 공포, 기쁨, 슬픔 및 놀람을 포함한다. 또 다른 이론가인 Izzard는 우리가 분노, 경멸, 혐오, 고통, 공포, 죄책감, 흥미, 기쁨, 수치 및 놀람과 같이 10개의 기본정서를 갖고 있다고 주장한다. 물론 다른 연구자들은 상이한 이론을 제시하고 있지만 그래도 이 정서들이 대표적이다.[1)]

1) 두 목록 모두에서 이제서 대다수가 부정 정서인가는 흥미롭다.

우리들은 규칙적으로 정서를 느낄 수 있고 또한 느끼는데, 그렇다면 정서는 우리의 삶, 사고, 행동 및 전반적인 웰빙에 어떤 영향을 미치고 그리고 우리가 정서를 우선시하는 이유는 무엇인가? 부정 정서들의 진화적 이점은 분명한데, 생명을 위협하는 상황에서 우리의 선조들의 생존에 도움이 될 수 있도록 사고-행동 목록(혹은 단순하게 말하면 우리가 생각하는 것과 우리가 하는 행동의 범위)을 좁혀준다. 부정 정서들은 또한 특수한 행동경향성과 관련이 있다. 그래서 우리는 공포를 느끼면 도망가고 싶고, 분노를 느끼면 공격자를 때리고 싶어 한다.

실제적 혹은 잠재적 위험을 처리하는 인간의 뇌의 능력은 진화와 적응적 경향성이 남겨준 부산물이다. 인간과 동물은 긍정 자극보다는 부정 자극에 대해 주의를 더 기울이는 경향성 혹은 편향을 갖고 있다. 인류는 수천 년 전부터 유전자 전달의 단절을 초래할 수 있는 위험 혹은 위험한 상황들에 대해 선택적으로 주의를 기울일 수 있는 경우에만 생존을 하였다. 비록 이런 선택성은 한 때는 유용하였지만, 그로 인해 우리는 자신과 주변에서 올바른 것보다는 잘못된 것에 대해 의식을 좁히게 되었다. 그러나 최근의 연구들은 자기 보고된 긍정 정서 경험에서 높은 점수를 얻은 사람들이 긍정 정보에 대해 주의 편향을 나타낸다는 것을 보여주었다(Strauss & Allen, 2006).

그러나 긍정 정서가 어떤 소용이 있으며, 어떤 행동목록을 갖고 있는가? 이것은 우리에게 긍정 정서의 '확장-및-구축(broaden-and-build)' 이론을 제공한다. Fredrickson은 1990년대 초기에 자신의 획기적이고 널리 수용되는 긍정 정서의 확장-및-구축 기능 이론에 관한 연구를 착수하였다(Fredrickson, 2001). 그녀의 연구는 몇몇의 실험실에서 통제된 실험들로 이루어졌고 긍정 정서가 우리의 사고-행위 목록을 확장시키고, 부정 정서로부터 원상회복을 시키고 그리고 탄력성을 육성시킨다는 것을 증명하였다(Fredrickson, 2009).

확장 효과

Fredrickson의 긍정 정서 연구실은 긍정 정서의 확장효과를 반복적으로 검증하였다. 그들은 우리가 주요한 긍정 정서 중 어떤 것을 경험할 때 마음이 개방되는—혹은 확장되는—경향을 보이고, 따라서 '새로운 사고'를 할 수 있다고 제안한다. 이것은 우리가 사고패턴을 확장시킬 때 상황을 전반적으로 보는 경향이 있어서 당면한 과제에 대한 대안적인 해결책을 찾아내는 것을 돕기 때문에 중요하다. 우리는 또한 창의적이 되는데, 긍정 정서가 언어창의성 과제를 잘 수행할 수 있도록 한다는 것이 발견되었다.

구축 효과

긍정 정서는 대안적 전략에 대해 우리의 마음을 단순히 개방시키는 것만이 아니다—연구에 따르면 확장효과를 가진 긍정 정서경험은 개인적 자원들을 축적시키는 능력이 있어서 우리가 필요할 때 사용할 수 있도록 해준다. 이것들은 지적 자원(문제해결, 학습에 대해 개방적인), 신체적 자원(심혈관계의 건강, 신체조정력), 사회적 자원(우리는 관계를 유지하거나 새로운 관계를 맺을 수 있다) 및 심리적 자원(탄력성, 낙관성, 정체감 및 목표지향)이다.[2)] 이것들이 발달하면 상승적 순환을 통해서 자원을 계속 축적하도록 하여 긍정 정서를 더 많이 유발한다(**그림 2.1** 참조).

원상회복 효과

당신이 다음에 스트레스 경험을 직면하면 긍정 정서의 원상회복 효과(undoing effect)를 생각해보도록 하라. 원상회복 효과는 단순히 '긍정성은 부정성에 따른 심혈관계 후유증을 가라앉히거나 혹은 그것으로부터 원상회복시킨다는 이론이다'(Fredrickson, 2009: 105). 그래서 우리가 불안 혹은 스트레스 혹은 어떤 다른 부정 정서들은 느낄 때, 긍정 정서를 경험하는 것은 어떤 다른 유형의 정서를 경험하는 것보다 신체가 매우 신속하게 정상적인 생리적 기능을 회복하는

2) 흥미롭게도 새로운 연구는 이미 언급된 다른 연구들과 더불어 종교적이고 영적인 자원을 축적시키는 긍정 정서의 잠재력을 살펴보았다(Saroglou et al., 2008).

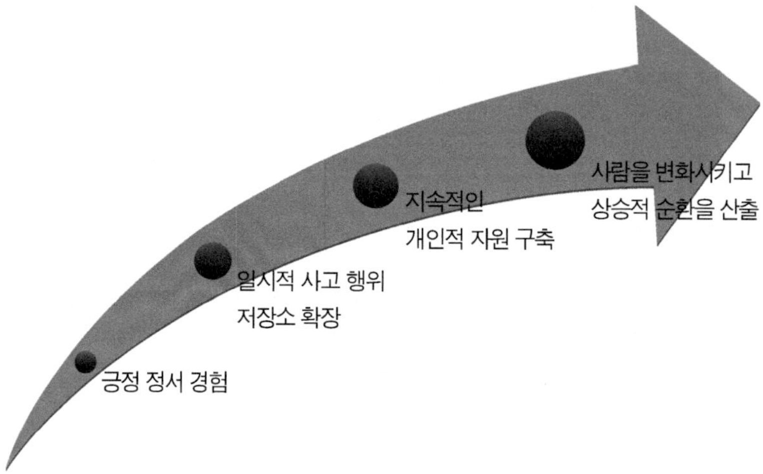

그림 2.1 긍정 정서의 확장-및-구축 이론(Fredrickson, 2001)

것을 도울 수 있다(Fredrickson & Levenson, 19980. 연구는 이것이 형태재인과 같은 인지과제까지 연장될 수 있는가를 발견하려고 시도되고 있다(Falkenstern et al., 2009).

❦ 나비

불행하게도 우리는 봄에 나타나는 아름다운 나비에 대해 이야기하고 있는 것이 아니다. 이 나비는 번영하는 경영팀을 위한 긍정 정서와 부정 정서의 이상적 비율을 해결하기 위해서 Losada와 Fredrickson(2005)에 의해 수행된 매우 복잡한 수학공식의 결과이다. Losada는 60개의 경영팀 즉 높은 수행(n=15), 중간 수행(n=26) 및 낮은 수행(n=19)의 경영팀을 대상으로, 그들이 질문을 하느냐 혹은 말로 알리는가(물음-주장) 그리고 그들의 말이 자신에 대한 것인가 혹은 다른 사람들에 대한 것인가 등을 통해서 부정적 상호작용에 대한 긍정적 상호작용의 경험의 비율을 연구하였다. Losada는 관찰된 상호작용으로 비선형적 역동모형을 계산하였는데, 주장보다는 물음을 많이 하는, 6:1의 긍정적 상호작용 대 부정적 상호작용을 보이고 그리고 자신보다는 타인에 대해서 많은 논의를 하는 경영팀이 가장 높은 수행을 나타내었다. 이 연구는 Barbara Fredrickson과 공동연구를 하도록 만들었는데, Fredrickson은 이 기법을 이용하여 인간의 번영을 위한 최적의 긍정 정서 대 부정 정서의 비율이 3:1이라는 것을 확인하였다.

원문을 보려면 Fredrickson & Losada(2005)를 참조

어떤 긍정 정서가 중요한가?

다수의 전집을 대상으로 하는 수십 년 간의 연구를 통해서 10개의 긍정 정서들이 가장 많이 연구되었고 동시에 일상생활에서 널리 경험된다. 발생순서로 보면 Fredrickson의 상위 10개 긍정 정서는 기쁨, 감사, 평온, 흥미, 희망, 자부심, 재미, 영감, 경이 및 사랑이다(Fredrickson, 2009). 사랑은 모든 다른 9개의 정서를 포함한다는 점에서 독특하고 타인이 있는 경우에 유발될 수 있다. 그러므로 사랑이 가장 많이 경험되는 인간 정서라는 것은 거의 틀림없다.

생각해보기

Fredrickson은 정서가 개인적이고 상이한 사람에게는 상이한 경우에 유발될 수 있다는 것을 분명하게 해준다. 그녀의 상위 10개의 정서들 중 하나를 선택하여 생각해 보시오. 지나치게 분석을 하지 않고, 단지 그것에 대해서 생각만을 하라 ...

내가 가장 최근에 이 감정을 느꼈던 때는 언제인가?
내가 어디에 있었는가?
내가 무엇을 하고 있었는가?
도대체 무엇이 나에게 그 감정을 느끼게 해 주었는가?
나는 그 감정을 일으키는 더 많은 자극요인에 대해 생각할 수 있는가?
나는 이 감정을 육성하기 위해서 무엇을 할 수 있는가?

(Fredrickson, 2009: 40)

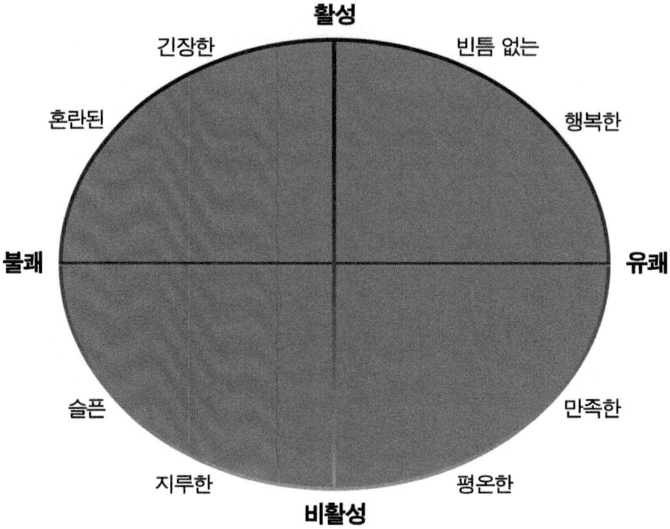

그림 2.2 정서의 원형 구조 모형(Carr, 2004)

정서는 모두 동일한 방식으로 발생하지는 않는다. 정서의 원형 구조 모형(Russell, 1980; Larsen & Diener, 1992)은 정서가 빈도와 강도라는 두 가지 조직화 원리로 나타나는 이차원의 원형구조로 존재한다고 가정한다(**그림 2.2**). 이 모형과 관련된 논점이 존재하는데, 주로 이것이 자기보고 자료를 이용하여 만들어졌고, 객관적 증거를 포함하지 않았다는 사실에서 비롯된다. 더구나 우리는 이것들이 유일하게 가용한 차원이라고 말할 수 있는 정도까지 인간의 정서를 일반화하였는가?

더구나 연구자들은 두 개의 상이한 유형의 긍정 정서가 존재한다고 제안하였다(Gilbert et al., 2008). 첫 번째 유형은 추동/추구를 통제하는 도파민 체계와 연결될 수 있는 반면에 다른 체계는 진정/자족을 유도하는 아편/옥시토신 체계와 연결될 수 있을 것이다. Gilbert 등(2008: 182)은 긍정 정서가 실제로 활성화된 긍정 정서, 이완된 긍정 정서 그리고 안전/자족적 긍정 정서와 같이 세 가지 배후의 요인들에 의해 중개된다는 것을 발견하였는데, 후자는 우울, 불안, 스트레스, 자기비판 및 불안정 애착과 부적 상관을 보인다.

긍정 정서는 어디에서 비롯되는가?

긍정 정서들이 성공과 웰빙에 필수적이라면 그것들이 어디로부터 비롯되는가를 이해하는 것이 중요하다. 현재 긍정 정서가 나타나는 방식에 관해 두 가지 주요한 이론이 있다.

- 우리의 물질적인 뇌를 통해서(Davidson, 2003; Davidson et al., 2003) 그리고
- 우리의 중요한 목표를 향해 나아가는 지각된 진보의 속도(Carver & Scheier, 1990)를 통해서 발생한다.

심신 이원론

0:00:00 TIME OUT

그리스 철학자인 아리스토텔레스와 플라톤은 세 가지 분리된 속성인 마음, 신체 및 영혼에 의해서 인간의 자기(self)를 논의하였다. 17세기에 '나는 생각한다, 고로 나는 존재한다'라는 유명한 말을 한 데카르트가 나타난 후에야 비로소 사회는 비물질적인 마음(의식, 자기 자각)과 물질적인 신체(뇌-지능)의 존재 사이에서 데카르트의 이원론이라고 알려진 장기적인 논쟁을 시작하였다.

과학자들에 따르면 두 가지가 분리되어 있다는 논쟁은 서로 간의 복잡한 상호작용—신체와 마음이 서로 영향은 주는 것—을 보여준 연구에 비추어 보면 낙후된 것이다. 연구자들은 일차 체감각피질이 신체로부터 뇌까지 감각정보를 전달하는 데 관여한다는 것을 확인하였다(Ratey, 2001).

뇌를 살펴보기

상대적으로 말하면, 심리학은 전적으로 새로운 과학이다. 더구나 긍정심리학은 잘 확립된 다른 학파에 비해서 신생아나 다름이 없다. '자연 과학'으로부터

제기되는 심리학에 대한 가장 커다란 비판 중 하나는 심리학이 현실 혹은 진실을 측정하기 위해서 자기 보고에 지나치게 의존하고 있다는 것이다.[3)]

그러나 1990년대 이래로 심리학은 뇌와 그 기능에 접근할 수 있는 기계를 이용함으로써 도약하여 왔다. 예를 들면 심리학자들은 기능 자기 공명 영상법(functional magnetic resonance imaging: fMRI)을 통해서 뇌의 어떤 부분이 사용되는지 혹은 어떤 세포들이 흥분하는지를 알아볼 수 있다. 이것은 과학자들로 하여금 낮은 침입성을 갖고서도 뇌의 모든 부분에 접근할 수 있도록 해준다. 비용과 그런 첨단 장비에 대한 접근이 제한되어 있는 심리학자들은 대안적으로 두피에 부착된 전극을 통해서 뉴런의 활동을 검색하는 뇌전도(electroencephalograph: EEG)를 사용할 수 있다. 결국 이 기계들은 인지심리학자와 신경심리학자들로 하여금 다른 생리적 표지 혹은 정서적 표지를 대응시키려는 시도를 하기 위해 뇌에 접근하는 것을 허용해준다(Ratey, 2001).

뇌전도와 fMRI는 과학자로 하여금 긍정 정서의 경험과 관련된 뇌에서 두 개의 핵심적인 구성요소는 전전두피질(prefrontal cortex: PFC)과 편도체(amygdala)인 것 같다는 사실을 확립하는 것을 도왔다. 전전두피질은 정서와 정서조절의 중추인 반면에 편도체의 활동증가는 높은 수준의 부정 정서를 예측해 줄 수 있다(Davidson, 2003). PFC는 목표의 설정과 그것을 성취하는 방법을 고안하는 것을 가능하게 한다(Davidson, 2003). 그것은 장기적 목표와 비교하여 일상적인 경험을 점검하며, 때때로 지연된 만족을 취하도록 주도한다. 그러므로 좌측 PFC의 활성화가 낮은 개인들은 목표 지향적 행동을 시작하거나 혹은 충동을 조절할 수 없다. 더구나 우측 PFC의 증가된 활성화를 보이는 사람들은 정서를 조절하는 데 어려움을 보고한다.

0:00:00 TIME OUT

뇌

우리의 마술적이고 경이로운 뇌 속에는 행복의 경험과 연결된 몇 가지 체계들이 존재한다. 뇌는 세 가지 범주로 나누어질 수 있다.

3) 진실과 객관성의 개념은 1장에서 논의되었다.

파충류 뇌: 뇌 구조 중 가장 오래된 부분으로 우리가 선조들과 공유하고 있다. 이 부분은 체온조절, 수면 및 각성과 같은 기본적 기능들을 통제한다.

구포유류 뇌: 이 부위는 변연계를 포함하고, 정서의 요소와 더불어 생존을 위한 운동을 통제한다.

신포유류 뇌: 피질로 알려졌는데, 뇌에서 가장 최근에 진화한 구조로서 추상적 사고, 계획하기 및 낮은 기능의 기술들에 대한 통제를 가능하게 한다(Ratey, 2001).

행복의 조절에 관여하는 특수한 뇌 부위는 다음을 포함한다.

보상체계: 이것은 쾌락의 감정을 유도하는 데 관여한다.

쾌락체계: 그 사람이 하는 것, 보는 것 혹은 듣는 것 중 무엇이 좋은가를 인식하게 해준다.

도파민: 이것은 쾌락중추에 관여하는 핵심적인 신경전달물질이다. 낮은 수준의 도파민은 동기수준을 낮출 수 있는 반면에, 높은 수준의 도파민은 경조증을 초래할 수 있다(Ackerman, 2009).

복측 피개 영역: 이 영역은 흑질이라는 구조와 함께 도파민 체계의 핵심영역이다.

측핵: 이 구조는 뇌의 보상체계에서 매우 중요한 역할을 한다. 변연계의 일부로서 신경전달물질인 도파민을 가장 높은 수준의 농도로 유지하고 있는 '쾌락중추'라고 여겨진다. 중독성 약물(예, 코카인)은 이 영역을 표적으로 한다.

전전두피질: 이 영역의 뇌는 작업기억에 관여한다.

안와전전두피질: 이것은 의사결정이 이루어지는 뇌 영역이다.

뇌손상의 효과를 알려주는 초기의 연구로부터(Gainotti, 1972; Sackeim et

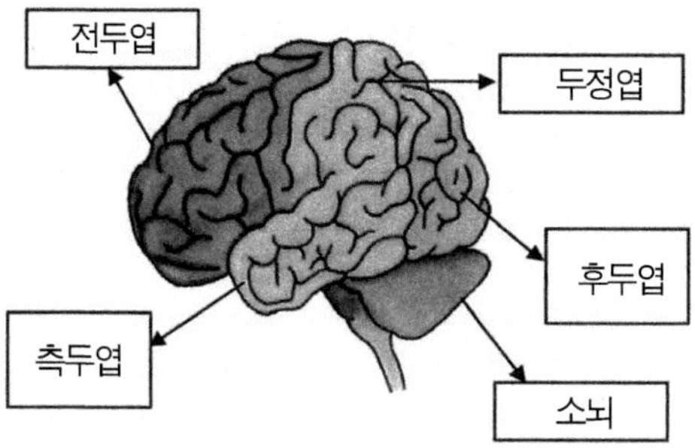

그림 2.3 뇌의 기본 구조

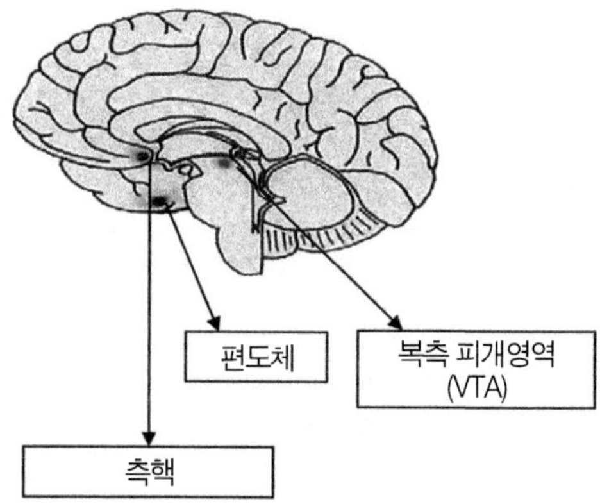

그림 2.4 쾌락 중추

al., 1982), 연구자들은 전방 좌측 PFC와 긍정 정서 사이의 연결을 발견하였다. 구체적으로 보면 우리가 긍정 정서를 경험할 때 이 뇌 부위는 활성화되고 우리가 불안 혹은 우울을 느낄 때는 억제된다(Wheeler et al., 1993; Davidson et al., 2000). 그러므로 우리의 뇌는 두 체계—접근체계(긍정 정서)와 회피체계(부정 정서)—로 분할되어 있다.

이 체계와 정서는 목표성취와 직접 연결되어 있다. 그래서 우리는 바람직한 목표에 다가가도록 해주는 행동을 할 때 긍정 정서가 증가하는 것을 느낄 것이다. 그러나 우리는 위협을 직면할 때 우리로부터 그 상황을 제거해주려고 시도하고 이에 따른 반응으로 부정 정서를 느끼기가 쉽다. 행동 활성화 체계(behavioral activation system: BAS)는 보상에 대해 더 민감하고 반응적이므로 사람들을 더욱 외향적이고 충동적으로 만들어주는 반면에 행동 억제 체계(behavioral inhibition system: BIS)는 위협에 더 민감하고 불안과 신경증을 불러일으킨다.

그러면 뇌로 하여금 어떤 정서유형을 발달시키도록 만드는 것은 무엇인가? 사회적 영향, 활성화 패턴, 신경발생 및 유전자 표현을 포함하는 다수의 이론들이 존재한다(Davidson et al., 2000). 가소성에 관한 연구를 통해서 첫 번째 이론에 대한 많은 증거가 있다. 특히 과학자들은 양호한 환경에서 길러진 설치류가 통제집단에 비해서 PFC와 편도체(정서와 정서조절 영역)의 회로에서 중요한 변화를 보인다는 것을 발견하였다. 더구나 그 증거는 또한 이 영역의 변화가 출생에서부터 발생할 필요가 없다는 것을 시사한다. 성숙 후의 풍요로운 환경은 뇌의 정서조절 영역의 회로에 중요한 영향을 미칠 수 있다(Davidson et al., 2003).

정서, 목표 및 불일치 이론

목표가 인간에게 왜 그렇게 중요한가? 정서신경과학자들은 우리가 BAS 혹은 BIS를 사용하느냐에 따라 정서가 달리 나타날 것이라고 믿는다. Charles Carver와 Michael Scheier는 목표와 자기 조절 그리고 이것들이 정서적 웰빙에 미치는 영향을 연구하였다. 7장에서 목표가 더 많이 다루어질 것이다. 그들의 통제이론 조망(control-theory perspective)은 행동과 자기 조절에 기초를 둔다. 우리가 스스로 목표(큰 혹은 작은, 신체적 혹은 정신적)를 설정할 때 이것은 우리의 "준거치(reference value)"가 된다. 그 다음으로 우리는 자신이 현재 있는 곳과 있기를 원하는 곳 사이의 거리를 최소화시키려고 노력하는 불일치 루프(discrepancy loop)라고 알려진 것을 실행한다(Carver & Scheier, 1990).

Carver와 Scheier(1990-2009)는 우리들이 항상 목표에 비추어 생각하고 행동한다는 것을 가정한다. 우리는 하루, 일생 혹은 어떤 사건 등을 거치면서, 계속적으로 자신의 현재 상태를 어떤 표준적 혹은 바라고 있는 목표에 비교하여 평가를 한다. 사람들은 현재의 위치와 그들이 원하는 위치(준거치) 사이의 불일치가 있으면 준거치에 가까이 가려는 희망을 갖고 행동을 조정할 것이다.

그러나 때때로 우리가 목표를 성취하는 경로에는 외적 영향 혹은 방해가 존재한다. 개인들은 방해를 극복하기 위해서 자신의 기대 혹은 환경조건 중 어떤 것을 조정할 필요가 있다. 우리가 긍정 정서 혹은 부정 정서를 경험하는가를 결정하는 것은 진보 자체보다는 진보의 속도라는 것을 주목할 필요가 있는데, '부정 정서는 목표를 향한 부적당한 진척으로부터 초래되는 반면에 긍정 정서는 미래의 성공을 위한 진척으로부터 발생한다'(Carver & Scheier, 1990).

긍정 정서와 다른 사람들

우리는 긍정 정서를 느낄 때 다른 사람들과 연결된 것을 느끼고, 실제로 자신을 개방하고 그리고 다른 사람을 자신의 자기감에 포함시킨다(Waugh & Fredrickson, 2006). 긍정 정서는 우리에게 둘이라기보다는 하나로 느끼게 한다. 이런 포함의 부수적 효과는 다른 사람에 대한 개인적 관계에 커다란 영향을 미친다. 우리는 다른 사람을 자신의 자기개념의 일부로 볼 뿐만 아니라 다른 사람의 복합성과 조망을 이해할 가능성이 높아지고 이에 따라 관계적 유대를 향상시킬 것이다(Waugh & Fredrickson, 2006).

비교 문화 연구는 긍정 정서를 느끼는 것이 이기적 추구가 아니라는 것을 보여준다. 사실상 우리는 긍정 정서를 경험함으로써 자신의 관점뿐만 아니라 다른 사람들의 관점도 인식하는 보다 더 광범위한 조망을 가질 수 있고, 따라서 다른 사람들과 더 강한 관계를 발전시킨다. 다른 사람들에 대한 연결은 우리가 이미 알고 있는 사람들을 넘어서 확장된다. 사실상 Fredrickson은 긍정 정서를 유도하는 것이 같은 인종 편향(own-race bias)에 대해 저항을 하거나, 그것을 거의 제거해주는 것을 돕는다는 증거를 발견하였다. 같은 인종 편향은 사람들이 다른 인종의 구성원을 재인하는 데 능숙하지 않아서 인종주의와 인종차별을 발생시킬 수 있는 심리적 현상이다. 더구나 긍정 정서가 다른 문화적 관점을 이해하는 데 영향을 미칠 수 있으므로, 높은 수준의 긍정 정서를 느끼는 사람은 더 넓은 조망을 취할 수 있고 상이한 문화적 맥락의 출신인 누군가에 대해 높은 동정심과 자비심을 나타낸다는 것을 보여주는 증거도 있다(Nelson, 2009).

생각해보기

다음번에 당신이 약간 우울함을 느낄 때 자신이 좋아하는 사람을 찾아보라. 연구는 우리가 좋아하는 사람을 보는 것만으로도 활력의 증가, 면역체계 기능과 기분의 향상과 같은 즉각적인 생리적 및 심리적 이점이 있다는 학술적 증거를 보여준다. 그래서 오늘 당신은 좋아하는 사람과 데이트를 하고 그리

고 긍정 정서를 흠뻑 즐겨라! (Matsunaga et al., 2008)

긍정 정서의 쇠퇴

긍정 정서를 경험하고 탄력적인 경향을 보이는 사람들도 어떤 다른 사람들만큼이나 슬픔과 불안을 느낄 수 있다는 것을 분명히 하는 것이 중요하다. 그러나 그들은 긍정 정서를 경험하지 못하는 사람들보다 신속하게 부정 정서로부터 자신을 벗어나게 해주는 것을 돕는 자원에 의지할 수 있는 것 같다(Fredrickson, 2009).

긍정 쇠퇴는 또한 우울 증상의 방지와 관련하여 필수적이다. 탄력적인 개인들은 긍정 정서를 유지하고 조절하는 독특한 능력을 갖고 있다. 불쾌감을 느끼는 개인들과 느끼지 않은 개인들은 정서들에 대해 동일하게 반응을 하기 때문에 우선 그 정서에 반응을 하는 능력보다는 그 정서를 유지하고 조절하는 능력에 차이가 있는 것처럼 보인다(McMakin et al., 2009).

긍정 정서를 유발하는 활동을 추구함으로써 우리는 생존과 생식의 확률을 높여주는 자원(심리적, 사회적 등등)을 축적한다. 긍정 정서는 건강과 웰빙을 표시해 주거나 신호해줄 뿐만 아니라 건강과 웰빙을 증진시킨다. 앞서 언급되었듯이 최적의 비율은 세 가지 긍정 정서에 대한 한 가지 부정 정서이다.[4] 긍정 정서의 수준에서 높은 점수를 받은 개인들은 더 나은 결혼생활과 직무만족, 더 많은 신체적 활동 그리고 더 양호한 수면 패턴을 보고하는 경향이 있다. 그러나 우리가 선행하는 요인이 어떤 것인가를 결정할 수 없을 때는 그런 횡단적 연구를 조심스럽게 다루어야 한다—사람들이 잠을 잘 잠으로써 더 많은 긍정 정서를 경험하는가 아니면 그 반대인가? 많은 연구들이 이 변인들에 대한 인과적 연결을 결정하기 위해서 필요하다.

---

4) 비율이 12:1로 기울어지면 해롭게 되는 것으로 보인다.

성격과 긍정 정서

성격(personality)은 심리학 내에서 뜨거운 주제이고 우리가 생각하고 느끼고 행동하는 방식에서의 개인차에 관해 관심을 둔다. 성격은 "어떤 사람의 삶의 상황에 대한 반응을 특징짓는 독특하고 비교적 지속적인 사고, 감정 및 행동의 방식"으로 정의될 수 있다(Passer & Smith, 2006: 420). 대부분의 심리학 분야들은 자신들이 사용하는 개념과 상관을 구하기 위해서 NEO Big Five 성격특질을 사용한다('TIME OUT' 부분을 참조). 현재 문헌은 성향적인 긍정 정서와 외향성 사이에 강한 상관이 있다는 것을 보여준다(Costa & McCrae, 1980; Shiota et al., 2006).

행복과 가장 확실한 관계를 갖는 두 개의 성격은 외향성과 신경증인데, 외향성은 10년 후의 웰빙을 예언해 준다. 외향적인 사람들은 긍정 정서를 경험할 가능성이 높고, 긍정 정서를 보다 더 강하게 경험할 것이다. 게다가 관계에 있어서 우리의 애착유형이 긍정 정서를 느끼는 능력에 영향을 미칠 수 있을 것이다. 안정애착이 불안정애착에 비해 낭만적 관계에서 높은 수준의 긍정 정서와 관련이 있다. 반면에 신경증은 우울증 및 낮은 수준의 웰빙과 일관성 있게 연결된다.

0:00:00 TIME OUT

다섯 가지 성격특질

Costa와 Macrae(1992)에 의하면 개인들이 각기 어느 정도 수준으로 소유하고 있는 다섯 가지의 주요한 성격특질이 존재한다. 그것들은 다음과 같다.

1 **외향성**(extraversion): 외향성에서 높은 점수를 보이는 개인들은 사교적이고, 말이 많고 그리고 어떤 집단 활동의 기회가 있을 때에는 어울리는 경향이 있다. 낮은 점수를 받은 사람들은 내성적이고 조용하고 수줍어하는 것으로 여겨지고 혼자 있기를 선호하는 경향이 있다.

2 **우호성**(agreeableness): 우호성에서 높은 점수를 보이는 개인들은 즐겁고, 온정적이고 다른 사람들의 욕구에 대해 공감을 나타내는 경향이 있다. 낮

은 점수를 나타내는 개인들은 신뢰할 수 없고, 의심스럽고, 비판적이고 그리고 조금은 고집이 센 경향이 있다.

3 **성실성**(conscientiousness): 성실성에서 높은 점수를 보이는 개인들은 근면하고, 효율적이고 그리고 믿을 만하다는 의미에서 높은 수준의 근성을 갖는 경향이 있다.

4 **신경증**(neuroticism): 신경증에서 높은 점수를 보이는 개인들은 높은 수준의 불안과 불안정을 경험하는 경향이 있고, 정서적으로 변덕스러울 수가 있다. 낮은 점수를 보이는 개인들은 좀 더 평안하고 안정적이고 침착한 경향이 있다.

5 **경험에 대한 개방성**(openness to experience): 경험에 대한 개방성에서 높은 점수를 보이는 개인들은 독창적이고 예술적인 경향이 있다. 낮은 점수를 보이는 개인들은 동조적이고 그리고 창의적이지 못한 경향이 있다.

Shiota 등(2006)은 생존적 적합성을 가진 것으로 알려진 7개의 긍정 정서 즉 기쁨, 자족, 자부심, 사랑, 자비, 재미 및 경이들 간의 상관을 살펴보았다. Big Five와 상관을 계산하였을 때 7개 모두가 외향성과 정적인 상관을 나타내었다. 성실성은 기쁨, 자족 및 자부심과 같은 동기요인에 초점을 둔 정서와 상관이 있다. 우호성은 사랑 및 자비와 상관이 있다. 경이는 재미, 기쁨, 사랑 및 자비뿐만 아니라 개방성과 강한 관련이 있다. 신경증은 사랑, 자족, 자부심 및 기쁨과 부적인 상관을 갖고 있다. 이 상관은 또래의 보고와 비교분석한 후에도 존재한다.

성격특질과 증가된 웰빙에 대한 다른 연결들은 낙관성, 주장성, 정서적 안정성, 외로움 및 자기존중을 포함한다. 그러나 흥미로운 연결에도 불구하고 긍정심리학은 성격과 긍정적 삶의 결과 사이의 분명한 인과적 연결을 보여주어야만 한다(Holder & Klassen, 2009). 더구나 성격과 긍정적 삶의 경험/결과에 대한 대다수의 연구는 성인들을 대상으로 이루어졌고, 앞으로의 연구는 더 강한 인과적 연결을 결정하기 위해서 모든 연령층을 포함할 필요가 있다. 끝으로 Holder와 Klassen(2009)은 성격과 웰빙을 이해하는 것의 장점이 성격유형에 적절한 훈련을 적용하는 연구자의 능력을 향상시켜서 최대의 잠재력을 성취하는 것을 희망한다.

얼굴과 긍정 정서

미소를 짓는 것은 긍정 정서를 경험하는 능력과 상관이 있는가? 뒤셴 미소(Duchene smile)의 존재는 진정한 행복/긍정 정서의 객관적 측정으로 간주되어 왔다. 뒤셴 미소의 출현을 관찰한 연구들은 뒤셴 미소와 사별 후의 슬픔과 고통의 지속시간, 낮은 부정성, 높은 유능성, 다른 사람으로부터의 높은 긍정적 평정 그리고 나이가 든 후의 높은 웰빙 사이에서 정적 상관이 있음을 발견하였다. 또한 Johnson 등(2010)은 사람들이 진정으로 미소를 지으면 그들의 사고패턴이 즉각적으로 확장된다는 실험적 증거를 발견하였다.

졸업 앨범

당신은 졸업 앨범 사진에서 미소를 지었는가? 그리고 그것은 진짜(뒤셴) 미소였는가 아니면 거짓(팬 아메리칸) 미소였는가? 이 작은 차이가 당신의 미래의 웰빙을 예측하는 데 있어서 중요할 수 있다. 캘리포니아 대학 버클리의 연구자들인 Dacher Keltner와 LeeAnne Harker는 밀즈 대학의 1960년 졸업앨범에서 141명의 여고 졸업생(18세)의 사진을 분석하였다. 미소를 지었던 학생들은 세 번(27, 43, 52세)에 걸쳐 접촉되었고 삶의 만족도와 결혼 만족도에 관하여 질문을 받았다. 30년 후에도 18세에 진짜 뒤셴 미소를 지었던 여학생들은 결혼을 하여서 결혼생활을 유지하고 있을 확률이 높을 뿐만 아니라 높은 수준의 웰빙과 삶의 만족도를 보고하고 있다.

원문을 보려면 Harker & Keltner(2001)를 참조

정서지능

정서지능(emotional intelligence: EI)은 대중 심리학 내에서 널리 사용된 용어이다. Salovey와 Mayer(1990: 189)는 EI를 '자기 자신과 타인의 감정과 정서를 검색하고, 그것들 사이의 구분을 하고 그리고 이 정보를 자신의 사고와 행위를 안내하는 데 사용하는 능력"으로 정의한다. 끝으로 연구자들은 정서가 용도를 갖고 있지만(Davidson, 2003) 이상적 목적을 위해 존재하는 것이 아니라고 믿었다. 우리의 정서는 우리에게 사람들과 상황에 대해 어떻게 느끼고 있는가를 알려주는 정보를 보내는 데 능숙하다. 정서의 억압은 우리의 웰빙에 해로울 수가 있으므로 정서를 더 많이 자각하려는 시도는 중요하다(Mayer & Salovey, 1993; Mayer et al., 2001, 2004).

획기적인 다중 지능이론(Gardner, 1993)이 나온 이후에 사람들은 지능이 단순히 IQ에 국한된 것이 아니라 아래와 같이 다수의 지능들이 있다는 것을 이해하기 시작하였다.

- 언어지능
- 논리적-수학적 지능
- 공간지능
- 신체-운동적 지능
- 음악지능
- 개인 간 지능
- 개인 내 지능
- 박물학자 지능

현재에는 두 가지 구분되는 정서지능 모형이 있는데, 능력 EI 모형과 혼합 EI 모형이다. 다음 절에서는 객관적인 분류에 의해서 가장 확실한 것으로 여겨지는 능력 모형의 틀에 특별히 초점을 두면서 두 가지 유형의 모형들을 다룰 것이다.

능력 모형

정서지능 검사의 개척자들은 동료인 David Caruso와 제휴하여 141문항의 과제에 기초를 둔 정서지능 검사(MSCEIT)인 Mayer-Salovey-Caruso EQ 모형[5]을 개발한 John Mayer와 Peter Salovey를 포함한다(Mayer et al., 2003). 비록 EI는 Daniel Goleman(1996)에 의해 유명하게 되었지만 EI의 바탕이 되는 이론과 연구는 이 세 사람들의 업적이었다. 그들의 모형에 의하면 EI는 네 단계를 포함하는 역량 혹은 정신적 기술의 집합이다(Bracket et al., 2009). 이 부분은 Mayor와 Salovey의 연구로부터 요약된 분야를 살펴볼 것이고, 우리가 정서지능 지수를 높이는 데 도움을 얻을 수 있도록 스스로에게 물을 수 있는 물음들을 제안한다.

정서를 지각하기

첫 번째 부분은 '지각하기(perceiving)'인데, 당신 자신 혹은 다른 사람들의 정서를 인식하는 능력이다. 당신 자신에게 물을 물음은 당신은 어떻게 느끼는가? 다른 사람들은 어떻게 느끼는가? 등을 포함한다. 개인들은 미세한 정서적 단서들을 인식함으로써 사회적 환경을 다룰 수 있도록 잘 준비되어 있다.

사용하기

두 번째 부분은 '정서를 사용하기(using emotions)'라는 명칭이 붙는데, 당신의 기분을 용이하게 하기 위해서 정서를 사용하는 능력이다. 그래서 당신이 논문을 편집하거나 혹은 수술을 할 필요가 있다면, 자신의 초점을 집중시키기 위해서 자신을 조용하고 각성되지 않은 상태로 만들 수 있다. 반대로 당신이 창의적 에세이를 쓸 필요가 있다면 긍정 감정을 증가시키기 위해서 음악이나 자기 대화를 통해서 자신을 고양시킬 수 있고 따라서 더 광범위한 사고 패턴을 가능하게 할 수 있다(확장 및 구축을 기억하라). 이것을 개발하는 것을 돕는 물음은 당신의 기분이 생각에 어떤 영향을 미치는가? 기분이 당신의 의사결정에 어떤

---

5) EI는 정서지능을 의미하는 반면에 EQ는 정서지수를 의미한다. 그것들은 상호 교환적으로 사용된다.

영향을 미치는가? 등을 포함한다.

이해하기

세 번째 부분은 '정서를 이해하기(understanding emotions)'이고, 이 측면에서 높은 능력을 가진 사람들은 정서들이 매우 복합적이라는 것을 이해할 수 있다—그것들이 잘 포장되어 있는 것만은 아니다. 당신은 단지 화만 나거나, 고통스럽기만 하거나, 행복하기만 하거나 혹은 슬프기만 한 것이 아니다—당신은 모든 이런 감정들의 혼합을 한 번에 느낄 수도 있다. 사람들은 또한 정서가 시간에 따라 변화한다는 것을 인식한다. 그래서 당신은 화가 날 때 항상 화난 상태로 있는 것이 아니다. 분노는 수치 혹은 후회와 같은 다른 정서로 변화할 수 있다. 이 영역을 발달시키려고 노력할 때 왜 당신은 이런 감정을 느끼고 있는가? 이 정서들은 무엇을 의미하는가? 무엇이 당신에게 그 정서를 초래하였는가? 그것들이 어디로 진행하고 있는 중인가? 등과 같은 물음을 자신에게 물어라.

관리하기

최종 부분은 '정서를 관리하기(managing emotions)'이고, 이것은 당신의 정서를 관리하는 혹은 자기 조절하는 능력이다. 그래서 당신은 어떤 정서를 표현하는 것이 부적절한 때와 장소를 알 수가 있고, 적절한 때까지 기다릴 수가 있다. 예를 들면 누군가가 수업 중에 건방지게 행동을 하여서 그것이 우리를 화나게 한다고 해도 그 학생을 돌아보고 소리를 치는 것은 매우 부적절할 것이다. 정서지능이 아주 높은 개인은 어떤 정서들을 위한 시간과 장소가 있다는 것을 인식하고, 적절히 관리한다. 더구나 이 부분은 다른 사람의 정서를 관리하는 것도 다룬다. 이 부분에서 높은 점수를 받은 사람들은 자신의 정서와 더불어 다른 사람들의 정서를 관리하는 능력이 있다. 그러나 사람들이 자신의 정서를 관리할 수 있다는 것이 반드시 다른 사람들의 정서를 관리할 수 있다는 것을 의미하지는 않는다. 이 부분을 개발하기 위해서는 스스로에게 그것에 관해 무엇을 할 수 있는가? 이 정서들은 어떻게 조절될 수 있는가? 등을 물어보아야 한다.

끝으로 EI는 웰빙, 자기존중, 높은 친사회적 행동, 낮은 흡연과 음주, 긍정적 기분의 증진, 낮은 폭력 행동, 높은 학구열 그리고 높은 리더십 수행 등과 같은 몇몇의 결과들을 예측해 주는 것 같다(Salovey et al., 2002; Brackett et al., 2009).

Mayer와 Salovey의 능력 모형은 Goleman의 모형보다 더 많은 지지를 받는 것 같다. 게다가 정서지능에 대한 능력 측정치는 문제의 소지가 열려있는 자기보고 측정치보다 더 신뢰로운 것 같다.

EI의 혼합 모형

Goleman에 따르면 EI는 '자기와 다른 사람에게서 정서를 적응적으로 지각하고, 이해하고, 조절하고 강하게 하는 능력'으로 정의된다(Goleman 1996; Shutte et al., 2002). 그러므로 EI 혼합 모형은 EI를 지각된 정서적 기술과 성격의 조합으로 본다. Goleman에 따르면 EI는 전통적인 IQ보다 학업, 직업 및 관계의 성공을 더 잘 예측해주기 때문에 중요하다(Goleman, 1996). 그러나 종단적 자료가 수행과 EI 사이의 인과적 관계를 확인해주기 위해서 필요하다(Roberts et al., 2001).

Goleman의 지능이론에 따르면 그 개념에는 5개의 주요영역들이 있다.

- 정서를 관리하기인데, 우리가 불안을 재구성하고 고통의 느낌을 떨쳐 버리려고 시도하는 것이다.
- 자신의 동기화를 위해 정서를 사용하기인데, 우리는 미래의 성공을 위해 만족을 지연시키는 데 있어서 능숙해진다.
- 다른 사람의 정서를 인식하기인데, 우리는 사회적 관계에 중요한 공감을 보여주는 능력을 갖는다.
- 다른 사람의 정서를 관리하기인데, 우리는 다른 사람들의 고통에 도움을 주거나, 동기를 격려하는 능력을 갖는다.
- 정서적 자기자각인데, 우리는 자신의 정서를 이해하고 확인할 수 있다.

이런 유형의 EI를 측정하기 위해서 연구자들은 정서적 및 사회적 역량 검사(Emotional and Social Competence Inventory: ESCI, 2007)를 이용한다. 그러나 EI 자기보고들과 관련된 주요 쟁점은 그것들이 잠재적으로 부정확할 수 있고 의식적으로 해석되지 못할 수가 있고, 사회적 바람직함, 속임 및 인상관리의 영향에 취약할 수 있다는 것이다(Roberts et al., 2001). 더구나 Goleman의 연구는 단순히 대중 심리학으로 치부되어 왔으므로(Mayer et al., 2008), 이로 인해 EI 분야에 대한 그의 공헌을 무색하게 만들었다.

정서-사회 지능의 Bar-ON 모형

혼합 모형의 추가적인 예로서 정서-사회 지능의 Bar-ON 모형은 정서지능을 당신 자신과 당신 주변 사람을 이해할 수 있는 기술일 뿐만 아니라 다른 사람들과 상호작용을 하고 연결을 맺는 능력으로 본다. Bar-ON은 개인의 정서 및 사회 기술들을 검사하는 것을 목적으로 하고 있는 또 다른 자기보고 측정도구이다. 이 검사에 대한 비판은 고도의 속임수가 내포된 보고들을 포함하고 있다는 것이다(Grubb & McDaniel, 2007; Day & Carroll, 2008).

하나의 커다란 물음은 EI가 잠재적 특질과 분리되는가 혹은 그렇지 않은가 하는 것이다. 성격특질에 관한 연구는 EI 자기보고 측정이 신경증, 외향성 및 우호성과 같은 몇 가지 성격특질과 강력한 관련이 있다고 주장한다(Davies et al., 1998). 예를 들면 정서적으로 안정된 사람보다 신경증을 보이는 사람들이 자신과 다른 사람의 정서를 확인하려고 시도하는 데 있어서 문제가 있다. 더구나 정서를 확인하는 그들의 어휘와 능력은 저해될 것이다. 반면에 외향적인 사람들은 우수한 의사소통기술을 갖고 있고 자신의 정서를 다른 사람들에게 잘 전달할 수 있다. 이와 마찬가지로 우호성에서 높은 점수를 나타낸 사람들은 공감 행동을 나타내는 데 있어서 능숙할 것이다. 그래서 EI와 관련된 어떤 문제는 그것이 독특하지 않을 수 있고 분리된 구성개념으로 보이는 성격과 매우 강한 관련성을 가질 수 있다는 것이다.

전반적으로 EI의 발달은 능력 모형의 관점에서 보면 개인의 웰빙에 매우 유익하다.

요 약

당신이 학습목표를 돌이켜 보면 당신은 긍정 정서와 정서지능의 개념을 지금쯤은 이해해야만 한다. 더욱 세부적으로;

- 정서는 우리의 의식에서 짧게 지속하고 특수한 사건에 초점을 두는 반면에 기분은 초점이 없고 지속적이다.
- 우리는 모두 어떤 정서유형을 갖고 있고, 그것은 긍정 정서 혹은 부정 정서를 더 많이 경험하는 경향성을 의미한다.
- 연구는 우리가 번영을 하려면 긍정 정서 대 부정 정서의 비율이 3:1이 되는 것을 목표로 해야 한다는 것을 보여주었다.
- 긍정 정서의 경험은 탄력성을 높이기 위해서 우리의 사고를 확장시키고 자원을 축적하는 것을 돕는다.
- 정서에 대한 유전과 성격의 영향.
- 정서지능 연구에는 능력 모형과 혼합 모형이라는 두 가지 유형의 모형이 있다.

추천자료

http://www.paulekman.com/

정서와 얼굴표정 연구의 응용을 보기 위해서, Paul Ekman의 웹사이트를 살펴본다.

www.positivityratio.com

앞서 언급된 바와 같이 이것은 당신이 긍정 비율 검사를 받고 다음 달 동안 자신의 비율을 알아볼 수 있는 곳이다.

http://psyphz.psych.wisc.edu/web/index.html

이것은 정서신경과학 실험실 링크인데, 획기적인 연구자인 Dr. Richard Davidson에 의해 운영된다.

http://danielgoleman.info/

이것은 Daniel Golman의 공식적인 웹사이트로 그의 저서와 평가도구에 대한 링크를 하고 있다.

www.ebpsych.com

이것은 정서지능에서 주도적인 사업을 하고 있는 곳의 하나에 대한 링크이다. 당신이 MSCEIT를 이용하여 EQ검사를 하고 싶으면, 이 링크를 통해 공급자와 접촉하라.

보충 질문

1 당신은 자신이 어떤 정서유형을 갖고 있다고 생각하는가? 당신은 그것을 어떻게 아는가?

2 당신은 긍정성 비율에서 하나의 부정 정서가 얼마나 중요하다고 생각하는가? 그 이유는?

3 당신은 자신이 높은 정서지능을 갖고 있다고 생각하는가? 객관적 검사가 다른 결과를 보여준다면 어쩔 것인가? 당신의 반응은 무엇인가?

4 당신은 필요로 할 때 정서를 발생시킬 수 있고 그리고 그 정서를 논리적으로 설명할 수 있는가?

5 당신은 긍정 정서의 중요성을 배척하는 누군가에 대해 무엇이라고 말을 할 것인가?

개 인 훈 련

아래에 제시되는 연습은 당신의 긍정 정서 대 부정 정서의 비율을 확인하고 향상시키는 데 초점을 둔다. 양자는 모두 삶의 영역에서 웰빙과 성공을 향상시키는 것으로 발견되었다.

1 긍정 정서

우리는 긍정 정서가 우리의 번영과 번성을 하는 능력에 중요하다는 것을 알고 있다. 우리는 긍정성 비율을 계산해 주는 Barbara Fredrickson의 무료이면서 이용이 간편한 웹사이트를 접속하여 다음 2주 동안 당신의 긍정-대-부정 비율(3:1을 목표로)을 스스로 알아보기를 원한다. 당신은 자료가 많을수록 더 낫기 때문에 매일 자신의 비율을 얻는 것이 중요한데, 당신은 바로 그 날이라기보다는 시간이 흐름에 따라 실제로 어떻게 느끼는가에 대해 판단을 할 수 있을 것이다.

www.positivityratio.com을 접속하여 검사를 해보시오.

2 정서지능

당신은 어떻게 자신의 정서지능을 증가시킬 것인가? 다음의 연습들은 능력 모형의 네 가지 구성요소 각각을 발달시킴으로써 당신의 EQ를 증진시키는 것을 돕는 것을 목적으로 한다. 다가오는 1주 동안 그것들은 시도해 보시오.

지각하기: 다음에 당신이 친구와 대화를 하고 있을 때, 친구의 얼굴표정이 대화와 대응하는가를 시간을 갖고 살펴보도록 하시오. 당신이 시종 행복하다고 다른 사람도 또한 그렇다고 가정하지 마시오. 보고 듣는 데 시간을 쓰도록 하시오.

사용하기: 다음에 당신이 에세이를 쓸 때 긍정적 기분이 창의적 사고를 가능하게 하지만 중립적 기분은 편집과 분석적 사고를 향상시킨다는 과학적

발견에 주의를 기울여 보시오. 당신의 글을 쓰는 과정에서 이 지식을 사용해 보시오.

이해하기: 다음에 당신이 화가 나면, 멈추고 자신이 그렇게 느낀 이유를 글로 써본다. 갈 수 있는 데까지 그 정서를 역추적해보시오. 분노는 고통 혹은 슬픔으로부터 출발하는 정서일 것이다. 문제의 근원에 도달할 때까지 정서의 연쇄를 추적하시오.

관리하기: 다음에 당신이 분노가 막 폭발할 것처럼 느낄 때, 이것이 자신이 처해 있는 상황에서 표출하기에 적절한 정서인지 혹은 아닌지에 대해 생각해 보시오. 우리는 자신의 정서를 관리할 필요가 있고, 조절을 하여서 그것이 적절한 사회적 맥락에서 표현되도록 할 필요가 있다. 당신의 생각과 자신이 실제로 그 상황을 어떻게 처리하였는가를 반성해 보시오.

측 정 도 구

긍정 및 부정 정서 척도 (Positive Affect and Negative Affect Schedule: PANAS)

(Watson et al., 1988)

지시문

이 척도는 상이한 느낌과 정서를 기술하는 몇몇의 단어들로 구성된다. 각 문항을 읽고 그 단어의 앞에 있는 공란에 적절한 답을 표시하시오. 당신이 지난 주에 이런 방식으로 느낀 정도를 나타내시오. 다음의 척도를 사용하여 당신의 답을 기록하시오.

1	2	3	4	5
매우 약간 혹은 전혀 그렇지 않음	**조금**	**보통 정도**	**상당히**	**매우 많이**

( ) 흥미로운 **( ) 겁먹은**
( ) 고통스러운 **( ) 적대적인**
( ) 흥분된 **( ) 열정적인**
( ) 당황한 **( ) 자랑스러운**
( ) 강한 **( ) 짜증이 난**
( ) 죄책감이 드는 **( ) 기민한**
( ) 부끄러운 **( ) 주의 깊은**
( ) 감동된 **( ) 초조한**
( ) 불안한 **( ) 활동적인**
( ) 단호한 **( ) 두려운**

채점

이 척도를 채점하기 위해서 긍정 문항(흥미로운, 기민한, 흥분된, 감동된, 강한, 열정적인, 자랑스러운, 활동적인, 주의 깊은, 단호한)에 기록된 숫자를 더하여 총점을 적는다. 부정 문항에 대해서도 동일한 계산을 하고 비교를 해본다.

해석

긍정 정서에 대한 당신의 점수가 부정 정서의 점수보다 높아야만 한다(희망컨대 3:1 비율로).

개관

이것은 1980년대 후반에 Watson과 Tellegen에 의해 개발된 널리 사용되는 척도이다. 이것은 심리학과 신체 활동 연구들에서 사용된다. 이것은 20개의 정서 형용사(10개는 긍정적, 10개는 부정적)들을 살펴보는 데 기초를 둔다. 이 척도는 '지금 이 순간'에서부터 '최근 주/월/년'까지 상이한 시간 지시를 사용하여 실시될 수 있다. 이것의 제작자들은 연구자들이 짧은 시간 프레임을 사용할 때는 정서반응을 다루지만 장기적인 시간 프레임은 기분 혹은 성격차이를 밝혀준다고 믿는다. 내적 일관성은 매우 높고(0.86~0.90), PANAS는 수용할 만한 변별 타당도를 갖는데, 부정 정서는 고통과 정신병리의 측정치와 높은 상관을 보인다. PANAS에 대한 비판은 이 도구에 있는 몇몇 문항(예, 기민한)은 실질적으로 정서가 아니라는 것이고 몇몇 웰빙에 중요한 정서들(사랑, 자족)이 척도에서 빠졌다는 것이다(Shiota et al., 2006).

긍정 및 부정 경험 척도 (Scale of Positive and Negative Experience: SPANE)

(Diener et al., 2009)

지시문

당신이 과거 4주 동안 해왔던 것과 경험하였던 것에 대해 생각해 보시오. 그 다음에 아래의 척도를 이용하여 다음의 감정들 각각을 경험한 정도를 보고하시오. 각 문항 앞에 있는 공란에 1에서 5까지의 숫자를 선택하여 기록하시오.

1 매우 드물게 경험하거나 혹은 전혀 경험하지 않는다
2 드물게 경험한다
3 때때로 경험한다
4 자주 경험한다
5 매우 자주 혹은 항상 경험한다

( ) 긍정적
( ) 부정적
( ) 좋은

( ) 나쁜

( ) 유쾌한

( ) 불쾌한

( ) 행복한

( ) 슬픈

( ) 두려운

( ) 기쁜

( ) 분노한

( ) 만족한

채점[6)]

긍정적 감정(SPANE-P)을 계산하기 위해서 '긍정적, 좋은, 유쾌한, 행복한, 기쁜 및 만족한' 6개의 문항의 점수를 더할 필요가 있다. 점수는 6점(최하의 긍정적 감정 점수)에서 30점(최대의 긍정적 감정 점수)까지 변동한다.

부정적 감정(SPANE-N)를 계산하기 위해서 '부정적, 나쁜, 불쾌한, 슬픈, 두려운 및 분노한' 6개의 문항 점수를 더할 필요가 있다. 점수는 6점(최하의 부정적 감정 점수)에서 30점(최고의 부정적 감정 점수)까지 변동할 수 있다.

정서균형(SPANE-B)을 계산하기 위해서 긍정적 감정 점수에서 부정적 감정 점수를 뺀다. 그 차이는 −24(가장 불행한)에서부터 24(최고의 감정 균형)까지 변동할 수 있다.

해석

당신이 24 혹은 그 이상의 점수를 받으면 이것은 매우 높은 점수로 당신이 앞서 언급된 부정적 감정을 거의 경험하지 않는다는 것으로 가정되고, 긍정 정서를 매우 자주 경험하거나 전적으로 긍정 정서만을 경험할 것이다.

6) 이것은 http://s.psych.uiuc.edu/edu/~deiener/SPANE.html로부터 채택되었다. 이 도구에 관해 추가적인 정보를 얻기를 원하면 웹사이트를 방문하라.

개관

이것은 삶의 만족도(Satisfaction with Life Scale: SWLS)(Diener et al., 1985)를 제작한 학자들에 의해 개발된 새로운 척도이다. 이것은 광범위한 긍정 및 부정 정서를 동등하게 초점을 두는 것으로 여겨지는 12개의 문항을 포함하고 있다(Diener et al., 2009).

CHAPTER 3

여러 나라의 행복과 주관적 웰빙

❖ 학습목표

행복은 피상적 주제가 아니다; 행복은 이를 조화롭게 경험하는 이들에게 실제로 유익하다. 이 장에서는 행복의 개념, 특히 주관적 웰빙(SWB)의 개념과 그것을 측정하는 방법, 그리고 여러 문화 내의 행복의 상관요인과 예언요인들에 관한 최근 연구를 살펴볼 것이다.

주제 목록

- 행복과 주관적 웰빙의 정의
- 주관적 웰빙을 측정하는 방법
- 여러 나라의 행복도 조사
- 주관적 웰빙의 최고점 및 최저점 국가
- 쾌락적 적응 및 쾌락적 적응 방지 모델
- 웰빙에 영향을 주는 선택의 부담과 역할

학습 전 질문

1 주관적 웰빙의 상관요인과 예언요인들에 관한 최근 연구를 비판적으로 평가해보라.
2 행복을 개념화하고 측정하는 방법으로서의 주관적 웰빙 개념의 장단점을 비판적으로 평가해보라.
3 우리는 긍정적, 혹은 부정적 사건 뒤에 항상 행복의 조절점으로 되돌아오는가?

소개

긍정심리학을 잘못 이해하는 이들은 흔히 그것을 '행복학'이라고 한다. 이 책을 읽고 나면 알겠지만 이것은 사실이 아니다. 긍정심리학은 부정적 정서의 중요성을 받아들이며 그 존재를 부정하지 않는다. 과거 주류 심리학이 지나치게 부정적인 것에 초점을 둔 것처럼, 긍정심리학도 분극화의 잠재적 위험을 알고 있어야만 한다. 우리는 지난 수십 년 동안 행복 및 인간을 행복하게 해주는 것에 관하여 긍정심리학이 찾아낸 것에 주안점을 둘 것이다.

'행복'의 개념

고대 문명화 이후, 인간은 행복에 관한 분명하고 포괄적인 정의를 규명하기 위해 논쟁을 계속해왔다(예를 들어, 아리스토텔레스의 *Nicomachean Ethics*의 Book 1, 4장을 보라). '웰빙'의 정의에 대한 합의는 없지만(Snyder & Lopez, 2007), 그것을 설명하기 위해 여러 문헌에서 사용한 몇 가지 단어, 즉 행복, 자아실현, 만족, 적응, 경제적 번성, 삶의 질과 웰빙 등이 있다. 하지만 행복이란 정확하게 무엇을 말하며 행복은 긍정심리학이 진정으로 추구하는 것인가?

✪ 생각해보기

당신은 행복을 어떻게 정의하는가? 당신에게 행복이란 무엇인가? 행복하다는 것과 행복하지 않다는 것을 어떻게 알 수 있는가?

주관적 웰빙(Subjective wellbeing: SWB)

1장에서 논의한 대로 행복이라는 개념을 과학적으로 정립하는 것은 역사가 오래되었다. 여기서는 주관적 웰빙의 획득으로서의 쾌락주의적 행복 개념에 초점을 두려고 한다. 주관적 웰빙은 보다 구체적으로 말해 '삶의 만족도 + 높은 긍정적 정서 + 낮은 부정적 정서'이다.

삶의 만족도는 개인이 자신의 삶의 양상을 평가할 때 갖는 행복의 인지적 요소를 말한다. Diener는 그것은 현재 상태와 이상적이거나 가치 있다고 여기는 기준 사이의 차이를 의미한다고 주장한다(Veenhoven, 1991). 정서는 현재 사건을 경험하는 것과 관련되는 기분이나 정서를 포함한 웰빙의 정서적 측면을 말한다(Diener et al., 1999a). 긍정적 정서의 빈도 대 강도에서 차이를 인정하는 것뿐 아니라 긍정적 정서와 부정적 정서 사이에 균형이 잡혀야 한다(Diener et al., 1991). 결론적으로, 주관적 웰빙이 높은 사람들은 높은 수준의 창의력, 과제 지속성 증가, 멀티태스킹, 체계성, 낙관성, 관련 부정적 정보에의 집중, 장수, 질병에 대한 낮은 취약성, 사회성, 신뢰, 도움행동, 보다 적은 적개심, 자기중심성 등을 보고한다(Diener, 2000).[1])

1) 그러므로 긍정심리학과 행복을 이해하려는 것에 대한 비판들이 연구 결과와 일치하는 것은 아니다. 높은 주관적 웰빙을 가진 사람은 보다 더 이타적이고 타인을 더 잘 돕는다. 그러므로 긍정심리학은 자기중심적인 개인의 훈련은 아니다.

쾌락의 역할

주관적 웰빙에 대한 비판 중 하나는 그것이 의미 이상으로 지나치게 쾌락과 긍정적 정서 경험에 집중한다는 것이다(이것에 관한 자세한 것은 다음 장에 나온다). 보통 인간은, 뇌의 '쾌락 중추'의 활성화로 인하여 쾌락을 좇고 고통은 피하려고 한다(2장의 뇌에 관한 'TIME OUT' 부분을 보라.).

쥐

James Olds와 Peter Milner는 쥐의 시상하부 안에 전극봉을 삽입한 실험을 했다. 쥐가 막대를 누르면 전극봉을 자극할 수 있다. Olds와 Milner는 쥐가 극단적인 중독을 보이는 사람과 유사하게, 먹고 자는 것과 성적 행동을 하지 않고 자신을 돌보지 않으면서 한 시간에 4000번까지 막대를 누른다는 것을 관찰했다. 그들은 뇌의 '쾌락 중추'를 발견했다고 확신했다. 그 때 이후로 우리는 그들이 발견한 영역(측핵)이 그 자극 이외에는 아무데도 관심이 없는 지점까지 어떤 자극을 원하는 보상과 욕구와 관련된 몇 가지 영역 중 하나임을 알고 있다.

원문을 보려면 Olds & Milner(1954)를 참조

하지만 쾌락은 인간을 행복하고 충만하게 하는데 충분하지 않다. 게다가 인간은 기회가 된다면 쾌락과 긍정적 자극만 있는 세계보다는 오히려 쾌락과 고통을 경험할 수 있는 현실 세계에 존재하기를 더 원할 것이다(Nozick, 1974).

생각해보기

신경과학자들의 최첨단 연구 덕분에 긍정적 경험만을 이끌어낼 수 있는 기계가 있다고 상상해보아라. 당신은 그 경험들이 실제가 아님을 알 수 없을 것이다. 자신에게 그런 기회가 생긴다면 실생활에서 그 기계를 선택하겠는가?[2)]

주관적 웰빙의 측정

주관적 웰빙은 개인이 자신의 삶을 정서적, 인지적 설명 용어로 평가하는 방법을 포함하고 있으며(Diener, 2000), 몇 가지 주관적 웰빙 평가 척도(SWLS, PANAS)가 있다. 도구들의 대부분은 삶의 만족도 척도(SWLS)(Diener et al., 1985)와 주관적 행복 척도(Lyubomirsky & Lepper, 1999; Lyubomirsky, 2008)[3]처럼 일회성 자기보고 도구들이다. 위에 언급된 척도들은 아주 높은 타당도와 신뢰도(높은 내적 일관성)를 가지고 있으며 삶의 환경 변화에 민감하다. 게다가 이 도구들은 기분 보고, 전문가 평가, 경험 표집 측정, 가족과 친구의 보고나 미소 짓는 횟수의 보고를 지지해준다(Diener et al., 2002).

이 척도들은 목록화되어 있고 아주 짧은 시간만 요한다. 질문들은 아주 기본적인 것이며 구체적 상황에 관한 것이 아니다. 어떤 연구자들은 주어진 순간의 삶의 만족도를 결정하는 데 기분이 강력한 영향을 끼칠 수 있다고 주장한다. 하지만, Diener 등은 자신들의 연구는 현재의 기분 변화의 영향을 받지 않으며 실제로 삶의 만족도는 개인의 현재 기분의 영향을 이겨낼 만큼 안정적이라고 주장한다.

SWL과 SWB 연구에 사용된 다른 방법으로는 인상 조절을 포함시키기 위하여 개인 면담을 익명의 질문지와 비교하는 것도 있다(Diener, 2000). 기억 편향을 줄이기 위하여 경험 표집 방법(Experience Sampling Methods: ESM)을 사용하고, 주관적 편향을 줄이기 위해 객관적 측정(생리적 지표)을 자기보고와 같이 사용한다. 주관적 웰빙 측정의 미래는, 질문지와 횡단적 설문조사를 줄이고, 종단적, 실험적 연구를 하고, 보다 많은 경험 표본이나 일상 기록법, 질적 묘사법, 인지적 생리적 면의 측정을 포함시키는 것에 달려있다.

---

2) 대부분의 사람들은 '아니오'라고 답한다. 그들은 평생의 가짜 인생보다는 진정한 행복의 실제성과 느낌을 더 좋아한다.

3) 이러한 도구들은 당신이 편리하게 사용할 수 있도록 이 장 뒤에 있다.

각국의 주요 연구

세계 주요 여론 조사에 대한 자금의 증가 덕분에 연구자들은 맨해튼부터 케냐의 초원에 이르기까지 세계 인구의 98%로부터 자료를 수집할 수 있게 되었다. 아래의 조사는 가장 장기적이면서 현재 가장 영향력이 있는 포괄적인 조사이다:

1 **갈럽 세계 여론조사**(Gallup World Poll). 가장 널리 알려진 세계 행복 조사로 세계 인구의 98% 이상에서 얻은 자료를 자랑하고 있다(자세한 내용은 아래 'TIME OUT'을 보라)

2 **세계 행복 데이터베이스**(World Database of Happiness). 이 자료는 세계의 행복에 관한 약 30년간의 과학적 연구의 정보와 결과를 담고 있다.

3 **세계 가치 조사**(World Values Survey). 이 연구는 1981년부터 97개국의 가치 변화에 대한 정보를 수집해오고 있다.

4 **유로바로미터**(Eurobarometer). European Commission은 국민의 삶의 질에 대한 인식을 측정하는 데 사용되는 유로바로미터를 발행했다.

5 **유럽 사회조사**(European Social Survey: ESS). 또 다른 유럽 사회 조사로서, European Commission의 기본 프로그램에서 자금 지원을 받으며 국민의 신념, 태도, 행동(웰빙을 포함)에 관해 30개국 이상에서 자료를 모으는 것을 목적으로 한다. 현재 다섯 번째 자료 수집에 들어갔다.

6 **라티노바로미터**(LatinoBarometro). 라틴 아메리카의 라티노바로미터는 18개국 4억 명의 라틴 아메리카인을 대상으로 정부에 대한 신뢰와 견해를 포함하는 여러 주제에 관한 자료를 모은다(2010년 Buetnner에서 인용).

갈럽

0:00:00 TIME OUT

George Gallup은 세계의 선도적 여론 조사 기관 중 하나의 설립자로서 1930년대에 이 사업을 시작했다. 갈럽은 1960년에서 1980년까지 행복에 관해 광범위하게 조사했다. 갈럽은 1990년대에 만족에 대한 전 세계적 조사를 시작하여

2005년까지 세계 150여 개국 성인의 98%를 아우르는 획기적이고 유례가 없는 웰빙 연구를 수행했다. 이 대규모 연구에서는 7개 영역이 주안점이었다: '법과 질서, 식량과 주거, 직업, 개인적 경제력, 개인의 건강, 국가의 개입과 행복(Rath & Harter, 2010: 139). 웰빙은 두 영역으로 나누어졌다: 객관적인 것(GDP, 건강, 고용, 문맹률, 빈곤)과 주관적인 것(평가적인 것—자신의 삶을 어떻게 평가하는가—과 경험되는 것—일상에서 무엇을 경험하는가).

그 이후로 갤럽은 이 초기 연구를 기초로 하여 Wellbeing Finder를 만들었다. 갤럽은 질적, 양적 질문을 포함하는 몇 차례의 예비 연구를 한 후 전반적 웰빙에는 다섯 가지 요소가 필수라고 결론지었다.

- 직업적 웰빙
- 사회적 웰빙
- 경제적 웰빙
- 신체적 웰빙
- 지역사회의 웰빙.

그들은 일상 경험 추적 장치를 만들어서 개인이 '경험하는 자기'를 추적하여 그날이 '좋은' 날인지 '우울한' 날인지 밝히는데 사용하도록 하였다. 그들은 이 연구로써 좋은 날에는 1에서 10까지 척도로 평가되는 10가지 상황이 포함되는 것으로 결론을 냈다.

- 쉬었다는 느낌
- 존중받음
- 미소 혹은 웃음
- 학습이나 흥미
- 즐거움
- 신체 통증
- 걱정
- 슬픔

- 불안
- 분노

신뢰도와 타당도를 증가시키기 위해서는 새 Wellbeing Finder에 더 많은 연구가 필요하지만 이것은 행복에 관한 갤럽의 대규모 자료에 대한 흥미로운 부가물이다.

보다 많은 정보를 알고 싶으면 Rath & Harter(2010)를 보아라.

어떤 사람이 행복한가?

이제 행복을 어떻게 정의하는가에 대해 알아보았으므로 행복한 사람에 관한 최근 자료를 살펴보도록 하자. 수십만의 자료에 의하면 실제로 대부분의 사람은 행복한 듯하다(Myers, 2000). 비록 최고점에 이르기는 어렵지만 지구상의 대부분 사람들은 '조절점(set-point)'에 속해 있다(Diener & Diener, 1995; 653). 이는 대부분의 사람들은 어떤 주어진 시점에서도 자극과 상황을 긍정적으로 본다는 의미이다. 그러므로 대부분의 사람들은 자신을 불행하게 여긴다는 일반적 가정은 틀린 것 같다(Myers, 2000). 예를 들어, 대부분의 사람들(3분의 1 이상)은 대부분의 표집에서(나이, 인종, 성별을 망라한 측정) 행복에 관한 한 자신은 '평균 이상'이라고 평가했다. 예외는 '입원환자, 알코올 중독자, 막 수감된 죄수, 새로운 치료법 환자, 정치적 억압 하에 있는 학생들 등이었다(Myers, 2000).

또 다른 희소식은 우리는 자신이 행복해지느냐 않느냐에 대해 많은 주도권을 가진다는 점이다. 연구자들은 우리는 유전(50%)(Tellegen et al., 1988)과 생활환경(10%) 이외의 자신의 행복수준의 약 40%('40%의 솔루션'이라고 불리는)를 통제한다고 가정한다(Sheldon & Lyubomirsky, 2004, 2006, 2007, 2009; Lyubomirsky, 2006, 2008).

가장 행복한 나라

그렇다면 현재 가장 행복한 나라는 어디일까? 예를 들면, 덴마크는 일관되게 행복 수준에서 가장 높은 수준(8.0)의 나라에 속하고 있다.

순위	나라
1	코스타리카
2	덴마크
3	아이슬란드
4	스위스
5	핀란드
6	멕시코
7	노르웨이
8	캐나다
9	파나마
10	스웨덴

표 3.1 지구상의 가장 행복한 나라들(World Database of Happiness, 2010)

0:00:00 TIME OUT

태양

표를 좀 더 자세히 살펴보면 가장 행복한 나라 대부분은 햇빛이 많지 않고 제한적인 북반구에 위치한 나라들이다. 보다 추운 지방에 사는 사람들이 따뜻한 기후에 사는 사람들보다 자살률이 더 높다는 연구로 볼 때 이것은 흥미로운 사실이다.

이에 대한 몇 가지 설명이 있다; 예를 들면, 추운 기후에 사는 사람들이 더 부지런하므로 자살을 보고하는데 있어 개방적이다. 또 다른 설명은 과학자들이 '태양 보너스'라고 부르는 것이다. 햇빛이 부족하면 비타민 D 수준이 더 낮아지는데 이는 뇌의 세로토닌에 직접 관련된다. 오랜 기간 빛이나 태양을 보지 못하면 계절성 정서 장애(Seasonal Affective Disorder: SAD)나 햇빛의 부족에서 비롯된 우울증을 겪을 수도 있다. 이것은 적도 부근의 보다 많은 햇빛과 일조량을 가지는 사람들이 큰 행복감을 가진다는 발견뿐 아니라 햇빛과 자살과의 상관을 설명해준다.

순위	나라
1	짐바브웨
2	아르마니아
3	몰도바
4	벨라루스
5	우크라이나
6	알바니아
7	이라크
8	불가리아
9	조지아
10	러시아

표 3.2 가장 행복하지 않은 나라들(World Values Survey for 1995~2007)

가장 최근의 연구에 의하면 코스타리카가 세계에서 가장 행복한 나라였다.

웰빙을 위한 다섯 가지 방법

최근 중요한 두 연구가 비슷한 결과를 내놓았다. Foresight Report(이미 끝난 연구의 대조조사)와 갤럽의 가장 최근의 World Poll(150개국 이상)은 웰빙의 다섯 요소를 제안한다. 여기서는 웰빙의 구체적 요소를 보다 자세하게 알아보기 전에 이 두 연구의 결과를 살펴보고자 한다.

Foresight Report

Foresight Report는 New Economics Foundation(NEF)이 웰빙의 방법에 관한 모든 과학적 연구를 검토하기 위해 수행한 것이다. 웰빙에 대한 여러 나라의 400개 이상의 과학적 연구를 검토한 결과, Aked 등(2008)은 웰빙을 증진시키는 다섯 가지의 일관된 요소를 제시했다. 과학적 증거에 기초한 웰빙의 다섯 가지 방법은 아래와 같다:

- 연결하라. 연구는 우리가 주위의 타인과 연결감을 형성하면 역경에 닥쳤을 때 보다 강한 자아탄력성뿐 아니라 더 높은 수준의 웰빙을 경험한다는 것을 일관되게 보여주고 있다.
- 활동적으로 되라. 9장에서 보다 자세히 언급하겠지만, 웰빙의 중요 부분은 마음뿐 아니라 몸을 돌보는 것이다. NEF는 활동이 웰빙 증진의 주요한 요소라고 제안한다. 단순히 몸을 움직이는 것만으로도 기분과 인지 작용에 큰 영향을 미칠 수 있다.
- 알아차려라. 음미하기에 관한 흥미로운 연구에 따르면 이 요소는 '장미 향기를 맡기 위해 멈춰서는 것'이 실제로 웰빙을 증가시킬 수 있음을 보여주는 연구와 관련된 것이다(8장의 음미하기에 보다 많은 내용이 나온다.)
- 배움을 계속하라. 뇌를 사용하고 계속 배움에 도전함으로써 웰빙을 증가시킬 수 있다.
- 베풀라. 무작위의 친절 행동에 관한 연구 결과에 나타나듯 사람들은 타인에게 무엇을 베풀고 시간을 할애할 때 높은 수준의 웰빙을 경험한다.

웰빙의 다섯 가지 기본 요소

Rath와 Harter(2010)는 갤럽의 새 연구에 근거하여 '웰빙의 다섯 가지 기본 요소'를 밝히고 있다. 이 요소들은 삶에서 도덕적으로 중요한 것을 모두 포함하지는 못하지만 중요도에 따르면 아래와 같다.

- 직업적 웰빙: 당신이 낮 동안 대부분의 시간을 보내는 곳을 나타낸다.

- **사회적 웰빙**: 당신의 관계와 사랑에 대한 경험을 나타낸다.
- **경제적 웰빙**: 당신이 경제생활을 얼마나 잘 꾸려 가는가를 나타낸다.
- **신체적 웰빙**: 건강과 에너지를 가지는 능력을 나타낸다.
- **지역사회적 웰빙**: 지역 사회 안에서의 당신의 역할과 참여를 상징한다.

연구자들은 다섯 가지 모두 중요하므로 나머지 것들을 무시하고 한 가지를 추구하는 것은 웰빙 수준을 방해할 거라고 말한다. 다섯 가지 모두를 지니고 있음은 번성하는 사람들과 힘들어하는 사람들을 구별 짓는 특징이다. Harter와 Ruth는 약 66%의 사람들이 적어도 한 가지 영역에서 잘하고 있고, 7%만이 다섯 가지 전부에 유능하다고 한다! 게다가 보다시피 이 다섯 가지는 모두 통제 가능한 것들이다.

두 가지 다른 유형의 연구 및 결과로 볼 때 실제로 우리를 행복하게 하는 것은 무엇인가? 다음 부분에서는 주관적 웰빙 연구의 놀라운 결과물을 살펴볼 것인데 우리가 행복을 가져다준다고 여기는 것이 항상 그렇지는 않음을 보여줄 것이다.

우리를 행복하게 하는 것은 무엇인가?

이 부분에서는 수입, 인간관계, 종교를 포함하여 가장 최근의 여론조사(Gallup-Healthways Wellbeing Index와 World Values Survey)에서 나온 행복의 상관요인과 원인에 대해 살펴보려고 한다.

삶의 사다리

0:00:00 TIME OUT

150개국 이상에서의 Gallop World Poll을 비롯한 세계 인구 98% 이상을 아우르는 몇 차례의 갤럽 초기 연구 및 미국의 웰빙에 관한 갤럽의 심층 일상생활 조사에 Cantril Self-Anchoring Striving Scale(Cantril, 1965)이 포함되었다(Gallup-Healthways Wellbeing Index-Harter & Gurley, 2008).

Cantril Self-Anchoring Striving Scale은 사회 연구자인 Hadey Cantril 박사가 개발한 것으로 지금 여기에서의 행복(경험하는 자기)과 미래의 행복(반영하는 자기)을 다룬다.

예를 들어, 참가자들은 아래와 같은 질문을 받는다:

아래 그림과 같은 아래에서 위로 0에서 10까지 숫자가 매겨진 사다리를 상상해보십시오(언어 장벽이 있을 수 있으므로 그림을 사용하는 것이 모든 문화에서 더 편리하다).

10 : **가능한 최고의 삶**
9
8
7
6
5
4
3
2
1
0 : **가능한 최악의 삶**

(Diener, Kahneman, Tov & Arora, 2009)

사다리의 맨 위는 가장 멋진 삶을, 맨 아래는 가장 좋지 않은 삶을 의미합니다.

당신은 개인적으로 지금 사다리의 어느 지점에 있다고 느낍니까(현재 사다리)?

지금부터 5년 뒤에는 어느 지점에 있을 거라고 생각합니까(미래 사다리)?

채점

번성 상태: 현재 삶에서 7 이상, 미래 삶에서 8 이상 답한 사람은 잘 살고 있는 것

으로 여겨진다. 이것은 그들이 일상을 기준으로 볼 때 높은 수준의 행복감을 경험한다는 의미이다. 이런 사람은 유의미하게 더 적은 건강상 문제, 더 적은 병환 상태 일수, 더 적은 걱정과 스트레스, 슬픔, 분노와, 더 많은 행복과 즐거움, 흥미, 존중감을 보고한다.

분투 상태: 5와 6을 보고한 사람은 '분투 상태'에 처해 있으며 현재와 미래 상황에서 중간 정도의 평가를 한다는 뜻이다. 분투 상태의 사람들은 번성한 사람들에 비해 더 많은 일상의 스트레스와 근심을 보고하고 두 배 정도의 병환 상태 일수를 보인다.

고통 상태: 4점 이하로 평가한 사람들은 고통을 겪는다고 보이는데 이는 자신의 삶을 아주 열악하다고 보며 앞으로도 변하지 않을 것이라고 여긴다는 의미이다. 갤럽에 의하면 고통 상태의 사람들은 번성하는 이들에 비해 기본적 욕구에 대한 만족감이 결여되고 보다 많은 신체적 고통, 증가된 스트레스와 걱정, 슬픔, 분노를 경험하였다.

✪ 생각해보기

삶의 사다리에 대해 어떻게 생각하는가? 행복을 연구하는 데에 믿을만한 도구인가? 만약 그렇지 않다면 그 이유는 무엇인가? 당신은 삶의 사다리의 어느 지점에 속하는가?

수입과 주관적 웰빙

결과가 모아지고 판명이 났고, 그 대답은...그렇다, 돈으로 행복을 살 수 있다. 적어도 어느 정도는 그렇다. 132 개국의 GDP를 조사해본 결과, 대체로 노르웨이나 미국 등 높은 GDP 국가의 국민들이 토고나 불가리아 같은 낮은 GDP 국가의 국민들보다 행복 지수가 더 높다(Deaton, 2008). 중복연구에서도 가난한 나라에서 수입과 주관적 웰빙 관계가 확인되었다(Veenhoven, 1991; Diener &

Diener, 1995; Schyns, 1998; Diener & Oishi, 2000). 이는 즉각적 정서 경험에 비해 개인의 일반적 삶을 평가할 때 더 분명한 듯하다(Diener et al., 2009).

생각해보기

아시아의 소국, 부탄은 국가의 성공의 측정도구로서의 국민총생산(GNP) 개념을 거부하고 국민총행복(Gross National Happiness)을 사용해왔다. 국가의 부유함을 측정하는데 이것이 더 나은 방법이라고 생각하는가?

130여 나라, 세계 총인구의 96%의 대표 표집을 대상으로 한 갤럽 세계 여론조사(Kesebir & Diener, 2008)에서 건강과 수입 결과의 불균형이 두드러졌다. 결론적으로, 수입은 가난한 나라에서는 기본적 생물학적 욕구(음식과 집)와 연관이 되고, 부유한 나라에서는 사회복지 프로그램이 빈곤의 역효과를 상쇄시켰다. 게다가 가난한 나라에서는 수입의 불평등이 더 크다. 부유한 나라는 더 많은 인권, 더 낮은 범죄, 더 많은 민주주의, 더 많은 평등, 더 많은 가독률, 증가된 장수와 더 좋은 건강을 누리는 것으로 보이므로 수입은 행복에도 영향을 미칠 수 있다. 하지만 수입이 더 많은 나라는 더 많은 경쟁과 물질주의, 더 적은 사교와 여가 시간을 가지는 경향이 있다.

포브스

1985년, Ed Diener와 동료는 포브스(Forbes)지에 오른 가장 부유한 미국인 100명을 평가할 행운을 가졌다. 그들은 재미있는 설문으로 여러 대륙의 여러 집단에게 자신의 행복을 평가해보도록 하였다. 결과는, 단지 근소한 차이(5.8)로 포브스지의 가장 부유한 미국인들이(순수 가치 1억 25만 달러 이상) 무작위 통제집단보다 높았다. 게다가 그들의 37%는 보통 미국인들보다 행복 수준이 더 낮았다.

원문을 보려면 Diener et al.(1985)을 참조

이러한 나라들의 높은 수입은 동일 범죄에 대한 더 낮은 형량, 더 나은 신체적 심리적 건강, 증가된 수명, 더 낮은 유아 사망률, 폭력범죄 희생자 위험의 감소, 스트레스 생활사건 가능성의 감소, 우울장애 진단 가능성의 감소, 학업을 마치고 십대에 임신하지 않을 가능성의 증가, 보다 큰 인간관계의 신뢰감 등과 유의미하게 관련된다. 게다가 수입은, 교육을 통제하더라도, 중간정도 유의미하게 결혼 상태, 직업, 고용, 나이와 성별과 상관되는 경향이 있다(Marks & Fleming, 1999; tomes, 1986; Blanchflower, 2001; Blanchflower et al., 2001).

흥미로운 점은 수입은 남자에게는 행복과 연관되나 여자에게는 그렇지 않고(Adelmann, 1987), 낮은 개인별 수입은 남편의 우울과는 연관되지만 아내에게는 그렇지 않다(Ross & Huber, 1985). 낮은 수입은 독신자에게는 우울과 연관되나 결혼한 여성에게는 그렇지 않고(Keith & Schafer, 1982), 높은 수입을 올리는 사람은 보다 지적이고 성공적으로 간주되나 또한 더 불친절하고 냉정하다고 여겨진다(Diener & Biswas-Diener, 2008).

높은 수입을 유지하는 것에는 보다 많은 시간을 일해야 하고 여가와 사교 시간이 부족한 것 등의 몇 가지 단점이 있다. 가장 중요한 점은 '쾌락의 쳇바퀴(hedonic treadmill)'의 효과로, 기대와 욕구를 높이면서 현재 상황에 적응하도록 하여 부자들이 행복을 느끼는 것을 어렵게 만드는 것이다. 연구에 의하면 균형 잡힌 행복 수준을 유지하기 위해서는 매달 약 오천 달러(삼천 파운드) 정도의 수입이 있어야 하며 그 이상은 행복을 높이는데 거의 도움이 되지 않는다. 실제로 매년 만 달러의 여분이 있는 것은 당신의 행복을 2% 정도만 높여줄 것이다(Christakis & Fowler, 2009).

✪ 생각해보기

돈이 당신을 행복하게 하는가? Rath와 Harter(2010)는 여러 연구를 바탕으로 '경제적 웰빙'을 높이는 데 필요한 다섯 가지 방법을 제안한다.

1 당신의 지금 수입에 만족하라.
2 수입의 범위 내에서 생활하라.

3 현명하게 소비하고 현명하게 저축하라(단기간뿐 아니라 장기적으로 생각하라.).
4 경험에 소비하고 물질에만 소비하지는 말라(경험은 훗날 음미할 수 있는 추억을 만들어준다).
5 당신 자신만을 위하지 말고 타인을 위해 소비하라.

관계와 주관적 웰빙

친구와 지인

주관적 웰빙의 가장 강력한 예언요인과 촉진요인 중 하나는 사회적 관계이다. 우리는 타인을 필요로 하며 타인과 어울리는 것을 좋아한다. 내향적이든 외향적이든 사회적 관계 안에서 보내는 시간은 행복 수준을 높여준다(Froh et al., 2007). 보다 구체적으로 살펴보면, Gallup-Healthways Wellbeing Index 조사에 의하면 행복감을 향상시키거나 유지하기 위하여 하루에 6~7시간, 만약 힘든 일을 하고 있다면 9시간까지, 사회적 상황 안에서 지낼 필요가 있다고 한다.

❦ 사람들

Daniel Kahneman은 일상의 행복을 포착하는 경험 표집 방법에 의한 연구를 했다. 사람들에게 버저 소리가 나면 그들이 하고 있던 일과, 누구와 함께 있는지, 얼마나 행복한지를 쓰도록 했다. 결과에 의하면, 사람들은 타인과 함께 있을 때 가장 행복했고 혼자 있을 때 가장 기분이 좋지 않았다. 행복을 가장 잘 일으키는 것부터 가장 적게 일으키는 활동은 다음 순서이다:

> 일을 마친 후의 사교 활동, 휴식, 저녁 식사, 점심 식사, TV 시청, 직장에서의 사교활동, 집에서 전화로 수다 떨기, 요리하기, 아이 돌보기, 집안일, 직업, 집으로 통근하기, 직장으로 통근하기(Buettner, 2010: 197에서 인용)

원문을 보려면 Kahneman et al.(2004)을 참조

행복은 전염되는 듯한데, 이는 일상에서 크든 작든, 직접적이든 간접적이든, 행복한 사람들과 교류하는 이들이 더 행복하다는 의미이다(Fowler & Christakis, 2008). 친구들 혹은 보다 큰 사회적 조직망은 주관적 웰빙에 영향을 줄 뿐 아니라 좋지 않은 건강 행동에의 개입에도 영향을 줄 수 있다(Rath & Harter, 2010이 Fowler & Christakis, 2008에서 인용함).

결혼과 주관적 웰빙

곧 결혼하거나 막 결혼한 부부에게는 좋은 소식이 있다. 과학자들이 보기에 당신은 행복의 급격한 증가를 경험할 가능성이 크다. 행복한 사람과 결혼의 가능성 사이에서 흥미로운 관련성이 나타났는데, 행복한 사람들이 결혼할 가능성이 더 높았고 행복한 결혼생활을 유지할 가능성도 더 높았다. 하지만 최근의 종단적 연구에 의하면 일 년간의 '허니문 시절' 후에는 이전 주관적 웰빙 단계로 되돌아간다. 한 가지 유의할 점은 동거 커플이 결혼한 부부보다 더 적은 만족감을 보고하는 경향이 있다는 것이다.

경고: 자녀와 주관적 웰빙

모두가 자녀는 기쁨의 무한한 근원이라고 하지만 연구에서는 정반대의 효과가 나타난다. 구체적으로 말해 자녀를 가진 부부는 자녀가 없는 부부보다 행복점수가 더 낮다. 게다가 첫 아이 이후 아이들은 부모의 행복감을 줄이는 경향이 있다.

자녀와 결혼 만족도 간의 관계는 곡선 모양으로, 결혼식에서는 삶의 만족도가 높다가 첫 아이 출생 후에는 유의미하게 떨어지며 자녀의 아동기와 청소년기 내내 떨어져 최저점을 찍고 자녀가 다시 떠난 후에 조금 더 높아진다.

일/직업과 주관적 웰빙

일은 우리의 전반적인 행복에 엄청난 영향을 미칠 수 있다. 연구에 의하면 자신의 직업과 경력 지향성을 어떻게 지각하느냐가 행복 수준에 영향을 미친다. 다행스럽게도 행복감을 주는 직업이 의사, 간호사 혹은 사회에서 '의미 있는' 직업으로 여기는 것뿐은 아니다. 실제로 육체노동을 하는 병원 직원과 경비원도 자신의 직장 생활에서 높은 수준의 행복감을 보고한다. 실제로 어떤 분야라도 피고용인의 삼분의 일이 자신의 일을 '천직'으로 여긴다. 그렇다면 무엇이 '천직'이며 그것은 다른 직업과 어떻게 다른가?

우선 **직업 지향성**(job orientation)을 가진 이들은 자신의 직업을 목적을 위한 수단으로 간주한다. 직업은 돈과 동일한 것이며 그들의 전반적 생활에 중요하지 않다. **경력 지향성**(career orientation)은 경력을 쌓는 것과 관련되며 그러한 직업인은 자신이 하는 일을 앞으로 발전하기 위한 길로 여긴다. 또한 이런 사람들은 경력이 쌓임에 따라 올 수 있는 부가적 보상에 초점을 둔다. 마지막으로는, 직업인이 자신이 하는 일에 건강한 방식으로 몰두할 때 **소명 지향성**(calling orientation)이 생긴다. 그들은 돈이나 명성뿐 아니라 그 일 자체가 가치 있기 때문에 한다(Diener & Biswas-Diener, 2008).

생각해보기

당신은 이전 직업에서 어떤 지향성을 가졌는가? 만약 한 가지 이상의 직업을 가져보았다면 하루를 시작하고 마칠 때의 느낌이 어떠했는지 돌이켜보아라. 아침에 일어나기가 싫고 출근하기 싫거나 하루가 끝났을 때 안도감을 느꼈다면 직업 지향성을 가졌을 가능성이 크다.

행복과 직장에서의 성공 간의 관계에 대한 광범위한 연구가 행해졌다. 직업 지향성을 가져 하루가 끝나기만 기다리는 사람들은 더 높은 수준의 비개입과 스트레스, 근무시간이 마칠 즈음을 제외하고는 더 낮은 수준의 행복감을 가진다(Rath & Harter, 2010). 직장은 하루의 삼분의 일을 보내는 곳이므로 반드시 머물고 싶고 머무는 것이 즐겁고 소속감을 느끼는 장소여야 한다(DeNeve & Cooper, 1998; Diener et al., 1999; Harter, 2009).

연구에 의하면 어떤 성격 특질은 어떤 직업 장면에서 더 우세하므로 개인별 업무별 프로파일이 맞춰지면 근무 만족도가 높아질 것이다. 연구자들은 특히 'Big Five'와 여섯 직업(교사, 매니저, 서비스 종사자, 수공업자, 제조업자, 재택 근로자) 간의 상호작용을 살펴보았다(Winkelmann & Winkelmann, 2008). 연구자들은 성격 프로파일과 직업 간의 잘못된 결합이 삶의 만족도를 줄였음을 발견했다. 교사들이 삶과 직업 만족도에서 가장 높았다. 직업 만족도에 가장 중요한 성격 특질은 활기라는 강점인 듯하다.

생각해보기

당신은 매일 하는 일을 좋아하는가? Harter와 Rath(2010)는 단지 20%만이 이 질문에 '예'라고 대답한다고 말한다.

건강과 주관적 웰빙

Diener와 Biswas-Diener(2008: 33)는 주관적 웰빙의 신체에 대한 효과를 세 가지 건강 목록으로 분류한다: a) 개인이 특정 질병에 걸릴 가능성; b) 개인이 생명을 위협하는 질병에 걸린 후 생존하는 기간; c) 개인의 수명. 첫 번째 목록에서, 종단적 연구에 의하면 보다 높은 수준의 긍정적 정서를 경험하는 사람이 심장병을 비롯한 각종 질병에서 보호된다.

감기

긍정적 정서는 성가신 겨울 감기로부터 당신을 보호해줄 열쇠가 될 수 있다. 카네기 멜론 대학의 Sheldon Cohen 박사는 긍정적 정서가 면역계에 미치는 유익한 효과에 대하여 획기적인 실험을 하였다. 2주 연속 334명의 자원자들이 긍정적 정서와 부정적 정서에 대한 일상 경험(활기, 웰빙과 고요함; 우울, 불안과 적개심)을 평가받았다. 자료가 수집되자 실험자들이 참가자들의 코에다가 알려진 라이노바이러스(일반 감기 바이러스)를 뿜어대었다. 실험자는 실험을 목적으로 특별히 청소된 호텔에서 참가자들을 5일 동안 관찰했다. 연구자들은 참가자들이 감기에 걸리는지 여부와 어떤 증상을 어느 정도 나타내는지 관심을 가졌다. 결과는, 보다 높은 긍정적 정서를 경험했던 사람들이 보다 적은 긍정적 정서를 보였던 사람들에 비해 감기에 더 강했고 증상도 덜 심각했다. 그러므로 하루에 한 번 미소를 짓는 것이 의사를 멀리하게 한다고 말할 수 있다!

원문이 궁금하면 Cohen et al.(2003)을 보아라.

두 번째 목록, 즉 생명을 위협하는 질병의 진단 후 생존 기간은 약간 더 복잡하다. 긍정적 정서와 낙관성이 균형이 잡혀있다면 건강에 긍정적 영향을 줄 수 있다. 하지만 '긍정적 관점'을 지녀 의료적 조언이나 치료를 수용하지 않는다면 높은 수준의 행복감은 해로울 수 있다. 연구자들은, 보다 행복한 사람은 지나치게 낙관적으로 되어 암일 수도 있는 증상에 대하여 의료적 조언을 구하는 것을 미루기 때문이라고 주장한다.

마지막으로, 수명의 관점으로 건강을 보면, 보다 행복한 사람이 더 오래 산다는 것이 아주 분명하게 나타난다(Rasmussen & Pressman, 2009).

심리학자

Sarah Pressman은 그 유명한 수녀 연구의 후속 연구로 96명의 유명한 심리학자들의 자전적 이야기를 분석했다. 결과는 위의 연구를 지지하여 보다 긍정적인 용어를 사용한 심리학자들이 부정적 감정 단어를 사용한 심리학자들보다 평균 6년 더 오래 살았다.

원문을 보려면 Pressman & Cohen(2007)을 참조

종교와 주관적 웰빙

자신이 영성적이거나 종교적이라고 여기는 사람들은 더 높은 희망과 낙천성뿐 아니라 조금 더 높은 행복감을 보고한다(Ciarrocchi et al., 2008; Diener & Biswas-Diener, 2008). 하지만 모든 종교가 똑같이 행복하게 해주는가? 만약 그렇다면, 종교의 어떤 면 때문인가? 그것은 조직화된 종교에 대한 믿음인가 혹은 영성적인 느낌일 뿐인가? 보다 고귀한 무언가에 대한 믿음인가? 사후세계에 대한 생각인가? 종교 의식에의 참여와 종교적 관습의 고수인가? 미국에서의 연구에 의하면, 위에서 언급한 형태의 '종교성'을 지닌 것으로 보이는 사람들이 그렇지 않은 이들보다 조금 더 행복했다. 하지만 이 효과는 문화를 아우르지 못하고 종교의 형태에 좌우된다. 연구자들은 이것은 여러 종교적 신앙 내의 독특한 요소 및 불안, 죄의식, 억압과 그 요소들의 연관성 때문이라고 추측한다. 더군다나 다른 종교와 종교인을 고립시키고 모략하는 종교는 불행감을 유발할 수 있다.

Diener와 Biswas-Diener(2008)는 행복감을 높이는 종교가 되기 위해 아래의 요소들을 제안한다:

- '저 너머 세상'에서 우리를 맞이하는 것에 대한 위로하는 믿음(comforting beliefs)
- 집단로부터의 사회적 지지(social support)
- 위안, 의미, 정체감을 줄 수 있는 영원하며 중요한 무엇과의 연결감(connecting)
- 종교 안에서 성장하는 것(growing up religiously). 이는 지켜야 할 분명한 가치와 도덕을 지니고 강건하게 양육하는데 영향을 줄 수 있다.
- 흥미롭고 기쁘고 집단을 하나 되게 하는 의식을 경험하는 것(experience of rituals)

✪ 생각해보기

만약 당신이 무신론자 혹은 논쟁을 좋아하는 사람이라면 보다 행복한 삶을 위한 종교의 규율들을 어떻게 받아들일 것인가?

나이, 성 및 교육

일반적인 믿음과는 반대로, 과학자들은 노인들이 젊은이들만큼 행복하다는 것을 밝혔다. 성과 관련해서는 남녀별로 행복에 유의미한 차이가 없었다(Diener et al., 199b; Nes et al., 2008). 그리고 행복 점수가 높은 사람들은 낮은 사람에 비해 교육 수준이 더 높은 경향이 있다.

생각해보기

혹시 목록에 추가되기를 원하는 다른 상관요인이 있는가(예를 들어 기후 같은 것)?

주관적 웰빙에 관한 이론

이제 주관적 웰빙의 상관요인과 그 결과를 알게 되었다. 그런데 왜 그런 것일까? 우리는 여전히 행복의 원인과 결과에 대한 해답을 찾고 있다. Diener(1984)는 주관적 웰빙의 인과관계를 이해하기 위하여 두 가지 접근법, 즉 **상향**(bottom up)과 **하향**(top dowm) 인과관계를 제안한다. 상향식 접근은 어떤 특정한 변인(유전, 성격, 인구통계, 나이, 성별, 인종 등등)이 주관적 웰빙을 일으키는지를 알아보는 것이다. 하향식 접근은 어떤 결과를 가져오는 것으로서의 주관적 웰빙을 이해하기 위한 것이다(Headey et al., 1991).

유전과 주관적 웰빙

유전은 개인의 행복감에 강력하게 영향을 미치는 듯하다. 실제로 연구자들은 성격 특질에 의한 삶의 만족도에서의 예언적 변산성을 발견하였다(Magnus et al., 1993). **역동평형이론**(dynamic equilibrium theory)에서는 성격이 정서적 반응의 기저선을 결정한다고 제안한다. 단기간에는 사건들이 우리에게 영향을 미치지만 시간이 흐르면 결국 자신의 유전적 조절점으로 되돌아간다고 한다(Headey & Wearing, 1989). 게다가 가정생활이 행복한 사람은 직장에서도 행복한 경향이 있으며 여러 상황(일/여가)에서 일관성을 보여준다(Diener &

Larsen, 1984). 최근 조절점 이론이 새로운 연구 결과들의 도전을 받고 있다(heady, 2008; Headey et al., 2010). 하지만 현재로서는 조절점 이론이 긍정심리학 훈련에 큰 영향을 끼치고 긍정심리학의 개입을 위한 지지의 토대가 되고 있다.

후성학은 유전인자와 환경 간의 인과적 상호작용을 관찰하는 생물학적 연구 분야이다(Curley & Keverne, 2009: 347). 구체적으로 말하자면, 연구는 환경이 유전인자의 표출과 행동에 영향을 미칠 수 있음을, 특히 핵심 발달 단계 동안의 엄마와 유아 간의 관계에 영향을 미쳐 '건강과 질병에의 위험과 회복력뿐 아니라 뇌의 발달과 행동'에까지 영향을 미친다는 것을 보여주기 시작하고 있다.

적응 이론

인간은 현재 사건에 강하게 반응하는 독특한 진화적 경향을 지니고 있다. 하지만 이것은 시간이 지나면(약 3개월) 감소한다. 많은 연구의 결과 인간은 자연스러운 행복 '조절점'을 가지고 있어 좋거나 나쁜 사건 후 대략 3개월 후에는 되돌아가는 경향이 있다. 이러한 진화적 적응 과정, 즉 쾌락적 적응 이론('쾌락의 쳇바퀴'로 알려진)(Lykken & Tellegen, 1996)은 삶의 행복한 시간 뒤에는 반드시 부정적 시간이 따라 서로를 무마시키고 결국 행복을 증가시키려는 시도는 성공하지 못할 것이라는 '제로섬 이론'과 연결된다.

복권

복권을 좋아하는가? 만약 좋아한다면 왜 좋아하는가? 복권으로 행복해질 수 있다고 믿는가? 유감스럽게도 복권 당첨자의 행복에 대한 Brickman의 기념비적인 종단 연구에 의하면 그 반대이다. 오만 달러에서 백만 달러를 받은 복권 당첨자들이 기본적 인구통계적 변인과 복권 당첨 후의 달라진 삶에 대한 질문에 응했다. 당첨자들은 일상의 사건들이 통제 집단보다 덜 즐거웠고 당첨 전보다 조금도 더 행복하지 않았다.

11명의 대마비 환자와 18명의 사지 마비 환자와 비교했을 때 복권 당첨자는 그들과 똑같은 행복 수준을 보고했다. 이것은 대마비 환자들이 자신의 상황에서 행복하다는 의미는 아니다. 사실 그들은 자신의 과거를 긍정적으로 바라보지만 현재의 일상에서는 낮은 만족감을 보이는 경향이 있었다. 결국, 이 실험은 쾌락적 적응 이론을 지지하여, 나쁘거나 좋거나 간에 우리는 다시 돌아오고야 마는 조절점을 지니고 있다는 것이다.4)

자세한 내용이 궁금하면 Brickman et al.(1978)을 보아라.

이 적응에 필요한 해독제는 **다양성**(variety)이다. 그러므로 이런 적응 기제를 이겨내기 위하여 자신의 접근법과 행복 개입을 계속 변화시켜야만 한다(Tkach & Lyubomirsky, 2006). 새로운 연구에 의하면, **쾌락적 적응 방지**(hedonic adaptation prevention: HAP) 모델(Lyubomirsky)에서 반영되었듯, 긍정적 사건의 수는 긍정적 정서 경험의 수에 직접적으로 영향을 끼쳐, 변화에 대한 내적 욕망 및 놀라움과 다양성에 의해 조절되어 행복감을 유지하도록 도와준다(Lyubomirsky et al., 2009).

❂ 생각해보기

승진을 위해 분투하고 흥미진진한 사건을 기대하거나 새로운 상품을 샀을 때를 기억해보라. 이럴 때 기분은 어떠했는가? 일주일 후에는 어떠했는가? 한 달 뒤에는? 그것을 회상하는 지금 기분은 어떠한가?

Daniel Gilbert(2007)는 **정서적 예견**(affective forecasting)이라는 개념과 이것이 우리의 행복 능력에 어떻게 영향을 미치는지에 대해 관심을 가지고 있다. 미

---

4) 이 연구는 최근 중간 정도 규모의 당첨금(₤1,000~120,000)을 받은 복권 당첨자들에 대한 종단 연구의 결과 후 논쟁이 붙었다. Gardner와 Oswald(2006)는 통제집단이나 더 작은 규모(₤1,000 이하)의 복권 당첨자들과 비교하여 이 당첨자들의 심리적 건강과 웰빙이 높아졌음을 발견했다. 결국 Brickman 등(1978)의 연구가 긍정심리학에서 반복되어 언급되고 있으며 이러한 사실을 알아둘 필요가 있다.

래에 대해 생각하고 상상할 수 있는 인간의 독특한 능력은 흥미롭고 강력한 결과를 가져온다(Wasko & Pury, 2009). **영향 편향**(impact bias)은 미래 사건의 쾌락적 영향에 대한 지각을 왜곡시키는 진화적 습관이다. 우리는 시험을 통과하는 것과 시험에 떨어지는 두 가지 결과가 강도와 시간에서 분명한 차이를 가져올 거라고 생각하지만 이것은 사실이 아니다(Wasko & Pury, 2009).

종신 재직권

Gilbert 등은, 종신 재직권을 받을 경우와 받지 못할 경우의 정서를 포함하여, 부정적 소식과 긍정적 소식의 영향을 어떻게 예견하는지에 대한 차이를 평가하기 위하여 정서적 예견과 관련된 여섯 가지 연구를 했다. 결과에 의하면, 종신 재직권을 받지 못한 사람들은 자신이 얼마나 기분이 나쁠지에 대해 과하게 예견했고, 반면 종신 재직권을 보장받은 조교수들은 자신이 얼마나 행복할지에 관해 과하게 예견했다. 두 집단 모두 장기적 행복감 수준 예견에서는 정확했다.

Gilbert et al.(1998)을 참조

사실, 우리의 삶에서 행복에 보다 장기적으로 부정적 영향을 미친다고 알려진 경험은 배우자의 죽음과 장기적인 실업뿐이다.[5] 이별은 가장 절망적인 사건 중 하나이며 개인의 행복에 중요한 영향을 미친다. 연구자들은 이전 수준의 행복으로 돌아오는 데는 5년에서 7년이 걸린다고 제안한다. 한편 실업의 해로운 영향은 회복되기가 더 힘들다. Clark 등(2008)은 같은 연구에서 13만 명을 수십 년간 추적 연구해보았다. 연구에 의하면 장기간(1년 이상) 실업 상태에 있던 남자들은 이전의 행복감 수준으로 돌아오지 못했다.

게다가 Gilbert(2007)에 의하면 인간은 행복을 합성한다. 자연스러운 행복이란 가지고 싶은 것을 가질 때 느끼는 것이다. 하지만 **인조 행복**(synthetic

---

5) 웰빙에 대한 장기적 부정적 영향에서 사별과 실업 바로 뒤에 이혼과 만성 장애가 있다(Lucas et al., 2003; Lucas, 2005, 2007).

happiness)은 원하는 것을 갖지 못할 때 우리가 만드는 것이다. Gilbert는 인조 행복은 다른 행복만큼 실제적이고 유익하며, 인조 행복을 행복의 열등한 종류라고 보는 것이 틀린다고 주장한다. 인조적으로 행복을 만드는 이런 진화적 능력을 발달시킨 이유는, 우리는 계속 노력해서 원하는 것을 얻을 필요가 있으며, 노력하지 않아도 마찬가지로 행복할 것이라는 것을 안다면 포기할 것이라는 믿음 때문이다.

불일치 이론

'미국의 모순(American paradox)'(Myers, 2000)이란 지난 50년 동안 세계적인 부의 증가에도 불구하고 행복 수준은 제자리인 현상을 말한다. 이에 대해서는 몇 가지 설명이 있다. 첫째는 비교 기준 모델(Relative Standards Model)로서 이론적인 근거가 있다. 주관적 웰빙은 주로 비교 과정(과거의 자신, 내면화된 기준과의 사회적 비교)의 작용이다.

우리는 타인과 상호작용할 때 여러 수준에서 자신을 그들과 비교하지 않을 수 없다. 이를 사회 비교(social comparison)라 부르는데, 우리는 자신의 상황, 매력, 부 등을 타인과 상향 혹은 하향으로 비교할 수 있다. 결국 우리는 자신에 대한 기분을 좋게 하는 사람들을 찾아 사귀고, 기분을 언짢게 하는 사람들과는 사귀지 않은 경향이 있다. 그래서 새 가방은 단지 친구의 더 크고 더 비싼 새 가방을 볼 때까지만 멋진 것이 된다. 달리 말하면, 친구가 더 싼 가방을 가진 걸 본다면 자신의 지위와 자신에 대해 기분이 좋아진다.

성격은 우리가 상향 혹은 하향 사회 비교를 할 것인지, 그것을 어떻게 사용할 것인지에 영향을 준다. Kate가 담당한 암 환자들은 긍정적 양방향으로 사용한다. 화학요법을 마친 암 환자를 보면서는 상향 사회 비교를 하여, '언젠가 나도 그렇게 될 거야.'라고 생각한다. 그리고 더 젊거나 아이가 있는 동료 환자를 보면서, '그래, 나는 그들처럼 젊을 때가 아니라 이제야 암에 걸렸잖아.'라고 생각한다. 그러므로 사회 비교는 타인과 부정적으로 비교 평가할 경우에만 해롭다.

상태 불안과 물질주의는 우울증의 증가 및 낮은 주관적 웰빙의 증가와 연관된다. Diener와 Oishi(2000)는 돈을 과도하게 중요하게 여기는 것은 삶의 만족과 역상관이 있고(−0.53), 사랑에 높은 가치를 두는 것이 삶의 만족과 정적으로 상관이 있음을 발견했다. 일부 학자는 더 나아가 물질주의적 태도는 삶을 망치면서 불만과 무가치감을 일으키는 부자병(affluenza) 바이러스와 같다고 주장하기도 한다. 원래 은유적인 표현이었던 부자병(affluenza)은 연구 결과로 보아도 근거가 있는 듯하다(James, 2007).

✪ 생각해보기

개인과 재정의 합리성을 평가하기 위한 유명한 경제 설문지(Solnick & Hemenway, 1998)에서 발췌한 다음 질문에 대답해보아라.

다른 사람이 일 년에 25,000달러를 벌 때 50,000달러를 벌고 싶은가, 혹은 다른 사람이 250,000달러를 벌 때 100,000달러를 벌고 싶은가? 상품과 서비스의 가격은 같다고 가정하라.

당신의 답은 무엇인가? 대부분의 사람들이 첫 번째 시나리오를 더 좋아한다는 사실이 놀라운가? 이유가 무엇이라고 생각하는가?

기존의 믿음은 물질을 추구하는 것은 인간의 기본 욕구를 만족시키지 못하며, 물질적 목표는 도달할 수 없다는 것이었다. 게다가 불행감과 낮은 사회적 지지는 보상적 물질주의를 유도할지 모른다. 하지만, 물질주의의 악영향에 반대하는 입장은, 물질주의는 당신이 그것을 감당할 수 없을 때에만 해롭다는 것이다. 그래서 보다 더 높은 수입으로 더 높은 물질주의의 위치에 있는 이들의 행복감이 더 높다(Crawford et al., 2002). 당신이 자신의 분수 안에서 생활하고 재정적 부담 없이 좋아하는 것을 할 여유가 있다면 물질주의는 기존 생각처럼 해로운 것이 아니다.

불일치 이론에 연관되어 **선택의 모순**(paradox of choice)이 있다(Schwartz & Ward, 2004). 국가가 보다 부유해지고 소비자들의 요구가 많아질수록 세상은 대부분의 상품에 대한 선택과 대안물, 다양성으로 넘쳐난다. 선택의 자유는 이제 '선택의 폭군'이 되어버렸으며, 선택 사항이 많은 것이 반드시 좋은 것만은 아니다(Schwartz, 2000; Schwartz et al., 2002).

✪ 생각해보기

컴퓨터 등과 같은 새로운 물건을 사고 싶었던 때를 회상해보아라. 선택할 수 있는 것이 얼마나 많았는가? 그래서 결정하기가 더 쉬웠는가, 더 어려웠는가?

선택의 풍요는 서구 사회의 소비자와 시민들에게 세 가지 주요한 문제를 일으켰다.

- **정보의 문제**. 우리는 정보에 압도당하고 결국 불안한 입장에 처한다; 선택을 제대로 하기 위해 알아야 할 것을 어떻게 모두 모을 수 있는가?
- **실수의 문제**. 선택에 관한 모든 정보에 접근할 수 없을 경우 우리는 잘못 판단할 할 가능성이 많아진다.
- **심리적 문제**. 과도한 선택 및 위에 제시된 문제점들로 인한 스트레스와 불안은 심리적 행복 수준을 낮출 수 있다.

물론, 여기서 선택 문제를 소개하려는 것은 아니며 다만 행복 수준에 영향을 줄 수 있는 과도한 선택권의 문제를 언급하려는 것이다.

잼

슈퍼마켓은 선택으로 넘쳐난다. 우리는 모든 종류의 음식을 원하는 방식으로 원하는 포장으로 소유할 수 있다. 하지만 잼 실험을 통해 우리는 때때로 한 가지 좋은 것에서 아주 많은 것을 얻을 수 있음을 알 수 있다.

연구자들은 평범한 가게 안에 여러 가지 잼을 맛볼 수 있는 판매대를 만들었다. 그 시식에는 두 가지 조건이 있었다. 하나는 여섯 종류의 잼을, 다른 하나는 스물 네 종류의 잼을 준비했다. 관찰 분석 결과에 의하면, 더 많은 쇼핑객들이 제한된 선택이 있는 판매대보다는(40%) 광범위한 선택이 가능한 판매대 앞에(60%) 멈추었다. 게다가 두 판매대는 모두 비슷한 시식 통계를 보였다(1.5가지의 맛). 하지만 실제로 잼을 선택하고 구입할 때는 스물 네 종류의 잼 앞에 섰던 이들이 여섯 종류의 잼 맛을 본 사람들보다 적게 구입하였다(3% 대 30%). 연구자들은 너무 많은 선택은 불안을 일으키고 행복을 줄일 거라고 제안했다.

원문을 보려면 Iyengar & Lepper(2000)를 참조

Schwartz는 결정을 하는 문제에서 두 종류로 분류했다: **만족주의자**(satisficers)와 **최상주의자**(maximizers). 만족주의자는 자신의 최소 기준을 만족하는 물건을 선택하면서 '그만하면 괜찮은' 물건을 사는 사람들이다. 이와 대조적으로 최상주의자는 모든 가능한 선택사항을 알아보아 최선의 선택을 찾는 사람들이다. 따라서 최상주의자는 모든 선택사항을 검토했는지 확인해야 하므로 선택하기가 더 힘들다.

또한 연구자들은 최상주의자들에게는 몇 가지 위험이 있음을 밝혀내었다.

- 최선의 선택을 하지 않거나 나중에 후회하게 될지도 모른다며 **자책한다**(regret).
- **기회 비용**(opportunity costs). 한 가지를 선택하면 불가피하게 나머지 것은 포기하게 된다. 모든 선택에는 그 자체로 비용이 따른다.
- **기대 상승**(escalation of expectations). 선택의 여지가 많을수록 기대도 많아진다.
- **자기-비난**(self-blame). 선택이 너무 많기 때문에 만약 잘못 선택한다면 자신의 잘못이라 믿는다.
- **시간**(time). 많은 선택을 살피느라 소비한 시간 때문에 보다 가치 있는 일을 할 시간이 빼앗긴다.

최상주의자가 되면 더 많은 후회, 완벽주의, 우울, 상향 사회 비교, 신경증을 경험하게 되어 덜 행복해지지만 일부 경제적 이점은 있다.

✪ 생각해보기

당신은 선택을 할 때 어떻게 결정하는가? 최종 결정을 하기 전에 모든 선택사항을 살펴보는 것을 좋아하는가, 아니면 당신의 욕구를 만족시키는 선택사항을 바로 선택하는 경향이 있는가?

목표이론과 주관적 웰빙

누구에게나 목표가 필요하다. 어떤 연구자들은 목표 없이는 생존할 수 없을 거라고 믿는다: '일련의 목표에 몰입하는 것은 개인의 주체감과 구조감, 일상의 의미를 제공해준다'(Diener et al., 1999: 284). 그래서 행복은 가치 있고 자기일치적 목표를 얻는 과정의 직접적 결과이며, 웰빙에 영향을 끼치는 것은 개인이 추구하고자 선택한 목표의 질이다. 물론 이것은 문화에 의존한다; 하지만 사람들은 의미 있는 목표에 관여되고 원하는 결과를 성취했을 때 긍정적 피드백을 받으면 행복해진다. 그래서 세상의 어머니들의 말씀처럼, 행복은 목적지가 아니라 여정이다. 목표이론과 웰빙과 연관된 목표 설정에 대해서는 7장에서 더 자세하게 알아볼 것이다.

AIM 접근

Diener와 Biswas-Diener(2008)는 '행복한 사고방식'을 만들기 위한 'AIM 접근법'을 제안한다. Diener와 Biswas-Diener에 의하면 우리가 가져야 할 긍정적 태도와 행복한 마음기제에는 세 가지 기본 구성요소가 있다: 주의, 해석, 기억

주의(attention)는 좋거나 나쁘거나 간에 일상을 살필 때 전체적으로 볼 수 있는 능력을 말한다. 부정적인 것에만 관심을 가지는 사람들은 삶의 긍정적인 면을 가로 막고 Diener와 Biswas-Diener(2008: 188)가 명명한 '험악한 세상' 속에서 살 것이다.

해석(interpretation)은 모든 사실이 제시되지 않는 경우에 이야기를 구성하는 인간의 경향성을 언급한다. 개인이 사건과 상황을 부정적으로 해석한다면 기분을 망치게 된다. Diener와 Biswas-Diener(2008)에 따르면 사건을 해석할 때 무시되는 여섯 가지 파괴적인 사고방식이 있다.

- 두려워하기(awfulizing). 부정적인 사건이나 사람을 객관적인 사실 이상으로 과장하기
- 스트레스를 견뎌내지 못함(distress intolerance). 잠재적 외상 사건에서 회복되거나 견뎌낼 수 없을 거라고 여기기
- 학습된 무기력(learned helplessness). 셀리그만의 실험에 기원을 둔 것으로 자신의 부정적 사건을 통제하지 못하고 포기하는 마음을 가질 때 일어난다.
- 완벽주의(perfectionism). 완벽주의자는 사소한 것에 집중하고 단지 최고만을 받아들인다.
- 부정적 자기-충족 경향성(negative self-fulfilling expectancies). 타인과의 이전 의사소통을 통해서 타인으로부터 부정적 반응을 유발하는 현상
- 거절 응시(rejection goggles). 이것은 거절 상황이 아닐 때조차도 거절을 찾아내고 초점을 맞출 때 일어난다(Diener와 Biswas-Diener, 2008: 193-4).

마지막으로, 기억(memory)은 과거의 긍정적 사건과 경험을 회상하고 음미하는 것이 행복감을 높여줌을 보여주는 많은 연구가 있다.

결장

노벨상 수상자인 Daniel Kahneman(1999)은 '피크-엔드(peak-end) 규칙', 혹은 '피크-엔드 경험'을 개념화했는데 이것은 경험이 어떻게 끝나는지 뿐 아니라 어떻게 절정(기쁘거나 언짢거나)에 다다르는지에 근거해 자신의 경험을 판단함을 말한다. 이것에 관하여 수백 명의 참가자를 대상으로 한 삽입 결장경 검사 실험이 있다. 652명의 환자는 환자들의 실제 경험과 보고된 결

장경 검사 경험에 대한 상반된 내용을 알고 난 후, 무선적으로 통제집단과 실험집단으로 할당되었다. 통제집단은 계획대로 결장경 검사를 받았다. 하지만 실험집단은 60초 더 추가로 검사가 지속되었다. 그 기구를 1분간 더 삽입해두는 것이 약간 불편했지만 원 과정보다는 덜 불편했다. 결국 아프다기보다는 약간 불편한 상태로 마치는 것이 전체 절차를 회상하는데 유의미하게 영향을 미쳤다. 이것은 회상에서 중요한 것은 발생 기간이 아니라 그 사건이 끝나는 방식이기 때문에 지속시간 무시 이론(theory of duration neglect)을 지지한다.

원문을 보려면 Redelmeier et al.(2003)**을 참조**

전반적으로 우리는 긍정적 회상은 물론이고, 사건이나 상호작용에 대한 부정적으로 편향된 해석보다는 주위의 긍정적인 것에 집중할 때, 보다 긍정적인 태도와 보다 행복한 존재를 이루어낼 수 있다.

요 약

행복의 정의는 몇 가지 있지만 가장 널리 사용되는 것은 '주관적 웰빙'이다. 학습목표를 상기시켜볼 때 이제는 모든 문화를 아우르는 주관적 웰빙을 이해해야만 한다. 구체적으로 말해서;

- 절대로 만족하지 못하는 이유 중 하나는 쾌락적 적응이다.
- 쾌락적 적응 방지 모델이 행복 조절점으로 돌아가려는 진화적 경향성을 막기 위해 사용되고 있다.
- 행복이란 주관적 현상이기 때문에 주관적 웰빙은 전통적으로 SWLS 같은 자기-보고식 측정법으로 측정된다.
- 몇 가지 세계 행복 조사가 있어 각 나라의 현재 행복 수준을 알 수 있다.
- 선택은 때로 별로 좋은 것이 아니며, 특히 최상주의적 측면을 볼 때 그러하다.

추천자료

http://www.gallup.com/home.aspx

갤럽 세계 여론 조사에 대해 더 알고 싶거나 갤럽에서 만든 책을 알아볼 수 있다.

http://news.bbc.co.uk/1/he/programmes/happiness_formula/4771908.stm

인기 있는 BBC 다큐멘터리이며 Ilnona Boniwell이 나오는 *The Happiness Formula*의 몇 장면을 볼 수 있다.

http://interanl.psychology.illinois.edu/~ediener/index.html

주관적 웰빙 및 새롭고 혁신적인 도구에 관한 무료 온라인 잡지에 연결될 수 있는 멋진 사이트다.

http://ww.worldvaluessurvey.org/

이 사이드에서 세계의 다양하고 번화무쌍한 가치들을 알아볼 수 있나.

보충 질문

1 어린이들의 웰빙에 관한 연구 결과에 동의를 하는가? 이 연구 결과에 대하여 솔직하게 토론해보라.

2 만약 돈 걱정을 할 필요가 없다면 삶은 어떠할까?

3 주관적 웰빙 영역에서 빠진 것은 무엇이라고 생각하는지 토론해보아라.

개 인 훈 련

아래의 연습은 당신의 주관적 웰빙 수준을 알아내고 높이는 데 초점을 두고 있다.

1 AIM 접근법

긍정적 태도를 기르기 위하여 Diener와 Biswas-Diener(2009)의 AIM접근법을 시도해보기를 바란다. 반드시 모든 것을 시도해보아라.

주의(Attention): 내일, 당신 주위의 긍정적 경험과 사건, 사람들, 환경에 집중하도록 노력해보아라. 무엇을 보고 알아차렸는지 적어보아라.

해석(Interpretation): 당신의 해석에 도전해보아라. 여섯 가지 형태의 파괴적 사고 양식을 생각하고 부정적 진술에 빠져들 때 그 진술을 보다 건설적인 글귀로 재구성해보아라.

기억(Memory): 내일 긍정적인 것에 집중해볼 때, 훗날 그 기억들을 즐겁게 돌이켜보고, 음미하고, 회상할 수 있도록 마음에 담아두어라.

2 아주 긍정적인 경험들

AIM 접근법의 'M'(memory)에서 한 걸음 더 나아가기를 바란다. 졸업, 가족, 자녀, 휴가 등에서 경험하는 놀라움, 행복감, 황홀감, 사랑과 같은 강력한 긍정적 경험에 대해 기록하기를 바란다(Bruton & King, 2004).

한 가지 강력한 긍정적인 경험을 생각하고 3일 연속 15분 동안 기록하기를 바란다. 그 주일 동안과 그 후, 그리고 그 주말의 기분이 어떠한지 되짚어보아라.

측 정 도 구

삶의 만족도 척도 (Satisfaction with Life Scale: SWLS)

(Diener et al., 1985)

지시문

아래에 동의하거나 동의하지 않을 수 있는 다섯 가지 진술이 있습니다. 아래의 1~7 척도를 사용하여 각 진술 앞의 괄호에 적당한 숫자를 써넣으십시오. 열린 마음으로 솔직하게 답변하십시오.

1=**전혀 동의하지 않는다**

2=**동의하지 않는다**

3=**약간 동의하지 않는다**

4=**보통이다**

5=**약간 동의한다**

6=**동의한다**

7=**매우 동의한다**

( ) 1. 나의 삶은 대부분의 경우 나의 이상에 가깝다.

( ) 2. 나의 삶의 조건들은 아주 훌륭하다.

( ) 3. 나는 삶에 만족한다.

( ) 4. 나는 여태까지 내가 삶에서 원하는 중요한 것을 가질 수 있었다.

( ) 5. 만약 다시 산다면, 나는 거의 아무 것도 바꾸지 않을 것이다.

채점

점수를 모두 더하라.

해석

31~35	아주 만족함
26~30	만족함
21~25	약간 만족함
20	보통임
15~19	약간 불만족스러움
10~14	불만족스러움
5~9	아주 불만족스러움

개관

SWLS는 7점 리커트 척도로 된 5개 문항으로 되어 있다. 이것은 높은 내적 일관성(0.87)과 검사-재검사 신뢰도(0.82)(두 달간)를 가진다. 게다가 연구에 의하면 이것은 다른 심리적 웰빙 척도(0.7 가량) 및 자기보고 점수와 실험자 간 사이에 높은 상관도를 가진다.

이 검사에 대한 비판은 삶의 만족도가 성격 특질, 아니면 현재 기분과 현재 삶의 환경의 결과인지에 관한 혼란에서 비롯된다. Pavot과 Diener (2008)는 그것은 두 요인 모두의 합이므로 변화를 측정할 때는 보다 초점적인 도구와 같이 사용되어야 한다고 주장한다. 게다가 현재 기분은 우리의 전반적 삶의 만족도 평가에 거의 영향을 주지 않거나 전혀 영향을 주지 않는 것으로 드러났다(장기 실업과 남편을 여읜 상태를 제외)(Pavot & Diener, 2008).

주관적 행복 척도 (Subjective Happiness Scale: SHS)

(Lyubomirsky & Lepper, 1999)

지시문

다음 진술 혹은 질문에 대해 당신에게 가장 적합하다고 생각하는 척도의 위치에 해당하는 숫자에 ○ 표를 하시오.

1 일반적으로 나는 자신이 ______이라고 생각한다.

1 2 3 4 5 6 7

전혀 행복하지 않은 사람 **아주 행복한 사람**

2 친구와 비교해서 나는 자신이 ______하다고 생각한다.

1 2 3 4 5 6 7

덜 행복 **더 행복**

3 어떤 사람들은 아주 행복하다. 그들은 어떤 일이 생기든지 모든 것에 최선을 다하면서 삶을 즐긴다. 당신에게는 이런 성격이 얼마 정도 있는가?

1 2 3 4 5 6 7

전혀 없다 **매우 많다**

4 어떤 사람들은 전혀 행복하지 않다. 이들은 낙담할 있이 없어도 행복하지 않다. 당신에게는 이런 성격이 얼마 정도 있는가?

1 2 3 4 5 6 7

전혀 없다 **매우 많다**

채점

네 문항 점수를 모두 더하라. 4번 문항의 경우 역으로 계산하여 7점이면 1점을 주어라. 그런 후 전체 합을 4로 나누면 1에서 7 사이가 된다.

해석

세계 성인의 평균 점수는 4.5에서 5.5이다.

개관

이 척도는 7점 리커트 척도에 4문항으로 SWLS보다 훨씬 더 간단하다. 이 척도는 SWLS처럼 인지적 요소와 정서적 요소를 명백하게 구별하지 않는다. 하지만 이것은 SWLS와의 공인 타당도(0.7) 및 자기존중감, 낙관성, 외향성 척도와의 수렴 타당도뿐 아니라 0.79~0.96(M = 0.86)의 높은 내적 일관성을 가진다.

최상주의 척도

(Schwartz et al., 2002)

지시문

아래에 당신이 동의하거나 동의하지 않는 12개의 진술이 있습니다. 이 진술은 당신의 과거, 현재, 미래에 관한 것입니다. 목록 앞 괄호에 당신이 동의하는 정도의 수를 적어 넣으시오. 정직하게 답하십시오.

1 **매우 동의하지 않는다**

2 **동의하지 않는다**

3 **약간 동의하지 않는다**

4 **동의하지도 동의하지 않는 것도 아니다**

5 **약간 동의한다**

6 **동의한다**

7 **매우 동의한다.**

( ) 1. 선택에 직면할 때마다 현재 존재하지 않는 것을 포함하여 가능한 모든 가능성을 상상하려고 한다.

( ) 2. 내가 지금 직업에 만족하든지 만족하지 않든지 간에, 더 나은 기회를 찾는 것은 나의 권리다.

( ) 3. 나는 운전 중 라디오를 들을 때, 지금 듣고 있는 것이 비교적 만족스러운데도 다른 방송에 더 나은 게 있는지 자주 체크한다.

( ) 4. TV를 볼 때, 한 프로그램을 보려면서도 모든 채널을 자주 훑어보며 채널을 자주 바꾼다.

( ) 5. 나는 인간관계를 옷을 입는 것처럼 여긴다. 즉 완벽한 것을 찾기 전에 많은 시도를 해보려고 한다.

( ) 6. 나는 친구에게 줄 선물을 사는 것이 자주 어렵다.

( ) 7. 나에게는 비디오를 빌리는 것이 정말 어렵다. 나는 항상 제일 마음에 드는 것을 고르려고 애를 쓴다.

( ) 8. 쇼핑을 할 때 정말 마음에 드는 옷을 사기가 어렵다.

( ) 9. 나는 순위를 매기는 것(최고의 영화, 최고의 가수, 최고의 선수, 최고의 소설 등등)을 아주 좋아한다.

( ) 10. 나는 친구에게 편지를 쓰는 것을 비롯해 글을 쓰는 것이 아주 힘들다. 이유는 적절한 단어를 찾기가 힘들기 때문이다. 간단한 것이라도 여러 번 고친다.

( ) 11. 무엇을 하든지 간에 최고의 기준을 가지고 있다. 결코 차선을 위해 타협하지 않는다.

( ) 12. 지금과 전혀 다르게 사는 것에 대하여 자주 환상을 가진다.

채점

모든 점수를 합쳐서 평균을 내라.

해석

최상주의자는 평균 점수가 4보다 높다. 만약 5.5 이상이면 '극도의 최상주의자'(인구의 약 10%)로 분류되고, 2.5 이하이면 '극도의 만족주의자'(약 10%)이다. 나머지는 4.75보다 높고(약 33%), 3.25보다 낮다(약 33%).

개관

이것은 획기적인 척도지만 연구자들은 Schwartz가 측정하는 것은 실제로 엄밀한 의미에서 최상주의가 아니라고 주장하면서 이것이 최상주의를 측정하는데 효과가 있는지 의문을 가지기 시작했다. 게다가 그 개념은 단일 차원 척도에 기반해야 하므로 이 척도의 다차원성을 둘러싼 논쟁들이 있다 (Diab et al., 2008).

CHAPTER 4

자아실현적 웰빙

❖ 학습목표

좋은 삶에는 행복이면 충분한가? 단지 기분이 좋다는 것만이 삶의 질의 적절한 평가가 되는가? 타인의 주관적 안녕감을 측정할 때 주관적으로 행복하다는 것이 무슨 의미인지 제대로 알고 있는가? 이 장에서는 이러한 질문의 답을 알아보고 자아실현적 웰빙의 개념과 그와 연관된 이론들을 소개하려고 한다.

주제 목록

- 자아실현적 웰빙의 정의와 역사적 기원
- 심리적 웰빙의 개념
- 삶에서 의미와 목적의 중요성
- 실존 심리학과 긍정심리학의 연관성
- 긍정적 죽음과 의미
- 몰입의 개념과 그 특징
- 자기결정이론
- 세 가지 심리적 기본 욕구

학습 전 질문

1 주관적 웰빙과 심리적 웰빙 개념을 비교, 대조해보라.
2 이 주제에 대한 지금까지의 지식에 기초하여 자아실현적 웰빙에 대해 어느 정도까지 일반적 정의를 내릴 수 있는가?
3 '의미 없는 삶을 사느니 차라리 불행한 삶을 살겠다.' 이 문제를 토의해보라.

행복의 다른 형태

앞장에서 언급하였듯이 무엇이 인간을 행복하게 하고 웰빙을 경험하게 하는가에 관해서는 두 가지 생각이 있다. 앞장에서는 삶에 대한 만족감과 긍정적 정서와 낮은 부정적 정서의 경험으로 구성된 주관적 웰빙 개념을 알아보았다. Ryan과 Deci(2000)는 주관적 웰빙은 단지 쾌락주의적 정의이므로 웰빙을 증진시키기 위해 이론화된 활동과 목표가 잘못된 길로 들어설 수 있다고 주장한다. Vitterso(2004)는 주관적 웰빙이 행복에 대한 철학적 개념화의 복잡성을 무시하고 개인적 성장의 요소를 설명하는데 완전히 실패했다며 비판했다. 또한 Ryff(1989)는 심리적으로 행복한 것이 무엇을 의미하는지에 대한 질문에 실제로 답하지 못했다고 주장했다. 결국, 균형 잡힌 웰빙에서 아주 중요한 의미와 목적의 개념이 무시되었다(King & Napa, 1998; McGregor & Little, 1998).

'자아실현적 웰빙'은 웰빙이 인간의 잠재력을 실현하는 것에 있다고 주장한다. 자아실현적 틀 안에서의 연구자들은 행복과 '좋은 삶'은 단지 좋은 기분을 경험하는 것은 아니라고 주장한다. 삶에는 즐거움과 만족 이상의 것이 있어야 한다. 자아실현적 웰빙에서는 진정한 행복은 미덕의 표현과 가치 있는 일을 하는 것에 있다고 제안한다. 그리하여, 인간의 잠재력을 실현하는 것이 궁극의 목적이다(Aristotle). 따라서 개인은 반드시 신중함(Jon Locke)과 자기 수양(Epicurus)을 통하여 행복을 추구해야 한다. 자아실현적 웰빙은 자신의 진정한 본성을 이행하거나 실현시키는 것으로 간주된다. 이것은 자신의 진정한 자아를 개발하고(Vitterso, 2004), 자기 자신을 위한 활동에 몰입하고(Csikszentmihalyi, 2002), 개인보다 더 큰 단체에 봉사하는 것(Huta et al., 2003)과 같이, 삶에서의 활동이 자신의 깊은 가치와 잘 일치될 때(Waterman, 1993) 가능하다.

하지만 자아실현적 웰빙과 쾌락적 웰빙이 어떤 관계에 있는지에 관해서는 의견이 다양하다. 한편에서는, 자아실현적 웰빙은 항상 어느 정도까지는 쾌락적 행복을 포함하거나, 이 두 가지는 대체로 독립적이거나(Ryff, 1989), 혹은 자아실현적 웰빙 경험이 쾌락적 웰빙을 적극적으로 줄일 수 있다고 한다. 다른 한편으로, Kashdan, Biswas-Diener와 King(2008)은 그 구성요소와 경험을 동일한 것으로 본다.

또한 자아실현적 웰빙이 과정인지 결과인지, 혹은 둘 다인지에 대해 의문이 있다. 현재 연구에서는 그것을 상태로 생각하지만(Kashdan et al., 2008; Waterman et al., 2008) 어떤 연구자들은 그것을 과정으로 보는 것이 더 적당하다고 제안했다(Fyan et al., 2008; Vitterso et al., 2009).

결국 연구자들은 자아실현적 웰빙과 성격 차이 사이에 관련성이 있는지, 혹은 자아실현적 웰빙 자체가 성격 특질로 여겨질 수 있는지를 알아보기 시작했다. 보다 구체적으로 보자면 자아실현적 웰빙을 경험하는 데 보다 큰 성향성을 제공하는 쾌락적 혹은 자아실현적 지향성이 있는지의 여부를 밝혀내려고 한다(Vitterso et al., 2009).

Boniwell(2008)이 지적했듯이 자아실현적 웰빙에 대해서는 혼란 상태인 듯하다. 다음 부분에서는 자아실현적 웰빙 아래에 속하는 현재의 여러 대안적 이론 체계를 살펴볼 것이다.

심리적 웰빙

심리적 웰빙 개념(Ryff & Keyes, 1995; Ryff & Singer, 2006)은 여섯 개의 구성요소로 되어 있다: 자기 수용(자신과 자신의 삶에 대한 긍정적 평가), 개인적 성장, 삶의 목적, 타인과의 긍정적 관계, 환경에의 숙달(자신의 삶과 환경을 효과적으로 다룰 수 있는 능력), 그리고 자율성. 심리적 웰빙의 두 가지 하위 척도(자기수용과 환경에의 숙달)와 주관적 웰빙이 중간 정도의 관련성을 지닌다는 일부 경험적 지지가 있다(나머지 요소는 이 지표들과 약하거나 일관성 없게 연관된다)(Ryff & Deyes, 1995). Ryff는 이 모델은 전통적인 측정이 웰빙의 핵심 요인을 무시함을 보여준다고 주장한다(Ryff, 1989). 하지만 많은 연구자들이 이 요인에 대해 비판적이다. Vitterso(2004)는 Ryff의 여섯 요소가 쾌락적, 자아실현적 웰빙에 상응되는 두 가지 요소로 설명될 수 있음을 보여주는 몇 가지 발견을 제시한다.

Keyes 등(2002)은 주관적 웰빙과 심리적 웰빙은 연관이 있기는 하지만 경험적으로 웰빙의 다른 개념이라고 가정했다. 3,000명 이상으로부터 얻은 자료의 요인 분석에 의하면 주관적 웰빙과 심리적 웰빙은 상관이 있지만 다른 요인들이고, 이로 보아 인구통계 및 성격 변인들에 대해 다른 형태의 관련성을 보여준다.

진정한 행복

Seligman(2002)은 행복에는 세 가지 길이 있다고 주장했다: (1) 높은 긍정적 정서와 기쁨을 가능하게 하는 즐거운 삶; (2) 끊임없는 집중, 참여, '몰입'을 가능케 하는 좋은 삶; (3) 자신의 강점을 개인보다 더 큰 무언가를 위해 사용하는 의미 있는 삶. 뒤의 두 가지 삶은 자아실현적 웰빙에 속한다. 이 분야의 연구에서 알 수 있는 중요한 점은 쾌락적이고 즐거운 활동을 하는 사람들은 단기간에 높은 긍정적 정서를 경험하지만 자아실현적 추구는 장기적으로 의미와 가치를 준다는 것이다.

몰입

생각해보기

당신은 숙제나 글쓰기를 시작한 후 다섯 시간이 흘렀음을 뒤늦게 알아차린 적이 있는가? 축구나 럭비 시합, 혹은 춤추는 것에 열중한 나머지 주위에 무엇이 있는지 누가 있는지 몰랐던 적이 있는가? 최선을 다해 즐겼는가? 이러한 '무아지경'의 느낌이 바로 몰입이다. 아래 부분을 공부하면서 당신의 몰입 경험에 대해 생각해보아라.

몰입 이론은 Mihalyi Csikszentmihalyi이 1960년대 예술가들의 집중력에 매료되어 시작되었다. 그는 그림 작업의 모든 보상은 그리는 행위 그 자체－내재적 동기라고 알려진 이론－에서 비롯됨을 알게 되었다. 이 시기에 Maslow, Deci, Ryan은 사람들이 어떤 방식으로 내재적 행동에 끌리는지 살펴보기 시작했다(후에 이 연구자들이 자기결정이론으로 알려진 것을 만들어낸다). 하지만 Csikszentmihaly은 더 나아가서 주관적 경험으로 돌아가고 싶었다: 몰입은 실제로 어떠한 느낌이었나? 그는 심리적 현상의 생생한 경험에 초점을 두는 현상학의 영역으로 나아갔다(Csikszentmihalyi, 1975, 1990, 2002; Smith & Eatough, 2006).

여기서 요점은 Csikszentmihalyi의 초기 작업은, 일이 잘 진행되고 최고조에서 수행하고 있을 때의 생생한 경험이 어떤 것인가에 초점을 두고 이해하는 것이었다는 점이다. 여러 분야의 참가자(예술가, 댄서, 암벽 등반가)에 대한 몇 차례 실험 후, Csikszentmihalyi은 '공통된 구조적 특질이 몰입을 이끌어내는 행동 양식과 나머지 일상생활을 구별 지음'을 알게 되었다(Csikszentmihalyi & Csikszentmihalyi, 1988:8).

몰입[1)]은 '신체적 혹은 정신적인, 매순간에의 강렬한 경험적 관여'로 정의된

---

1) 원래 용어는 자기목적 경험(autotelic experience)이다.

다. 지금 하고 있는 일에 완전히 집중하며 그는 능력을 최대한으로 발휘하여 기능한다(Csikszentmihalyi, 2009: 394). 몰입은 의식과 정신 에너지와 직접적 연관이 있으므로 **정신적 붕괴**(psychic entropy)(혼란 상태와 불안한 생각)를 느낄 때는 우울과 스트레스를 경험할 것이라고 가정할 수 있다. 하지만 **정신적 고양**(psychic negentropy) 혹은 **몰입**의 획득(모든 부정적 생각의 배제)은 그 경험의 긍정적 영향을 고양하는 데에 이상적이다(Csikszentmihalyi, 2009).

몰입 경험을 활성화하기 위해서는 몇 가지 조건이 필요하다.

- 분명한 목표와 즉각적인 피드백으로 된 구조화된 활동. 이것은 활동을 지향하도록 하기 위해서는 규칙과 분명한 윤곽을 가져야 한다는 의미다. 우리는 활동을 계속하는 동안 피드백에 대한 감각-계획된 목표를 향하여 올바른 길을 가고 있다는 감각-을 가질 수 있어야 한다. 피드백이 없다면 혼란과 의식이 끼어들 것이다.
- 도전 대 기술의 균형. 최적 경험(**그림 4.1**) 모델이 나타내듯이, 몰입에 도달하고 유지하기 위해서는 기술 수준과 실제적 도전 사이에 정교한 균형감이 있어야만 한다. 만약 도전이 현재 기술 수준보다 너무 높으면 불안해진다. 만약 너무 낮다면 지루해질 것이다. 기술과 도전이 없다면(TV보기 등), 무덤덤한 상태에 있게 된다.

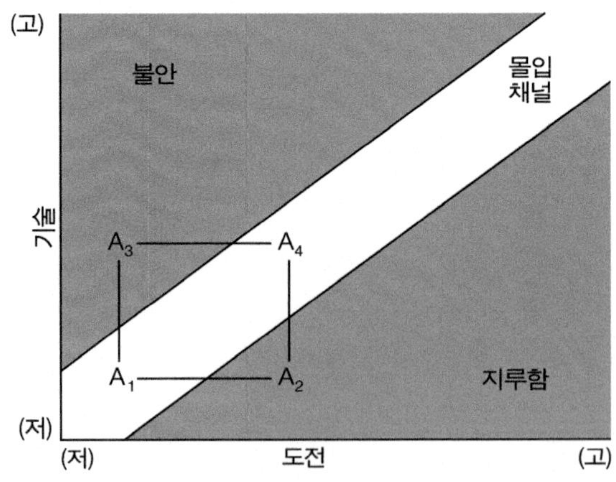

그림 4.1 몰입(Csikszentmihalyi, 1990)

- 완전한 집중(활동과 자각의 합병). 활동은 반드시 그 활동과 모든 의식을 완전하게 합병시켜야 한다. 그 활동에 완전히 집중하여 의식화될 여지가 없다. 또한 '자신'에 대한 느낌이 사라져 활동과 하나가 된다. 자신을 의식할 시간이나 공간이 없다. 진행 중인 일과 그 일과 관련된 자극으로만 집중이 모아진다. 그 때 그 활동 이외의 것과는 무관하다.
- 통제감. 통제감이란 자신을 의식하지 않고 통제감을 가질 수 있는 그 활동에 대한 능력에서 비롯된다. 또한 이것은 기술에 대한 지각 대 도전 사이를 연결한다; 그래서 만약 기술과 도전이 상응한다면 더 좋은 통제감을 가질 것이다.
- 시간의 변형. 이것은 시간의 흐름에 대한 독특한 경험으로, 당신은 시간이 흘러감을 알아차리기 전에 몇 시간을 마치 몇 분처럼 전념했을 것이다. 혹은 춤출 때처럼 일 분이 몇 시간으로, 몇 초가 몇 분처럼, 더 느려질 수도 있다. 쉽게 말해 실제 시간이 전혀 다르게 왜곡된다.
- 활동 그 자체를 위한 활동(또한 계속하고 싶은 욕구). 이 요소는 계속 그 활동을 하고 싶도록 만드는 그 활동의 능력을 말한다. 보상도, 외부의 압력도 없다. 단지, 그 일을 좋아해서 계속 하고 싶을 뿐이다.
- 마지막으로 몰입 경험을 활성화시키는 요소가 있는데 바로 성격이다. 삶을 즐기고 자신의 일상적 노력에 있어 내재적으로 이끌리는 사람들이 있다. 그런 사람들은 삶에 대한 내재적 일반적 호기심과, 인내심, 낮은 자기-중심성, 내재적 보상에 의해 동기화되는 능력을 가능하게 하는 기술을 지니고 있다(Nakamura & Csikszentmihalyi, 2005). 이런 사람들은 자기목적적 성격을 가진다고 하며 보다 더 쉽게 몰입을 경험한다.

몰입에 관한 연구

당신은 몰입하고 있는가? 이 부분에서는 누가, 언제, 어디서, 누구와 가장 몰입하기 쉬운지를 살펴볼 것이다.

어떤 사람이 몰입하는가?

놀랍게도 미국과 유럽 인구의 10~15%는 몰입을 경험한 적이 없지만 또한 10~15%는 매일 몰입을 경험한다고 한다. 연구에 의하면 우리는 삶 속에서 다른 수단과 강도로 몰입을 경험한다.

Csikszentmihalyi와 동료들은 경험 표본 방법(ESM)을 사용하여 여러 계층과 나라에서 몰입의 실시간 발생률을 조사하였다.[2] ESM(Csikszentmihalyi & Csikszentmihalyi, 1988)은 심리학의 전통적인 회고적 방법의 해악을 막기 위하여 특별히 고안되었다. 이제 심리학의 다른 영역에서도 널리 사용되는 ESM은 휴대용 호출기로서 일정한 기간 동안(보통 일 주일) 휴대하도록 되어 있다. 이 호출기는 하루 중 무작위로 울려서 몰입이나 몰입과 관련된 맥락의 여러 질문(일, 여가, 혼자 있느냐, 친구와 함께 있느냐 등등)에 대답하도록 되어 있다.

Csikszentmihalyi과 Larson(1984)은 십대들은 친구들과 함께 있을 때 가장 행복하고 강하고 가장 의욕이 넘쳤으며, 혼자일 때 그 반대임을 발견했다.

우리가 몰입을 가장 잘 경험할 수 있는 활동은 다음과 같다: 운동과 활동, 춤추기, 창의적인 예술, 성관계, 사교활동, 공부, 음악 듣기, 독서와 일. 하지만 다른 활동들도 몰입감을 만들어낼 수 있다(Csikszentmihalyi, 2002; Delle Fave & Massimini, 2004). 몰입을 방해하고 무감동과 지루함을 일으키는 활동으로는 집안일, TV보기와 빈둥거리기 등이 있다.

> **❂ 생각해보기**
>
> 몰입과 위에 열거된 활동과의 관계는 문화적 영향을 받는가? 이란, 루마니아, 네팔과 다른 여러 나라에서의 연구에 의하면 집안일, TV 보기, 양육에 관해서는 서구의 발견과 상반된다(Delle Fave & Massimini, 2004).

2) 1997년에 몰입 연구 실험은 70,000페이지 이상의 ESM 자료를 확보했다(Csikszentmihalyi 1997).

몰입의 이점

몰입을 획득하는 것에는 몇 가지 결과가 따른다. 스포츠 영역에서 선수와 코치는 절정 수행과 고양된 기술 습득을 보고한다. 놀이와 여가 중 몰입을 경험하는 사람들은 긍정적 정서의 증가를 보고한다. 몰입을 유도한 교육 체계는 더 높은 점수와 전념 수준 및 학업 성취를 가져올 수 있다. 직업 장면에서는 더 큰 소속감과 리더십 발달을 경험할 수 있다.

많은 몰입 연구가 있지만 아직 연구가 필요한 영역이 몇 있다. 예를 들어 마이크로 몰입(몇 분이 아니라 몇 초의 작은 몰입시간)은 어떠한가? 이렇게 되기 위해 필요한 요소는? 이러한 몰입은 어떻게 만들어낼 수 있는가? 그것이 몰입인가? 또한 운동과 직업 영역에서 자신의 동료와의 협력 상태에서 가지는 '조직 몰입'의 개념은? 인간과 이러한 현상 사이의 역동은 아직 완전히 이해되지는 않고 있다.

몰입의 위험

우리는 몰입이 도덕적으로 좋은 현상인지 아닌지에 관해 많은 질문을 받는다. 이것은 몰입이 절정 수행과 같다는 가정에 도전하는 재미난 질문이다. 그 대답은 몰입은 도덕적으로 좋거나 나쁜(도박 등) 행동 모두에서 나타날 수 있다는 것이다. 연구에 의하면, 몰입을 유도하는 활동(암벽 등반, 비디오 게임 등)은 중독 가능성이 있어 그러한 활동이 일상생활에서 필요하게끔 될 수 있다(Csikszentmihalyi, 1992). 대체적으로, 한 인간으로서 이성 안에서 도전하고 확장하게 하는 몰입 유도 활동은 전반적 웰빙에 크나큰 긍정적 영향을 미칠 수 있다.

몰입 이론의 응용

몰입은 우연히 일어나지 않는다(Csikszentmihalyi, 2002). 몰입을 응용하는 데는 두 가지 접근법이 있다: 1) 몰입을 활성화시키도록 환경을 변화시키기, 2) 다른 사람이 몰입을 발견하도록 돕기(Csikszentmihalyi, 2009). 첫 번째 접근법에서, 관리자와 직장인들은 몰입이 형성되고 몰입이 덜 방해받도록 활동 조직과 환경을 정비할 수 있다(Whalen, 1999; Rathunde & Csikszentmihalyi, 2005; Emerson, 1998). 두 번째 접근법에서, 치료자들은 내담자가 몰입하도록 도와주어 수행을 더 높이고 긍정적 정서를 증가시킬 수 있다(Delle Fave & Massimimi, 2004; Csikszentmihalyi 1993; Nakamura & Csikszentmihalyi, 2005). 치료자들은 내담자의 활동을 점차 어렵고 복잡하게 함으로써 몰입하게 하는 활동을 찾아내줄 수도 있다. 임상가는 내담자가 지루한 활동(예를 들어 TV 시청)에서 벗어나 몰입이 필요한 활동으로 시간을 재분배하도록 격려하는 것이 중요하다.

의미와 삶의 목적

여러 연구와 훈련 영역을 통해 볼 때, 삶의 의미와 삶 속의 의미에 관한 문제는 자아실현한 인간의 기본이다(Steger, 2009; Wong, 2009). 삶의 무의미함은 죽음에 대한 본질적인 공포와 유사하다고 가정된다. 연구자들은 인간은 무의미함에 직면하면 여러 가지 부정적 경험을 한다고 주장한다. 그래서 연구자들은 의미와 목적의 추구가 행복의 추구보다 더 중요하다고 주장한다(Wong, 2009). 또한 우리는 삶의 의미뿐 아니라 '차별화(의미의 원인이 얼마나 다양한가), 정교화(삶에 목적을 부여하기 위하여 사건들 사이의 연결과 연관성을 나름대로 어떻게 구조화하는가), 일관성(모든 특질들이 얼마나 잘 어울리느냐) 측정'(Pohlmann et al., 2006: 111)과 같은 개인의 의미 체계의 구조적 속성을 측정해야만 한다고 주장한다. 이러한 측정은 정신적 신체적 건강과 웰빙을 고양시키며 삶의 만족을 예견해준다(Pohlmann et al., 2006).

긍정심리학과 실존주의의 최고의 인물인 Frankl의 의미론은 오늘날에도 여전히 중요하다. 그는 '의미화하려는 의지' 개념에서 의미 있는 삶을 사는 것의 이점을 창조적, 경험적, 태도적 가치라는 세 가지로 제안했다. Frankl의 공헌 이후, 연구자들은 문화를 관통하여 흐르는 의미의 일곱 가지 주요한 요소를 찾아내었다: 성취, 수용, 관계, 친밀감, 종교, 자기-초월, 공정함.

King과 Napa(1998)는 전반적인 행복을 만들어내는 것은 행복(SWB=SWL, PA, NA)과 의미(연결감, 자아실현적 웰빙과 비슷한 목적과 성장)의 조합이라고 주장했다. 게다가 의미 점수가 높은 사람들이 가장 높은 호감 점수를 받은 것으로 드러났다.

McGregor와 Little(1998)은 여러 정신건강 지표를 분석하여 행복의 개념은 두 가지 요소, 즉 행복(삶에 대한 만족, 긍정적 정서, 부정적 정서)과 의미(연결감, 목적과 성장)로 구성되어야 한다고 결론지었다. Compton 등(1996)은 이 구성을 지지했지만 두 번째 요소를 개인적 성장으로 바꾸었다. Compton 등(1996)은 18개의 지표에서 두 개의 주요 요소를 구별했는데 하나는 행복/주관적 웰빙을 나머지 하나는 개인적 성장을 상징했다. 행복/주관적 웰빙의 측정은 개인적 성장의 구성요소(예를 들어, 자기실현, 강건함, 경험에 대한 개방성)와는 다른 요인들과 연관되었다. 요인들끼리는 중간 정도로 상관이 있었다.

삶의 목적을 개발하고 삶의 이유를 찾는 것은 스트레스, 대처 및 자살 행동 사이를 중재하도록 도와준다(Mei-Chuan et al., 2007). 우울, 절망감, 자살 사고가 높은 사람은 정서-중심 대처 전략을 사용할 가능성이 더 많다.

회피 대처 전략은 건강한 방식으로 사용된다면 행복의 긍정적 접근법이 되는데, 부정적 사고를 삶의 다른 영역으로 가게 하여 삶의 이유를 만들어낼 수 있기 때문이다.

자기결정이론

자기결정이론은 Maslow의 욕구 위계처럼 세 가지 기본 심리적 욕구로 된 진화적 적응 기능이 있다고 주장한다.

자율성(autonomy)은 외부의 통제가 아니라 자신의 의지대로 행동을 조절하려는 경향이다. 이것은 강제, 억압, 통제에 저항하려는 경향으로 자신의 행동을 자신만의 욕구(그리고 상황과의 일치)에 따라 조절함으로써 외부의 요구에 맞추기 위한 행동을 조직하는 것보다 더 나은 생존을 조성해준다. 그러므로 자율성은 통합된 자기감과 일치하는 행동을 자유롭게 선택하려는 의지와 욕구로서, 어떠한 행동이 타인에게 달려있는지에 무관하게 자발적으로 그 행동에 참여한다는 느낌을 준다.

유능성(competence)은 흥미와 개방성을 가지고 학습과 숙달 기회를 추구하는 경향성이다. 경쟁의 욕구는 초기의 동적 놀이, 대상의 조작, 환경의 탐험에서 드러나며, 학습 자체에서 만족을 경험하고 탐험하고 도전을 추구하려는 경향성이다. 이 욕구는 어느 정도 다른 포유류와 공통된다. 따라서 경쟁은 환경에 영향을 끼쳐서 원하는 결과를 얻는 능력이다.

관계성(relatedness)은 집단 구성원 간에 연결감과 보살핌을 느끼는 경향으로 집단 일체감과 상호 보호를 증진시킨다. 이것은 Baumeister와 Leary의 '소속의 욕구'와 유사하고 Bowlby의 애착 욕구와 중첩된다. 이 욕구는 때때로 자율성과 갈등을 일으킬 수 있으나 대개는 서로 보완적이다.

위에서 언급된 욕구(자율성, 유능성, 관계성) 이외에 심리적 웰빙에 필요한 다른 기본 욕구들이 있는가? 우리는 초기 인본주의 심리학자들처럼 신체적 번성/건강, 혹은 기본 생물적 욕구가 만족된 느낌이 웰빙에 필수라고 본다. 또한 삶 속의 질서와 예측성에 대한 느낌인 안전감(Maslow)도 기본적 욕구로 본다(Sheldon et al., 2001).

생각해보기

자아실현적 웰빙의 여러 부분들의 유사점과 차이점에 관하여 논의해보아라.

1 심리적 웰빙.
2 진정한 행복.
3 자기결정이론.
4 몰입과 자기목적적 성격.

당신은 어떤 행복을 지지하는가?

실존 심리학과 긍정심리학

실존 심리학은 '인간의 존재 및 생존과 번영의 인간 드라마'에 초점을 둔다(Wong, 2009: 361). 전통적으로 실존 심리학은, 행복은 고통을 인간 조건의 본질로 수용하는 것으로부터 시작된다는 관점과 같이, 삶의 보다 어두운 면에 관심을 가져옴으로 인해(Wong, 2009: 364) 긍정심리학 연구 내에서 간과되었다. 이 두 영역은 같은 근본적 질문—무엇이 훌륭한 인생이며 삶을 가치 있게 하는 것은 무엇인가—에 초점을 두고 있으므로 이 둘을 분리하는 것은 무지이며 위험하기도 하다.

실존적 긍정심리학이라는 새로운 파도는 삶의 어려운 질문(죽음, 자유, 고립, 무의미함, 정체성과 행복)의 답을 찾으려 노력하면서 이 두 영역을 합치려고 한다. 실존 심리학은 성숙한 행복에는 세 가지 유형이 있다고 한다.

- 진정한 행복(진실된 개인이 되는 것에서 시작된다);
- 자아실현적 행복(덕 있는 행동에서 비롯된다);
- 영적 행복(행복이라는 부여받은 영적 선물: 이것은, 특히 고통의 면에서 우리의 능력과 환경과는 관련이 없다).

행복은 과정이다—결과가 아니며 진행 중이며, 자기관심의 결과이며 자신보다 더 높은 무언가에게 봉사하는 것이다. 실존적 긍정심리학에서 마음에 드는 점은 개인적 성장에서 인간기능의 부정적 긍정적 요소 모두 중요하다고 인정한다는 것이다. Wong은 소비주의와 자본주의에 의한 세대별 문제가 '자아'를 추구하는 과정에서 오늘날의 사회를 손상시킨다고 하면서 정체성 위기와 진실성 문제를 통합시킨다. 그는 진실해지는 것이 항상 행복으로 이끌지는 못하며 진정한 자아가 되기 위해서는 위험을 감수해야만 한다고 주장한다.

또한 실존 심리학자들은 만족감은 추구해야 할 목표나 성취가 없이 공허하게 하여 실제로 부정적인 것이 될 수 있음을 인정한다. 불만족은 개인적 성장을 위한 잠재력을 가지고 있다.

결국, 행복을 추구하는 것이 삶의 목적이 아닐지 모르지만, 실존 심리학자들은 의미와 진실을 추구함으로써 마침내 행복을 얻을 것이라 여긴다. Camus와 May가 전망했듯이 Wong의 이중 가설은 '긍정성은 부정성과 별개로 존재할 수 없으며 진정한 행복은 고통과 고난에서 나온다'라고 말한다(Wong, 2009: 364).

죽음과 긍정심리학

인간은 미래에 대해 생각하고, 의식하고, 예측할 능력을 발달시켜왔다. 이러한 강력한 기제는 언젠가는 죽을 것임을 인식하도록 하는 불안 유도 기제이기도 하다. 하지만 인간 존재에서 가장 두려운 개념인 죽음조차도 성장과 발달의 수단이다. '긍정적 죽음' 혹은 '훌륭한 죽음'은 훌륭한 삶과 관련이 있다(Wong, 2009). 의미관리 이론은 죽음을 어떻게 보느냐에 따라 죽음은 긍정적이거나 부정적 영향을 끼칠 수 있다고 본다. 우리는 죽음을 포용함으로써 보다 진실 되게 살아 자기실현의 가능성을 높일 수 있다. 죽음 불안을 긍정적 에너지로 변화시키는 것은 삶의 전통적인 '부정적' 요소에 대한 긍정적 관점이다.

연구자들은 죽음에 세 가지 태도가 있다고 제안한다.

- 중립적 죽음 수용으로, 죽음을 삶의 한 부분으로 여겨 삶을 만끽하려고 한다.
- 접근적 수용으로, 행복한 사후 세계가 있음을 받아들인다.
- 도피적 수용으로, 죽음을 고통스러운 삶에서의 보다 나은 선택사항으로 본다.

공포관리 이론

죽음의 현실화와 연관된 또 다른 이론은 공포관리 이론(terror management theory: TMT)이다. 이 이론은 인간에게는 생존하려는 내재적, 생물학적 욕구가 있다고 제안하며, 불가피한 죽음에 대한 진화론적 인지적 깨달음의 조절에 대해 다루고 있다(Pyszczynski et al., 2002). 필멸성 현저성 가설(mortality salience hypothesis)에서는 죽음의 불가피성이 떠오르면 자신의 세계는 방어가 강화되고 자신이 속한 문화의 믿음과 행동에 일치하려고 한다고 한다(Harmon-Jones et al., 1997). 이리하여 외상적이고 삶을 위협하는 사건은 죽음이 가까이 있음을 상기시키는 평생의 회상물(신체적 흉터, 기형)과 더불어 필멸성이 현저한 환경을 만들어낸다. Pyszczynski 등(2002)에 의하면 그런 사람들은 죽음의 불가피성을 의식하게 하는 회상물을 가지고 있으며 그것으로부터 자신을 지키기 위하여 근접 방어와 주의분산을 활용한다.

쾌락적 웰빙과 자아실현적 웰빙의 통합

그렇다면 쾌락적 웰빙과 자아실현적 웰빙 중에서 어느 것이 훌륭한 삶을 구성하는지에 관한 토의를 어떻게 결론지을 것인가? 우리는 자아실현적 추구를 하는 이들이 삶의 만족도 척도에서 점수가 높다는 것을 알고 있다(Huta et al., 2003). 하지만 긍정적 정서의 높아진 점수는 추동의 충족과 이완, 문제로부터 벗어남과 같은 쾌락적 측정치와 강한 상관이 있었다. 자아실현적 웰빙의 측정치는 성장, 발달, 도전 및 노력과 훨씬 더 나은 상관을 보인다(Waterman, 1993).

쾌락적 패러다임에 대한 비판은 어떤 종류의 긍정적 정서가 행복에 중요한지에 대한 명확성이 결여되는데서 비롯된다. 그것은 Fredrickson의 10가지 정서인가? SWL은 쾌락주의의 구성요소로 보아야 하는가? 삶에 대한 만족도는 독립적 평가 요소이며 쾌락적 웰빙 개념에 대한 재평가가 필요한 듯하다. 예를 들어, 행복과 웰빙이 진정으로 의미하는 것은 무엇인가(Galtati, Manzano & Sotgiu, 2006)?

또한, 자아실현적 패러다임 내에서는 개념적 통일성이 부족하다. (예를 들어 개인의 성장이란? 자아실현적 웰빙은 발달/성장인가 아니면 초월/의미인가? 혹은 이 모든 것인가?) 앞으로는 실험적 연구로써 자아실현적 웰빙의 적절한 측정을 정의하고 개발해야 한다. 질적 접근은 복잡함과 깊이를 제고하여 현상의 복합성을 파악하게 할 수 있다. 이것은 개념의 명확성을 발전시키고 전체틀을 파악하게 함으로써 이 분야의 정리에 아주 유용할 것이다. 하지만 현재 대부분의 연구들은 하향식 자료 분석법을 사용해왔다. 게다가 행복의 원인인 의미들을 알아보기보다는 평범한 사람들이 자신들을 행복하게 만들어준다고 믿는 것들에 초점을 두었다.

요 약

학습 목표를 상기시켜보면서 이제 자아실현적 웰빙의 개념을 이해해야만 한다. 보다 구체적으로 말해 다음을 알고 있어야 한다.

- 자아실현적 행복주의는 의미 있는 삶을 따르고 자아실현을 이루는 것과 관련된 행복 분야이다.
- 심리적 웰빙은 전통적 쾌락적 패러다임에서 소홀히 다루어진 여섯 가지 구성 요소로 되어 있다.
- 삶 속의 의미와 목적은 행복에 필수 요소이다.

- 삶의 목적은 자살 행동을 줄여줄 수 있다.
- 몰입은 내재적이면서 그 사람의 기술 수준에 맞는 활동에 참여할 때 일어난다.
- 자기결정이론은 웰빙에 필요한 세 가지 심리적 욕구를 포함하고 있다: 자율성, 유능성, 관계성.

추천자료

http://www.meaning.ca/

이 사이트는 Paul Wong 박사와 그의 의미 웹사이트로 연결된다. 수십 년 동안의 주요 실존주의 논문과 도서에 대한 참고문헌뿐 아니라 실존 심리학과 긍정심리학에 대한 모든 것이 들어있다.

http://qlrc.cgu.edu/about.htm

이것은 Claremont University에 있는 Quality of Life Research Center로서 Mike Csikszentmihalyi 감독 하에 있다. 몰입, 최적 경험, 일반적 긍정심리학에 관한 유용한 링크로 연결될 것이다.

보충 질문

1 긍정적 정서와 SWL 척도의 현재 판이 자아실현적 웰빙 연구를 위한 결과 측정에 사용되어야만 하는가?

2 자아실현적 웰빙은 어떻게 정의되어야 하는가?

3 몰입은 항상 좋은 것인가? 생각나는 위험은 어떤 것이 있는가?

4 몰입이 유일한 최적 경험인가? 정확히 명명할 수 없을지라도 혹 다른 경험은 없는가?

개 인 훈 련

1 몰입

몰입은 멋진 것이다. 최근에 몰입을 경험했던 활동 세 가지를 생각해내고 적어보아라. 체육, 그림그리기, 친목 모임, 혹은 독서 등 Csikszentmihalyi의 아홉 가지 몰입 기준을 만족시키는 것이면 모두 괜찮다. 그 다음 주 동안 이 활동 중 한 가지를 일상으로 가져오라. 그 경험 직후 어떤 느낌이었는지 적어보아라. 몰입을 가져온 활동들을 계속 그 주의 계획 속에 넣어 실천해보아라.

2 의미

삶의 의미를 발견하기 위하여 치료자나 상담가가 될 필요는 없다. 당신의 가치에 맞는 행동을 시도하고 일상생활 가운데 아래 내용을 적용해보아라.

P(purpose)	목적과 삶의 목표
U(understanding)	각 상황과 삶을 전체로서 이해하기
R(responsible)	목적과 이해와 일치되는 책임감 있는 행동과 반응
E(evaluation)	진실성과 효용성을 확인하기 위하여 당신의 삶을 평가하기

(Wong, 2009: 366에서 발췌된 PURE 모델)

측 정 도 구

삶의 의미 설문지
(Meaning in Life Questionnaire: MLQ)

(Steger et al., 2006)

지시문

잠시 당신의 삶과 존재를 중요하고 의미 있게 해준 것에 대해 생각해봅니다. 아래의 진술에 진실 되고 정확하게 답하십시오. 이것은 아주 주관적인 질문이며 옳거나 그른 답이 없습니다. 아래 척도에 따라 답하면 됩니다:

1 = **완전히 틀린**

2 = **대부분 틀린**

3 = **다소 틀린**

4 = **뭐라 답할 수 없음**

5 = **다소 사실인**

6 = **대부분 사실인**

7 = **확실히 사실인**

( ) 1. 나는 내 삶의 의미를 알고 있다.

( ) 2. 나는 내 삶을 의미 있게 하는 것을 찾는 중이다.

( ) 3. 나는 항상 삶의 목적을 찾고 있다.

( ) 4. 나의 삶은 분명한 목적의식을 갖고 있다.

( ) 5. 나는 내 삶을 의미 있게 하는 것을 잘 알고 있다.

( ) 6. 나는 만족스러운 삶의 목적을 찾아내었다.

( ) 7. 나는 항상 내 삶이 중요하다고 느끼게 해주는 것을 찾고 있다.

( ) 8. 나는 내 삶의 목적 혹은 임무를 찾고 있다.

( ) 9. 나의 삶은 분명한 목적이 없다.

( ) 10. 나는 내 삶의 의미를 찾고 있다.

채점

존재 = 1, 4, 5, 6, 9(역으로 계산)

추구 = 2, 3, 7. 8. 10

해석

존재 문항과 추구 문항을 합쳐 24점 이상은 삶의 가치와 의미를 나타낸다.

존재에서 24점 이상, 추구에서 24점 이하이면 삶이 가치와 의미가 있다고 느끼는 반면에 지금 그 의미를 활발하게 찾고 있지는 않다. 보다 자세한 해석을 원하면 Michael Steger에게 michael_f_steger@yahoo.com 주소로 메일을 보내라.

개관

MLQ에 대한 연구는 높은 신뢰도와 검사-재검사 안정성을 보여주었다.

존재 문항은 웰빙, 내재적 종교성, 외향성, 우호성과 정적으로, 불안과 우울과 부적으로 관련된다. 현재 문항의 하위척도는 웰빙의 여러 척도와 정적으로 연관이 되고, 우울과 불안과는 부적으로 상관이 된다.

추구 문항의 하위척도는 신경증, 우울 등의 척도와 정적으로, 웰빙과 부적으로 상관된다. 정적 및 부적 상관관계를 자세히 보려면 www.ppc.sas.upenn.edu/ppquestionnaires.htm#MLQ를 보아라.

번영 척도

(Diener et al., 2009)

지시문

아래에 진술에 동의하거나 동의하지 마십시오. 1~7점 척도로 답하시오.

7 = **매우 동의함**

6 = 동의함

5 = 약간 동의함

4 = 동의하기도 하고 동의하지 않기도 함

3 = 약간 동의하지 않음

2 = 동의하지 않음

1 = 전혀 동의하지 않음

( ) 1. 나는 목적이 있고 의미가 있는 삶을 꾸린다.

( ) 2. 나의 사회적 관계는 지지적이고 보상적이다.

( ) 3. 나는 일상적인 활동에 참여하며 흥미가 있다.

( ) 4. 나는 타인의 행복과 웰빙에 적극적으로 기여한다.

( ) 5. 나는 나에게 중요한 의미가 있는 활동에 대한 능력이 있다.

( ) 6. 나는 좋은 사람이고 훌륭한 삶을 영위하고 있다.

( ) 7. 나는 나의 미래에 대해 낙관적이다.

( ) 8. 사람들은 나를 존중해준다.

채점

각 항목의 점수를 모두 더하라.

해석

점수는 8에서 56까지이다. 점수가 높을수록 심리적 자원과 강점이 많은 사람임을 의미한다.

개관

이 척도는 인간의 번영과 공존하는 여러 변인(긍정적 관계, 능력, 의미 등등)들을 검토하기 위한 것이다. 원래 '심리적 웰빙'이라는 척도라 불렸는데 목록들을 더 잘 반영하기 위하여 번영 척도로 이름이 바뀌었다.

몰입 경험 설문지

(Csikszentmihalyi & Csikszentmihalyi, 1988: 195)

지시문

다음을 읽고 아래 질문에 답하시오.

나의 마음은 헤매지 않는다. 나는 다른 것을 생각하고 있지 않다. 나는 온전히 지금 하고 있는 일에 집중한다. 몸 상태가 좋다. 나는 아무 소리도 듣지 못한다. 세상은 나로부터 단절되어 있다. 나는 자신과 나의 문제를 보다 덜 자각하고 있다.

나는 자주 놀란다. 나는 전혀 예상치 못한다. 빠져든 후에는 주위를 완전히 잊는다. 나는 전화기나 초인종이 울리거나 집이 불타거나 혹은 그와 같은 일이 일어날지 모른다고 생각한다. 시작을 하면 나는 정말로 세상과 단절된다. 멈추면 제자리로 다시 돌아갈 수 있다.

나는 내가 하고 있는 일에 완전히 몰입한다. 나는 그 일과 나를 분리하여 생각하지 못한다.

당신은 위에서 언급된 세 가지 경험을 해본 적이 있습니까?
그것을 얼마나 자주 경험합니까?
무엇을 할 때 그런 경험을 합니까?
무엇 때문에 그러한 경험을 하게 되었습니까?
무엇 때문에 그러한 경험이 계속되었습니까?
무엇이 그 경험을 중지시켰습니까?

이러한 경험에 대한 아래의 진술에 동의, 혹은 동의하지 않는다고 표시하시오.

1	2	3	4	5	6	7	8
전혀 동의하지 않는다							**매우 동의한다**

( ) 1. 나는 집중하고 있다.
( ) 2. 나는 불안하다.
( ) 3. 나는 내가 할 일을 잘 알고 있다.
( ) 4. 나는 내가 얼마나 잘 하고 있는지에 대한 직접적 단서를 가지고 있다.
( ) 5. 나는 그 상황이 요구하는 것을 잘 다룰 수 있다고 여긴다.
( ) 6. 나는 자신을 의식하고 있다.
( ) 7. 나는 지루하다.
( ) 8. 나는 현재 일어나고 있는 일에 집중하기 위하여 노력해야만 한다.
( ) 9. 나는 그 일을 할 필요가 없더라도 할 것이다.
( ) 10. 나는 산만해진다.
( ) 11. 시간이 보다 느리거나 보다 빠르게 흐른다.
( ) 12. 나는 그러한 경험과 나의 기술을 사용하는 것을 즐긴다.

채점

전반부는 질적 분석으로 하고, 후반부는 점수를 합치면 된다(2, 6, 7, 8, 10번은 역으로 계산해야 한다).

해석

후반부에서는 점수가 높을수록 몰입의 빈도가 더 높다.

개관

몰입 경험 질문지(Csikszentmihalyi & Csikszentmihalyi, 1988)는 6개의 질문을 가진 세 가지 삽화와 리커트 척도로 되어 있다. 하지만 현재의 몰입 연구는 일상생활상의 몰입에 대한 정확하고 직접적인 회상을 확보하기 위하여 주로 경험 표집 방법을 사용한다.

CHAPTER

5

낙관성, 설명양식 및 희망

❖ 학습목표

사람들은 때로 기적적인 힘이 미래에 대한 긍정적 생각 덕분이라고 한다. 실제로 긍정적이고 낙관적이거나 희망적인 조망은 어느 정도로 유익한가? 낙관성과 희망은 왜, 그리고 어떤 방식으로 유익한 효과가 있는가? 이 장에서는 낙관성과 희망에 관한 최근의 논문과 이와 연관된 '긍정적 미래 사고'의 구성요소를 살펴볼 것이다.

주제 목록

- 희망, 낙관성, 설명양식의 정의
- 낙관성의 간략한 역사
- 이 구성요소들간의 차이점과 유사점
- 긍정적 사고와 웰빙에 대한 그 효과
- 방어적 비관성과 긍정적 착각
- 희망 이론

학습 전 질문

1 희망에 관한 Snyder의 인지적 체계화의 장단점에 대하여 논의하라.

2 유리잔이 반이나 찼다고 여기는 것이 항상 도움이 되는가?

3 기질적 낙관성과 설명양식을 비교, 대조해보라.

낙관성의 역사

낙관성은 행복, 건강, 성취 등 많은 상관요인을 가지고 있어 '벨크로 구성개념(Velcro construct)'(Peterson, 2006:119)으로 불린다(Carver & Scheier, 2009). 하지만 낙관성은 정확히 무엇을 말하며, '삶의 밝은 면을 바라보는 것'이 항상 좋은 것인가?

초기 철학과 심리학에서는 낙관성을 순진성 내지 고통을 피상적으로 부정하는 것으로 여겼다. 의료인들은 긍정적인 정신건강이란 순진한 낙관적 착각(낙관성)의 부재라고 보았다. 부분적으로 이러한 논리에 근거하여, 1930년대에서 1960년대 정신건강 전문가들은 흔히 정신건강을 미래에 대해 적절한 기대를 하면서 세상에 대한 보다 정확하고 균형 잡힌 관점을 가진 손상되지 않은 '현실검증'이라고 규정했다(Peterson, 2000). 하지만 그 이후로 연구자들은 낙관성은 단지 부인하는 것이 아니며 자아탄력성이 있고 행복한 개인에게 필요한 요소임을 보여주는 증거를 많이 발견하게 되었다.

물론, 심리학에서는 그 어떤 것도 간단하지는 않다. 그래서 긍정심리학에서 낙관성의 정의와 개념화에 관해 두 주류가 있다: **기질적 낙관성**(dispositional optimism)과 **설명양식**(explanatory style).

기질적 낙관성(Scheier & Carver, 1987)은 일반화된 결과 기대와 관련된 성격 특성[1]으로 정의된다. 그래서 **낙관주의자**(optimists)의 특징은 결과가 긍정적

1) 유전적 요소와 낙관성에 관한 연구는 25~30%가 유전이라고 보여준다.

일 것이라는 광범위한 기대이고, 비관주의자(pessimists)의 특징은 미래에 대해 부정적 결과의 기대이다.

선도적 연구자인 Scheier와 Carver(2009)는 낙관성은 자기-조절 모형과 연관된다고 가정하는데 이는 모든 인간 활동은 목표에 근거를 둔다는 의미이다. 목표에 도달하기 위해서는 행동과 행위를 조절할 필요가 있다. 낙관적인 사람들은 목표에 도달하기 위해 애쓰는 중에 역경을 만나도 계속 노력하는 반면, 비관적인 사람들은 보다 쉽게 포기할 것이다(Scheier & Carver, 1998).

기질적 낙관성의 주요한 두 요소는 **기대**(expectancy)와 **확신**(confidence)이다. 기대는 모든 인간 행동은 개인의 가치나 목표를 이루기 위한 열망의 결과라고 하는 동기의 기대 가치 이론과 직접적으로 연관되는 가장 중요한 요소이다. 그래서 목표를 이루기 위해서는 계속해야 할 가치를 지녀야 하며 동기를 촉발시켜야만 한다(Scheier & Carver, 2009).

두 번째 요소인 확신은 낙관성에 아주 큰 영향을 미친다. 목표가 이루어질 수 있다는 확신이 높으면 행동할 가능성도 높다. 의심을 한다면 계속하기 힘들 것이다. Scheier와 Carver (2009: 657)는 낙관성과 비관성을 '삶의 대부분의 상황에서 가동되는 확신 혹은 의심의 보다 포괄적인 개념'이라고 정의한다.

심리학자들은 낙관주의자와 비관주의자를 구별해주는 10문항 질문지인 LOT-R을 통하여 기질적 낙관성을 측정한다(Scheier, Carver, & Bridges, 1994). 이 장에 맨 뒤에 첨부되었으므로 당신이 어떤 유형인지 알아볼 수 있을 것이다.

✪ 생각해보기

당신 주위에 혹 '영원한 낙관주의자' 혹은 '놀랄만한 비관주의자'가 있는가? 그들은 항상 그런 식으로 지내는가? 당신도 그러한가? 보다 더 낙관적으로 되는 법을 배울 수 있다고 생각하는가?

귀인 양식(attribution style)(**설명양식**)(Seligman, 1998)은, 미래에 대한 기대를 만들어내기 위하여 이전의 긍정적, 부정적 사건의 원인과 영향을 설명하는 방식을 말한다. 연구에 의하면 부정적 사건의 귀인이 긍정적 사건의 귀인보다 더 중요하다. 비관주의자들은 부정적 사건을 내적이고, 안정적이고, 전반적인 원인으로 여겨 설명한다: 그 사건은 자신 때문에(내적인), 만성적인 어떤 것에 의해(안정적인), 혹은 널리 퍼져서 다른 상황에도 영향을 주는 것(전반적인)에 의해 일어났다는 것이다. 낙관주의자들은 부정적인 사건을 외적이고, 불안정하고, 국재적인 원인으로 돌린다: 그 사건은 내가 아닌 다른 사람/다른 것에 의해(외적인), 계속되지는 않을 것에 의해(불안정한), 이 상황에만 국한된 것에 의해(국소적인) 일어났다고 보았다. 낙관주의자들은 불안정하고 외적이며(자존감을 손상시키지 않은), 특수적인(상황에 따라 바뀌는) 설명양식을 채택한다. 현재 학술논문에 의하면 '내적/외적' 요소는 안정성과 전반성 만큼 중요하지는 않다.

❦ 대통령

미국의 연구자들은 대통령 후보의 연설의 낙관적 내용이 투표결과에 영향을 주는지에 관해 관심을 가졌다. Peterson과 동료는 1900년에서 1984년까지의 연설문을 조사한 후, 보다 낙관적 용어를 사용한(부정적인 것에 초점을 덜 둔) 후보가 미국 대통령 선거의 85%를 승리했음을 알아내었다.

원문을 보려면 Zullow et al.(1988)**을 참조**

심리학자들은 사람들에게 삽화를 제시하고 그 사건에 가장 가능성 있는 설명을 선택해야 하는 귀인양식 질문지(Attributional Style Questionnaire)로써 귀인 양식을 측정한다(어떤 설명은 보다 내적이고, 전반적이고 안정적이라는 식이다).

✪ 생각해보기

고전 소설 *Pollyanna*(Porter, 1919) 속의 주인공에서 이름을 따온 **폴리아나 원리**(Pollyanna principle)는 인간의 뇌는 잠재의식 속에서 상황과 타인에 대하여 긍정적 편향을 나타내는 회로가 형성되어 있다고 가정한다. 우리는 이것을 어떻게 알 수 있는가? 많은 연구에 의하면 폴리아나 원리는 우리 생각보다 더 널리 퍼져있다. 예를 들어 사람들은 부정적인 자극보다는 긍정적인 자극과의 상호작용을 더욱 과대평가한다. 당신에게 이러한 경우는 없는가?

두 학파의 주요 차이는 우울 모형으로서의 학습된 무기력에 관한 Seligman의 초기 작업(Abramson et al., 1978)에 근거하고 있는 귀인 양식은 낙천성을 학습된 기술로 보고 안정적인 성격 특성으로 보지 않는다는 것이다. Seligman은 자신의 자동적 사고와 태도를 관찰하여 비관적 설명에 반박하기를 권하며 이는 인지행동치료의 기법과 유사하다. 학습된 낙관성의 열쇠는 **재구조화**(reframing)이다. 이렇게 하기 위해서는 어떤 상황에 대한 자신의 신념을 알아채는 방법을 배우고 이 신념이 어떻게 정서와 행동에 해로운 영향을 미치는지를 인식해야만 한다.[2)]

❦ 팔고, 팔고, 또 팔아라

낙관적 귀인양식은 판매 성공과 연관된다. 연구자들은 보험회사의 영업사원의 낙관적 설명양식을 평가했다. 낙관적 설명양식의 상위 10%에 든 영업사원들은 하위 10%군보다 88% 더 실적이 높았다.

원문을 보려면 Seligman & Schulman(1986)**을 참조**

하지만, 기질 연구자들은 귀인 양식이 진실로 낙관성인지 아닌지에 대해 논쟁을 하고 있다. 귀인 양식은 왜 좋거나 나쁜 사건이 일어났는지에 관한 질문과 관련 있는 반면에, 낙관성은 미래에 어떤 일이 일어날지에 관해 초점을 두고 있다. 이러한 차이에도 불구하고 Peterson(2006)은 두 학파의 측정 도구가 유사한 상관요인을 가지고 어느 정도의 수렴 수준을 가진다고 보고한다.

2) 우리는 7장에서 ABC 기법에 대해 더 자세하게 살펴볼 것이다.

낙관성 학습...당신의 ABC를 학습하라

0:00:00 TIME OUT

당신의 ABC를 배우는 첫 단계는 이 머릿글자를 이해하는 것이다.

Adversity 역경

Belief 신념

Consequence 결과

역경: 그 상황에 대한 직접적, 비판단적 사실들. 예: 누가, 무엇을, 언제, 어디서

신념: 즉각적으로 발현되는 신념(이런 일이 일어난 이유, 다음에 일어날 일)

결과: 이러한 신념과 연관된 자신의 기분과 행동들

결국, 자신의 신념을 알고 이것에 정서와 행동에 미치는 영향을 인식할 때(신념은 결과를 유도한다) 그것을 변화시켜 보다 생산적인 사고 형태를 이끌 수 있다.

(Seligman, 1998)

낙관성의 이점

지난 몇 십 년 동안의 연구는, 특히 우울, 스트레스, 건강과 심리적 외상 영역에서 낙관적인 조망의 이점에 관한 증거들을 제공해주었다. 이제 이러한 증거들을 보다 자세히 살펴보려고 한다.

우울과 스트레스

횡단적이며 유망한 자료에 따르면 낙관주의자들은 비관주의자들에 비해 역경 중에 보다 적은 스트레스를 경험한다(Carver & Scheier, 2009). 낙관성이란 누워서 긍정적인 방향으로 일이 진행되기를 바라는 것만을 의미하지 않는다. 낙관성은 적극적인 스트레스 대처(계획, 사회적 지지 추구 등), 비관성은 회피전

략(주의분산, 부정 등)을 예견한다. 대처에 있어서의 이러한 차이는 심리적, 신체적 적응상의 변화를 예견한다. 따라서 낙관적 특성의 개발은 수용, 긍정적 재구성, 유머의 사용과 같은 적극적이고 건설적인 대처를 유도하는데 도움이 될 수 있는 반면에, 비관성은 유방암 환자들에게서 비개입과 부정과 연관이 있었다. 극단적인 비관성(미래에 대한 절망)은 또한 극단적인 형식의 비개입 대처를 예측해 주는데, 이것은 희망의 경로 차원에 의해 완화된다(Lopes & Cunha, 2008).

우울과 관련한 몇몇 연구에서 낙관성은 대학생들에서 자기존중감, 통제감, 통제 욕구 같은 예언요인을 통제했을 경우에도 심리적 신체적 웰빙(지각된 스트레스, 우울, 외로움, 사회적 지지 등)을 예견한다고 밝혀졌다. 또한 낙관성은 초기 심한 우울감을 통제하더라도 산후 우울의 발생율과 수준을 예견할 수 있다. 낙관성은 출산 후의 우울에서 산모를 보호하는 것으로 보인다.

낙관성과 건강

암이나 HIV/AIDS 같이 면역계를 공격하는 질병은 자기-보고식 낙관성에 관하여 객관적 지표를 제공해줄 수 있다. 예를 들어, 초기 단계 유방암 진단 동안 더 높은 낙관적 특성 점수를 보인 사람들은 더 높은 행복감을 보고한다. 게다가 재발암을 가진 젊은 환자들에게서 비관성 점수와 초기 사망률 간의 상관이 나타났다. 이러한 상관은 암 위치와 증상 정도를 통제한 후에도 그대로였다(Schulz & Mohamed, 2004).

또한 낙관성이 장수와 연관이 있음을 제안하는 증거도 있다. 78명의 에이즈 환자군에서 죽음의 불가피성을 '현실적으로 수용'하는 환자들의 생존 시간이 더 짧았다(Reed et al., 1994; Taylor et al., 2000 재인용). 이 연구에서 '현실적 수용'에서 높은 점수를 보였던 환자들은, 에이즈 관련 증상, CD4 T 조세포 숫자, 약물, 스트레스와 전반적 건강 상태와 같은 죽음과 관련된 많은 다른 잠재적 요인을 통제했음에도 평균 9개월 일찍 사망했다. 연구자들은 현실적 수용보다는 비현실적 낙관성(혹은 긍정적 착각)이 실제로 생존의 보다 효과적인 예언

요인이라고 결론지었다. 이러한 발견은, 긍정적 착각은 극한 역경 속에서도 의미를 찾는 것을 도와주므로 심각한 질병에 직면했을 때 유익할 수 있다고 한 Taylor의 일반적 가정과 들어맞는다(Tayor, 2009).

❦ 심장

환자들은 수술실에 들어가기 전에 관상동맥 바이패스 수술에 대하여 얼마나 낙관적인가를 묻는 질문지에 답을 했다. 결과에 의하면, 낙관주의자들은 더 적은 적대심과 우울을, 더 많은 안도감, 행복감, 의료에 대한 만족과 수술 후의 정서적 지지를 경험했다. 가장 흥미로운 점은, 낙관성은 행동 기준(침대에 일어나 앉는 것, 걷는 것 등)과 의료진 평가를 포함하여, 회복률을 유의미한 수준으로 예견했다. 이러한 효과는 수술 후 6개월 간 유지되었으며, 낙관주의자들은 심지어 5년 후에까지 직장에서 일할 가능성이 더 높았고 재입원할 가능성은 더 낮았다. 낙관적 환자는 비관적 환자에 비해 신체적 건강의 객관적 지표에서 문제가 있는 효소와 심장 문제를 일으킬 가능성이 더 낮았다. 비관적 환자는 관련 질병 변인을 통제했을 때조차도 심장 발작을 겪을 가능성이 더 높았다.

원문을 보려면 Scheier et al.(1989)**을 참조**

낙관성이 이러한 효과를 중개하는 한 방법은, 낙관성은 긍정적 정서와 연관이 있기 때문에 긍정적 정서를 촉진하는 것이다. 그것은 그 효과를 중개하는 좋은 기분과 면역계 기능과 같은 요인들 사이의 상호작용일 수도 있다. 또한 낙관적 HIV 환자들은 비관적 환자들보다 더 좋은 건강 습관(일반적으로 더 좋은 건강행동: 보다 많은 의료행위 협조, 더 적은 흡연과 음주, 더 좋은 식단, 더 많은 운동, 더 적은 성적 파트너 등등)을 실천했다. 낙관주의자들은 건강을 통제하는 자신의 능력에 대하여 비현실적으로 낙관하는 경향이 있으나 이점 덕분에 저지방 음식을 먹고, 비타민을 섭취하고, 심장 재활 프로그램에 등록하는 등의 건강 증진 행동을 지속할 수 있다(Scheier & Carver, 2009).

낙관성 연구자들은 낙관주의자들은 모래에 머리를 박고 행복을 위협하는 것을 무시하는 사람들이 아니라고 주장한다. 예를 들자면, 낙관주의자들은 건강상의 경고에 집중하고 잠재적 문제를 보다 일찍 발견한다. 이와 반대로, 비관주의자들은 불행을 예견하는 경향이 더 많으며 이로 인해 포기도 더 잘한다.

생각해보기

연구자들은 우리는 일반적이고 보다 거대한 긍정적 기대인 '큰 낙관성', 혹은 보다 즉각적이고 구체적인 긍정적 경험인 '작은 낙관성'을 경험한다고 한다. 각각의 예를 들어보아라. (Peterso, 2006)

긍정적 착각으로서의 낙관성

긍정적 착각(Tayor, 1989)은 대부분의 사람들은 자신을 낙관적 방식으로 바라보도록 편향되었다는 신념에 근거한다. 그래서 사람들은 자신의 과거행동, 개인적 특질, 그리고 자기자신을 보다 밝게 본다. 즉 개인적 통제감에 대한 비현실적 감각을 지니며, 미래는 실제가 제시하는 것보다 더 나아질 것이라는 근거 없는 낙관성을 가진다는 것이다. 긍정적 착각과 마찬가지로, 자기-기만 전략(Taylor & Brown, 1988, 1994)이 '부정적 정보'(예측 불가한 세상에 대한 제한된 통제감, 미래는 암울할 것이다; 상실과 죽음)를 다루기 위해 사용된다. 이러한 주장에 관련해서 우리는 현실을 정확하게 인식하는 데 서툴다는 것을 지지하는 후속 연구가 몇 있다. 6장에서는 질병, 건강, 생존에 관한 긍정적 착각의 이점에 대해 살펴볼 것이다.

낙관성과 통제 소재

우리를 행복하게 해주는 통제란 어떤 것인가? 이 장에서는 통제 소재와 지각된 통제의 개념을 알아볼 것이다. 지각된 통제는 통제를 발휘하는 자신의 능력에 대한 자기평가와 연관되는데, 흥미롭게도 인간은 자주 과대평가한다. Thompson은 통제감의 유지에는 세 가지 주요 전략이 있다고 한다.

- 현재 상황에서 도달 가능한 목표로 수정하기
- 새로운 통제 수단 만들기
- 현재 상황을 수용하기 (Thompson, 2002).

식물

예일대 교수인 Langer와 Rodin은 양로원은 그곳 사람들에게 결정권이 주어지지 않는 환경이라고 주장했다. 그들은 환자들에게 생활 속의 작은 결정에 대한 통제권을 주는 연구를 수행했다. 연구자들은 환자를 책임감이 유도되는 집단과 통제 집단으로 나누었다. 모임을 갖고 책임 집단에게 가구배치, 면회시간, 오락, 돌보아야 하는 작은 식물에 관한 선택권이 있다고 말해주었다. 통제 집단에게는 간호사들이 오락, 면회시간, 방 꾸미기 등 모든 필요 사항을 보살피고 식물도 돌봐줄 것이라고 말했다. 사전사후 측정을 한 결과, 책임 집단이 더 좋은 기분, 더 맑은 심리상태, 더 적극적인 활동을 보고하였다. 하지만 더 놀라운 결과는 실험 15개월 후에 나왔다. 사전 검사에서 그 양로원은 매 15개월간 평균 25%의 사망률을 보고했다. 그런데 이번에 책임 집단 참가자들은 통제집단보다 50% 더 낮은 사망률(15% 대 30%)을 보고했다. 이전 기저 측정에서뿐 아니라 집단 간 사망률의 차이는 참가자들에게 통제권과 선택권을 부여한 결과로 간주되었다.

원문을 보려면 Langer & Rodin(1976)을 참조

통제 소재(locus of control)는 1966년 Rotter에 의해 개념으로 발전되어 그 이후로 수백 개의 여러 종속 변인에 대하여 많은 연구가 이루어졌다. 강한 내적 통제 소재를 지닌 사람들은 자신의 성공여부의 책임은 궁극적으로 자신에게 있다고 믿는다. 내적인 사람들은 성공 혹은 실패는 자신의 노력에 달려있다고 믿는다. 반대로 외적인 사람들은 삶의 강화물은 운, 기회, 혹은 힘 있는 타인에 의해 통제된다고 믿는다. 그러므로 그들은 노력이 자신이 받는 강화물의 양에 거의 영향을 미치지 않는다고 본다.

연구자들은 통제 소재가 안정적인 성격 차원인지에 대해 연구하여 고정된 성격 특질이 아니고 상황에 따라 변화될 수 있는 것이라는 데에 합의했다.

Rotter (1966)는 내적 성향은 단지 긍정적 결과와 관련되고 외적 경향은 부정적 결과로만 관련된다는 통제 소재의 과잉단순화된 개념에 도전했다. 그는 몇몇의 하위요소의 존재를 인정하면서 통제 소재 척도의 단일차원성을 주장했다. 하지만 많은 연구에 의하면 대부분의 통제 소재 척도는 여러 하위요소를 가진 두 개 내지 세 개의 요소로서 다차원적 특성임을 지지한다.

내적 통제 소재를 채택하는 것에는 몇 가지 이점이 있다. 예를 들어, 내적 성향자들은 성취를 위해 애쓰고 보상의 지연을 견디고 장기적 목표를 계획하는 반면, 외적 성향자들은 자신의 목표를 낮추기가 쉽다. 내적인 성향자들은 불안을 더 잘 견디지만 죄책감을 지니기가 쉽다. 내적인 성향자들은 사회적 지지로부터 이익을 더 많이 얻으며 기술이 필요한 경기를 더 좋아하는데 비해, 외적인 성향자들은 기회나 운에 달려있는 경기를 더 좋아한다.

연구 결과가 결론이 난 것은 아니지만, 통제 소재는 운동의 증가, 체중 조절, 유방 검사, 음주자와 비음주자의 알코올 소비, 만족의 지연(성인이 아닌 어린이)과 일부 연관성이 있다.

또한 이 개념은 교육과 관련되어 중요하다. 내적 통제 소재는 더 높은 학업성취와 관련되어 내적 성향자들은 좀 더 높은 점수를 받고 더 열심히 공부한다. 이것은 시험 준비뿐 아니라 숙제에 더 많은 시간을 투자하는 것도 포함한다 (Findley & Cooper, 1983).

❂ 생각해보기

내적 통제 소재이면서 낙관적 설명양식이라면 불행한 사건에서 어떻게 작용되는가? 내적 성향 차원을 고려하라. 내적 통제 소재와 자기효능감 개념의 차이를 생각해볼 때, 점점 증가하는 내적 통제 소재와 자기효능감을 어떻게 사용할 것인가?

방어적 비관성

그렇다면 이 모든 긍정적 증거를 가진 낙관성은 언제나 좋은 것인가? 평균적으로는 그렇지만 일부 증거에 의하면 낙관성이 어떤 환경과 사람에게는 해로울 수 있다.

휴일이면 우리는 자신이 방어적 비관주의자임을 깨닫게 된다. 게다가, 우리는 그 사실을 좋아했다. 그렇다면 방어적 비관주의자가 되는 것의 이점은 무엇인가? 고맙게도 이점은 있다.

방어적 비관성은 어떤 상황에 대한 최악의 시나리오를 생각하고 계획하는 능력에 바탕을 둔다. 그러므로 방어적 비관주의자들은 준비하고 모든 각도를 고려하는 것을 즐긴다. 이전 상황에서 수행을 잘했음에도 불구하고 다가오는 수행에 낮은 기대를 갖는 것은 인지적 전략이다(Norem & Cantor, 1986). 이런 사고 양식은 실패가 가진 잠재적 충격에 대해 완충작용을 하고 숙고와 리허설을 자극하며 동기화를 위해 불안을 '활용하는' 전략으로 사용된다. 방어적 비관주의자들은 전망을 비현실적으로 낮게 설정하고 힘든 과제가 오기 전에 미리 잠재적 문제를 어떻게 해결할지에 생각한다(Held, 2004).

방어적 비관주의자를 낙관주의자로 변화시키려는 시도는 역효과가 나지만(반대도 마찬가지다) 긍정심리학자들은 방어적 비관성의 이점을 해명하려고 노력한다. 사실 방어적 비관주의자들은 비관적 리허설이 '허락되지 않으면' 더 불안해하고 더 낮은 수행을 보이는 경향이 있다. 이것은 가능한 실패에 대하여 '생각하도록 하면' 보다 불안해지는 낙관주의자들과는 반대이다.

방어적 비관주의자들은, 불안하지만 방어적 비관성을 사용하지 않은 학생들보다는, 시간이 지나면서 자기존중감과 만족에 있어서 유의미한 증가를 보여주고 학업 성적이 더 좋고 보다 많은 지지적 우정을 형성하고 개인적인 목표에서 더 많은 진보를 보여준다(Norem & Chang, 2002).

비현실적 낙관성

비현실적 낙관성 혹은 희망적 사고는 부정적인 결과를 가져올 수 있다. 사람들은 위험을 평균 이하로 지각하는 경향이 있다. 위험지각에는 낙관적 편향이 있어, 낙관주의자들은 자신에게서 암, 심장병, 실패 및 심장마비의 발생가능성이 평균이하라고 보는 경향이 있다(Peterson & Deavila, 1995; Peterson & Vaidya, 2001). 게다가 죽음, 화재, 홍수, 혹은 성폭력 등의 외상적 사건의 경우에 낙관주의자들은 비록 더 잘 회복할 수 있긴 하지만 미리 잘 대비하지 않는다.

그러므로 맹목적 낙관성은 장기적으로 신체적 및 심리적 웰빙에 도움이 되지 않을 수 있다. 긍정적 현실주의 혹은 유연한 낙관성 사고를 하면 주어진 상황에서 긍정적 부정적 결과의 가능성을 현실적으로 평가할 수 있게 되어 '소망적 사고'를 피할 수 있을 것이다.

생각해보기

결국 잘 될 것이라 생각하면서 걱정하지 않는 것이 더 나은가? 아니면 최악의 경우를 생각하여 실망하지 않는 것이 나은가? 어느 쪽이 삶에 보다 도움이 되는가? 괴롭더라도 진실을 알고 싶은가, 아니면 증거에도 불구하고 밝은 면을 바라보는 것이 때로 더 나은가?

낙관성의 세 가지 '자기': 자기확신, 자기존중감, 자기효능감

이 세 '자기'(자기확신, 자기존중감, 자기효능감)는 일상 언어에서 서로 대신하여 사용된다. 그렇다면 이 세 개념은 정확히 무엇이며 낙관성이나 행복과는 어떻게 연관되는가?

✪ 생각해보기

당신은 자신과 자신의 자질에 대해 보다 추상적으로 전망하는가, 혹은 보다 구체적으로 전망하는가? 연구에 의하면, 우리가 자신을 어떻게 바라보는가는 전반적 행복에 중요한 영향을 끼친다(Lucas et al., 1996). 더욱 중요한 것은 보다 행복한 사람은 덜 행복한 사람에 비해 자신을 보다 높은 수준의 추상화를 통해서 생각한다.

세 자기 중 가장 악명이 높은 것은 **자기확신**(self-confidence)이다. 자기확신은 자신에 대해 부풀려진 느낌을 주면서 약간 불쾌한 자기애적인 암시를 내포하고 있다. 스코틀랜드의 글라스고우의 Center for Confidence and Wellbeing의 설립자인 Carol Craig는 스코틀랜드의 '확신의 위기'를 연구하고 학생들의 확신 수준을 높이려고 시도했다. 전형적으로 확신은 '자신의 능력에 대하여 확신하고...사람과 계획 혹은 미래에 대하여 신뢰감을 가지는 것'이다(Carig, 2007: 2). 앞부분에서 언급했듯이 자신과 상황에 대한 확신은 목표를 향한 인내심에 중요하다.

이와 달리 **자기효능감**(self-efficacy)은 '자신이 자신의 목표나 바라는 결과에 도달할 수 있다는 신념'이다(Bandura, 1997). 만약 이 '자기들'이 혼란스럽게 여겨진다면, 자기효능감을 '나는 할 수 있다는 힘'이라고 생각하기 바란다. 쉽게 말해서 이것은 상황을 다스려서 주어진 영역에서의 자신의 능력이나 효율성에 대한 신념에 근거하여 긍정적 결과물을 낼 수 있다는 기대이다. 결국, 자기효능감은 특정 과제를 성공적으로 완수할 수 있는 가능성에 대한 신념인 것이다(Maddux, 2009a).

자기반성은 주체의 핵심 요소 중 하나이며 자기효능감의 개념으로 표현된다. 자기효능감 신념은 동기, 행복, 개인적 성취의 바탕을 제공해준다. 이것은 자신의 행동이 바라는 결과를 가져올 수 있다고 믿지 못하면, 행동을 하거나 곤경에 직면하여 인내하려는 유인이 거의 없기 때문이다.

동기, 정서 상태와 행동의 수준은 객관적인 사실보다는 믿는 바에 더 의존한다. 이렇기 때문에, 사람들의 행동방식과 성과는 실제의 능력보다는 자신의 능력에 대하여 가지는 신념에 의해 더 잘 예측할 수 있다. 자신이 아주 효능적이라고 여기는 사람은 그렇지 않는 사람과는 다르게 행동하고 생각하고 느낀다. 이들은 미래를 예견하기보다는 자신의 미래를 생산해낸다.

자기효능감은 지각된 기술이 아님을 아는 것이 중요하다. 즉, 자기효능감은 주어진 조건에서 자신의 기술로써 할 수 있다고 믿는 것이다. 자기효능감 신념은 행동의 예견물이 아니며(미래에 할 수 있는 것이라기보다는 지금 할 수 있는) 인과관계적 속성도 아니다. 또한 자기효능감은 자기확신이나 자기존중감에 도움이 되지만 같은 것도 아니다. 자기효능감은 동기, 추동, 욕구가 아니다. 자기효능감은 결과물에 대한 기대가 아니라 결과물을 만들어내는 행동을 수행할 수 있다는 신념이다. 결국 자기효능감은 성격 특질이 아니라 영역과 상황 특수적이다.

그렇다면 자기효능감은 어디서 오는가? Bandura(1977, 1986, 1997)는 자기효능감은 자신의 숙달/수행 경험, 자신의 직접적인 통제 시도(가장 강력한 자원)에서 비롯된다고 제안한다. 이것은 또한 타인의 업적과 행동 관찰과 같은 대리 경험을 통해서도 개발될 수 있다. 모델과 자신을 더 동일시할수록 자기효능감에 대한 영향은 더 커진다. 또한 효능감을 높이기 위한 외부로부터의 격려인 언어적 설득에 의해서도 높아질 수 있다. Maddux(2002)는 자신이나 타인이 가정적 상황에서 효과적으로 행동하고 있다고 상상하는 상상 경험에 의해서도 자기효능감을 발달시킬 수 있다고 제안한다.

0:00:00 TIME OUT

사회인지 이론

저명한 심리학자인 Albert Bandura에 의해 개념화된 자기효능감은 그의 사회인지 이론에서 출발되었다(Gomez, 2009). 사회인지 이론은 인지, 정서, 생물적 사건 형태의 개인적 요소로 구성된다; 상호작용을 일으켜 삼자 상호성을 가져오는 행동과 환경의 영향. 사회인지 이론은 인간을 자기조직적이고, 적극적 활동가이고, 자기반성적이고 자기 조절적으로 본다는 점에서 생물학적 이론 및 행동주의 이론과 구별된다. 개인은 자신의 발달에 적극 개입하고 자신의 행동에 의해 상황을 다스릴 수 있는 존재이다(Lent & Hackett, 2009).

관찰학습은 '보보 인형' 연구라는 유명한 실험에 의해 발견된 것으로 사회인지 이론의 또 다른 구성요소이다. Bandura는 3~6세의 아이들이 단지 타인을 관찰하는 것만으로도 행동을 변화시키려한다는 것을 보여주었다. Bandura와 동료들은 만화 속 등장인물의 공격행동을 보는 것이 성인에 의한 실제 혹은 영화에서의 공격행동보다 더 많은 공격행동을 유발시킴을 증명했다. 또한 아이들에게 친사회적인 행동을 보여주는 것이 공격행동의 발현을 줄일 수 있음을 보여주었다(Bandura et al., 1961; Bandura, 1977, 1986)

자기효능감의 함의

자기효능감 수준이 높은 사람들은 높은 수준의 기능, 역경에 대한 자아탄력성, 스트레스와 우울에 대한 취약성 감소를 보여주며(Maddux, 2002), 낮은 자아효능감 기대는 우울, 역기능적 불안과 회피 행동의 중요한 특징이다.

자기효능감은 운동, 다이어트, 스트레스 관리, 안전한 성생활, 금연, 알코올 남용 극복, 치료에의 협력 등을 포함한 건강 행동 변화의 채택과 성공에 아주 중요하다. 또한 연구에 의하면, 자기효능감은 카테콜아민과 엔도르핀의 활성화 역할을 담당하는 면역계를 포함하여, 스트레스에 대한 생리적 반응에도 영향을 미친다(Maddux, 2002).

자기효능감이 높은 사람은 목표지향 활동의 선택, 노력의 실행, 도전과 장애물에 직면했을 경우의 지속성에 영향을 주어 목표수립과 자기 조절에 더 많이 관여하게 된다. 자신을 효율적인 사람이라 여기는 이들은 실패를 불충분한 노력 때문이라고 여겨 더 노력하게 되고 자신을 다시 일으켜 세운다.

집합적 효능감(collective efficacy)(Maddux, 2002)은 한 집단이 주어진 수준을 달성하는 데 필요한 일련의 행동을 조직하고 실행하는 능력에 대한 신념이다. 여기에는 타인의 능력을 알아내고 이를 공동의 목표 성취에 연결시키는 것이 포함된다. 높은 수준의 집합적 효능감은 결혼만족, 운동 단체의 경쟁에서의 승리, 학업성취, 집단 브레인스토밍 등과 관련이 된다.

> **✪ 생각해보기**
>
> 학생들은 단기간의 목표를 가지고, 구체적인 학습 전략을 학습하고, 결과가 아니라 노력에 기초한 보상을 받을 때 학업 성적이 향상되고 효능감이 증가된다. 당신의 단기적 학업 목표를 적고 이 목표를 달성했으면 자신의 노력에 대하여 스스로 보상을 하라.

실제로 자기효능감을 다른 관련 구성요소와 어떻게 구별할 수 있을까? Judge 등(2002)은 자기존중감, 신경증, 통제소재, 일반화된 자기효능감의 차별적 타당성을 결정하기 위한 연구를 네 가지 수행했다. 네 가지 특성의 측정은 한 요소가 네 가지 구성요소 사이의 관련성을 설명해줌으로써 강력하게 연관되었으므로 이 구성요소들은 아마 더 높은 단계의 구성요소의 표식일 것이다.

결론적으로 말해, 자기효능감은 우리가 하는 선택, 우리가 하는 노력/동기 수준, 우리가 자신과 타인, 과제에 대해 가지는 감정, 그리고 장애에 직면했을 때의(특히 실패할 경우) 지속성 등에 영향을 준다.

자기존중감

수십 년에 걸쳐 **자기존중감**(self-esteem) 개념에 대한 여러 정의가 제안되었다. 예를 들어, Rosenberg(1965)는 자기존중감(자기-평가로 알려지기도 함)을 '객체로서의 자기에 대한 개인의 사고와 감정의 통합물'이라고 정의했다. 현재는 자기존중감을 '삶의 기본 도전에 대처할 수 있는 힘을 지니고 행복할 가치를 지닌 존재로서 자신을 경험하는 성향'으로 정의한다(Hewitt, 2009).

자기존중감에는 다음과 같은 여러 형태가 있다:

- 전반적인 것과 특수적인 것(Rosenberg et al., 1995)
- 특질과 상태 (Crocker & Wolfe, 2001)

- 수반적인 것과 진정한 것(Deci & Ryan, 1995)
- 명시적인 것과 암묵적인 것(Karpinski & Steinberg, 2006)

우리는 우쭐대고 자기애적이며 방어적인 것과, 자신의 힘과 가치에 대한 정확한 평가를 가지고 자신을 수용하는 것을 구별할 필요가 있다. 자기존중감의 효과는 높은 주관적 웰빙, 낮은 신경증, 높은 낙관성과 같은 상관 변인들과 관련이 깊다.

자아존중감이 높은 개인은 성공이 예견되는 상황에서 보다 큰 인내심을 보이는 경향이 있다. 그들은 또한 보다 높은 수준의 지능과 행복감을 보고한다. 낮은 자존감은 낮은 스트레스 하에서의 우울, 젊은 여성의 흡연, 높은 폭식 위험, 외모 불만, 완벽주의, 약물/알코올(혹은 성관계 시작)의 시도 경향성, 공격성 등과 같은 부정적 결과와 상관이 있다.

하지만 자존감이 높다는 것이 항상 좋은 것온 아니다. 자존감이 높지만 불안정한 사람들은 특히 분노와 공격성에 취약하다. 그들은 확신에 차있고 안정되어 있지만 평가적인 피드백에 과도하게 민감하다. 자아에 대한 도전에서 자신을 보호하기 위해 지각된 부당함의 정당성에 대해 분노하고 부정한다.

생각해보기

자신의 성격을 적어보아라. 하지만 당신을 잘 아는 친구가 제 삼자의 입장에서 쓰는 것처럼 하라. 당신의 긍정적인 특징과 부정적인 특징에 대하여 생각해보아라.(Branden, 1994)

자기존중감 모형

자기존중감 사회척도 모형(sociometer model)에 의하면, 자기존중감은 자신이 타인에 의해 받아들여지느냐 배척당하느냐에 대한 믿음과 강력하게 연관이 된다(Leary et al., 1995). 부모로부터 보다 수용되는 어린이와 청소년이 더 높은 수준의 자기존중감을 가진다(Litovsky & Dusek, 1985). 낮은 자기존중감과 우울은 흔히 사회적 배척 후에 생긴다(예를 들어, 이혼, 관계 파탄, 집단에 소속되지 못하는 것, 또래 집단에게 수용되지 못하는 것). 그러므로 낮은 자기존중감을 지닌 이의 공격성은 낮은 자기존중감보다는 사회적 거부로 더 잘 설명할 수 있다. 왕따를 당하는 아이들은 더 적대적, 공격적, 파괴적이며, 자기존중감이 더 낮다.

공포관리 모형(terror management model)은 자기존중감을 타고난 뿌리 깊은 불안에서 인간을 보호해주는 기능으로 본다(goldenberg & Shakelford, 2005; Pyszczynski et al., 2004). 자기존중감이란 인간은 단지 의미 없는 우주에서 생존하려고 애쓰는 덧없는 동물이며 결국 죽어 사라질 운명이라는 무서운 사실을 알아차림으로써 가지게 되는 공포를 통제하기 위해 고안된 보호막이다. 하지만 Deci와 Ryan(2000)은 이것에 반대하면서 사람들은 원래 삶에 몰두한다고 주장한다. 즉, 죽음의 냄새를 피하기 위해서가 아니라 건강하고 살아있기 때문에 도전, 연결감, 진정한 의미, 유의미성을 찾는다고 한다.

자기존중감을 높이기 위한 개입이 긍정적인 결과를 가져올 것이라고 가정하는 것은 잘못이다. 높은 자기존중감은 흔히 높은 능력/성실한 수행의 원인이라기보다는 결과물이다. 높은 자기존중감은 때때로 착각을 불러일으켜서 자신이 실제보다 더 잘하고 있다고 결론짓도록 한다.

❂ 생각해보기

당신의 자기존중감 수준은 어느 정도인가? 연구자들은 격려성 구절이나 긍정적 말을 암송하는 것만으로는 허황되게 부풀려진 가치감을 가져올 것이라고 주장한다. 그러므로 자기존중감을 높이기 위해서는 현실적이고 정확한 자기평가를 하고, 자신의 의미 있는 성과물과 역경을 극복한 상황에 대하여 생각해보아라.

희망

희망(hope)은 목표를 달성하기 위한 결심(주체)과 많은 경로가 가동될 수 있는 신념을 합친 것으로 정의된다. 주체(agency)는 주어진 목표를 향하여 경로를 따라 행동을 시작하고 유지할 수 있는 믿음이다. 주체 사고는 개인을 동기화하는 데 기여한다. 경로(pathway) 사고는 가능성 있는 목표 경로를 형성하는 개인의 지각된 능력을 반영한다(Snyder, 2002). 희망에 관한 이러한 설명은 '희망'의 사전적 정의(긍정적 기대, 욕망, 갈망)와는 아주 다르다.

희망은 목표지향적인 노력을 강화하며, 특히 목표의 달성이 약간 의심스럽고 목표가 아주 중요하게 간주될 때(모든 기대-가치 이론들과 유사한) 그러하다. 높은 수준의 희망을 지닌 사람들은 흔히 보다 어려운 목표를 설정하지만 달성할 가능성이 더 높다. 그들은 목표를 보다 적은 하위목표로 나눈다. 이것은 주체 사고(효능성 사고)와 경로 사고(복잡한 목표를 달성 가능한 단계로 분해하는 것) 모두를 촉진하는 CBT에서 사용된다. 희망의 촉진인 재교화(remoralization)는 치료에서 흔한 경로이다.

높은 희망 점수는 자기존중감, 긍정적 정서, 효과적인 대처, 학업 성취, 신체 건강과 연관된다(Peterson, 2000; Snyder, 2002). 또한 희망은 간섭적인 자기비난적 사고와 부정적 사고에 대해 완충작용을 하여 심리적 건강에 매우 중요하다. 희망을 품은 사람은 질병의 예방(운동 등)에 보다 많은 초점을 둔다; 그들은 자신의 수행과 학업 성취에서 보다 높은 수준의 성공을 이룬다.

전반적으로 말해서, 낙관성의 설명양식 모델과 Snyder의 희망 모델은 낙관성의 기질모델보다는 우리가 더 많이 변할 수 있음을 보여준다. 설명양식은 우리가 낙관적으로 되는 기제를 대부분 설명해준다. 그것은 또한 미래에 최소한의 초점을 두며, 모든 모델은 인지적, 정서적 요소를 가지고 있으며, 모두 동기를 반영한다. 그것이 인과성과 목표가 달성될 수 있는 방식에 초점을 두는 것은 희망 이론의 주체 개념과 유사하다.

앞으로의 연구는 낙관성의 구조를 밝히는 데 초점을 두어야 한다. 낙관성과 비관성은 같은 연속체상에서 서로 반대되는 것인가? 한 가지를 가지면 자동적으로 나머지 한 가지는 가질 수 없는 것인가? 최근 연구에 의하면 양극화는 그리 선명하지 않으며 낙관성이 비관성의 반대냐 아니냐 혹은 두 개의 별개의 구성개념이냐는 여전히 의문이다(Scheier & Carver, 2009).

특히 아동기 환경에서 낙관성의 발달적 선행요인을 이해하기 위해서는 보다 많은 연구가 필요하다. 연구에 의하면, 아동기의 사회경제적 지위와 그 이후의 낙관성 사이에는, 비록 그 어른의 사회경제 지위가 변하더라도, 분명한 연관이 있음을 보여준다. 그렇다면 낙관성 발달에 중요한 초기 환경은 어떤 것인가? 아동기와 성인기의 낙관성을 증가시키기 위한 방법의 개발과 마찬가지로 부모의 영향(모델링, 대처 양식 교육)은 앞으로의 연구에 중요한 주제이다.

요 약

학습목표를 되돌아볼 때 이제 낙관성, 설명양식, 희망의 개념을 이해하여야 한다. 보다 구체적으로 말한다면 다음과 같다:

- 희망, 낙관성, 설명양식의 정의
- 지난 몇 십 년 전까지만 해도 낙관성은 좋은 것이라기보다는 약점으로 간주되었다.
- 낙관성의 두 개념 사이의 주요 차이는 특성 대 학습된 능력 간의 논쟁거리다.
- 긍정적 착각뿐 아니라 낙관적 사고에는 여러 건강상의 이점이 있다.
- 비관성이 항상 나쁜 것은 아니다(예를 들어, 방어적 비관성).
- 희망 이론에 의하면 희망을 경험하기 위하여 주체와 경로가 필요하다.

추천자료

http://ww.apple.com/downloads/macosx/home_learning/optimismformentalhealth.html

애플의 '가정 학습' 부분에서 기분 점검 애플리케이션 링크를 다운로드하여라. 혹은 무료 심리학 강의 다운로드를 위해 ITunesU를 찾아보아라.

http://c.r.snyder.xocialpsychology.org/

선도적 긍정심리학자인 Richard Snyder가 2006년 1월 세상을 떠났다. Social Psychology Network에 있는 그의 동료들 덕분에 위의 주소에서 그의 업적과 프로필에 접근할 수 있다.

보충 질문

1 당신은 어떤 타입인가? 낙관주의자, 혹은 비관주의자, 아니면 방어적 비관주의자인가?

2 당신의 경우는 어느 낙관성 이론과 잘 맞는가? 그 이유는 무엇인가?

3 일이 잘 될 거라고 생각하여 걱정하지 않는 것이 나은가? 혹은 최악의 경우를 생각하여 실망하지 않는 것이 나은가?

4 희망은 항상 좋은 것인가?

개 인 훈 련

1 낙관성 기르기

낙관성을 개발할 수 있는 방법 중 하나는 Best Possible Selves 연습을 하는 것이다(Sheldon & Lyubomirsky, 2006). 이 연습을 하기 위해서 사람들에게서 벗어나 방해받지 않고 가장 글이 쓰고 싶어지는 곳에 앉아야 한다.

20분 동안 사흘간 계속해야 한다.

미래의 당신 삶을 생각하여라. 모든 일이 가장 잘 흘러간다고 상상하라. 당신은 열심히 일했고 삶의 모든 목표를 성취했다. 삶의 모든 꿈이 실현된 것으로 생각하라. 이제 당신이 상상했던 것을 적어보아라.

이제 당신의 미래 목표를 생각하고 달성할 수 있는 몇 가지 방법을 열거하여라. 큰 목표는 더 작고 더 이루기 쉬운 하위 목표로 나누어질 수 있다. 목표를 추구하도록 자신을 동기화하고 장애물은 극복해야 할 도전으로 재구조화하여라(Boniwell, 2008: 23에서 인용).

2 자기존중감 높이기

이 연습은 자기존중감을 높이기 위한 것이다. Nathan Branden의 문장완성 연습대로 다음 주 동안 아래의 연습을 해야 한다. 이 연습에 관심이 있으면 그의 책 Six Pillars of Self-esteem의 31주 자기존중감 프로그램을 찾아보아라(Branden, 1994).

하루가 시작하기 전 아침에 2~3분 혼자 있는 시간을 마련하여라. 너무 깊게 생각하지 말고 재빨리 해야 하며 6~10개 정도 완성시켜라.

만약 오늘 나의 삶을 더 잘 자각한다면...
만약 오늘 나의 선택과 행동에 더 많은 책임감을 가진다면...
만약 오늘 사람들을 대하는 방식에 보다 주의를 기울인다면...
만약 오늘 나의 에너지를 5% 더 올린다면...

그 주가 끝날 무렵 마무리 구절을 생각하고 어떤 방식이 나타나는지 살펴보아라. 이것을 하고 난 후, 다음을 완성시켜보아라:

만약 이번 주에 내가 쓴 것 중 하나라도 사실일 경우, 내가 ...한다면 도움이 될 텐데.

(Branden, 1994: 310-11)

측 정 도 구

삶의 오리엔테이션 검사-수정판 (Life Orientation Test-Revised: LOT-R)

(Scheier et al., 1994)

지시문

솔직하고 정확하게 하십시오. 한 진술에 대한 답이 다른 진술의 답에 영향을 주지 않도록 하십시오. '옳고' '틀린' 답은 없습니다. '대부분의 사람'이 답할 거라고 예상하는 것이 아니라 당신의 감정에 따라 대답하십시오.

4 = **많이 동의한다**

3 = **약간 동의한다**

2 = **동의하지도 않고, 동의하지 않는 것도 아니다**

1 = **약간 동의하지 않는다**

0 = **거의 동의하지 않는다**

( ) 1. 불확실한 시기에 나는 대개 최선을 기대한다.

( ) 2. 나는 이완이 잘된다.

( ) 3. 나에게 어떤 일이 잘못될 가능성이 있다면, 그렇게 될 것이다.

( ) 4. 나는 미래에 대해 항상 낙관적이다.

( ) 5. 나는 나의 친구들과 잘 지낸다.

( ) 6. 나에게는 바쁘게 지내는 것이 중요하다.

( ) 7. 나는 일이 내 식대로 진행되리라고 거의 기대하지 않는다.

( ) 8. 나는 지나치게 쉽게 실망하지 않는다.

( ) 9. 나는 나에게 좋은 일이 일어나리라고 거의 기대하지 않는다.

( ) 10. 전반적으로, 나는 나쁜 일보다는 좋은 일이 더 많이 일어나리라고 기대한다.

채점

2, 5, 6, 8번은 의미 없는 거짓 문항이므로 제외되어야 한다. 남은 문항의 점수를 합쳐라.

해석

낙관성과 비관성에 '경계선'은 없다. 점수가 더 높을수록 낙관성 수준이 더 높은 것이다.

개관

이 LOT-R은 LOT의 개정판으로 낙관주의자와 비관주의자를 구별하는데 초점을 둔다. 이것은 미래에 대한 개인의 예견에 관한 보다 명시적인 문항을 포함하고 있다. 이 검사는 빠르고 사용하기 쉽고 연구 목적에 적합하여 많은 연구에서 사용하고 있다.

일반 자기효능감 척도 (Generalized Self-efficacy Scale: GSE)

(Schwarzer & Jerusalem, 1995)

지시문

아래 사실일 수도 아닐 수도 있는 당신에 관한 10개의 진술문이 있습니다. 1~4 척도를 사용하여 문항 앞에 당신의 동의 정도를 표시하시오. 솔직하게 답하시오.

1 : **전혀 사실이 아니다**

2 : **거의 사실이 아니다**

3 : **약간 사실이다**

4 : **사실이다**

( ) 1. 나는 열심히 노력한다면 어려운 문제를 항상 처리할 수 있다.
( ) 2. 누가 나를 반대할 경우 내가 원하는 것을 얻을 수단과 방법을 찾을 수 있다.
( ) 3. 나는 목표를 고수하고 목적을 성취하는 것은 쉽다.
( ) 4. 나는 예상치 못한 사건을 효과적으로 다룰 수 있다고 확신한다.
( ) 5. 나는 자신의 자원이 풍부한 덕분에 불확실한 상황을 다루는 법을 알고 있다.
( ) 6. 필요한 노력을 투자한다면 나는 대부분의 문제를 해결할 수 있다.
( ) 7. 나는 나의 대처 능력에 의지할 수 있으므로 어려움에 직면해서도 고요한 마음을 유지할 수 있다.
( ) 8. 문제에 직면했을 때 나는 대개의 경우 몇 가지 해결책을 찾을 수 있다.
( ) 9. 곤경에 빠졌을 때 나는 대개의 경우 해결책을 생각해낼 수 있다.
( ) 10. 대개의 경우 나는 내 앞에 닥치는 무슨 일이라고 다룰 수 있다.

채점

점수를 합쳐 문항수로 나누어 점수를 내어라.

해석

대개 10에서 40점까지로 평균은 29점이다.

경계선은 없지만 집단/평균과 비교하여 자신의 위치를 알 수 있다.

타인과 비교하여 당신의 점수가 어느 위치인지 알기 위해서 http://www.fu-berlin.de/gesund/gesu_engl/world_zip.htm에서 무료로 다운로드 가능하고 약 18,000명의 응답자를 가지는 SPSS SAV 파일이라는 국제적 통계 세트가 있다.

개관

이 척도는 30개국 언어로 번역되어 있어 대규모의 통계 자료에 근거하고 있다.

CHAPTER

6

탄력성, 외상 후 성장 및 긍정적 나이 듦

❖ 학습목표

스트레스, 제약, 도전적 상황, 상실, 나이가 드는 것 같은 중요한 삶의 변화 그리고 죽음조차도 인간의 불가피한 부분이다. 비록 표면적으로 이런 문제들이 긍정심리학에 대해서는 천형과 같이 들릴 수 있을지라도 어떤 연구자들은 긍정심리학이 그것들을 무시하는 대신에 어떻게 관리하는 것이 좋은 삶에 기여를 할 수 있는가를 연구해야만 한다고 주장한다. 이 장은 탄력성 및 성장과 같은 주제뿐만 아니라 긍정적 조망에서 나이 듦을 포용하는 주제에 초점을 둘 것이다.

주제 목록

- 외상에 대한 세 가지 제안된 심리적 반응
- 탄력성의 정의와 제안된 촉진 요인
- 응집감 및 건강과 웰빙에 대한 그 효과
- 외상 후 성장(post-traumatic growth: PTG) 현상
- 지혜와 발달 과정에서의 그 위치
- 긍정적 나이 듦의 구성요소

☻ 학습 전 질문

1 '우리를 죽게 만드는 것이 아니라면 우리를 더 강하게 만든다.' 논의하라.

2 건강한 기능을 촉진하는 데 있어서 응집감의 역할을 비판적으로 논의하라.

3 나이 듦이 긍정적 결과들과 관련될 수 있다는 점을 보여주는 연구 증거를 비판적으로 평가하라.

스트레스 대 외상

우리는 지속적인 스트레스가 가득 찬 삶이 자신의 신체적, 정서적 및 심리적 웰빙에 큰 혼란을 초래할 수 있다는 것을 모두 안다. 그러나 연구는 스트레스가 적으면서 덜 빈번하게 제공될 때는 때때로 좋을 수 있고, 간헐적 스트레스 혹은 적절한 부담(Charney, 2004)은 미래의 스트레스 요인에 대해 준비를 시켜준다고 제안한다. 더구나 역경/스트레스 요인에 대한 경험은 장기적이 아니라면 사람에게 '심리적 준비성' 혹은 일종의 '스트레스 면역'으로 알려진 것을 갖추게 하여 개인이 미래의 스트레스 요인을 직면하여 더 강해질 수 있도록 만든다(Janoff-Bulman, 1992, 2004; Tedeschi, Park, & Calhoun, 1998).

그러나 외상(trauma)은 '기대되지 않은 것'이다. 그것은 '일상적인 것을 벗어나서 발생하는 것으로 오랫동안 지속되는 문제를 발생시키고 실제적으로 개인의 이야기를 방해한다'(Tedeschi & Calhoun, 1995, 2006). 그래서 강한 '전과 후(before and after)' 느낌이 존재한다. 그러나 무엇이 외상 사건을 구성하는가에 대해서는 논쟁의 여지가 있다. 암 진단의 예에서, 종양을 발견하는 것인가? 진단인가? 머리털이 빠지는 것인가? 가슴의 제거인가? 당신이 이해할 수 있듯이 각각의 외상사건에 따라오는 다수의 스트레스 요인과 외상들이 있고 그리고 '외상'에 대한 재정의가 학술논문에서 필요할 것이다(Hefferon et al., 2008, 2010).

개인이 외상 혹은 의도치 않은 변화를 직면할 때, 세 가지 심리적 반응들이 나타난다고 한다. (1) 스트레스에 대한 굴복[또한 외상 후 스트레스 장애(post-traumatic stress disorder: PTSD)],[1] (2) 탄력성 및(혹은) 회복, 그리고 (3) 외상 후 성장(post-traumatic growth)이다. 사람은 질병의 진단과 같은 외상 사건이 발생한 후에 심각한 스트레스를 받는다는 것이 공통적인 믿음이다. 실제 연구는 단지 5%에서 35%까지의 사람들이 부정적인 사고방식에 대해 굴복을 한다는 것을 보여준다(Kangas et al., 2002; Cordova, 2008). 긍정심리학은 '65%에서부터 95%까지 사람들의 형편이 어떤가? 그들에게는 무엇이 발생하는가?'를 묻는다. 이것이 이 장에서 논의될 점이다.

탄력성

탄력성(resilience)은 여러 방식으로 정의되는 개념이다. 우리는 여기에서 '변화하는 상황적 요구에 대한 반응에 있어서 유연성 그리고 부정적인 정서적 경험으로부터 복귀할 수 있는 능력(Tugade et al., 2004; 1169)이라고 정의할 것이다. 그러나 어떤 연구자들은 탄력성을 이것보다 좀 더 다면적인 것으로 본다. Lepore과 Revenson(2006)은 탄력성을 회복(recovery), 저항(resistence) 및 재구조화(reconfiguration)로 분리하였다. 회복이란 단순히 기저선 수준의 기능으로 복귀하는 것인 반면에, 저항은 사람이 외상적 사건으로 인한 어떤 혼란의 신호를 보이지 않을 때(낮은 고통)이다(Leporre & Revenson, 2006). 마지막으로 재구조화는 사람들이 상이한 형식으로 항상성 수준으로 복귀하는 경우인데, 그들은 외상 경험 후에 긍정적 혹은 부정적으로 변화를 한다. 이 마지막의 탄력성 요소는 다음 부분에서 논의되는 외상 후 성장과 많은 유사성을 갖는다.

---

1) PTSD는 이전에 논의하였던 것처럼 개인들이 끊임없는 외상의 재경험과 외상과 관련된 모든 것을 회피하려는 욕구에 노출되는 경우에 나타나는 자율신경계의 과잉 각성을 특징으로 한다(Rothschild, 2000).

✪ 생각해보기

당신이 다음과 같은 경우에 처할 때를 생각해보자.

- 어려운 시기를 극복하였을 때
- 힘든 상황으로부터 복귀하였을 때
- 어려운 때를 비교적 쉽게 지나갔을 때
- 스스로 도전을 하거나, '적당히 하기(comfort zone)'로부터 벗어났을 때

(Reivich & Shatte, 2002에서 발췌)

탄력성의 구성요소는 무엇인가?

다음 부분은 수십 년 간의 연구를 통해서 탄력적인 개인의 촉진요소로 확인되어온 주요 구성요소를 살펴볼 것이다. 이것들은 (1) 재구성(reframing), (2) 긍정적 정서의 경험, (3) 신체적 활동을 하기, (4) 신뢰로운 사회적 지지, (5) 개인적 및 진정한 강점의 사용 그리고 물론 (5) 낙관성 등을 포함한다.

우리가 수업에서 보통 묻는 첫 번째 물음 중 하나는 '누가 탄력적이고 그리고 누구는 탄력적이지 못한가?'이다. 두 번째 물음은 '그 이유는?'이다. 1970년대에서 1980년대까지 수행된 Werner와 Smith의 획기적인 연구는 탄력적이지 못한 사람과 관련된 몇몇의 위험요인을 알려주었다. 그들은 아기들로 구성된 집단을 출생에서부터 중년기까지 추적한 후 출생 시 저체중, 낮은 사회경제적 지위, 낮은 어머니의 교육수준 및 불안정한 가족구조(예, 이혼 혹은 학대) 등과 같은 위험요인들을 가진 사람들이 그렇지 않은 사람들보다 굴복을 할 가능성이 높다고 결론지었다(Werner, 1993, 1996).

좋은 소식은 이런 위험요인에도 불구하고 누구라도 더욱 탄력적이 될 수 있도록 '재훈련'될 수 있다는 것이다. 이전에 언급되었듯이 건강한 심리적 기능에 대한 가장 커다란 장애 중 하나는 부정적/비관적인 반추 사고이다. 더욱 탄력

적인 자기(self)를 향한 주요 경로 중 하나는 부정적 혹은 비관적 사고패턴을 변화시키고 낙관적 설명양식(optimistic explanatory style)을 발달시키는 것이다(Revich & Shatte, 2002; Seligman, 2002). 인지행동치료와 같은 유명한 치료법에 기초를 둔(Beck, 1976), 연구자는 우리가 도전적인 상황을 직면할 때 ABCDE 기법을 사용하는 것은 탄력성을 증가시키고 우울증을 감소시킬 수 있다고 하는데(Gillham et al., 1995, 2005), A는 역경(Adversity)으로 문제 혹은 사건이고, B는 신념(Beliefs)으로 그 사건에 대한 자동적 비관적 신념이고, C는 결과(Consequences)로 그 신념을 유지한 결과이고, D는 논박(Disputation)으로 자신의 비관적 신념에 대한 의식적 논쟁이고 그리고 E는 활력(Energization)으로 자신의 B를 효과적으로 논박할 때 개인이 느끼는 것이다. 비관적 반추는 우울증의 선행인자이면서 유지인자이기 때문에(Papageorgiou & Wells, 2003), 이 기법은 파괴적 사고에 대해 도전을 하고, 더욱 탄력적인 개인을 창조하는 데 있어서 필수적이다.

개인은 어려운 상황을 직면할 때 '성급히 결론을 내리기, 좁은 시야, 부정적인 것을 확대하고 긍정적인 것을 최소화하기, 비난을 개인화하기 혹은 외재화하기, 작은 실패를 과잉일반화하기, 독심술을 하기 및 도움이 되지 않는 정서적 추론을 사용하기 등'과 같은 몇 가지 '사고의 덫' 중 하나에 사로잡혀 있는 경향이 있다(Reivich & Shatte, 2002: 95-112). 개인은 자신이 굴복하는 경향이 있는 사고의 덫을 확인하고 나서 역경에 대한 더욱 현실적인 견해를 구성할 필요가 있다.

0:00:00 TIME OUT

공동체의 탄력성 훈련

현재 세계에서 진행 중인 몇 가지 탄력성 프로그램들이 있다. 가장 유명한 것 중 하나는 펜 탄력성 프로그램(Penn Resilience Programme: PRP)이다. 이것은 탄력성 전문가인 Reivich와 Shatte 그리고 Seligman의 학습된 낙관성에 관한 연구에 기초를 두고 개발되었다. 이 접근은 바로 인지 행동적 경향을 취하고 있고 어린 나이의 학생들에게서 유행하는 부정적/비관적 사고를 확인하고 이 사고를 검사하고/도전하는 것을 가르치는 것이다. 이 프로그램은 탄력성과 웰빙을 증가시킨다고 발견된 주요 원리들에 관한 18~24회의 1시간 회기 훈련들로 운영된다. 이제까지의 결과는 성과가 있었는데, 2년 후의 추후검사에서도 치료 집단이 낮은 우울증, 높은 웰빙 및 학업성적의 상승을 보였다. 펜 탄력성 프로그램은 원래 미국에서 개발된 것으로 영국 체계에서 채택되었고 영국의 중부와 북부에서 현재 시범 운영되고 있다.

탄력성과 신체

유태인 대학살에서 600만 명의 사람들이 학살된 후에 생존자와 남겨진 사람들은 광범위한 탄력성과 역경을 직면한 후의 성장을 보여주었다. 우리가 심리적 성장을 목격하였을 뿐만 아니라 연구는 수십 년 후에 수용 캠프로부터 생존한 사람들이 중요한 신체적 건강 기능(salutogenic: 건강유발) 결과 대 질병유발(pathgenic: 병리유발) 결과를 보였다(Cassel & Suedfeld, 2006). 타인에 대한 노출, 결혼이력 및 종교활동이 긍정적 및 부정적인 장기적 결과를 매개하는 요인이라고 제안되었다(Lev-Wiesel & Amir, 2003).

건강유발은 응집감(sense of coherence: SOC)과 암묵적으로 연결되어 있다. Antonovsky(1979)는 어떤 사람들이 다른 사람들보다 스트레스 환경에 의해 영향을 덜 받는 이유를 이해하려고 노력하였다. SOC는 발견시점에서부터 의학과 사회과학을 주도하고 있는 병리적 입장으로부터 벗어난 것으로 표현된다. SOC는 다음과 같이 정의된다.

> "총체적 오리엔테이션으로 어떤 사람이 (1) 살아가는 과정에서 내적 및 외적 환경으로부터 나타나는 자극들이 구조화되고 예측되고 그리고 설명가능하다는, (2) 자원이 자극들의 요구를 충족시키기 위해서 자신에게 가용하고 그리고 (3) 요구들이 도전적이고 투자의 가치가 있고 몰입할 만하다는 역동적이긴 하나 설득적이고 지속적인 확신감을 갖고 있는 정도를 나타낸다."
>
> —(Antanovsky, 1987: 19)

달리 말하면 어떤 사람이 내적 및 외적 환경이 예측가능하다는 것을 확신하는 정도이고 삶의 상황이 기대한 바대로 잘 진행되고 있을 가능성이 높다.

- 이해가능성(comprehensibility)은 자신의 성취와 어려움에 대한 어떤 사람의 통찰을 의미한다. 우리가 어떤 과제의 성질에 관해 이해를 하지 못한다면 그 과제에 대처하기 위해서 적절한 자원이 자신의 처분 하에 있는가를 거의 판단할 수가 없다. 자극들이 기대된 바대로 이해되는 것으로 보고 그것을 직면하느냐 혹은 기대된 바대로가 아니라면 자극들이 질서가 있거나 혹은 설명될 수 있어야 할 것이다.
- 관리가능성(manageability)은 일이 합리적으로 기대될 수 있을 만큼 순조롭게 풀려 나갈 확률이 높은 것을 의미하는 것으로, 어떤 사람이 자신의 처분 하에 있는 자원들이 자신에게 쏟아져 들어오고 있는 자극들에 의해 발생하는 요구를 충족시키기에 적절하다고 지각하는 정도이다. 관리가능성은 Bandura의 자기 효능 개념과 유사성을 갖고 있다. 물론 이 요소는, 인지적 및 동기적 구성요소들이 다소간 필수적이기 때문에, 그 자체만으로 충분하지 않다.
- 의미충만성(meaningfulness)은 동기적인 신념을 의미하는 것으로서 대처를 하려는 정서적 의미를 만들어 주어서 사람들은 비록 삶이 고통스럽더라도 헤쳐 나가기를 원한다. 사람들은 자신이 관심을 쏟고 의미를 부여하는 삶의 영역들을 갖고 있다. 그래서 낮은 SOC를 지닌 사람은 삶에서 어떤 것이 자신에게 특히 중요하다는 것을 거의 표현하지 않는다.

그러면 사람들이 어떻게 SOC를 획득하는가? 연구자들은 SOC가 보통 30세 경에 발달한다고 주장을 한다. 어떤 사람의 경험들이 일관성, 결과를 형성하는 데 있어서의 참여 그리고 자극의 균형(과부하 혹은 부족보다는)으로 특징지어질수록, 세상이 응집감을 가진 것으로 이해될 가능성이 더 높다. Antonovsky는 SOC가 '삶의 상황에서 급격하고 지속적인 변화'가 발생하지 않는 한 비교적 안정적으로 유지된다고 믿었다(Antonovsky & Sagy, 2001). 어떤 연구들은 이것을 확인해 주었지만, 한 대규모 연구에서 SOC가 가장 젊은 연령층에서 유의하게 낮았으나 연령이 들어감에 따라 증가하였다.

SOC는 성격특성 혹은 대처양식으로 생각되는 것이 가능하다(Antonovsky & Sagy). SOC는 풍부한 개념이고 그래서 강인성(hardiness), 자기효능 및 통제의 소재의 요소를 포함한다(Linley, 2003). 그러나 위에서 언급된 구성개념들보다 더 보편적으로 의미가 있는 것처럼 보인다(Antonovsky, 1993). 단일 개념으로서 응집감의 성질에 대한 실제적인 경험적 및 이론적 지지가 존재한다(Antonovsky, 1987, 1993).

응집감은 웰빙과 삶의 만족, 피로와 고독의 감소와 밀접한 연결을 갖고 있다. 어떤 연구들은 불안과 우울에 대한 부적 상관을 발견하였고, 더구나 강한 SOC는 우울증을 방지해 주고, 우울증 환자에서 낮은 자살 의도를 예측해 주고 그리고 모든 원인으로 인한 낮은 사망률(30%)을 예측해 준다(Antonovsky, 1993).

더구나 낮은 SOC는 근골격근계 증상(목, 어깨, 등)을 예언해 주고 만성 통증 환자에서 통증관리 프로그램에 대한 반응의 예측요인이다. 그것은 암환자에서 통증의 수준과 관련이 있다. 관절염 환자에서 낮은 SOC는 통증 수준뿐만 아니라 일상 활동의 수행과 일반적 건강의 어려움과도 관련이 있다(Antonovsky, 1993, Boniwell, 2008에서 발췌).

대처양식

Lazarus와 Folkman의 **상호 거래적 스트레스 평가모형**(transational model of stress appraisal)은 대처연구 내에서 가장 널리 알려지고 사용되는 모형이다. 대처(coping)는 '개인의 자원에 부담을 주거나 혹은 자원을 초과하는 특수한 내적/외적 요구들을 관리하기 위한 끊임없이 변화하는 인지적 및 행동적 노력'으로 정의된다(Lazarus & Folkman, 1984, Cheavens and Dreer, 2009: 233에서 인용).

일차 평가(primary appraisal)는 개인들이 자신의 상황을 위협적이라고 지각하는 정도이다. 이차 평가(secondary appraisal)는 자신이 그 스트레스 요인을 다루는 데 있어서 가용한 자원을 갖고 있는지 혹은 그렇지 않은지에 대한 개인의 지각이다.

개인들이 스트레스 혹은 불리한 상황을 직면하였을 때 사용하는 두 가지 중요한 대처전략이 있다. **문제초점 대처**(problem-focused coping)는 사람들이 스트레스 요인을 확인하고 당면한 문제와 맞서거나 그 문제를 처리하기 위해서 능동적인 단계를 취하는 경우이다. **정서초점 대처**(emotion-focused coping)는 개인이 상황을 변화시키거나 처리하려고 시도하기보다는 상황을 둘러싸고 있는 정서를 다루는 데 초점을 두는 경향이 있는 경우이다. 이 대처유형은 회피를 포함하는데, 개인이 당면한 상황을 무시하고 그 문제를 해결하려는 어떤 상호작용도 회피하는 경우이다(Collins et al., 1990; Urcuyo et al., 2005; Thornton & Perez, 2006).

초기의 연구는 문제초점 대처가 더 나은 형태의 대처라는 점을 사실로 받아들였으나, 새로운 연구는 정서초점 대처도 실제로 긍정적 결과를 산출할 수 있다는 것을 보여준다. 예를 들면, 비록 우리가 단기적으로 건강한 주의분산을 하는 것이 심각한 외상을 경험하고 있는 사람들에게 좋을 수 있다는 것을 지금은 알고 있다고 할지라도(Reynolds & Kee Hean, 2007), 과거에는 회피가 부정적인 대처 전략으로 이해되었다.

다음 절은 탄력성 혹은 정상 수준의 기능으로 복귀하는 것을 넘어서는 외상 후 성장 혹은 역경을 경험한 후의 번영 같은 현상들을 살펴볼 것이다.

인간성의 공통적인 주제는 최대 다수의 선을 위한 자기희생과 고통의 관념이다(Jimenez, 2009). 실제로 유대-그리스도교는 모든 인류를 위한 한 사람의 생명의 희생에 바탕을 두고 있다. 그래서 고통을 통한 신성이 갖는 함축된 의미는 지금 지상에서 고통을 받지만 사후의 생에서 예상되는 비물질적인 종류의 보상이라는 것이 분명하다. 자기실현을 위한 고통은 역경을 통한 자기(진정성)의 의미와 발달을 강조하는 철학과 심리학의 문헌에서 나타난다(Kierkegaard, Nietzsche, May, Yalom).

비록 자신을 더 낫게 만들기 위한 방편으로 '외상의 이용(use of trauma)'을 고려하는 학파들이 존재한다고 할지라도 외상을 처리하는 것을 통해서 어떤 사람이 더 나아지고, 강해지고 그리고 외상적 사건이 발생하기 전에 존재하였던 것보다 더 높은 수준의 기능을 할 수 있게 되는 방법을 연구하는 긍정심리학 내의 연구 분야가 있다. 이전에는 이득 발견하기, 긍정적 변화, 역경으로부터의 성장, 번영 그리고 심리적 성장이라는 용어를 사용하여 연구되었으며(Tennen & Affleck, 2004; Lechner, 2009), 이 현상은 외상 후 성장(post-traumatic growth: PTG)이라고 알려졌다. 외상 후 성장은 '전쟁, 사별, 유방암, 유방절제, 골수병, 심장마비, 류마티스 관절염, 척수손상, 다발성 경화증(MS), 토네이도, 비행기 추락, 강간, 아동 성학대, 근친상간, 총격, 에이즈, 불임, 화학물질 의존성, 전투와 폭격'으로부터 생존자들의 집단에서 존재하는 것으로 발견된다(Joseph et al., 2005; 263-4; Ai et al., 2007).

Viktor Frankl

0:00:00 TIME OUT

'인간의 의미탐구(Man's Search for Meaning)'라는 경이롭고도 강력한 책을 읽어본 사람이라면 Viktor Frankl이라는 이름을 잘 알고 있을 것이다(Frankl, 1963). Frankl은 1942~1945년 동안 테레지엔슈타트, 아우슈비츠 및 투르크하임 수용소에 수용되었던 오스트리아 정신과 의사였다. Frankl은 나치 집단수용소에서 형용할 수 없는 시련을 통해서 아내와 가족을 잃었다. Frankl은 감금 중에 생존과 인간 추동 즉 의미추구의 의지에 관한 이론을 발견하기 위해서 동료 수감자들을 관찰하였다. Frankl은 의미를 추구하는 의지를 가진 사람, 무엇인가를 위해 헌신을 하는 사람들이 혹독한 환경에도 불구하고 생존한다고 제안하였다. Frankl의 이론은 나중에 심리치료의 형태로 전환되었고, 의미치료(logo-therapy)라는 명칭을 얻었는데, 아직도 비엔나에서 주요 학파로 활동을 하고 있다. 그의 이야기와 이론은 인간 영혼의 승리이고 어떤 사람들에게서 모든 것을 빼앗아 갔을 때에도 그들이 아직도 자신의 반응을 선택하는 능력을 갖고 있다는 그의 믿음에 대한 증거이다.

외상 후 성장은 현재 다섯 가지 영역들로 나누어진다(Calhoun & Tedeschi, 2004).[2)]

- 첫 번째 영역은 개인적 강점(혹은 지각된 자기의 변화)이다. 이것은 외상으로부터 생존한 사람들이 더 강하고, 심층적이고, 진정성을 가지고, 확신적이고, 개방적이고, 공감을 하고, 창의적이고, 생동적이고, 성숙하고, 인도주의적이고, 특수하고, 겸손하게 되었다고 보고할 때이다. 많은 사람들이 이런 각성을 거친 지금 자신을 '더 나은 사람'이라고 설명한다.
- 두 번째 영역은 타인과의 관계 맺기인데, 사람들은 자신의 현재 및 확장 가족들과 더 친밀해졌다고 보고한다. 사람들은 우정이 더 견고해지고 사건이 있기 전에 알고 지내던 사람/낯선 사람/이웃 사람이었던 사람들이 자신의 일상생활에서 중요한 긍정적인 모습으로 되었다고 보고한다. 동일한 외상을 경험한 생존자들 간의 동지애와 우정은 보편적이다. 이것의 불리한 면은 많은 외상의 생존자들이 어떤 친구들은 행방불명이 되고 그리고 그들이 역경을 겪는 동안에 지지적이지 않았다고 보고한다. 사람들은 비록 그때에는 고통스러웠지만 진정한 친구를 확인하고, 신뢰할 수 있는 사람과 같이 시간을 보내는 것을 가능하게 해 준 경우 그것을 보너스라고 보고한다.
- 세 번째 영역은 삶에 대한 이해(혹은 실존적 자각의 증가)를 포함한다. 우리가 기대하듯이 많은 사람들이 삶의 철학에서 변화를 겪는다. 외상이 우리의 취약점 그리고 우리가 무적이 아니라는 사실을 알려줄 때, 우리는 죽어야만 하는 숙명, 영성, 삶의 의미와 목적 등과 같은 더욱 심층적인 문제를 반성하기 시작한다. 많은 생존자들은 외상이 자신들에게 '분명히 보는 것', 삶에서 무엇이 중요한가를 이해하게 해주고 그리고 자연, 건강, 생명의 중요성, 신체적 외모와 금전적 재화의 중요성에 대한 우선순위의 변화를 초래하여 하루하루를 어떻게 그리고 누구와 함께 보낼 것인가를 결정하도록

2) 저자들이 주장하고 있는 각각의 지속되는 외상들에 있어서 특수한 몇 가지 영역들이 더 있다(Hefferon et al., 2008, 2009, 2010).

해준다고 보고한다.

- 네 번째 영역은 새로운 가능성으로 개인들로 하여금 자신의 삶의 목표를 변화시키거나, 새로운 주제를 학습하기 위해서 학교에 재등록하거나, 학위를 얻거나 혹은 새로운 기술을 습득하려는 욕망을 포함한다. 전반적으로 그들은 이곳 지상에서의 삶과 시간에 대한 새로운 이해를 갖추고서 '현재와 이곳'에 초점을 두게끔 된다.
- 다섯 번째 영역은 영적 변화로 사람들이 자신의 이전의(혹은 대안적인) 신앙에 귀의하기로 결정할 것이다. 그들은 능동적으로 참여하고(교회 출석, 기도), 초월적 존재에 대한 믿음은 그 존재에 대한 감사를 통해서 강화된다.

외상 후 성장의 예

0:00:00 TIME OUT

성장의 개념을 구체화하기 위해서 우리는 그 분야의 연구자로서 자신에게 진정으로 공감을 제공하는 인용문을 선택해 본다. Kate와 같이 작업을 하였고, 자신의 암 투병 경험을 재고하고, 그 경험으로부터 성장을 이야기한 여성 암환자로부터 인용한 글이다.

> 그리고 그것은 ... 인데, 나는 내 삶을 더 낫다고 느낀다! 나는 그것이 미친 소리처럼 들린다는 것을 알지만(웃음), 내가 우선순위를 변경하고(훌쩍거림) 무엇이 중요한가를 알기 때문에(훌쩍거림) 내 삶의 질은 더 낫다고 느낀다.
>
> —(Brenda, 암 생존자)

PTG에 대한 비판

PTG에 대한 주요한 비판들 중 하나는 그것이 진실로 존재하는가 아니면 그렇지 않은가이다. 어떤 연구자들은 외상의 생존자가 실제로 경험하는 것은 어떤 형태의 인지부조화(cognitive dissonance: Festinger et al., 1956, 2008) 혹은 긍정적 착각(positive illusion: Taylor, 1989)이라고 믿는다. 두 가지는 모두 외상으로 인한 압도적인 혼동과 황폐화로부터 개인을 보호해준다. 인지부조화는 심리적인 추론이고, 이 경우에 현실은 어떤 사람이 이해를 하기 위해서 믿는 것과는 다른데, 그 사람은 마음속의 평정을 유지하도록 발생한 사건을 합리화한다. 그래서 사랑하는 사람과 사별한 사람은 죽음을 수용하는 것이 너무 견디기 힘들면 견디어 내기 위해서 죽음을 재해석하거나 합리화한다(Festinger et al., 1956, 2008).

다른 한편으로 긍정적 착각은 우리에게 실제적으로 유익할 수도 있다. 사람들은 인지부조화처럼 합리화하고 지나가기 위해서 자신의 외상적 상황에 대해 긍정적 착각을 한다. 어떤 사람이 암으로 진단을 받으면 그 경험이 자신에게 무엇인가를 가르쳐준다는 즉 외상을 납득하기 위해서 그 외상이 헛되이 발생하지 않았다는 긍정적 착각을 할 수 있다. 이 이론은 우리가 이유 없이 일어나는 외상을 겪을 수는 없다고 가정하는데, 인간은 외상에 대해 이유를 발견할 필요가 있고, 그렇지 않으면 너무 힘들어서 납득을 할 수 없다는 것이다.

더 나아가서 비판은 **긍정적 사고의 독재**(tyranny of positive thinking)와 같은 형식으로 나타난다(Held, 2004). 그래서 사람들은 회복을 하도록 요구될 뿐만 아니라 그 경험으로부터 어떤 긍정적인 것을 발견하여야만 한다는 추가적인 압력을 받는다. 이것은 긍정성이 즉각 혹은 전연 찾아지지 않는다면 자아에게 압도적인 압박감, 우울감 및 실망감을 초래할 수 있다. 끝으로, PTG는 밀쳐내는 것이 아니라 오히려 깊은 슬픔, 고통 및 비탄에 동반하는 것을 밝혀주는데, 사람들은 모두는 아니더라도 역경과 싸우는 가운데서 어떤 유익한 것을 발견할 수 있다. 이것이 가능하다는 것을 단순히 아는 것도 현재의 외상 생존자들에게 상당히 긍정적인 효과를 미칠 수 있다. 모든 사람이 다 PTG를 성취할 수 없다는 점은 분명하지만, 그렇다고 별 문제는 없다.

PTG가 실제적인가 아니면 그렇지 않은가 하는 논쟁은, 그것이 단순히 더 나아졌다는 주관적인 느낌이기 때문에, 비생산적인 것처럼 보인다(Thornton, 2002: 162). 어떤 분명한 정신병리가 없고 누구에게도 해롭지 않고, 그것이 심리적 및 신체적 수준에서 유익한 것처럼 보이면, 그 때에 이 분야의 연구자들은 그 자체를 연구하는 것이 중요하다고 믿는다. 더구나 PTG가 단순히 착각이거나 사회적으로 바람직한 편향일 뿐이라면, 비판자들은 착각 혹은 왜곡을 확인하기 위해 측정도구를 만들지는 않았을 것이고 또한 정의들에 대해서도 동의를 하지 않았을 것이다(Calhoun & Tedeschi, 2008).

PTG의 핵심은 무엇인가?

PTG가 객관적이고 실증적인 의미에서 '실제적'인지 혹은 그렇지 않은지를 알아보기 위해서는 PTG의 존재가 몇 가지 면에서 실제로 유익한가를 보여주는 진실되고 객관적인 표지들이 있는 것처럼 보인다. 우선 비극의 즉각적인 여파로 PTG를 경험한 외상적 사건의 생존자들은 심리적 적응의 향상, 건강증진, 수명의 연장 그리고 삶의 질의 향상을 보고하거나 보여주는 경향이 있다. 비록 숫자는 적지만 종단연구들(Tennen & Affleck, 2002)은 사랑하는 사람을 상실한 후의 이득 발견은 외상적 사건을 겪은 지 13개월 후에 낮은 수준의 심적 고통을 예측해주고, 이것이 3년 후에 PTSD의 낮은 발병까지 연장된다는 것을 보여주었다. 오늘날까지 가장 강력한 발견들 중 하나는 Affleck 등(1987)에 의한 것인데, 그들은 첫 번째 심장마비의 발생 후에 이득을 발견한 심장마비 환자들은 발작 후 8년 동안 재발과 사망의 감소를 보였다고 보고하였다.

외상 후 성장과 이득 발견은 지진 같은 단발성의 사건에서만 발생할 필요는 없다. 높은 수준의 이득 발견을 보이는 관절염 환자는 낮은 수준의 통증과 활동 제약을 보고할 가능성이 높다. 말기 환자에 있어서 PTG 측정에서 높은 점수를 보이는 사람들은 낮은 점수를 보이는 환자들보다 오래 산다는 것이 발견되었는데, 객관적 기록상으로 면역체계의 기능이 더 높았다(Bower et al., 1998; Milam, 2004; Dunigan et al., 2007).

외상 후 성장의 촉진요인

PTG 연구자들에 대한 가장 커다란 의문 중 하나는 어떤 사람이 PTG를 경험할 가능성이 높은가 하는 것이다. 불행하게도 PTG 발생을 보장해 주는 결정적 성격 혹은 환경요인들이 없다. 연구는 여러 변인들과 PTG 검사에서 높은 점수 사이의 상관이 있음을 보여주었으나, 그 결과들은 매우 엇갈리고 있다. 부유하고, 교육을 많이 받고 그리고 젊은 사람들이 높은 수준의 성장을 경험하는 경향이 있다. 이것은 몇 가지 이유에서 그럴 수가 있다. 무엇보다도 SES가 높은 사람들은 더 많은 교육을 받았고 따라서 외상에 대해 금전적 걱정을 적게 보일 가능성이 있다. 일상적으로 금전적인 걱정을 하는 사람은 암으로 진단을 받았을 때 가족들을 부양하는 것과 동시에 화학치료에 대한 시간과 신체적 부담으로 인한 스트레스를 추가적으로 받게 될 것이다.

PTG 성격의 존재 가능성에 대한 증거는 비록 낙관성 및 외향성과 같은 성격 특질이 그럴 듯하지만 그래도 분명하지는 않고(Antoni et al., 2001), 다른 성격 특질들을 제안하는 유사한 숫자의 많은 연구들이 있다. 우리가 생각하기에 따라 이것은 좋은 것인데, 어떤 누구라도 PTG 현상을 경험할 능력이 있다는 것을 의미하기 때문이다. 연구자들은 더 많은 긍정 정서를 경험하는 사람들이 역경에 잘 대처할 준비가 되었을 뿐만 아니라(확장과 구축) 실제로 PTG를 경험한다고 제안하였다(Linley & Joseph, 2004). 재차 어떤 성격들은 높은 수준의 긍정 정서를 경험하도록 해주는 경향을 보이고, 그래서 성격이 이런 촉진요인 내에서 어떤 역할을 할 수 있을 것이다.

시간과 유형

PTG 연구자들은 현재 성장의 달성과 유인에 있어서 시간 및 외상 문제의 객관적 심각성을 이해하려고 시도하고 있다. 이것은 쉽지 않다. 예를 들면 객관적으로 3기 암이 1기 암보다 나쁘다. 그러나 개인에 따라서 1기는 이전의 신념을 산산이 부수고 절망의 구렁텅이로 빠뜨린다. 3기인 사람은 일찍이 자신에게 외상에 대해 준비를 시켜주었던 여러 번의 외상들을 경험하였을 것이고 그래서 자신의 현재 수준의 탄력성으로 인해 PTG를 경험하지 않았을 수도 있다. 실제로 더 높은 탄력성을 지닌 사람들은 높은 수준의 성장을 경험하지 않을 수도 있다. 이것은 그들이 역경을 직면하여서도 탄력적이라는 사실로 인해 외상을 깊은 상처라고 보지 않기 때문이라고 추측된다.

더구나 심각성 다음으로 시간을 놓고 보면, 연구자들은 비극을 심사숙고해 보고 그것이 통합될 수 있기 전에 생존자의 인지적 신념을 점검해 볼 충분한 시간이 필요하다고 믿는다. 그러나 연구는 즉각적인 이익을 보고할 수 있는 사람은 몇 개월/년 후에 더 낮은 수준의 스트레스를 겪고 있다는 것을 보여주었다. 성장에 대한 반응과 성취는 매우 개인적인 특성처럼 보인다(Cordova et al., 2001; Weiss, 2004).

사회적 지지

사회적 지지의 존재(Cadell et al., 2003)는 PTG 연구 내에서 우리가 알고 있는 가장 중요한 촉진요인 중 하나이다. 현재 연구자들은 반복적인 연구 발견으로 인해(Sabiston et al., 2007; Hefferon et al., 2008; Lechner et al., 2008), 성장을 촉진하는 데 있어서 집단 치료에 참가한 효과를 연구하고 있다(Cordova, 2008; Lechner, Stoelb, & Antoni, 2008).

대처양식

PTG는 대처가 아니지만, 대처양식과 PTG 간의 관련성은 존재한다(Urcuyo, Boyers, Carver, & Antoni, 2005). 예를 들면 대처(능동적 및 문제초점 대처)에 초점을 두고 접근을 하는 사람들은 긍정적 재평가, 수용, 사회적 지지의 추구 및 비극에 대한 이유를 심사숙고할 수 있다. 더구나 정서 접근적 대처는 사고의 즉각적인 여파에서 더 높은 정서표현이 PTG와 관련이 있기 때문에 매우 유익하다. 접근지향적 대처의 유익한 효과에도 불구하고 회피적 대처의 사용도 개인, 외상 및 사용의 지속기간에 따라 유익할 수 있다. 일찍이 논의하였듯이 도피, 회피 및 건강한 주의분산은 외상을 다룰 때에는 매우 필요할 수가 있다. 그것들이 계속 진행 중이 아니고 그리고 유일한 대처형식인 한에서는 PTG를 증가시키는 데 사용될 수 있다. 전반적으로 역동적 대처를 사용하는 것은 PTG 경험을 존재하게 하는 데에 이상적이다.

어떻게 PTG를 측정하는가?

대다수의 PTG 연구는 양적 평가를 통해서 측정된다. 주요한 도구들은 스트레스 관련 성장 척도(Stress Related Growth Scale: SRGS; Park et al., 1996), 외상 후 성장검사(Post-traumatic Growth Inventory: PTGI; Tedeschi & Calhoun, 1996), 이익 발견 척도(Benefit Finding Scale: BFS; Antoni et al., 2001), 인생관 변화 설문지(Changes in Outlook Questionnaire, Joseph et al., 1993)를 포함한다. 이 도구들은 외상 이후에 외상과 관련된 사고에 있어서 인지적 변화를 포함하는 물음들을 묻는 경향이 있다. 예를 들면 PTGI(Tedeschi & Calhoun, 1996)에서 개인들은 자신이 경험한 외상에 관해 생각을 하도록 요청을 받고, 0(나는 위에서 기술한 사건의 결과로 변하지 않았다)에서부터 5(나는 위에서 기술한 사건의 결과로 매우 변화를 하였다)까지의 정도를 나타내는 리커트 척도에서 다음과 같은 물음에 대해 응답을 한다.[3)]

1	삶에서 중요한 것에 대한 우선순위	0	1	2	3	4	5
2	내 자신의 삶의 가치에 대한 평가	0	1	2	3	4	5
3	나는 새로운 흥미를 발달시켰다	0	1	2	3	4	5
4	자신에 대한 신뢰감	0	1	2	3	4	5
5	영적인 문제에 대한 더 나은 이해	0	1	2	3	4	5

위에서 언급된 도구들은 매우 높은 내적 일관성과 신뢰성을 보인다. 양적 측

---

3) 완전한 21 문항의 PTGI를 위해서는 원저자와 접촉하라.

정 도구들은 숫자상으로 제한적이고 전체 현상을 다루기 어렵기 때문에 우리는 질적 연구전략도 사용하는데 이 경우에 참가자들은 그 현상에 대해 자신의 말로 자유롭게 표현하는 것이 허용된다. 이 자료들은 일반적으로 준구조화된 면접, 쓰기 반응, 초점집단 면접 그리고 일기를 통해서 접근될 수 있다.

PTG는 어떻게 발생하는가?

충격 받은 가정 이론(Janoff-Bulman, 1992), 유기체 가치화 이론(Joseph & Linley, 2005) 및 변혁모형(Tedeschi & Calhoun, 2006)을 포함하는 몇 가지 선도적인 PTG 모형들이 존재한다. **충격 받은 가정 이론**(Shattered assumptions theory)은 우리 모두가 안전감과 보안감에 관한 근본적 가정들을 품고 있는 내적 세계를 갖고 있다고 가정한다. 이런 가정들이 시련을 겪고 우리의 보안감이 "충격을 받을" 경우에 외상이 발생한다. 외상 후 성장은 외상적 경험을 재구축하여서 외상을 불안하지 않은 방식으로 인정하는 과정이다.

역경을 통한 성장에 관한 유기체 가치화 이론(organismic valuing theory of growth through adversity; Joseph & Linley, 2008)은 사람 중심적 접근이다. 이 이론은 어떤 사람이 PTG를 성취하기 위해서는 자신의 사회적 환경에서 장애를 극복해야 한다고 가정하지만, 반드시 그들의 외상 전 및 외상 후 성격을 가정하지는 않는다. **완성 경향**(completion tendency)으로 알려진 것으로 사람은 외상을 자신의 세계관에 통합해야만 한다. **동화**(assimilation)는 개인들이 자신의 과거 세계관을 유지하고 자책을 하는 경우이다. 그래서 그들의 기존 도식의 재정렬이 없다. 다른 한편으로 **조절**(accommodation)은 새로운 정보를 수용하기 위해서 기존의 도식을 수정한다. 사람은 두 가지 방식 중 하나로—긍정적 혹은 부정적으로—이것을 할 수 있다. 부정적 조절은 사람을 우울과 무기력에 취약하게 만드는 반면에 긍정적 조절은 성장을 가져온다(Joseph & Linley, 2008).

이 이론은 외상에 따라오는 인지적 과정을 명료화하기 위한 시도(동화, 긍정적 조절 및 부정적 조절)와 그 결과를 논의하는 것을 넘어선다. 더구나 이 이론은 사람들이 위기의 여파로 인해 더욱 취약하고 탄력성이 없어지는 이유를 설명하려고 시도한다(Joseph & Linley, 2008). 그래서 그 사람은 외상을 자신의 인지적 기능에 동화시킴으로써 미래의 외상에 대해 더 취약하다는 느낌을 포함하는 기저선으로 되돌아간다. 어떤 사람은 자기구조의 상이한 요소들 내에서 조절과 동화를 경험할 수 있고, 어떤 사람은 둘 중 어느 하나에 국한되지는 않는다.

변혁 모형(transformational model; Tedeschi & Calhoun, 1995)은 가장 완성되고 널리 이용되는 성장 모형이다. 이것은 PTG가 엄청난 사건에 따라 오는 과도한 반추(혹은 인지적 처리)의 결과라고 가정한다(Tedeschi & Calhoun, 2003). 그 사람은 엄청난 사건으로 인한 도전들(예를 들면, 정서적 고통의 관리)을 직면한다. 사람은 그 때에 3단계를 거치면서 과도한 반추를 관리하려고 해야만 한다. 첫째로 그는 자동적이고 틈입적인 사고를 경험해야만 한다. 시간이 경과하면 개인들은 이런 자동적 사고에 대해 '의도적 반추(deliberate rumination)'라고 불리는 것을 할 때까지 관리하는 것을 배울 것이다. 그들은 그런 생각들과 싸우는 동안 정서적 고통을 줄이기 위한 노력을 하는 경우에 자기노출을 한다. 그들은 그렇게 함으로써 이전의 목표로부터 벗어나기 시작하고, 변화된 도식과 이야기의 발달을 초래한다. 일단 이 과정들이 완성되면 그 사람은 지혜 혹은 '준비성'과 더불어 PTG를 성취할 수 있다. 중요하게도 이 모형은 심적 고통이 PTG와 함께 존재할 수 있다는 것을 인정한다는 것이다(Tedeschi & Calhoun, 2008).

✪ 생각해보기

개인적으로 PTG를 경험해 본적이 있는가 혹은 당신과 친밀한 누군가가 그것을 경험한 적이 있는가? 당신은 PTG 모형을 본 적이 있는가? 당신에게 성장을 경험하도록 해준 기제는 무엇인가? 당신은 어떤 모형과 관련이 있는가?

치료 장면에서 외상 후 성장

PTG가 치료환경에 통합된 것은 단지 최근의 일이다. 모든 사람들이 PTG를 성취하지는 않기 때문에 최근의 외상 생존자들에게 PTG의 성취를 강요하는 것은 위험하다. Tedeschi와 Calhoun(2008)은 치료자에게 어떤 형태의 PTG를 발견하는 도중에 있을 가능성이 있는 내담자를 치료할 때 취해야 할 몇 가지 단계를 제안하였다. 그들은 치료자가 PTG를 자신들의 치료가 효과가 있다는 신호로 사용하지 말아야 한다고 경고한다. PTG가 모든 것이 아니고 모든 것의 끝도 아니고 그리고 그것을 강조하는 것은 내담자의 웰빙에 해가 되기도 한다.

결과적으로 비극이 도래하면 외상에 대한 세 가지 주요한 심리적 반응들이 존재한다. 탄력성은 보호적 및 반응적 기능에 중요하다. PTG는 실제 현상이고 신체적 및 심리적 이점들을 갖고 있다.

지혜

외상적 경험으로부터 생존을 하는 것에 대해 제안된 이점들 중 하나는 지혜의 성취이다(Tedeschi & Calhoun, 1995; Haidt, 2006). 그러면 지혜는 무엇인가? 지혜로운 판단(행동)과 지혜롭지 못한 판단(행동)은 어떻게 다른가? 우리는 나이가 들게 되면 지혜로워지는가? VIA 강점은 지혜를 다음과 같이 정의한다.

> "자신과 타인에게 의미 있는 방식으로 삶을 장기간 찬찬히 살펴보는 능력이다. 조망은 지식과 경험의 산물이긴 하나 정보의 축적 이상의 것이다. 그것은 정보와 웰빙을 증가시키기 위해 그 정보를 의도적으로 사용하는 것의 조합이다. 사회적 맥락에서 조망은 개인에게 타인의 이야기를 경청하고, 그들이 말한 것을 평가한 다음에, 좋은 충고를 제공할 수 있도록 해준다. 고속도로까지 되돌아가는 방향은, 고속도로가 잘 사는 삶으로 가는 비유적인 경로일 경우

외에는, 지혜로 규정될 수 없다."

—(Peterson and Seligman, 2004)

✪ 생각해보기

당신이 지혜롭다고 생각하는 누군가를 예로 들 수 있는가? 왜 그런가? 그들의 지혜로운 속성들을 열거하고 그것들을 곰곰이 생각해보라.

그러나 심리학 분야 내에서 지혜에 대한 많은 접근들이 있다. 예를 들면 발달심리학자인 Erik Erickson은 지혜가 성격발달의 최종 단계(60세 이후)라고 써놓았다. Piaget는 지혜를 인지발달의 최종 단계의 산물이라고 불렀는데, 복잡한 문제해결에 대한 변증법적 사고의 응용이라는 것이다. 또 다른 지혜의 주요 모형이 있는데, Sternberg의 **지혜의 균형이론**(balance theory of wisdom)으로, 우리는 지금부터 이것을 좀 더 자세히 논의할 것이다.

선도적인 지혜 연구자인 Robert Sternberg는 지혜를 모두에게 더 나은 선을 성취하기 위해서 문제해결에 적용되는 실용적 지능과 암묵적 지식 사이의 균형이라고 개념화하였다(Sternberg, 2009). 우리는 지혜를 성취하기 위해서 개인 내(당신 자신), 개인 간(다른 사람) 및 개인 외(공동체와 환경) 조건들과 같이 몇 가지 경합하는 관심들 사이의 균형을 맞추어야 한다. 더구나 우리는 어떤 상황을 직면할 때 세 가지 방식으로 반응을 할 수 있는데, (1) 그것에 **적응**을 하거나, (2) 자신에게 그 상황을 적합하도록 **만들** 수 있거나, 혹은 (3) 자신의 욕구에 더 이익이 되는 어떤 것으로 환경을 변화시키도록 **선택**할 수 있다. 전반적으로 Sternberg의 지혜의 균형이론은 지혜가 타인들을 고려하면서 문제를 해결하는 것으로부터 출현한다고 가정하는데, 따라서 다수의 반응 전략들을 사용하고 그리고 모든 사람을 위한 공동의 선에 기여하는 결과를 이끌어 내는 것을 목표로 한다.

이 분야의 연구자들에 따르면 지혜는 연령과 관련이 없고, 나이가 젊은 성인기에서도 지혜를 찾아볼 수 있다. 지혜를 발생시키는 것은 삶의 복합성에 대한 경험과 축적된 만남이다(Baltes et al., 1995).

생각해보기

무엇이 우리가 지혜롭게 생각하고 행동하는 것을 방해하는가?
당신은 지혜롭게 행동하는 것을 증가시키는 데 도움을 주는 어떤 방법을 생각할 수 있는가?

긍정적 나이 듦

선도적인 노화 연구자인 George Vaillant는 연구자들이 "삶에 단지 연령만을 더할 것이 아니라 연령에 더욱 많은 삶을 더하려는" 초점에 관심을 두어야만 한다고 제안하였다(Vaillant, 2004: 561). 이것은 우리의 기대 수명이 매년 증가함에 따라 점차 증가하는 논쟁이다(**표 6.1**). 1990년 이래 유아사망률의 전반적 감소가 50%나 되었는데, 인구증가와 수명의 연장에서 변화를 보여준다.

인구는 갈수록 증가할 뿐만 아니라 점차적으로 노령화되고 있다. WHO의 대규모 국제조사는 기대수명의 대폭 증가를 보여준다. 100살까지 살 기회는 1% 이하인 반면에(Guralink Buettner, 2010에서 인용), 가장 최근인 2007년의 수치는 대체로 남성과 여성이 1990년에 예측되었던 것보다 4년을 더 살 수 있을 것으로 기대된다는 것을 보여준다(**표 6.1**).

연도	1990	2000	2007	건강한 기대수명
남성	62	64	66	59
여성	66	68	70	

표 6.1 WHO 국제 기대수명

영국 내에서 평균적으로 남성과 여성은 각기 78세와 80세까지 살 것으로 기대될 수 있는데, 건강하고 질병에 걸리지 않고 사는 연령은 72세까지일 것이다(표 6.2).

국가	1990	2000	2008	종합 건강 기대연령
영국(남/여)	73/75	75/78	78/80	72
미국(남/여)	72/79	74/80	76/81	70
캐나다(남/여)	74/80	77/82	79/83	73
일본(남/여)	76/82	78/85	79/86	76
시에르 레온(남/여)	38/44	37/45	48/50	35

표 6.2 몇몇 국가에서의 WHO 국제 기대수명

오래 산다는 것은 몇 가지 함축된 의미를 갖고 있다—특별한 한 가지는 은퇴이다. 법으로 정해진 65세의 은퇴와 국가의 연금은 평균 수명이 약 50세일 때에 도입되었다. 그 이후로 어려운 경제 시기들로 인해 프랑스와 같은 국가들은 인구가 노령화됨에 따라 은퇴/연금 연령을 연장시키고 있다. 삶의 평균 길이가 현재 80세에 도달하였기 때문에 은퇴 후 시기가 우리의 수명의 1/4을 점할 것이다.

은퇴 역설에 대한 가능한 해결들이 다음을 포함한다(Boniwell, 2008로부터 발췌함).

- 연령에 적절한 작업환경 만들기와 다양성을 가치 있게 여기기,
- 경력계발을 지속하기와 단계적 은퇴 도식을 도입하기,
- 은퇴 후에 더 나은 일-삶의 균형을 향상시키기와 가능하게 만들기

우리가 어떤 방식으로 보든지 간에 인류는 더 오래 살고, 다수는 더 길고 건강한 노년을 예상할 수 있다. 우리가 연장된 신체 및 정신건강을 누릴 기회는 선택하는 삶의 양식에 의해 보다 더 향상될 수 있을 것이다.

잘 나이 들기

나이가 드는 과정에 대한 몇 가지 부정적인 신화들이 있고, 이로 인해 사회는 이런 불가피하고 자연적인 과정을 못마땅해 하고 두려워한다(Lupien & Wan, 2004). 가장 중요한 신화들 중 두 가지는 (1) 뉴런의 상실과 (2) 돌이킬 수 없는 인지적 능력의 퇴화이다. 그러나 이것들은 분명히 사실이 아니다. 삶의 습관적 양식을 변화하는 것은 인지적 기능의 퇴화를 방지해줄 수 있다. 다수의 연구들은 높은 수준의 신체적, 정신적 혹은 사회적 활동들이 인지장애 혹은 치매의 위험을 5년 이상 늦출 수 있다는 것을 발견하였다. 더구나 연구들은 치매의 시작 연령과 사회적 유대의 강도 간의 연결을 발견하였다.

생각해보기

당신은 건강한 나이 듦을 위한 핵심적인 구성요소가 무엇이라고 생각합니까? 다음의 요소들이 얼마나 중요한가를 당신이 평가하라.

- 식습관
- 운동
- 유전
- 가족환경
- 재산?

'건강하게' 나이 드는 방법

수십 년에 걸쳐 진행된 종단 연구를 통해서 Vaillant와 동료들은 건강한 나이 듦을 **예측해 주지 않는** 여섯 가지 요인들을 발견하였다(Vaillant, 2004). 이것들은 다음의 것들을 포함한다.

- 조상의 장수
- 50세의 콜레스테롤 수준
- 부모의 사회 계층
- 온화한 아동기의 환경(부모의 결혼 안정성, 아동기의 부모의 사망, 가족의 응집성)
- 안정된 아동기 기질(부모의 평가)
- 스트레스

이 발견들은 연구들이 어떤 사람이 건강하게 나이가 드는가 혹은 그렇지 않은가에 대한 주요한 결정요인이라고 믿어온 것들과 직접 위배된다. 흥미롭게도 건강한 나이 듦을 예측해 주는 요인(Vaillant, 2004)은 다음을 포함한다.

- 지나친 흡연자가 아니거나 젊은 나이(약 45세경)에 금연을 하기
- 성숙한 적응적 방어
- 알코올 남용이 없을 것(적절한 음주는 매우 좋다)
- 건강한 체중
- 안정된 결혼
- 운동(주당 500Kcal 이상을 태우기)
- 교육 연한(높을수록 더 좋다)

좋은 소식은 건강한 나이 듦을 예측해 주는 요인들의 목록이 우리의 통제 하에 있는 많은 측면을 포함하고 있다는 것이다.

나이 듦의 장점

나이 듦의 주요한 장점 중 하나는 법정 은퇴 연령기에 일반적인 정신장애의 발병의 감소와 더불어(Carstensen & Charles, 2002; Vaillant et al., 2006), 우울증 에피소드와 불안장애의 유의한 감소이다. 나이가 든 성인들은 부정적 정서를

적게 경험하지만 유사한 횟수의 긍정적 정서를 경험하는 경향이 있고 그리고 더 높은 정서적 복합성을 발달시키는 경향이 있다(예를 들면 기쁨과 슬픔이 동시에 혼합될 수 있다).

연구들은 나이가 들면 좀 더 자족을 하게 되고 사람들과 더 깊고 친밀한 유대를 형성하게 되어서 관계로부터 많은 만족을 이끌어 낸다. PTG에서와 같이 시간이 더욱 의미 있게 되고, 노인은 인간관계의 접촉을 더욱 신중하고 전략적으로 선택한다. 노인은 정서적으로 중요한 재료에 대해서는 정상적인 기억을 하고 그리고 다양한 관점에서 대인관계의 문제를 이해하는 능력의 증가를 보이는 경향이 있다. 그래서 Lupien과 Wan(2004)은 성공적으로 나이가 들기 위한 몇 가지 조언을 제공하는데, (1) 삶에 열중하고 그리고 자신에게 개인적으로 의미가 있는 활동을 계속하고, (2) 자신이 통제한다고 느낄 수 있는 그리고 선택을 할 수 있는 환경을 조성하고, (3) 긍정적 태도를 유지하고(좋은 기억, 장수, 양호한 건강, 웰빙 및 살려는 의지와 관련된), 그리고 (4) 자신이 학습과 기억을 유지할 수 있다고 항상 믿는다.

고정관념(stereotype)

예일 대학교의 Becca Levy와 동료들은 긍정적 연령 고정관념과 부정적 연령 고정관념이 기억, 수리능력, 자기 확신 및 스트레스에 대한 심혈관계 반응에 미치는 효과를 비교하는 여러 실험을 수행하였다(Levy, 1996, 2009). 그들은 역치하의 점화(subliminal priming)를 위해서 긍정적 고정관념 단어(현명한, 영악한, 깨우친, 현자)와 부정적 고정관념 단어(혼동된, 죽어 가는, 의존적인, 노망)를 사용하였다. 결과에 따르면 고정관념이 노인들의 수행과 태도에 강력한 효과를 미치는데, 부정적 고정관념은 역량, 확신 및 스트레스로부터 회복을 방해하고 긍정적 고정관념은 기억, 수리능력, 확신 및 살려는 의지를 향상시킨다는 것이다. Levy(1996)는 긍정적 고정관념이 노인에 있어서 스트레스로 인한 유해한 생리적 효과를 최소화시키는 반면에, 젊은 사람의 수행과 태도에는 영향을 미치지 않는다고 결론지었다.

원문을 보려면 Levy(1996)를 참조

장수하기

긍정적 태도를 갖는 것은 수명의 증가와 관련이 있고, 그래서 50세에 갖고 있는 긍정적 자기지각은 성별, 사회경제적 지위, 고독 및 건강과는 무관하게 7.5세를 더 오래 살게 해 줄 수 있다(Levy et al., 2000, 2002). 게다가 살려는 의지가 장수에 중요한 영향을 미친다.

결론적으로 사람들이 더 오래 건강하게 생산적인 삶을 살고 있고, 그리고 사회구조 및 사회적 태도는 나이가 든다는 새로운 현실을 늦추어 준다. 그래서 연구들은 부정적인 연령 고정관념이 구식이며 위험하고, 수행, 확신 및 생리적 기능에 장애를 초래한다는 것을 보여준다. 나이 듦에 대한 긍정적 태도는 새로운 현실을 반영하고 건강과 역량을 강화시킨다. 긍정적 태도를 육성하는 것은 나이 듦의 장점을 전달하고 운동과 활동을 통해서 기능을 향상시키는 방법과 같이 긴급한 문제이다. 이것은 긍정적 나이 듦의 문화를 조성하는 데 있어서 많은 기여를 할 수 있다.

요 약

학습목표를 돌이켜 보면 당신은 탄력성, 외상 후 성장 및 긍정적 나이 듦의 개념을 지금쯤 이해해야만 한다. 더욱 구체적으로 당신은 다음을 알아야만 한다.

- 외상에 대한 세 가지 주요한 심리적 반응이 있다: 굴복, 탄력성 및 외상 후 성장.
- 탄력성은 몇 가지 방식으로 정의될 수 있다.
- 응집감은 웰빙에 중요하다.
- 외상 후 성장(PTG) 내에는 다섯 가지 주요한 요소들이 있다.
- 지혜와 발달과정에서 그 위치.

■ 인간은 나이가 들어가나 우리는 긍정적 나이 듦을 통해서 웰빙을 향상시킬 수 있다.

추천자료

http://www.logotherapyinstitute.org/index.htm

공식적인 의미치료 웹사이트에서 당신은 Victor Frankl에 대해 더 많은 것을 학습하기 위해서 그의 전기에 대한 링크를 찾을 수 있을 것이다.

http://www.ppc.sas.upenn.edu/armyresiliencetraining.htm

펜실베이니아 대학이 Seligman 교수의 지도하에 미국 군대에서 탄력성 훈련을 실시하는 방법을 보게 된다.

http://adultdev.bwh.harvard.edu/training.html

긍정심리학 분야에서 성장하는 영역으로 당신은 성인발달 실험실에서 실시하는 훈련과정 및 인턴과정에 관한 정보에 접근할 수 있다.

보충 질문

1 탄력성의 문제를 다룰 때 우리는 누구를 표적으로 해야만 하는가? 아동 혹은 성인? 취약한 집단 혹은 '정상' 기능은 하는 집단?

2 '우리를 죽이지 못하는 것은 더 강하게 만들어 준다.' 당신은 니체의 이 말을 어떻게 생각하는가?

3 당신은 PTG에 대해 어떻게 생각하는가? 그것이 실제적인가? 그것이 중요한가?

4 당신은 어떻게 '잘 나이가 들려고' 하는가?

개 인 훈 련

1 표현적 글쓰기

텍사스 주의 교수인 James Pennebaker(1997, 2004)에 의한 표현적 글쓰기에 관한 영향력 있는 연구에서 증명되었듯이, 당신은 표현적 글쓰기를 할 준비가 되었다고 느끼면 시도할 수 있다. Pennebaker는 글쓰기가 생각과 정서를 조직화 하고 비극적 경험에서 의미를 찾는 것을 도와준다는 것을 보여주었다. 당신이 역경을 경험하였고 다음의 연습을 시도하고 싶다면 그렇게 하면 된다. 그러나 그 비극이 너무 생생한 경우 정서적으로 그 경험을 다룰 준비가 될 때까지 기다리라고 충고를 하고 싶다.

당신은 고통스러운 경험을 선택하고 다음으로 그 경험에 대해 세부적으로 글쓰기를 한다. 앞으로 15~30분 동안 이 특수한 외상적 경험에 대해 어떤 것이라도 글을 쓰도록 한다. 당신은 3일 동안 연속으로 글쓰기를 하여야 할 것이다. 당신은 동일한 경험에 대해 계속 쓰거나 혹은 원한다면 또 다른 경험에 대해서 쓰는 것을 선택할 수 있다.

측 정 도 구

인생관 변화 설문지
(Changes in Outlook Questionnaire: CiOQ)

(Joseph et al., 1993)

지시문

당신이 앞서 글쓰기를 하였던 사건에 따라오는 자신의 현재 생각과 느낌에 관한 여러 진술문들이 아래에 있다. 각각의 진술문을 읽고서 당신이 그 진술문에 대해 지금 동의하거나 혹은 동의하지 않는 정도를 아래의 척도를 사용하여 해당하는 숫자에 ○를 하시오.

1 **전혀 동의하지 않는다**	2 **조금 동의하지 않는다**	3 **동의하지 않는다**	4 **동의한다**	5 **조금 동의한다**	6 **매우 동의한다**

1. 나는 더 이상의 미래를 기대하지 않는다.	1	2	3	4	5	6
2. 나의 삶은 더 이상 의미가 없다.	1	2	3	4	5	6
3. 나는 더 이상 어떤 것에 대처할 수 없다고 느낀다.	1	2	3	4	5	6
4. 나는 삶을 더 이상 당연한 것으로 여기지 않는다.	1	2	3	4	5	6
5. 나는 지금 나의 인간관계를 훨씬 더 가치 있게 여긴다.	1	2	3	4	5	6
6. 나는 지금 삶에 대해 많은 경험을 했다고 느낀다.	1	2	3	4	5	6
7. 나는 죽음에 대해 전혀 걱정하지 않는다.	1	2	3	4	5	6
8. 나는 지금 매일을 충만하게 살고 있다.	1	2	3	4	5	6
9. 나는 지금 죽음을 매우 두려워한다.	1	2	3	4	5	6
10. 나는 매일의 날들은 보너스로 여긴다.	1	2	3	4	5	6
11. 나는 어떤 나쁜 것이 지금 막 일어나려고 하고 있는 것처럼 느낀다.	1	2	3	4	5	6
12. 나는 지금 사람들에 대해 더 많이 이해하고 관용을 한다.	1	2	3	4	5	6
13. 나는 지금 인간성에 대해 더 높은 신뢰를 한다.	1	2	3	4	5	6
14. 나는 사람 혹은 사물들을 더 이상 당연시하지 않는다.	1	2	3	4	5	6
15. 나는 그 사건이 발생하기 전으로 시간을 되돌릴 수 있기를 절박하게 바란다.	1	2	3	4	5	6
16. 나는 때때로 좋은 사람이 되는 것이 가치가 없다고 생각한다.	1	2	3	4	5	6

17. 나는 지금 다른 사람들을 거의 신뢰하지 않는다.	1	2	3	4	5	6
18. 나는 상당히 불확실한 상태에 있는 것처럼 느낀다.	1	2	3	4	5	6
19. 나는 지금 내 자신에 대해 거의 신뢰를 하지 않는다.	1	2	3	4	5	6
20. 나는 다른 사람을 더욱 어렵게 느낀다.	1	2	3	4	5	6
21. 나는 지금 다른 사람들에 대해 관용을 적게 한다.	1	2	3	4	5	6
22. 나는 다른 사람들과 의사소통을 잘 할 수가 없다.	1	2	3	4	5	6
23. 나는 지금 다른 사람들을 더욱 가치 있게 여긴다.	1	2	3	4	5	6
24. 나는 지금 반드시 삶에서 성공을 할 것이다.	1	2	3	4	5	6
25. 어떤 것도 더 이상 나를 행복하지 만들지 않는다.	1	2	3	4	5	6
26. 나는 목의 아랫부분에서부터 죽어 있는 것처럼 느낀다.	1	2	3	4	5	6

채점

이 척도는 단순히 점수의 합이다. 다음의 문항들에 대해 역채점을 한다: 1, 2, 3, 4, 9, 11, 16, 17, 18, 19, 20, 21, 22, 25, 26

해석

점수는 최저 26점에서 최고 150점이다. 높은 점수는 상당한 수준의 변화를 나타낸다.

개관

CiOQ와 PTGI는 PTG 연구에서 가장 많이 사용되는 도구이다. CiOQ는 외상 후에 긍정적 및 부정적 변화를 평가하는 회상적인 자기보고 측정 도구이다. PTG를 평가하기 위한 이 측정도구와 방법은 과거 몇 년간 철저한 검토를 받아왔고(Ford, Tennen & Albert, 2008), 이 분야는 오류를 덜 범할 수 있는 설문 양식을 개발해야만 한다(Linley & Joseph, 2009).

CHAPTER

7

가치, 동기 및 목표이론

❖ 학습목표

이 장은 최적의 적응과 웰빙을 이해하기 위해 적질한 동기와 목표이론들에 초점을 둔다. 이것은 예를 들면 내재적으로 혹은 외재적으로 동기화된 사람들 간의 웰빙의 차이를 포함한다. 연구자들 중 일부는 부와 명예 대 의미와 개인적 성장 중 어느 것을 추구하는 것이 심리적으로 더 나은 것인가를 연구하였다. 이 장은 또한 동기와 목표 성취에서 가치와 시간 조망의 역할에 관해 살펴볼 것이다.

주제 목록

- 목표와 목표설정의 중요성
- 가치가 우리의 의사결정에서 하는 역할
- 내재적 대 외재적 동기 이론
- 자기결정이론 연속체
- 심리적 욕구(자율성, 유능성 및 관계성)
- 시간 조망과 사용

학습 전 질문

1 내재적 동기를 위한 심리적 욕구 만족의 중요성을 비판적으로 논의하라.
2 인간 동기의 이해에 대한 자기결정이론의 기여를 논의하라.
3 가용한 연구 증거를 찾아서 웰빙(광범위하게 정의된)과 관련된 상이한 시간 조망 프로파일을 비교하라.

목표

목표이론가들은 인간의 주관적 웰빙이 순수하게 객관적인 외적 조건들 혹은 안정된 내적 특질들에 의해서 설명될 수 없다고 주장한다. 그들은 주관적 웰빙이 반성을 하고, 삶의 방향을 선택하고, 의도를 형성하고 그리고 자신을 어떤 경로 혹은 목표로 향하게 하는 인간의 능력에 의존한다고 주장한다(Schmuck & Sheldon, 2001).

삶의 목표(핵심 목표, 개인적 추구, 개인 프로젝트, 삶의 과제, 미래의 포부 등으로 불림)는 동기적 목표로서 그것에 의해서 우리는 삶의 방향을 정한다. 그것이 오랜 시간 동안 누군가의 삶을 주도할 때는 장기적 목표로 여겨진다. 우리가 의식적으로 자신의 목표를 이해하려고 노력할 때, 그것들을 추구하는 이유가 자신의 가치들에 대응된다면 웰빙을 향상시킬 수 있다(Sheldon et al., 2010).

목표들과 단기 및 삶의 목표의 목록을 만드는 것은 웰빙과 더불어 일상의 생존에서조차도 중요하다(Cantor & Sanderson, 1999). 사람들은 많은 이유로 해서 목록을 만들지만, 연구들은 목표가 몇 가지 이유들로 인해서 중요하다는 것을 보여주었다. 첫째, 목표는 우리에게 목적의식 즉 존재의 이유를 제공한다. 우리는 목표가 없이는 방향을 상실한다. 웰빙을 가져오는 것은 목표를 향한 실질적인 진보이지만 반드시 목표의 성취일 필요는 없다(여행이지 목적지가 아니다)(Brunstein, 1993). 더구나 목표는 우리의 일상생활에 구조와 의미를 더해

주고, 시간을 관리하는 방법을 학습하도록 도움을 준다. 그래서 우리가 매일 살아가면서 작은 하위목표들을 충족시킬 때 자기 존중감과 자기 효능감을 증가시킬 수 있다(Carver & Scheier, 1990, Lyubomirsky, 2008에서 인용). 예를 들면 진전 중에 있거나 성취 가능한 그리고 개인적으로 의미가 있는 포부와 꿈을 가진 사람은 갖지 못한 사람보다 더 행복하다.

목표이론 내에는 두 가지 전통이 있는데, (1) 목표추구의 과정(개인이 얼마나 잘 하고 있는가)에 초점을 두는 것과 (2) 삶의 목표의 내용과 질(무엇과 왜)에 초점을 두는 것이다. 목표추구의 과정은 2장에서 긍정적 정서와 연관지어 논의되었고, 그러므로 우리는 지금부터 목표이론의 두 번째 요소에 초점을 둘 것이다.

내용 관련 목표이론은 목표의 다음과 같은 측면에 초점을 둔다.

- 어떤(what) 목표들이—예를 들면 성장 혹은 돈—추구되고 있는가? 사랑 혹은 매력?
- 목표들이 왜(why)—예를 들면 내가 원하기 때문에 혹은 내가 해야만 하기 때문에—추구되고 있는가?
- 우리의 활동이 자신의 가치와 어떻게(how) 일치하는가? 예를 들면 조절변인으로서의 가치 모형(value-as-a-moderator model).

어떤 목표들은 Fromm(1976)의 '소유 지향(having orientation): 부와 지위를 얻기' 대 '존재 지향(being orientation): 자기실현'으로부터 유래된다. 다른 연구자들은 동일한 개념을 여러 방식으로 정의하였는데, 자기초점 대 타인초점 목표(Salmela-Aro et al., 2001), 외재적(재정적 성공, 인상, 명성) 대 내재적 포부(개인적 성장, 관계, 공동체 관여)(Kasser & Ryan, 2001), 자기고양 대 물질주의 가치(Schmuck, 2001) 등이다.

✪ 생각해보기

당신은 '버킷 리스트'를 갖고 있는가? 이것은 죽음과의 경쟁이 존재한다는 가정 하에서 만들어진 목록일 경향이 있다. 이것은 임박한 죽음 혹은 당신이 죽기 전에 '해보아야 할 것의 목록(to do-list)'일 수가 있다. 어느 것이든 시간과 죽음이라는 암묵적 도전이 존재한다. 더구나 '버킷 리스트' 혹은 '삶의 목록'은 개인의 삶에서 특수한 혹은 중대한 변화(예를 들면, 50대가 되는 것, 결혼을 하는 것, 아이를 출산하는 것) 이전에 하려고 시도하는 목록일 수가 있다. 또 다시 시간을 거슬러 성취하기 위한 도전이 존재한다. 잠시 생각할 시간을 내어서 당신 자신의 버킷 리스트를 써 보아라.

모든 목표들이 동등하지 않다는 것을 기억하라. Lyubomirksy(2008)는 목표가 다음과 같을 필요가 있다고 주장한다.

- **내재적**(그것을 하는 자체만을 위해서 그것을 하는 것) 대 외재적(어떤 다른 것을 위해서 그것을 하는 것—일 및 돈과 같이 순수한 동기 이외의 어떤 것에 의해서 자극되는 느낌). 우리는 내재적 동기를 갖고서 활동을 하고, 고양시키려 한다면 더욱 진실되고 자기 충족적이 된다(Deci & Ryan, 2000; Schmuck et al., 2000).
- **진실된/자기 일치적**: 목표들이 우리의 심층적 신념인 가치들과 일치한다. 이것은 변화할 수 있고 우리가 어떤 것을 하는 이유의 기반이 된다. 가치는 우리가 우선순위를 매기는 것을 돕는다. 조절요인으로서의 가치 모형: 내용이 아니라 그 사람의 가치와 목표 간의 조화이다(Oishi et al., 1999).
- **접근지향적**: 어떤 것을 피하기보다는 그것을 한다.
- **조화로운**: 때때로 목표들은 갈등을 일으킬 수 있다—서로 모순이 되기보다는 보완적이고 조화로운 목표를 유지하려고 노력한다.
- **유연하고 적절한**: 연령과 시간에 따라 변한다.
- **활동 목표**: 클럽에 가입하기, 자원봉사를 하기, 새로운 경험과 새로운 기회.

목표는 도전과 관련이 있다. 도전이 우리의 기술 수준에 대응을 할 때 혹은 평소 수준을 약간 넘어서도록 자극을 할 때 우리는 몰입(flow)이라는 심리적 영역으로 진입할 수 있다. 몰입은 과제에 완전히 빠져드는 것으로 열중하는 삶과 고양된 긍정적 정서를 초래한다.

그래서 삶의 목록을 작성할 때 현명한 선택을 하고 당신의 목록이 위에서 언급한 모든 것을 확실히 포함하도록 하라. 당신은 유연한 상태에 머문다면 더 많은 기회에 대해 개방적이 될 것이다.

동기와 자기결정이론

목표는 자기결정이론(self-determination thoery: SDT)과 깊은 관련을 갖고 있다(4장). 자기결정이론은 동기에 관한 긍정심리학 이론으로, 인간들이 자치적이 되기를 추구한다고 가정하는데 그 경우에 그들의 행동은 '수의적, 의도적 및 자신이 원인이 되는 혹은 자기 주도적인' 것이다(Wehmeyer & Little, 2009: 869). 원래 Ryan과 Deci는 내재적 동기를 촉진하는 조건을 이해하기를 원하였다. 수십 년이 흐른 후에 그들은 사회적 환경이 내재적으로 건강하고 자기결정적인 발달을 촉진하고 세 가지 기본적 욕구(자율성, 관계성 및 유능성)를 만족시키는 데 있어서 강력한 영향을 미친다고 결론지었다. 사람들은 내재적으로 동기화될 때 그 활동을 하기를 원하는데, 행동을 시작하는 데 있어서 외적인 자극, 약속 혹은 위협을 필요로 하지 않는다. 내재적으로 동기화되는 것은 또한 웰빙, 업무 및 성공을 향상시킨다. 다른 한편으로 외재적 행위는 행동 그 자체와는 별개의 보상을 제공한다.

생각해보기

일반적으로 당신의 목표들은 외재적 아니면 내재적 기초를 갖고 있는가? 그것은 목표에 달려 있는가? 당신의 현재 목표들을 쓰고, 자신이 내재적 보상 아니면 외재적 보상을 추구하고 있는가를 생각해본다.

물론 우리는 항상 내재적으로 동기화될 수는 없다. 특히 우리는 나이가 들어가면 달리 하는 것을 선택할 여지가 없는 것들(숙제, 가사일 등등)을 할 필요가 있거나 하도록 요청을 받는다. 그 경우에는 무엇이 일어나는가? Ryan과 Deci의 자기 결정 연속체(**그림 7.1**)는 이 문제를 자기 결정적이 되는 것을 탐색하기 위해서 적용 가능한 여섯 가지 유형의 동기를 제안함으로써 다룬다. 첫 번째 유형은 **무동기**(amotivation)이다—개인이 요구되는 것을 하려는 동기를 전혀 갖고 있지 않거나 그것을 할 가능성이 가장 낮다. 다음 단계는 **외적 조절**(external regulation)인데, 이 경우에 우리는 자기 결정적이지 않고 외적인 힘들에 의해 통제된다. 개인은 누군가가 '자신에게 그것을 하도록 요구하기' 때문에 요청된 것을 할 가능성이 가장 높다. **내사 조절**(introjected regulation)은 누군가가 어떤 것을 하지 않은 경우 느끼는 죄책감 때문에 그것을 하려고 동기화될 때 발생한다. 이것은 '하기를 원하는' 유형의 동기라기보다는 내면화된 '마땅히 해야 하는, 당연히 해야만 하는' 유형의 동기이다.

동일시 조절(identified regulation)은 자기결정을 증가시키기 위한 출발점이다. 이것은 우리가 목표를 개인적으로 의미가 있고 가치가 있다는 것을 아는 것에 의해서 동기화될 때이다. 우리는 그 행위들이 자신의 최상의 흥밋거리라는 것을 인정하기 때문에 수행한다. **통합 조절**(integrated regulation)은 우리가 자신의 존재와 일치된다고 여기는 목표에 열중할 경우에 분명히 드러나는 데, 그

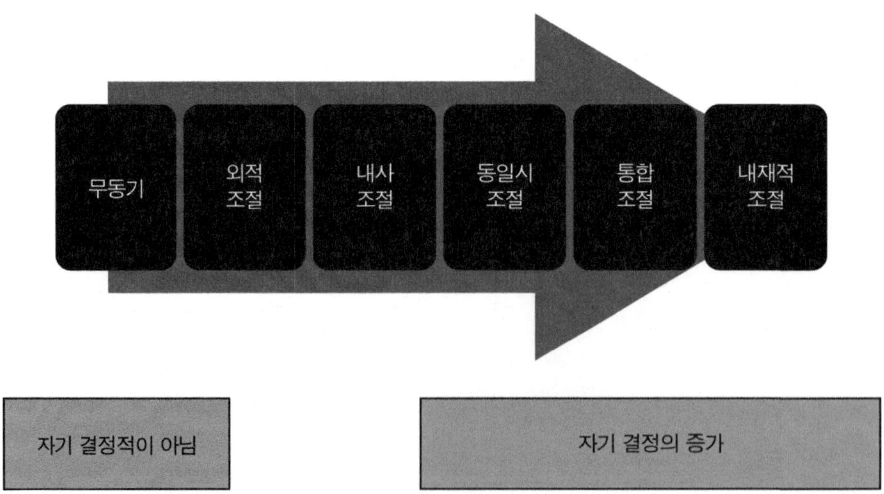

그림 7.1 유기체적 통합의 과정

래도 최종적으로 어떤 결과가 존재한다. 따라서 이 활동은 순전히 그 자체만을 위해서 수행되는 것은 아니다. 마지막으로 **내재적 조절**(intrinsic regulation)은 우리가 충분히 내재적인 그리고 그 자체가 흥미가 있기 때문에 수행되는 어떤 목표 혹은 활동에 열중할 때이다. Deci와 Ryan(2000)은 비록 우리가 항상 내재적으로 동기화될 수는 없을지라도 그 연속체에서 우측 끝에 가까운 쪽으로 다가갈수록 더 높은 수준의 자율성을 느끼기 시작할 것이라고 주장한다.

생각해보기

당신은 외재적 동기에 의해 지배된다고 느끼는 어떤 활동들을 해야만 하는가? 당신의 내재적 동기를 높이거나 통합 조절을 성취하는 방향으로 움직이기 위해서 자신의 자율성, 유능성 혹은 관계성을 높이려고 노력하라. 예를 들면 당신의 활동이 공부하기라면 전체 교과서를 살펴보는 것은 주눅을 들게 만들 것이다. 그것을 부분들로 나누어서 좀 더 작은 하위목표들을 정하라. 당신이 한 부분을 끝내어서 하위 목표를 성취할 때마다 유능성의 수준을 구축하는 그래서 더욱 내재적으로 동기화되는 방향으로 움직이게 될 것이다.

자기 결정적인 것의 장점

통제적 행동에 비하여 자율적 행동을 촉진하는 것은 몇 가지 이점들을 갖고 있다. 예를 들면, 자율적이어서 내적 인과성의 소재를 갖는 행위들은 높은 창의성(Amabile, 1983a, b), 인지적 유연성 및 깊은 처리수준(Grolnick & Ryan, 1987a, 1987b), 높은 자아존중감(Ryan & Grolnick, 1986), 긍정적 정서의 증가(Garbarino, 1975), 만족 및 신뢰(Deci et al., 1989)와 동시에 신체적 및 심리적 웰빙(Langer & Rodin, 1976) 등을 촉진한다. 더구나 자신들의 행동이 자율적으로 조절된다고 지각하는 사람들은 높은 수준의 학교만족, 행동 지속성의 증가, 효과적 수행 그리고 더 나은 정신적 및 신체적 건강을 즐기거나 성취하는 경향이 있다(Miserandino, 1996; Black & Deci, 2000; Deci & Ryan, 2000).

종교활동 참여, 관계 상태, 체중감량 및 중독 프로그램에서 동일시 조절을 한다고 보고한 개인들은 보다 더 나은 정신건강, 적응, 체중감량의 유지 및 긍정적 정서의 증가를 보인다. 외적 및 내사 동기는 세 가지 사례에서 모두 웰빙과 성공을 감소시킨다는 것은 놀라운 일이 아니다(Ryan et al., 1995; Williams et al., 1996).

자율성 지지 양육방식보다는 통제적 양육방식을 사용하는 부모의 자녀들은 놀이에서 내재적인 흥미를 보일 가능성이 낮다고 알려졌다. 연구자들은 통제적 양육방식이 아이들의 놀이에 대한 즐거움과 흥미를 망친다고 제안하였다. 궁극적으로 기본적 욕구 만족의 결핍(예를 들면 냉정하고 통제적인 양육)은 외재적 욕구의 대체물을 발달시킬 수 있다. 냉정하고 비양육적이라고 평가되는 어머니의 청소년들은 보상적인 포부(부유함)를 더 많이 지향하고 그리고 4살 경의 어머니의 냉정함은 12년 후의 예측된 외재적 포부와 관련이 있다(Kasser et al., 1995).

✪ 생각해보기

내재적으로 동기화된 행동은 내적인 통제의 소재(자기결정을 느끼기)를 갖고 있다. 그래서 우리가 동일한 활동에 대해 외재적 보상을 제공한다면 어떤 일이 발생할 것인가? 예를 들면, 우리가 당신이 내재적 동기에 의해 이 책을 읽고 있는 경우에 이 장의 나머지 부분을 읽는 데 대해 10,000원을 지급한다고 말하면 어쩔 것인가?[1] 연구들은 그 활동이 외재적 보상에 의해 통제된다고 느낀다면 당신의 내재적 동기가 감소하고, 그 다음에 보상이 철회되면 그 활동을 덜 하게 된다는 것을 발견하였다. 이것이 함의하는 것은 그 활동이 단지 외재적 보상을 위해서만 수행되고 있음이 틀림없다는 것을 전달함으로써 놀이를 일로 바꾸지 말라는 것이다.

동기를 훼손시키는 가장 빠른 방법은 부정적 결과들로 위협을 하는 것, 수행

1) 물론 우리가 그것을 하려고 하지 않는다.

에 대해 감독과 평가를 하는 것 그리고 마감시한을 정하는 것 등이다. 그러나 잠깐 ... 이것은 현실의 전체 교육시스템처럼 보이지 않는가? 불행하게도 그렇다. 그러나 만약 부모, 교사 및 다른 권위 있는 사람들이 내재적 동기를 촉진시키기를 원한다면 몇 가지 방법들을 채택할 수 있다. 무엇보다 선택을 제공하는 것이 기본적인 자율성 욕구를 충족시키는 가장 우수한 방법이다. 둘째로 그들은 유능성을 인정해주지만 통제적으로 보이지 않는 긍정적 정보 피드백을 제공할 수 있다. 끝으로 안정된 관계성을 촉진하는 것은 안전한 환경의 탐색을 권장하는 안정된 기반의 온화하고/배려하는 관계를 제공한다.

가치

우리는 지금부터 웰빙의 달성에 있어서 가치와 목표추구의 일치를 살펴보는 것으로 방향을 바꿀 것이다. 가치는 우리에게 귀중하고, 암묵적 혹은 명시적으로 우리의 삶을 지배하는 관념이라는 점에서 욕구와 다르다. 정서와 유사하게 연구자들은 10가지 보편적인 가치의 목록을 찾았다(Schwartz, 1994; Schwartz & Sagiv, 1995). 그것들은 다음을 포함한다.

- 권력(power)
- 성취(achievement)
- 쾌락주의(hedonism)
- 자극(stimulation)
- 자기 지시(self-direction)
- 보편주의(universalism)
- 박애(benevolence)
- 전통(tradition)
- 동조(conformity)
- 안전(security)

조절요인 가치 모형(value-as-a-moderator model)은 사람들이 자신의 가치와 일치하는 활동과 목표로부터 만족감을 얻는다고 예측한다(Oishi et al., 1999). 더구나 연구는 사람들이 자신의 목표와 일치하는 활동들을 하고 있을 때, 그것들이 외재적 가치(권력) 혹은 내재적 가치(자애 혹은 자기 지시)인가와는 무관하게, 자신의 일상으로부터 만족감을 얻을 것이라고 제안한다. 사람들은 일상적인 사건들이 자신의 개인적 추구와 일관성이 있다면 그 사건들에 대한 반응에 있어서 더 강한 긍정적 및 부정적 정서를 나타낸다(Emmons, 1991; Brunstein et al., 1998; Dishi et al., 1999).

끝으로 Sheldon과 Kasser(1995)는 **일치성**(congruence)과 **일관성**(coherence)이 성격의 통합에 필수적인가를 연구하였다. **수직적 일관성**은 낮은 수준의 목표와 높은 수준의 목표 사이의 일관성을 의미한다. **수평적 일관성**은 동일한 수준에서 목표들 간의 일관성을 포함한다. 마지막으로 **일치성**은 자기결정적인 이유와 내재적 동기를 위한 목표의 추구를 의미한다. 일치성과 수직적 일관성은 다양한 웰빙의 결과들에 대한 예측요인으로 출현하였다. 그래서 연구는 당신이 서로 모순이 되기보다는 보완적이고 조화로운 목표를 유지하도록 노력해야만 한다는 것을 보여준다.

우리의 목표달성 실패

목표의 추구가 웰빙을 위해 기본적이라면, 왜 사람들은 종종 자신에게 중요한 목표를 추구하는 데 있어서 실패를 하는가? 이것에 대한 많은 이유들이 시사되었다. 그것은 종종 단순히 논리적인 이유에 기인하는데, 우리가 덜 중요하나 보다 더 즉시적인 목표들에 노력을 쏟을 필요가 있기 때문이다(Ford & Nichols, 1991). 더구나 장기간 동안 열정과 욕망을 찾고 유지하는 것이 어려울 수 있기 때문에, 우리는 때때로 즉시 기력을 소진한다. 끝으로 연구는 사람들이 잘못된 목표(예를 들면, 돈, 명성 및 다른 외재적 목표)를 따를 때, 곧 그것들에 대해 관심을 잃고 포기하는 경향이 있다. 그래서 올바른 목표를 선택하는 것, 열정을 유지하는 것(미래의 성공을 위해서 현재의 힘들고 단조로운 일의 중요성을 자신에게 상기함으로써) 그리고 자신의 가치 있는 목표를 위해 시간을 내는 것은 성공적인 성과와 웰빙을 위해서 중요하다. 흥미롭게도 목표에 관해 글을 쓰고 다른 사람과 토론을 하는 것은 우리에게 몰입할 가능성을 높여준다(Lyubomirsky, 2008).

다음 절은 목표 성취와 동기에 중요한 영향을 미치는 것으로 시간(time)에 관해 초점을 둔다. 다음 절은 또한 우리가 시간에 대해서 갖는 조망이 어떻게 자신의 전반적 웰빙에 커다란 영향을 미치는가를 설명한다.

시간

시간. 이것은 오늘날 우리가 돈으로 살 수 없고, 만들 수 없고 혹은 팔 수 없는 유일한 것이므로 우리는 종종 시간의 부족 사태와 같은 문제에 봉착한다. '시간 연구'의 분야는 웰빙에 중요하게 기여하는 요인으로서 시간 조망과 사용에 초점을 둔다.

시간은 이중적 성질을 갖고 있는데, 객관적 현상으로서의 시간(지리학적인, '시계의' 시간) 대 내적 현상으로서의 시간(심리적 시간, 인간의 마음에 의해 처리되는 것으로서의 시간, 주관적 시간, 마음의 내적 시간, 수명)이다. 객관적인 조망에서 시간은 모든 사건들을 담고 있는 무한히 큰 그릇이다. **시간 조망**(time perspective)은 심리적 과거, 현재 및 미래의 개념과 관련된 개인의 인지적 방식으로 정의된다. 그래서 **주관적 시간 사용**(subjective time use)은 개인 자신의 시간 사용에 대한 지각된 표상이다. 개인들은 시간엄수, 계획하기, 여가시간 자각, 성급함 및 시간 일치성을 포함하는 차원들을 갖는 **시간 성격**(time personality)을 갖고 있다고 제안된다. **시간 긴박성**(time urgency)은 시간 자각을 더 많이 하고, 만성적으로 서두르고, 자신의 야망을 성취하려고 노력하고, 매우 효율적이고, 과제의 우선순위를 정하고 그리고 남은 시간의 측정치로서 마감시간을 사용하는, 시간적으로 다급한 사람을 의미한다(Boniwell, 2008).

시간 조망은 또한 과거, 현재 및 미래를 향한 우리의 사고의 선호방향으로 생각될 수 있고, 우리의 경험, 동기, 생각하기 및 몇 가지 행동의 측면들에 대해 역동적인 영향을 행사할 수 있다(De Volder, 1979). 어떤 시간 조망을 형성하는 것은 문화적 및 종교적 배경, 교육, 특정 사회계층에 대한 소속 및 가족 모델링을 포함하는 사회화의 과정에서 학습한 많은 요인들에 의해 영향을 받는다.

비록 인플레이션, 휴가 중 혹은 생존 스트레스 하에 있는 것과 같은 상황적 요인들이 시간 조망에 영향을 미칠 수 있다고 할지라도, 그것은 비교적 안정적인 성향적 특성으로 볼 수도 있다. 시간 조망에 관한 Zimbardo의 이론은 다섯 가지 요인들이 있다는 것을 제안한다.

- 미래 시간 조망(time perspective: TP). 이것은 개인들이 미래의 보상을 위해 일을 하고, 만족의 지연을 실천하는 경우이고 그리고 종종 성공과 연결되어 있다(원전 논문은 Mischel, 1970, 1978; De Volder & Lens, 1982; Mischel, Shoda & Rodriguez, 1989; Shoda, Mischel, & Peake, 1990). 미래에 대한 초점은 웰빙과 긍정적 기능에 있어서 근본적이다(Wessman & Ricks, 1966; Kahana & Kahana, 1983; Kazakina, 1999; Wills, Sandy, & Yaeger, 2001). Bohart(1993)는 미래를 지향하는 인간의 능력이 주체적인 사람이 될 가능성, 책임을 맡는 것, 그리고 선택을 하는 것과 같은 느낌을 주기 때문에 인간 발달을 위해 근본적이라고 제안한다. 더구나 미래 시간 조망 그리고 장기 목표의 소유는 실제적으로 웰빙의 모든 측면 특히 의미 있는 삶, 사회적 자기 효능감 및 현실주의/지속성과 정적인 관련성을 갖고 있다(Zaleski et al., 2001).
- 현재 쾌락주의적 시간 조망(hedonistic TP). 이것은 개인이 자신들의 행위의 결과에 대해 거의 관심을 나타내지 않을 때이다. 그들의 행동은 신체적 욕구, 정서, 강한 상황적 자극과 사회적 입력에 의해 결정된다. 이 시간 조망은 유혹에 굴복하고, 중독, 사고와 부상 그리고 학업 및 진로의 실패를 초래할 위험을 갖고 있다.
- 현재 운명론적 시간 조망(fatalistic TP). 이것은 개인이 외적인 힘(예를 들면

영적 혹은 정부의 힘)들이 자신의 삶을 통제하고 있다는 신념을 갖고 있으므로 희망이 없다는 특징을 보인다.

- **과거 긍정적 시간 조망**(positive TP). 이것은 우리가 자신의 과거에 대해 따뜻하고, 즐겁고, 종종 감상적이거나 향수를 느끼는 입장을 가질 때이다. 우리는 가족 및 친구와 관계를 유지하고, 전통과 역사를 지속하고 그리고 시간에 걸쳐 자기의 연속성을 유지할 때이다. 더구나 과거 긍정적 시간 조망은 높은 수준의 삶의 의미 및 만족과 관련이 있다(Foret & Steger, 2004).
- **과거 부정적 시간 조망**(negative TP). 이것은 개인이 과거의 혐오적인 혹은 유해한 개인적 경험에 초점을 둘 경우이다.

연구자들은 당신이 갖고 있는 시간 조망과 웰빙 사이에 강한 연관성이 있다는 것을 발견하였다. 예를 들면 시간 조망은 많은 태도, 가치 그리고 교육적 성취, 건강, 수면과 꿈의 형태 및 낭만적 파트너의 선택 등과 같은 상태 변인들과 관련이 있음이 발견되었다(Zimbardo & Boyed, 1999). 더구나 시간 조망은 음식의 선택, 건강을 위한 선택, 부모의 혼인 상태, 친구와 시간을 보내려는 욕망 및 지각된 시간 압박 등을 나타낸다(Zimbardo & Boyed, 1999). 시간 조망은 위험한 운전, 비행 및 안전하지 못한 성행동(Zimbardo et al., 1997)과 동시에 약물과 알코올 남용(Keough et al., 1999)을 포함하는 광범위한 행동에 대한 예측이 된다.

시간 조망은 시설에서 살고 있는 실업상태인 사람들이 직업을 찾기 위해서 자신의 시간을 건설적으로 사용하는 정도 혹은 TV를 보거나 다른 비도구적 활동과 회피적 대처전략(현재 지향적)을 하는 데 시간을 낭비하는 정도를 예측해준다(Epel et al., 1999). 연구자들은 사회적 도박꾼에 비해 병리적 도박꾼에 있어서 유의하게 짧은 시계(time horizon)를 발견하였다(Hodgins & Engel, 2002).

시간 조망은 문화와 관련이 있는 것처럼 보인다. 청교도 국가는 가톨릭 국가보다 더 미래 지향적인 경향이 있다. 여러 국가들 내에서 남부지역에 살고 있는 사람들은 북부지역에 살고 있는 사람들보다 더 현재 지향적인 경향이 있다. 개인주의에 보다 더 초점을 두는 문화는 집단주의를 강조하는 문화보다 더 미래지향적이다. 서구방식의 삶은 주로 목표에 초점을 두었고 미래지향적이 되었다.

균형 잡힌 시간 조망

이상적으로 말하면 연구자들은 '과거, 현재 및 미래의 요소들이 혼합되고 그리고 상황적 요구 및 우리의 욕구와 가치에 따라 유연하게 작용하는 경우인' 균형 잡힌 시간 조망을 채택하도록 권장하였다(Zimbardo, 2002: 62). 균형 잡힌 시간 조망을 갖춘 사람들은 자신이 처해 있는 상황에 적절한 시간적 양식 내에서 활동하는 능력이 있다.

생각해보기

당신의 시간 조망 프로파일을 이해하려고 시도하고 자신의 주도적 시간 조망이 자신에게서 잘 기능을 하고 있는가를 평가하라. 미래 시간 조망이 모든 해답이 아니라는 것을 기억하라. 당신이 과거 부정적 시간 조망에 초점을 두고 있는지를 확인하라. 균형 잡힌 시간 조망의 발달을 위한 작업을 시도하라.

시간 사용

우리는 시간을 지각하는 방식이 전반적인 웰빙에 영향을 미칠 수 있다는 것은 알지만, 그러나 이것이 우리가 시간을 관리하고 사용하는 방식에도 적용되는가? 객관적인 시간 사용과 전반적 웰빙 사이에는 분명한 관계가 없으나, 활동에 대한 시간 할당과 경험되는 행복 사이의 관계 그리고 시간 사용에 대한 만족과 웰빙 사이의 관계는 존재한다(Hafstrom & Paynter, 1991; Pentland et al., 1998). 왜냐 하면 고소득은 높은 삶의 만족과 관련이 있지만 순간의 행복과는 관련이 없는데, 고소득을 얻는 사람들은 비교적 일, 통근, 의무적인 비업무적 활동(쇼핑과 아이돌보기) 및 활동적 여가활동에 비교적 많은 시간을 쓰지만, 수동적인 여가추구에 시간을 덜 쓰는 경향이 있다. 일, 통근 및 의무적 활동들은 높은 긴장 및 스트레스와 관련이 있다.

2007년의 경험에 기초한 시간 관리에 관한 논문들에 대한 최초의 개관은 1954년과 2005년 사이에 시간 관리, 시간 사용, 시간 그리고 학업과 직장업무의 구조화에 관해 출간된 35개의 논문은 살펴보았다(Claessens et al., 2007). 시간 관리 프로그램의 효과(8개의 연구에 기초를 둠)는 스스로 보고한 시간 관리행동의 실행과 수행 향상에 관해서 엇갈리는 결과를 보여주었으나, 시간-관리 프로그램은 한 연구에서 긍정적인 관리자 평가와 시간 통제감의 증가를 보여주었다. 시간 관리의 효과(자기 지각)는 대학 성적을 향상시키지만 직장 업무 수행에는 영향을 미치지 않았다.

생각해보기

시간 사용의 심리적 측면에 초점을 두어야 하지만 시간 관리 기술(계획, 정리, 조직자)에 대해 지나치게 열정적이 되지는 말아라. 이유(why)를 아는 것이 어떤 활동을 가치 있게 만들 수 있다는 것을 기억하라. 매일 매일 어떤 것을 성취하는 것이 중요하다.

요 약

당신은 학습목표를 돌이켜 보면 지금쯤 목표, 동기 및 가치의 개념을 이해해야만 한다. 더욱 구체적으로 당신은 다음을 알아야만 한다.

- 목표는 우리의 웰빙의 느낌에 중요하다.
- 우리의 웰빙을 향상시키거나 억제하는 것은 바로 목표의 유형, 그 목표를 갖는 이유 그리고 목표들 간의 일치성이다.
- 목표를 계속 추구하려는 동기는 웰빙을 증가시키는 내재적으로 동기화된 목표로 전개되어야만 한다.
- 자기결정이론은 유기체적 통합 모형을 사용하는데 이것은 그 척도의

한쪽 끝에서 다른 쪽 끝으로 이동해 감에 따라 우리가 더욱 자기결정적이고 진실해진다고 제안한다.

- 다섯 가지 주요한 시간 조망이 존재하는데, 그것들은 높은 수준 및 낮은 수준의 웰빙과 관련이 있다.

추천자료

http://www.worldvaluessurvey.org/

이것은 지구상에서 가치 변화에 관한 가장 종합적이고 최신의 조사이다. 현재 WVS는 2010~2011 동안 새로운 연구를 착수하고 있다.

보충 질문

1 무엇이 당신에게 목표를 성취하도록 만드는가? 당신은 다음 달, 1년 후, 혹은 5년 후에 성취하고 싶은 어떤 목표를 갖고 있는가?

2 당신은 어떤 가치들을 자신의 일상적 삶 및 의사결정과 관련을 지으며, 왜 그것들이 자신의 일상적 삶과 결정에 영향을 미치는가?

3 당신은 시간을 낭비하는가? 당신은 보고서를 마치는 것, 공부하는 것 혹은 사교활동을 하는 것에 시간을 소모하고 있는 자신을 끊임없이 보는가? 그 이유는 무엇인가? 당신은 어느 곳에서 시간을 절약할 수 있는가?

개 인 훈 련

1 가치

통합성은 높은 수준의 행복과 관련이 있다(Branden, 1994). 가치와 행동은 행복을 위해서 일치될 필요가 있다. 당신이 가장 즐겁고 의미 있는—당신을 행복하게 만들어 주는—활동들의 목록을 작성하라. 당신이 그 활동들은 하는 데 주/월 단위로 사용하는 시간을 옆에 적어라. 이런 계산이 당신의 가치와 행동 사이의 조화를 반영하는가? 거울을 잠깐 들여다보라—당신은 진정으로 원하고 있는 방식으로 삶을 살고 있는가?

2 내재적 동기

다음 주 동안 우리는 당신이 시험공부를 하게 될 때 내재적 동기를 증가시키려는 시도를 하게끔 하고 싶다. 당신이 가능한 한 많은 선택의 기회를 갖는다는 것(예를 들면, 언제 공부를 하느냐 그리고 얼마 동안 공부를 하는가)을 확실히 하라. 일단 당신이 선택을 하면 그것에 대해 어떻게 느끼는가를 반성해 보라. 그것들은 다른 사람들이 공부를 하려고 선택하는 방식과 다른가? 당신은 자신의 선택을 증가시킴으로 해서 자율성의 수준을 향상시킬 것이고, 따라서 SDT 연속체에서 자기결정의 방향으로 이동하고 있기를 희망한다.

측 정 도 구

자기결정 척도
(Self-Determination Scale: SDS)

(Sheldon & Deci, 1995)

지시문

한 쌍의 진술문을 한 번에 한 쌍씩 읽고 그 쌍의 진술문 중 어느 것이 당신의 삶의 이 시점에서 자신에게 더욱 사실인 것처럼 보이는가를 생각하시오. 진술문 A가 사실인 것처럼 보이는 정도를 진술문 B가 사실인 것처럼 보이는 정도와 비교하여 5점 척도에 표시하시오. 진술문 A가 전적으로 사실이고 진술문 B가 전적으로 사실이 아니면 이때의 적절한 반응은 1이다.

두 진술문이 동등하게 사실이면 적절한 반응은 3이 될 것이다. 이하 등등.

1 A. 나는 항상 내가 할 것을 스스로 선택하고 싶다.
B. 나는 때때로 내가 할 것을 선택하는 것이 진정한 내 모습이 아니라고 느낀다.

단지 A가 사실인 것처럼 느낀다 1 2 3 4 5 **단지 B가 사실인 것처럼 느낀다**

2 A. 나의 감정은 때때로 나와 이질적인 것처럼 느껴진다.
B. 나의 감정은 항상 나에게 속한 것처럼 느껴진다.

단지 A가 사실인 것처럼 느낀다 1 2 3 4 5 **단지 B가 사실인 것처럼 느낀다**

3 A. 나는 내가 해야만 하는 것을 하기를 선택한다.
B. 나는 내가 해야만 하는 것을 하지만, 그것이 진정으로 나의 선택이라고 느끼지는 않는다.

단지 A가 사실인 것처럼 느낀다 1 2 3 4 5 **단지 B가 사실인 것처럼 느낀다**

4 A. 나는 내가 정상이라고 거의 느끼지 못한다.
B. 나는 내가 항상 완전히 정상이라고 느끼고 싶다.

단지 A가 사실인 것처럼 느낀다 1 2 3 4 5 **단지 B가 사실인 것처럼 느낀다**

5 A. 나는 내가 하는 것을 나에게 흥미가 있기 때문에 한다.
B. 나는 내가 하는 것을 해야만 하기 때문에 한다.

단지 A가 사실인 것처럼 느낀다 1 2 3 4 5 **단지 B가 사실인 것처럼 느낀다**

6 A. 나는 어떤 것을 성취할 때, 종종 그것을 한 사람이 진정으로 내가 아니라고 느낀다.
B. 나는 어떤 것을 성취할 때, 항상 그것을 한 사람이 나라고 느낀다.

단지 A가 사실인 것처럼 느낀다 1 2 3 4 5 **단지 B가 사실인 것처럼 느낀다**

7 A. 나는 무엇을 하려고 결정하였든지 간에 자유롭게 한다.
B. 내가 하는 것은 종종 내가 하려고 선택한 것이 아니다.

단지 A가 사실인 것처럼 느낀다 1 2 3 4 5 **단지 B가 사실인 것처럼 느낀다**

8 A. 나의 몸은 때때로 나에게 낯선 것 같은 느낌이 있다.
B. 나의 몸은 항상 나 같은 느낌이 있다.

단지 A가 사실인 것처럼 느낀다 1 2 3 4 5 **단지 B가 사실인 것처럼 느낀다**

9 A. 나는 내가 선택한 것이 무엇이라도 매우 자유롭게 하고 있음을 느낀다.
B. 나는 종종 내가 하려고 선택하지 않은 것을 한다.

단지 A가 사실인 것처럼 느낀다 1 2 3 4 5 **단지 B가 사실인 것처럼 느낀다**

10 A. 때때로 나는 거울을 드려다 보면 낯선 이를 보게 된다.
B. 나는 거울을 드려다 볼 때 내 자신을 본다.

단지 A가 사실인 것처럼 느낀다 1 2 3 4 5 **단지 B가 사실인 것처럼 느낀다**

채점

문항 1, 3, 5, 7, 9는 역문항 채점이 필요하다. 자기 자각 하위척도(문항 2, 4, 6, 8, 10)의 점수와 지각된 선택 하위척도(문항 1, 3, 5, 7, 9)의 점수를 각 하위척도 5문항의 점수의 평균을 구함으로써 계산한다.

해석

하위 척도는 분리하여 사용하거나 혹은 전체 SDS 점수로 더할 수도 있다. 높은 점수는 높은 수준의 자기결정 수준을 나타낸다.

개관

이 척도는 자기결정 수준을 평가하기 위한 짧고, 적용하기가 쉬운 검사이다.

CHAPTER 8

긍정심리학 훈련

❖ 학습목표

심리학 이론에서 거의 절반은 수수께끼이다. 우리는 자신이 연구하고 있는 주제들이 사람들로 하여금 보다 더 행복하고, 충만하고, 번영하도록 변하게 하는 것을 돕는 데 어떻게 사용될 수 있는가를 알고 싶어 한다. 이 장은 긍정심리학 훈련(positive psychology interventions: PPIs)과 우리가 자신의 행동을 변화시키기 위해서 어떻게 시작을 할 수 있는가를 고찰할 것이다.

주제 목록

- 사고방식
- 범이론적 변화 모형
- 근성과 인내
- 변화를 지속시키기 위한 자기 조절
- 훈련을 평가하기
- 긍정심리학 훈련
- 감사

학습 전 질문

1 근성은 IQ보다 더 많이 학업 성취를 설명한다. 논의하라.
2 긍정심리학자들이 웰빙을 향상시키려고 시도하는 구체적인 훈련들은 어떤 것이 있는가 그리고 그런 절차가 효과적이라는 증거는 무엇인가?
3 변화의 과정을 이해함에 있어서 사고방식 이론의 기여를 비판적으로 논의하라.

긍정심리학 훈련

변화가 우선이다

당신이 아이일 때 역할 모델에 관해 생각해 보라. 혹은 좀 더 나아가서 지금 당신의 역할 모델은 누구인가? 당신의 역할 모델은 자신이 감탄을 하고 있는 삶의 영역에서 어떤 것을 성취한 사람일 확률이 높다. 그러면 그 사람들은 자신이 하는 것을 어떻게 잘 하게 되었는가? 그들은 그렇게 태어났는가? 혹은 그들은 열심히 노력하여 마침내 우리가 알고 있는 성취한 사람으로 발전하였는가? 그리고 그들은 열심히 노력을 하여 발전한다면, 무엇이 그들로 하여금 힘든 시기를 극복할 수 있게 하였는가? Carol Dweck과 같은 연구자는 '당신이 자신에 대해 갖고 있는 관점은 삶을 사는 방식에 영향을 준다'라고 주장하였다(Dweck, 2006: 6). 이 관점은 연구 세계에서 당신의 **사고방식**(mindset)이라고 한다.

사고방식은 당신이 지능, 양육, 사업, 관계, 음악성 및 창의성과 같은 기본적 능력과 성질을 지각하는 방식으로 정의된다. 두 가지 유형의 사고방식이 존재하는데, 고정 사고방식과 성장 사고방식이다. **고정 사고방식**(fixed mindset)은 성질들이 변하지 않는다고 믿는다. 그 성질들은 선천적으로 존재하거나 혹은 전혀 존재하지 않을 수 있으므로, 당신은 수학에 능숙하거나 혹은 그렇지 않고, 스포츠를 잘 할 수 있거나 혹은 잘 할 수 없다. 개인의 재능은 고정 사고방식을 가진 사람에게는 선천적으로 부여받는 것이므로, 그렇지 못한 경우 그들은 그 능력을 자신의 능력 밖에 있는 것으로 지각한다. 고정 사고방식을 가진 사람들은 인간으로서 발달하는 것에 초점을 두기보다는 승리와 성취 같은 성공에 더 많은 초점을 두는 경향이 있다. 반면에 **성장 사고방식**(growth mindset)을 가진 사람들은 경험, 노력과 열중에 따라 사람들이 성장할 수 있다고 믿는다. 그래서 우리의 능력은 불변하는 것이 아니고, 비록 우리가 상이한 재능을 갖고 태어났다고 할지라도, 그 재능들은 시간이 흐름에 따라 계발될 수 있다.

당신은 상이한 영역에서 다른 경향성들을 갖고 있음을 알 수 있는데, 그것은 정상이다. 예를 들면, 당신은 수학에 있어서는 고정된 사고방식을 갖고 있으나 악기연주 학습에서는 성장 사고방식을 갖고 있을 수 있다. 그러나 우리는 이 두 사고방식 중 어느 하나로 기울어지는 자연적인 경향성을 갖고 있다. 또한 당신이 자신의 사고방식을 좋아하면 그것을 변화시킬 필요가 없다. 이 절은 사고방식의 차이가 존재하고 성장 사고방식을 갖는 것이 결국 행복, 만족 및 성공 수행을 위한 여러 가지 유익한 결과를 가져온다는 것을 보여주려는 것이다.

사고방식을 이해하기

그러면 이런 사고방식이 실행될 때 어떤 모습을 나타내는가? 첫 번째 차이는 각각의 사고방식이 목표를 보는 방식과 관련이 있는데, **수행 지향**(performance oriented) 혹은 **학습 지향**(learning oriented)이다. 고정 사고방식을 가진 사람은 성공적인 결과에 의해서 목표를 생각한다. 고정 사고방식을 가진 사람들에서는 목표가 다른 사람들과 성취에 비추어 평가된다. 그들은 잠재능력이 측정될 수 있다고 믿는다(예를 들면 낮은 평점은 우수하지 않다는 것과 같다). 불행하게도 이런 사고방식을 가진 사람들에서는 자신이 설정한 표준에 보조를 맞추어야만 하고, 실패를 두려워하기 때문에 성공과 실패가 모두 불안을 초래한다. 반면에 성장 사고방식을 가진 사람들은 **학습 목표**(learning goals)에 초점을 둠으로써 숙달과 유능성을 중시하지만 단순히 승리만을 염두에 두지는 않는다. 성장 사고방식은 점수와 평점이 사람들이 현재 어떻게 하고 있는가를 반영하는 것이지만 어떤 사람의 잠재력을 평가하는 것이 아니라는 것을 인정한다. 성장 사고방식을 가진 사람들은 기술과 과제를 통해서 자신의 수행과 즐거움을 증가시키는 동시에 부정적 정서를 감소시킨다고 알려졌다.

> **생각해보기**
>
> 당신은 어떤 고정 사고방식에 의해 장애를 받아본 적이 있는가? 이것은 보통 언제 어느 곳에서 발생하는가?

사고방식은 왜 중요한가

그러면 우리가 고정 사고방식 혹은 성장 사고방식을 통해서 사물을 보는 것이 중요한 이유는 무엇인가? 연구자들은 사람들이 어려움을 겪고 있을 때 사고방식이 자신들의 원하는 목표를 성취하는 것을 가능하게 하거나 아니면 방해를 할 수 있다고 주장한다. 이 과정들은 어떤 사고방식을 갖는 것이 목표달성의 차질에 대해 어떻게 반응하느냐, 상황을 해결하는 데 있어서 필요한 노력을 어떻게 보느냐 그리고 그들이 마침내 자신의 어려움을 극복하는 전략을 어떻게 개발하느냐 등을 포함한다. 고정 사고방식을 자세히 살펴보자.

우리가 고정 사고방식을 갖고 있고 어려운 상황을 직면한다면, '무기력 반응(helpless response)'을 보이는 경향이 있다. 이것은 고정 사고방식을 가진 사람들이 실패 혹은 도전을 직면할 때 정보를 학습하는 데 주의를 기울이지 못한다는 것을 의미한다. 그들은 우울에 빠지고, 활력이 없어지고 그리고 자아 존중감을 상실한다. 그들은 또한 자신의 능력을 부정하고, 과거의 성공을 평가절하하고, 실패를 과대평가한다. 불행하게도 그들은 사건의 원인을 자신의 내부에 있는 안정적인 것으로 설명한다.

또한 '노력'은 고정 사고방식을 가진 사람에게는 저주를 의미하는 단어와 같다. 고정 사고방식을 가진 사람은, 힘든 일과 노력은 자신이 그것에 전혀 익숙

하지 않다는 것을 의미하기 때문에, 노력이 낮은 능력을 반영하는 것으로 본다. 단순히 설명하면 노력은 능력의 부족과 같다. 고정 사고방식을 가진 사람은 노력에 대해 저항을 하기 때문에 자신의 현재 상태로부터의 어떤 진보라도 방해하는 전략을 발전시키는 방향으로 진행한다. 고정 사고방식은 어떤 문제를 직면하면 잘못된 전략을 계속 사용한다. 마침내 이것이 효과가 없을 때 그들은 문제로부터 벗어나고 끝내 포기를 한다.

지금부터 성장 사고방식을 가진 사람이 역경 혹은 도전적 상황에 반응하는 방식을 살펴보자. 그들은 '숙달 반응(mastery response)'을 사용하는 경향을 갖고 있어서 그들로 하여금 정보를 학습하는 데 주의를 기울이는 것을 가능하게 해준다. 성장 사고방식을 가진 사람은 어떤 것을 하는 데 새로운 방식으로 시도하며, 그 과정에서 실패를 두려워하지 않는다. 그들은 합격이 불가능한 시험을 치루고 나서도 자신이 성공하지 못한 다른 이유를 감안하고 자신의 능력을 탓하지 않는다(예를 들면, 이 검사는 현재로서는 나의 능력을 넘어선다). 성장 사고방식을 가진 사람에게는 노력이 좋은 의미를 갖는 단어이다. 그들은 노력을 성공을 위해 필요한 부분으로 보고 차질을 직면하였을 때 더 열심히 노력을 한다. 단순히 설명하면 노력은 성공과 같다. 마지막으로 성장 사고방식을 가진 사람들이 사용하는 전략은 어떤 것을 하는 다른 방식을 고안하는 데 초점을 둔다. 그래서 그들은 한 경로가 효과가 없으면 다른 경로들을 시도한다. 그들은 '틀에서 벗어난' 생각을 하는 경향이 있다. 그래서 당신이 이해할 수 있듯이 성장 사고방식을 채택하는 것은 특히 도전과 차질을 직면한 경우에 몇 가지 장점들이 있다.

사고방식은 어디서부터 유래하는가

Dweck(2006)은 사고방식이 사회적으로 구성되기 때문에 가정과 교실 환경에서 학습된다고 주장한다. 사고방식의 발달은 우리가 선택하는 메시지 특히 칭찬과 관련된 것에 의해서 영향을 받는다. 칭찬은 몇 가지 대규모 실험들에서 증명되었듯이 아동들에게 유해한 영향을 미칠 수도 있다. 물론 좋은 피드백은 중요하고 건설적 비판은 발달과 학습을 위해 필요하다. 칭찬이 악은 아니다—그래서 결과를 칭찬하기보다는 노력과 과정을 칭찬하는 것은 그 사람을 지속적으로 노력을 하도록 동기화시키는 것을 돕고, 끝내는 더욱 탄력적으로 만들어준다.

칭찬

Mueller와 Dweck(1998)은 '칭찬의 위험(perils of praise)'에 경종을 울리는 가장 강력한 사례 중 하나를 보여준 실험을 수행하였다. 그것은 약간 혼란스러울 수 있으나, 다음을 따라 시도를 해보자.

고학년과 유치원의 아동들은 첫 번째로 해결하기 쉬운 문제를 받는다. 아동들이 완성을 하면 세 가지 유형의 칭찬 중 하나를 받는다.

지능 칭찬—'너는 정말로 머리가 좋구나!'
과정 칭찬—'너는 정말로 열심히 노력하였음이 틀림없구나!'
사실 칭찬—'너는 10개 중 8개를 맞추었다. 잘 했구나!"

학생들은 의도적으로 해결하기에 매우 어려운(그들의 이해 수준을 넘어서는) 문제들은 받는다. 그들의 점수가 무엇이든지 간에 그들은 모두 10개 중 5개를 맞추었다는 말을 들었다. **지능 칭찬**(intelligence praise)을 받은 학생들은 자신의 실패를 '충분히 영리하지 않다는' 사실의 탓으로 돌렸다. 그들은 재미가 유의하게 감소하였다고 보고하였고 그래서 그 게임을 집으로 갖고 가서 하고 싶은가 하는 질문을 받았을 때, 그 게임을 앞으로 다시 할 가능성이 유의하게 감소하였다. 이것은 **과정 칭찬**(process praise) 집단의 결과와는 정반대되는 것이었다. 그 학생들은 자신의 낮은 성적을 '충분히 노력을 하지 않았다는' 사실의 탓으로 돌렸다. 그들은 처음 문제와 동일한 수준의 흥미를 갖고 있음을 보고하였고 그 게임을 집에 갖고 가서 할 가능성이 더 높았다.

실험의 다음 단계는 모든 학생들에게 다음 과제를 선택하도록 요청하였다. 그들은 자신에게 도전적인 것 혹은 실패를 하지 않도록 고안된 것 중 하나를 선택해야만 한다. 그들은 또한 새로운 도전을 받는 것 혹은 다른 학생들과 비교하여 어떤 점수를 받았는가에 대한 평가를 받는 것을 선택하는 기회를 제공받았다. 마지막으로 그들은 또 다른 곳에 있는 한 학생에게 편지를 써서 자신이 문제해결 과제에서 어떻게 하였는가에 대해 말하도록 요청받았다. 당신이 이미 추측할 수 있듯이, 지능 칭찬 집단은 쉬운 문제를 선택하였고, 다른 학생들과의 관계에서 자신의 위치를 알아보려는 선택을 하였고, 편지과제에서 40% 이상이 거짓말을 하였다! 대조적으로 과정 칭찬 집단은 학습을 더 많이 하도록 설계된 다음 문제를 선택하였고 그리고 자신들이 어떻게 하였는가를 다른 사람에게 말하도록 요청받았을 때 1.3%만이 거짓말을 하였다!

연구자들이 각 집단에서 실제 점수를 조사하였을 때 흥미로운 결과가 나왔다. 우리가 첫 번째 문제세트가 얼마나 쉽다고 말하였는가를 기억하라. 대부분의 학생들이 그 문제들을 잘 하였다(기저선에서는 동일하였다). 물론 학생들은 두 번째 문제들이 이전보다 더 수준이 높았기 때문에 나쁜 수행을 보였다. 그러나 세 번째 문제세트의 문제들은 첫 번째와 같은 수준(쉬운)으로 난이도가 조정되었다. 이론적으로 그들은 모두 잘해야만 하였을 것이다. 그러나 그런 결과가 나타나지 않았다. 과정 칭찬 집단은 지능 칭찬 집단보다 세 번째 문제세트에 있는 쉬운 과제들에 대해 유의하게 더 나은 수행을 보였다.

원문을 보려면 Mueller와 Dweck(1998)을 참조

사고방식의 요약

Dweck과 동료들(Bempechat, 1983; Dweck et al., 1995)은 우리가 아동의 삶에서 부모, 교사 혹은 어떤 권위자로서 최종 결과보다는 전략, 노력 및 과정에 대한 칭찬의 메시지를 보내는 것으로 조정할 필요가 있다고 주장한다. 우리는 자신이 고정된 것이 아니라 성장할 수 있다는 것을 보여줌으로써 타인에 대해 역할모델이 되려고 시도하거나 그렇게 될 수가 있다.

긍정적 변화

우리는 능력의 지각을 모두 다 살펴보았는데, 사람들은 어떻게 실제로 변화하거나 장기적으로 변화할 수 있는가? 삶의 양식의 변화를 시도하려고 결심(보통 1월 1일 경)을 한 우리들 중 누구에게 있어서도, 당신은 그런 변화를 유지하는 것이 얼마나 어려운가를 알 것이다.

우리가 자신에게 물어볼 필요가 있는 첫 번째 물음은 자신이 실제로 변화를 할 준비가 되었느냐 혹은 그렇지 않느냐이다. Rhode Island 대학의 James Prochaska와 동료들은 부정적 행동변화의 영역에서 환상적인 연구를 수행하였다. 특히 그들은 사람들이 흡연, 음주, 선탠 및 건강하지 못한 식사 등과 같이 도움이 되지 않는 행동들을 어떻게 포기하는가에 대한 수십 편의 논문들을 증거로 들었다. Prochaska는 주로 사람들이 자신의 의지를 변화시키는 이유와 방법에 관해 관심을 가졌다. 그의 연구는 중독 연구에 중요한 영향을 미쳤고, 그는 계속적으로 그런 복잡한 인간행동을 설명하는 증거를 제공하였다(Prochaska & DiClemente, 1984; Prochaska et al., 1992, 1994; Prochaska & Velicer, 1996).

Prochaska의 변화의 범이론적 모형(transtheoretical model: TTM)은 다섯 단계의 변화를 포함한다.

- 고려 전 단계(pre-contemplation),
- 고려 단계(contemplation),
- 준비 단계(preparation),
- 행위 단계(action),
- 유지 단계(maintenance).

이 단계들 내에는 우리에게 한 단계로부터 다음 단계로 이행하는 것을 도울 수 있는 변화의 과정들이 있다. 그 과정들은 의식 증가시키기(consciousness raising), 역조건형성(counterconditioning), 극적 경감(dramatic relief), 환경 재평가(environmental reevaluation), 도움 관계(helping relationships), 강화 관리(reinforcement management), 자기 해방(self-liberation), 자기 재평가(self-reevaluation), 사회적 해방(social liberation) 및 자극 통제(stimulus control)를 포함한다.

우리는 단계들을 진행해 감에 따라 생각하고 느끼는 방식을 변경한다. 처음에 우리는 변화의 비용 대 이익을 고려하여 **결정의 균형**(decisional balance)을 이룩한다. TTM은 고려전 단계에 있을 때 반대가 찬성보다 더 현저하다는 것을 예언한다. 결정의 균형은 그 사람이 점차적으로 단계들을 거처감에 따라 역전될 것이다(Prochaska et al., 1994). 그러면 그 때에 우리가 어떻게 좋게 변화하는가? 그리고 이것조차도 가능한가? Prochaska는 모형에서 어떤 사람이 장기적인 유지(종결)에 도달하기 전에 평균적으로 5회의 시도를 한다고 가정한다. 물론 종결은 상이한 부적응적 행동에 대해 상이한 의미를 갖지만, 보통 6개월 하루 동안 부정적인 행동이 없는 것이다(Prochaska & Prochaska, 2009).

우리는 TTM이 행동 이해를 시도하려는 자신을 도울 수 있는 유일한 모형이 아니라는 것을 인정하지만—예를 들면 다른 것들은 **이성적 행위 이론**(theory of reasoned action: TRA, Ajzen & Fishbein, 1980) 그리고 **계획 행동 이론**(theory of planned behavior, Ajzen, 1988, 1991)을 포함한다—건강하지 않은 행동의 변화 연구(예를 들면 흡연, 음주 및 다이어트) 내에서 TTM에 대한 상당한 지지가 있다.

변화를 계속하기

일단 우리가 자신의 행동을 변화시키면, 그것을 어떻게 유지할 것인가? 밀접하게 연관된 개념들로 (1) 자기 수양(self-discipline), (2) 근성(grit) 및 (3) 자기 조절(self-regulation)이 있는데, 우리가 믿고 있는 것은 사람들이 삶의 양식의 변화를 유지하는 방법과 이유를 이해하는 데 중요하다. 인내(perseverance)는 우리가 사람들을 더 행복하게 만드는 방법을 찾고 있을 때 특히 중요하다. 인내는 '중단을 하려는 유혹에도 불구하고 어떤 목표를 향한 노력을 의도적으로 계속하거나 혹은 재적용하는 것'으로 정의된다(Pury, 2009: 678). 그래서 우리는 어떤 프로젝트를 얼마나 지속하였느냐 혹은 얼마나 많은 변화를 시도하였느냐에 의해서 인내를 나타낼 수 있다.

자기 훈련과 근성

우리는 근성과 자기 수양이 자신에게 좋다는 것을 그리고 그것을 충분히 갖고 있는 것은 좋은 것으로 알고 있지만, 그러나 자신의 근성과 자기 수양을 향상시키려는 노력을 얼마나 자주하는가? 실제로 자기 수양은 국제적 조사에서 기본이 되는 다섯 가지 강점들 중 하나로 자주 언급된다(Peterson, 2006). 비판자들은 긍정심리학이 너무 쉽게 충동에 따르는 능력을 권한다고 주장하는데, 우리는 행복하기 위해서 삶의 어떤 것들은 포기할 필요도 있다(Van Deurzen, 2009). 당신은 이것에 대한 반응으로 근성, 자기 수양, 지연된 만족 및 자기 조절에 관한 연구(긍정심리학 영역의 연구자들에 의해 수행된 모든 것)를 읽어야 할 필요가 있고, 그것들은 충동통제 기제와 웰빙 사이의 연결을 보여준다.

우리는 근성을 '장기 목표를 향한 인내와 열정'으로 그리고 자기 수양을 '갈등적인 충동들 사이에서 성공적인 선택을 하는 능력'으로 정의한다. 연구는 이런 개념들에 대한 적절한 평가도구에서 높은 점수를 받는 것이 최종 성적, 학교 출석, 성취 검사점수, 경쟁적인 고등학교 프로그램의 선택, 숙제를 하는 시간과 TV를 보는 시간 그리고 더 나은 10대의 IQ 등을 예측해 줄 수 있음을 보여주었다. 그래서 많은 10대들이 전반적인 지능 수준이 아니라 자기 수양을 실천하는 것을 실패함으로써 자신들의 지적 잠재력에 도달하지 못한다(Duckworth & Seligman, 2005, 2006).

❦ 마시멜로

다시 당신이 아이라고 상상하자. 당신은 어떤 방으로 와서 앉으라는 말을 들었다. 당신의 앞에서 먹기를 기다리는 멋지고, 달고, 부드러운 마시멜로가 있다. 한 가지 문제가 예외이다. 실험자는 당신에게 지금 이 1개의 마시멜로를 먹거나 혹은 기다렸다가 2개를 먹을 수 있다는 말을 한다. 그것은 전적으로 당신에게 달려 있다. 당신은 무엇을 할 것인가? 그것을 지금 당장 먹을 것인가 아니면 제2의 마시멜로를 더 받기 위해서 인내를 갖고 기다릴 것인가? 1970년대에 스탠포드 대학 교수인 Walter Mischel은 유명한 마시멜로 실험에서 입증되었듯이 많은 아이들(약 30%)이 만족을 지연할 수 없다는 것을 발견하였다. 수년 후에 Mischel은 650명 이상의 참가자(이때에 10대)들을 재접촉하였고 아동의 유혹에 저항하는 초기의 능력과 나중의 삶의 성공 사이에 상관이 있음을 발견하였다. 특히 마시멜로에 저항할 수 없었던 아동들(30초 미만)은 행동문제의 증가, 낮은 학업성취 및 사회적 관계를 유지하는 데 있어서 문제를 갖고 있었다. 반면에 저항을 할 수 있었던 아동들은 유의하게 높은 학업 성취 점수(SATs)를 보였다.

원문을 보려면 Mischel과 Ebbesen(1970), Mischel(1978), Mischel et al. (1989) 그리고 Shoda et al.(1990)을 참조

자기 조절

자기 조절(self-regulation: SR)은 '우리가 자신의 사고, 감정 및 충동을 통제하려고 시도하는 과정'으로 정의된다. SR의 측정에서 높은 점수를 받는 것은 환경에 대한 유연성과 적응성의 증가를 보여주는 것으로 매우 광범위한 영역의 사회적 및 상황적 요구에 대해 자신의 행위를 적응시킬 수 있게 해준다. 자기 조절은 또한 우리에게 사회적 표준에 맞추어 살기 위해서 스스로 변화하는 것을 허용해주고, 외부 세상과의 상호작용을 촉진한다(Maddux, 2009b).

그러면 우리는 SR을 성취하기 위해서 무엇을 필요로 하는가? SR의 획득과 유지를 위해 필요한 몇 가지 구성요소들이 있다. 이것들은 다음과 같은 것을 포함한다.

- 표준(standards). SR을 시도하기 위해서 당신은 분명하고 잘 정의된 표준을 필요로 한다. 당신이 도달하려고 노력하는 그 표준이 애매하거나, 일관성이 없거나 혹은 갈등적이면, 자기 조절을 실행하는 데 심각한 어려움을 겪을 것이다. Carver와 Scheier(1982, 1998)는 목표 지향적 SR 유지를 이해하기 위한 피드백 루프 모형(feedback loop model)을 제안하였다. 우선 어떤 사람이 자신을 표준과 비교하기 위한 검사를 받는다. 그 사람이

표준에 비해 부족하다면 SR은 당연히 그래야만 하는 것에 적합하도록 자기를 변화시키기 위해 시도되어야 하는 어떤 조작을 요구한다.

- **검색하기**(monitoring). 우리는 목표를 향한 자신의 진보를 검색하고 추적할 수 있어야만 하고, 검색은 긍정적이고 그리고 파괴적이지 않은 방식으로 이루어져야만 한다.
- **강점/의지력**(strength/willpower). 자기 조절은 에너지처럼 작동을 하는 제한된 자원에 의존해야만 하는 것처럼 보이고 일시적으로 고갈(자아 고갈)될 수 있다. 연구들은 SR의 중요한 구성요소로서 혈액의 글루코오스(뇌의 주요 에너지원)와 관련이 있을 수 있다는 것을 보여주었다. 결과에 따르면 SR 행위는 많은 글루코오스를 소비하고 이에 따라 혈류에서 낮은 수준을 초래한다(Gailliot & Baumeister, 2007; Gailliot et al., 2007).
- **동기**(motivation). 무엇보다 그 표준이 분명하고, 검색하기가 충분히 효과적이고 자원이 풍부하다고 할지라도 우리가 목표에 도달하려는 데 관심이 없거나 혹은 동기가 결핍되면 자기 조절에 실패를 할 수 있다.

자아 고갈

이 분야의 선도적인 연구자인 Baumeister는 복잡한 SR 행동을 이해하기 위해서 몇 가지 연구들을 완성하였다(Baumeister et al., 1998, 2000; Baumeister, 2003). 사람들이 노력을 필요로 하는 과제를 하고 나서 SR-고갈 연습을 할 때 자기 조절을 하는 능력이 약화되는 것처럼 보인다(Vohs et al., 2008). 그래서 SR은 고갈에 의해 방해를 받는다. 어떤 특질들은 고갈된 사람에게서 더욱 강력하게 나타나고, SR이 정지할 때 이런 내적 차이는 보복으로 나타날 것이다—예를 들면, 음주, 절식, 편견, 성적 불륜 및 빈약한 자기 표현.

그러면 우리가 자아 고갈의 부정적인 효과를 어떻게 처리할 수 있는가? 연구는 SR이 실제로 근육처럼 단련이 될 수 있다는 것을 보여주었다. 우리가 그것을 더 많이 사용하면 할수록 그것은 더욱 더 강해진다(Baumeister et al., 2006). 부담이 되지 않는 연습을 하는 것(예를 들면, 식사 일지, 자세 검색, 예산 추적)도 SR을 단련하는 것을 도울 수 있고, 다른 삶의 영역으로 전파될 수 있다. 자기 조절은 핵심적인 역량이고, 그러므로 한 영역에서 사용되면, 그것은 건강한 식사, 학습 습관, 허드렛일을 마치기, 음주, 흡연과 카페인 섭취, 정서 통제 및 재정 예산 세우기와 같은 다른 영역들로 전파될 수 있다.

그래서 근성을 계발하기, 지연된 만족을 취하기 및 자기 조절 실천을 향상시키는 것은 목표를 유지하고 성취하는 우리의 능력에 심대한 영향을 미칠 수 있다.

생각해보기

당신은 얼마나 자기 조절을 하고 있는가? 당신의 SR 근육을 단련하도록 노력하라. 다음 주 동안 당신이 소비한 모든 것을 철저히 기록해 보도록 한다.

긍정심리학 훈련

다음 절은 긍정심리학자가 훈련들이 질적 및 양적 관점에서 효과가 있느냐 혹은 그렇지 않느냐를 어떻게 평가하는지를 살펴본다. 정신적 웰빙 훈련은 효과가 있는가? 실제로 그렇고, 그것도 매우 의미가 있다! Sin과 Lyubomirsky(2009)의 메타분석은 4000명 이상의 정상 및 우울증 전집의 표본에서 PPIs 참가로부터 이득을 얻고 있음을 보여주었다. 그러나 영향을 미치는 몇 가지 중요한 요인들이 있다. 우울증 상태가 결과에 영향을 주는데, 기저선에서 높은 수준의 우울증을 나타내는 사람들이 더 많은 영향을 받았음을 보고한다. 또한 다른 연구들에서 발견되었듯이 스스로 연구대상이 된 사람들이 보다 더 높게 향상된 웰빙을 보였다. 참가자의 연령도 영향이 있는데, 젊을수록 더 많은 이득을 경험한다. PPIs가 개인 혹은 집단 치료 혹은 자가 훈련이었는지에도 영향을 미쳤는데, 개인 치료가 가장 큰 영향을 미쳤다. 마지막으로 4주 이상 그러나 12주 미만으로 실시된 PPIs가 더 나은 결과를 보여주는 경향이 있다.

0:00:00
TIME OUT

PPIs를 질적으로 평가하기

PPIs를 평가하는 것은 매우 복잡하고, 시간이 들고 그리고 비용이 소모되는 노력이다. 또한 대규모 연구를 평가하는 것과 소규모 연구를 평가하는 것 사이에는 커다란 차이가 있다. 완전한 세상에서는 모든 훈련들은 적절한 평가 도구와 정교한 연구 설계를 사용할 것이다. 그것들은 적절한 크기의 표본을 모집하고 연구팀의 모든 사람들이 적절한 교육 경험을 갖고서 적당한 통계적 분석을 수행한다. 그러나 실제로 우리는 수백의 참가자에 혹은 자료 분석 소프트웨어(예, SPSS)에 접근할 수 없다. 우리는 통계를 사용할 수 없거나 혹은 지식이 없거나 혹은 통계분석을 위해 사람을 고용할 비용도 없을 수도 있다. 그래도 우리는 그것이 누구에게 얼마나 효과가 있는가, 어느 것이 가장 효과적이고 그리고 어느 것이 효과가 없는가를 알기를 원한다.

유럽의 관점에서 긍정심리학에 대한 한 가지 주요한 비판은 그것이 '과학적 방법'에 고착을 하고 있고, 연구들로 하여금 전체 인간 참가자들에게 접근하는 것을 가능하게 해 주는 방법론을 적게 사용하도록 만든다는 것이다. 사람을 전체적으로 평가하는 것은 질적 방법론의 영역에 속한다. 이런 유형의 연구를 수행하는 것은 우리에게 양적 조사만으로는 결코 얻을 수 없는 정보를 제공해줄 수 있는 조각그림 맞추기의 중요한 부분이다. 연구자들과 학생들은 PPIs 경험에 관한 자료를 수집하기 위해서 구조화된, 준구조화된 혹은 비구조화된 면접을 사용할 수 있다. 작은 크기의 표본에 대해 양적 연구를 사용하는 것은 훈련에 대한 심층적이고 탐색적 분석에 초점을 두는 경우에는 최선이다(Robson, 2004). 질문들은 개방적이고, 비지시적이고 그리고 한 번에 하나의 개념에 초점을 둔다. 이중 부정을 사용하려고 하지 않는 대신에 '무엇' 혹은 '어떻게'를 사용한다. 훈련평가 질문의 예들은 다음과 같은 것일 수 있다.

그 프로그램에 대한 당신의 경험은 무엇인가?

그 프로그램 중 당신이 가장 선호하는 부분은 무엇인가? 가장 덜 선호하는 부분은?

당신은 그것에 관해 무엇을 변화시킬 것인가?

당신은 이 프로그램을 다른 사람들에게 추천할 것인가? (왜 그런가 혹은 왜 그렇지 않은가?)

더구나 당신은 초점 집단과 같은 자료 수집 기법을 사용할 수 있다. 초점 집단은 전통적으로 '목소리'를 잘 내지 않는 사람들로 구성되고, 연구자는 연구가 관심을 두는 사람의 시각에서 그 발견들을 평가를 한다. Fine과 Gordon의 인용문은 초점 집단 상황의 이점을 요약해 준다.

> 당신이 진정으로 우리 중 누구를 알기를 원한다면, 우리를 실험실에 집어넣거나 혹은 설문지를 넘겨주거나 혹은 각자의 집에서 혼자씩 면접을 하지 말아야 한다. 나의 여자 친구, 내 아들, 나의 아버지, 사촌 혹은 어머니와 함께 있는 나를 관찰하면 당신은 나에게서 가장 진실하게 느껴지는 것을 알게 될 것이다.
>
> —(Fine & Gordon, 1989, Wilkinson, 1998에서 인용함)

당신은 이것이 가장 당신에게 적절한 방법이라고 결정하면, 자신에게 2시간을 허용하도록 하라—당신이 시간에 구애를 받는 것을 원하지는 않는다. 당신은 자신이 한 집단을 한번 사용하느냐 혹은 여러 초점집단을 여러 상이한 경우에 사용하느냐에 대해 생각할 필요가 있는데, 이것은 당신에게 많은 관점을 이해하도록 해준다. 크기에 있어서 당신은 너무 많은 참가자 혹은 너무 적은 참가자에 대해 신중할 필요가 있다. 초점집단은 비록 정상은 4~8명이지만 2~12명의 범위에 해당하는 경우도 있다. 이런 유형의 자료수집과 관련된 가장 커다란 쟁점은 비밀유지의 위반인데, 사람들이 자신의 경험을 다른 사람들 앞에서 이야기하기 때문이다. 조정자는 모든 개인들이 비밀유지가 의미하는 바를 자각하고, 참가자들이 그것을 깨지 않는 데 동의하는 것을 확보할 필요가 있다.

초점집단을 출발시키기 위해서 조정자는 그 회기의 목적과 목표를 설명해야만 한다. 그들은 이미 만들이지고 편집된 목록에서 선택된 물음을 제시함으로써 토론을 자극할 수 있어야 한다. 조정자는 모든 구성원들이 참여를 할 수 있고, 비판단적으로 보일 수 있게 만들어야 한다.

자료 분석

당신이 자료를 다루는 데 있어서 사용할 수 있는 몇 가지 유형의 분석법들이 있다. 특히 하나는 내용 분석(content analysis)으로 이미 결정된 주제 혹은 핵심 단어(목표)의 목록을 갖고 시작한다. 이때에 연구자는 대응하는 단어와 기록의 빈도를 찾는데, 높은 빈도의 예들은 중요성이 높음을 말해준다. 이 기법은 질적 혹은 양적 자료를 갖고 작업을 하는 데 사용될 수 있다.

다른 유형의 분석은 **주제 분석**(thematic analysis: TA)이다. 2006년까지 상위 용어로서 TA는 초보자에 의해 사용되어온 가장 흔한 분석법이다. 학생과 연구자들이 이 방법을 좋아한 이유들 중 한 가지는 그것이 배후의 철학적 이론으로부터 유래되는 것이 아니므로 질적 방법에 친숙성이 없는 연구자들에 의해서도 많이 사용되었고, 비록 연구자가 이론을 알지 못한다고 할지라도, 이 이론은 분명하게 진술되고 이해될 여지가 있다.

주제 분석은 텍스트 재료의 분석으로서 표면 수준의 기술을 넘어서 주요 주제를 찾는다. 그것은 텍스트를 일관성 있는 절들로 조직화하려고 시도한다. 세 가지 주요 단계들—필사(transcription), 주제 확인(cation) 및 분석적 노력(analytic effort)—에 따라서 당신은 적절한 질적 접근법에 착수한다는 것을 보장할 수 있다(Braun & Clarke, 2006).

필사 과정은 피상적/단순한 필사에서부터 더욱 심층적인 필사에 해당한다. 당신은 자료를 더 잘 이해할 수 있도록 필사를 해야 할 것이다.

분석을 시작할 때 당신은 필사본을 완독하고 그 텍스트와 친숙해져야 한다. 당신은 더 광범위하고 중요한 주제를 이해하기 위해서 매우 세부적인 한 줄 한 줄 부호화(line-by-line coding)에 기초를 두면서 강조를 하거나 부호화를 할 수 있다. 최종적으로 당신이 추가적인 분석을 하면 할수록 그 분석은 더 나을 수가 있다—그것은 전적으로 개선(refinement)의 문제이다. 논평기사에서 핵심은 (1) 투명해야 하고, (2) 분명하게 결과를 제시해야 하고 그리고 (3) 주제와 적절한 인용을 증명하는 보고서를 써야 한다.

TA와 관련하여 몇 가지 쟁점이 있다. '방법(how to)'에 관한 설명은 드물고 실제적 방법은 논평 기사 보고에서 무시되는 경향이 있다. 더구나 그것은 밀접한 세부적 분석을 강력하게 요구하지 않는다. 끝으로 당신은 단순한 명명의 수준을 넘어서야만 한다—주제는 전체 자료 뭉치를 포괄할 필요가 있다.

질적 조사(예를 들면, 해석적 현상적 분석, 대화 분석, 근거이론)에 관한 추가의 정보를 위해서는 다음을 참고하자.

Willig, C. (2008). *Introducing Qualitative Research in Psychology*. Philladelphia: Open University Press.

Smith, J., Flowers, P., & Larkin, M. (2009). *Interpretative Phenomenological Analysis: Theory, Method and Research*. London: Sage Publications.

긍정심리학 훈련은 무엇인가?

일반적인 심리학에서와 마찬가지로, 이론의 응용은 어떤 현상을 철저히 이해하는 데에 무엇보다 중요하다. 이 장의 다음 절은 PPIs와 이것들이 '보통의' 훈련과 어떻게 다른가에 초점을 둔다. 우리는 증가하는 주요 증거 기반 훈련들을 고찰하는 동안에 연습을 할 것이다. 우리가 깨닫게 되듯이, 그것들이 미칠 수 있는 영향을 이해하기 위해서 실제로 훈련들을 시도해보는 것이 중요하다.

우리는 왜 긍정적 훈련을 필요로 하는가?

40% 해결을 기억하는가? 이 이론은 비록 우리의 행복수준의 50%가 유전자에 의해 결정될 수 있고 10%가 환경에 의해 결정될 수 있다고 할지라도, 그래도 우리가 아직도 작업을 해볼 만한 두둑한 40%를 갖고 있다는 사실을 기초로 예

측을 한다—그래서 훈련을 한다.

PPIs의 정의

긍정심리학 훈련에 관한 가장 명료한 최근의 정의는 Sin과 Lyubomirsky에 의한 메타분석으로부터 유래되는데, 그들은 다음과 같이 정의를 한다.

> "긍정적 감정, 행동 혹은 인지를 배양하는 것을 목표로 하는 치료법 혹은 의도적 활동으로 ... 병리적이거나 혹은 결핍된 어떤 것을—강점을 단련하는 것과 반대로—교정하거나, 치료하거나 혹은 치유하는 프로그램, 훈련 혹은 치료는 PPIs의 정의에 적합하지 않다."
>
> —(Sin & Lyubomirsky, 2009: 468).

비록 이 정의가 분열을 일으키는 것처럼 보인다고 할지라도, 연구자에게 PPIs 훈련과 '전통 심리학'의 훈련 사이의 차이를 개념화할 수 있도록 해준다.

생각해보기

긍정심리학 훈련에 대한 당신의 정의는 무엇인가?
그것은 주류의 심리학적 훈련과 어떤 차이가 있는가?
누가 그것을 사용해야만 하는가?
언제 우리가 그것들을 사용해야만 하는가?

최초의 PPIs의 탄생

Michael Fordyce(1977)는 긍정심리학 훈련 프로그램을 실행한 개척자 중 한 명이다. 사실상 그는 자신의 프로그램인 "14개의 기본적 행복의 원리(14 Basic Happiness Principles)"를 만들기 위해서 수백 명의 대학생을 대상으로 수년 간 여러 실험조건들을 개척하였다(Fordyce, 1981, 1983). 그 프로그램의 이론적 토대는 사람들이 매우 행복한 사람들에서 발견되는 14가지 특징을 노력으로 향상시킬 수 있다면 행복해질 수 있다는 것이다. 14가지 원리들은 다음과 같다.

- 더욱 활동적이고 바쁘게 살고,
- 사교활동에 많은 시간을 사용하고,
- 의미 있는 일에 생산적이고,
- 일을 더 잘 조직화하고 그리고 세심하게 계획하고,
- 걱정을 멈추고,
- 자신의 기대와 포부를 낮추고,
- 긍정적이고 낙관적인 사고를 계발하고,
- 현재 지향적이고,
- 건강한 성격에 공을 들이고,
- 외향적이고 사교적 성격을 계발하고,
- 자연스럽게 행동하고,
- 부정적 감정과 문제를 제거하고,
- 친밀한 관계는 행복의 첫 번째 근원이고,
- 행복을 가치 있게 여긴다.

추가의 정보를 위해서는 Fordyce(1981)를 참조하라. Fordyce의 연구 이래로 이 원리들 중 일부는 과학적 연구를 통해서 확인되어 왔다. 불행하게도 Fordyce의 연구는 많은 새로운 '긍정심리학자들'에 의해 간과되었고 그래서 초심으로 되돌아가보는 것이 훈련 연구의 전체 양상을 그려보는 데 필요하다.

2000년대의 PPIs

그러면 PPIs들의 개수는 얼마나 있는가? Seligman 등(2005)은 100년 동안 출간된 문헌을 개관하였다. 위에서 언급된 정의를 사용하여 Sin과 Lyubomirsky (2009)는 51개를 발견하였다. Lyubomirsky(2008)는 자신의 유명한 저서인 『행복도 연습이 필요하다(The How of Happiness)』에서 PPIs를 적절히 사용하기 위해 고려해야 할 12개의 배후 기제들이 존재한다고 제안하였다. 그러나 오늘날까지 단지 소수의 긍정적 훈련들만이 이미 존재하는 다수의 훈련들과 경험적으로 비교 검증되었다. 긍정심리학은 특별한 훈련에 관한 통제된 실험실 연구와 동시에 종단적 연구를 필요로 한다. 더구나 훈련 후 참가자들에 대한 엄밀한 관찰은 참가자들이 그 훈련을 계속적으로 실천하느냐 혹은 그렇지 않느냐를 알아보기 위해서 필요한데, 이것은 추후의 결과들에 영향을 미칠 것이다.

동일한 훈련은 모든 사람에게 동일하게 작용하는가?

한 마디로 '아니오!'이다. 이것은 이해할 필요가 있는 매우 중요한 점이다. 우리는 모두 자신만의 개성적인 경향성을 가진 개인들이기 때문에 각각의 훈련들이 모두에게 적합하지는 않을 수 있다. 이 발견은 어떤 훈련들은 특정 사람에게는 작용을 하나 다른 사람들에게는 그렇지 않다는 것을 이해하려고 시도한 Lyubomirsky의 연구팀에 의해서 이루어졌다(Lyubomirsky et al., 2005; Lyubomirsky, 2006). 그들은 훈련과 세 가지 주요 기준들 간의 양호한 '적합성'이 있어야만 한다고 결론지었다.

- 당신의 불행의 근원과 적합성이 있을 것
- 당신의 강점과 적합성이 있을 것
- 당신의 삶의 양식과 적합성이 있을 것

사람-활동 적합성 진단(Person-Activity Fit Diagnostic)은 당신에게 12가지 활동들을 고려하고 그것들이 자연스럽게 혹은 강요된 것으로 느껴지느냐를 판단하도록 요청한다(Lyubomirsky, 2008). Lyubomirsky 팀은 어떤 사람의 적합성 점수는 훈련을 고수하기와 동시에 훈련에 따른 웰빙 점수 사이에 유의한 상관이 있음을 관찰하였다. Lyubomirsky의 또 다른 기여는 다양성의 중요성에 관한 것이다. 그 팀은 여러 연구를 실시한 후 자신의 훈련에 다양성을 포함시킨 사람들이 더 많은 웰빙의 증가를 보였다고 결론지었다. 연구자들은 이런 발견을 쾌락적 적응 이론으로 설명한다. 그래서 당신이 이것들 중 어떤 훈련을 실천하고 있으면 이런 사실들을 깨닫는 것이 최선이다.

우리는 당신에게 이 장의 마지막에 있는 사람-활동 적합성 진단에 관한 절을 들쳐보기를 권하고 싶다. 훈련을 해 나가면서 그 진단 설문에 응답을 하고 얻은 결과를 염두에 두기를 바란다.

효과가 증명된 훈련

그러면 어떤 훈련이 적절히 효과가 증명되었고 긍정심리학 전문가들에게 수용되는가? 다음 목록에 있는 훈련/이론들이 긍정심리학 연구 분야의 토대가 되었고 유망한 결과를 보였다. 이 절은 훈련의 긍정적 성과를 가져오는 것처럼 보이는 주요 기제들로 나누어진다.

감사

최초로 가장 유력한 연구는 감사 표현의 기제에 속한다. 감사(gratitude)는 긍정적 사건들에 대한 음미를 촉진하고 쾌락적 적응을 방지할 수 있기 때문에 많은 긍정심리학 훈련의 바탕이 되는 개념이다. 몇몇의 개념적으로 관련된 연구들은 감사가 웰빙을 증가시키는 방식에 관해 상이한 조망을 갖고 있다.[1)] 예를 들면, 사람들이 일주일에 한 번 자신들의 축복(blessings)을 헤아릴 때 웰빙의 증가를 보이는 것 같다. 이것은 축복을 일주일에 세 번 헤아리는 사람들에게서는 사실이 아니다. 이 경우에 연습은 귀찮은 일처럼 되어서 의미와 효과를 상실할 수 있다고 가정되었다. 그래서 감사의 경우 실천 방법이 성공을 위한 핵심이다.

또 다른 저명한 연구에서 자신의 축복(대 부담)을 헤아린 사람들은 더 많은

1) Froh 등(2009)은 감사 훈련의 효과를 검증하는 9개의 출간된 연구를 요약한다.

기쁨, 에너지, 주의집중 및 친사회적 행동을 경험하는 경향이 있었다. 감사와 축복은 상이한 단체(종교적 의미)에서 육성될 때, 그 훈련이 '세 가지 좋은 일(three good things)'이라고 달리 명명되었다(Emmons & McCullough, 2003). Seligman은 사람들에게 그 날 자신에게 발생한 세 가지 좋은 일과 그 사건을 발생시키는 데 있어서 자신의 역할에 관해 글을 쓰도록 요청함으로써 이 훈련을 다르게 변형시켰다. 이것은 우리가 자신의 일상적인 긍정적 경험들을 통제할 수 있는 방법을 알려주는 긍정적인 내적 설명양식을 다루는 것이다(Seligman et al., 2005).

마지막으로 웰빙에 대한 가장 강력한(비록 잠깐 동안이지만) 긍정적 영향 중 하나는 감사 방문(Gratitude Visit)이다(Seligman et al., 2005). 감사방문 혹은 감사편지는 당신에게 결코 적절하게 감사를 표현하지 못하였던 누군가에게 편지를 쓰도록 요청한다. 당신은 그 편지를 그 사람 앞에서 큰 소리로 읽거나 혹은 메일을 통해서 보낼 수 있다(첫 번째 방식이 더 이상적이다). 이 연습은 당신이 편지를 부치지 않은 경우에서조차도 효과적이라는 것이 더욱 흥미롭다(Lyubomirsky et al., 2006).

궁극적으로 감사는 웰빙의 필수적 구성요소이고, 사람들에게 한 걸음 물러나 생각하고 자신의 삶에서 무엇을 그리고 누구를 갖고 있느냐를 반성하는 동시에 현 상태에 안주하는 것과 '당연시 여기는 것(taken-for-grantedness)'을 방지해준다. 더구나 최근의 발견은 긍정적 정서를 적게 보이는 청소년과 아동들이 이런 유형의 훈련으로부터 가장 이득을 많이 얻을 것이라고 제안한다(Froh, Kashdan, Ozimkowski, & Miller, 2009).

음미하기와 긍정적 추억

PPIs가 효과적이라고 믿어지게 하는 또 다른 배후의 기제는 음미하기(savouring)의 과정을 통해서이다. 당신은 이미 음미하기 혹은 그것의 다른 동의어인 누리기(basking), 크게 기뻐하기(rejoicing), 즐기기(enjoying), 맛있게 먹기(relishing), 탐닉하기(luxuriating), 소중히 여기기(cherishing) 등에 관해 들었을 것이나, 이 분야의 선도적인 전문가인 Bryant와 Verroff(2007)는 후자의 개념들은 아주 좁은 것이고 음미하기가 모든 동의어를 포괄한다고 주장하였다.

그러면 우리에게 음미하기는 무엇을 의미하는가? 음미하기는 '자신의 삶의 긍정적 경험에 대해 주의를 쏟고, 감상하고, 그것을 향상시키는 능력'으로 정의된다. 과정으로서 음미하기이지 결과로서 음미하기가 아니라는 것을 구별하는 것이 중요하고—그래서 그것은 우리가 하는 어떤 것이고 우연히 발생한 어떤 것이 아니며—그리고 그것은 그 사람의 입장에서 능동적 몰입을 요구한다. 그러므로 음미하기는 우리에게 느긋해지고 그리고 자신의 환경, 감정, 경험에 대해 의도적으로 주의를 쏟을 것을 요구한다. 그 경험에 빠져들어라.

그러면 우리는 어떻게 음미를 하는가?

Bryant와 Veroff(2007)은 음미하기가 세 가지 시간 지향, 네 가지 과정과 10가지 전략에 의해서 수행될 수 있다고 제안한다. 사람들이 음미하는 방법을 결정하는 것은 전적으로 그 자신에게 달려있다. 시간 지향에 있어서 사람들은 (1) 과거(추억하기), (2) 현재(순간을 음미하기) 혹은 (3) 미래(예상하기)를 통해서 음미하기를 할 수 있다. Bryant와 Veroff는 (1) 감사하기(감사), (2) 누리기(자부심), (3) 경이로워하기(경이) (4) 탐닉하기(신체적 쾌락)와 같은 네 가지 음미하기 과정을 소개한다.

마지막으로, 시간 지향과 과정에 따라 음미하기를 향상시키기 위해 이용될 수 있는 10가지 확인된 전략들이 있다. 이 절은 그 전략들과 당신이 일상생활에서 적용할 수 있는 방법을 살펴본다.

1 타인과 공유하기. 긍정적 경험을 타인과 공유하는 것은 즐거움의 수준에 대한 강력한 예측요인이다. 이것은 물론 내향적인 사람에게서보다 외향적인 사람에게서 더 그렇다. 타인과 공유하기는 몇 가지 이유에서 유대를 촉진하고 건강한 관계를 강화시켜 줄 것이다. 무엇보다 사랑하는 사람과 함께 있는 것과 그들이 스스로 즐기는 것을 보는 것은 유쾌하다. 또한 다른 사람들은 우리가 깨닫지 못할 수 있는 유쾌한 측면들을 알려줄 수 있고, 우

리는 다른 사람과 함께 있으면 놀기를 더욱 좋아할 것이다. 쾌락을 공유하려는 욕망은 우리로 하여금 그 경험의 모든 세부적인 유쾌한 것들에 대해 주의를 더 많이 쏟게 만든다.

2 기억 형성하기. 우리가 어떤 긍정적인 사건을 경험할 때 기억을 형성할 수 있는데, 이것은 단순히 능동적으로 앞으로의 회상을 위해서 분명한 심적 사진을 찍는 것이다. 이 전략은 타인과 공유하려는 욕망과 상관이 있다.

3 비교하기. 비교하기는 사용하기 어려운 전략이다. 연구는 우리에게 하향 사회비교를 하는 사람들이 실제로 자신의 웰빙을 향상시킬 수 있다는 것을 보여주었으나, 사람들이 상향 사회비교를 하는 경우에 자신보다 더 부유한 사람들과 비교한다면 자신의 즐거움을 약화시킬 수 있다.

4 감각적-지각적 선명해지기. 이 전략은 당신에게 어떤 자극들에는 집중을 하고 다른 자극들을 차단함으로써 쾌락을 강화시키도록 요청한다.

5 자화자찬하기. 때때로 우리는 자신 이외에 혹은 자신의 삶에서 자신의 성취를 축하해주는 누군가를 갖고 있지 않을 수 있다. 이 전략은 때때로 부적절하나 나름대로의 위치를 차지하고 있다. 그것은 자부심 혹은 자만과 혼동되어서는 안 된다—그것은 자신이 얼마나 자랑스럽게 느끼느냐 혹은 타인들이 얼마나 감명을 받았느냐를 스스로 말하기를 요구하는 단순한 자화자찬이다.

6 몰두. 이것은 당신 스스로가 순간에 완전히 몰두하도록 만드는 것으로 기술될 수 있거나 혹은 스스로 유도한 몰입(flow)과 유사할 수 있다.

7 행동 표현. 우리가 미소를 지을 때, 실제로 긍정적 정서/감정을 유도할 수 있는가? 큰소리로 웃기, 킥킥거리기, 펄쩍펄쩍 뛰기, 춤추기는 우리의 기분을 바꿀 수 있는가? 외부적으로 표현되는 긍정적 감정은 그 자체를 강화시킬 수 있다는 상당한 증거가 있다.

8 시간 자각. 이 전략은 당신에게 순간적으로 지나가버리는 시간을 인정하고 현재에 충실하도록(carpe diem) 요청하는 것이다.

9 축복을 헤아리기. 물론 우리는 자신의 행운을 스스로 상기하고 자신이 얼마나 행운아인가를 생각하는 것의 중요성을 알고 있다. 그 날 밤 혹은 주말

에 자신의 축복을 헤아리기 위한 얼마간의 시간을 갖도록 하라.

10 흥을 깨는 생각하기. 10번째 전략은 실제로 10가지 음미하기 방법에서 '하지 않기(how not to)' 전략이다. 기본적으로 그것은 당신이 걱정, 반추 사고 혹은 흥을 깨는 생각을 한다면, 경험을 음미할 여유가 없을 것이라는 사실을 밝혀준다.

무엇이 음미하기를 억제하는가?

음미하기에 있어서 가장 큰 장애 중 하나는 긍정적 감정의 평가에 지나치게 초점을 두는 것이고, 그 경험/감정을 있는 그대로 발생하도록 허용하지 않는 것이다. 당신은 자신에게 음미하기를 강요하지 않도록 주의해야 할 필요가 있다(Lyubomirsky et al., 2006; Bryant & Veroff, 2007).

사람들이 경험을 음미하기 위해서 사용하는 방법들을 개관한 연구들이 수행되었다. 예를 들면, 연구자들은 사람들에게 (1) 자신의 가장 행복한 날에 관해 쓰거나, 혹은 (2) 그것에 대해 (a) 체계적으로 분석하거나 혹은 (b) 그것을 마음속에서 재생함으로써 생각하도록 요청하였다.

경험의 재생이 가장 유익한 조건이다. 연구자들은 글쓰기와 이야기하기가 생각하기보다 더 많은 계획을 요구하고 그리고 과잉분석은 음미하기를 어렵게 만든다고 추측하였다.

그러나 최근 연구는 체계적으로 행복한 순간을 분석하는 것(이로 인해 흥미를 증진시키기)과 그것을 재생하는 것(이로 인해 긍정적 정서를 증진시키기) 사이의 차이를 분리하려고 시도하였다. 연구자들은 체계적인 분석이 흥미를 증가시킬 수 있지만 추가의 즐거움을 유발하지 않는 반면에, 단순한 심적 재생이 흥미와 즐거움을 모두 유발할 수 있다는 것을 발견하였다(Vitterso, Overwien, & Martinsen, 2009).

✪ 생각해보기

좋다–지금은 훈련시간이다. 음미하기를 함께 훈련할 친구, 급우 혹은 가족을 찾아라. 한 사람은 코치가 되고 다른 한 사람은 '음미하는 사람'이 된다. 그들에게 아홉 가지의 음미하기 과정 중 하나를 익히도록 한다.

활동 요약:

- 당신이 이 훈련에서 어떤 놀랄만한 것이 있는가?
- 코치 혹은 음미하는 사람에게 있어서 무엇이 도전적인가?
- 당신은 무엇을 학습하였는가?

표현적 글쓰기 패러다임: 낙관주의와 통찰

표현적 글쓰기 훈련은 과학자들이 외상 생존자가 표현적 글쓰기를 통해서 의미를 발견할 수 있다는 것을 확인한 외상 연구의 결과로부터 출현하였다(Pennebaker, 1997, 2004). 많은 연구들이 반복되었고, 생존자가 고통스럽고 괴로운 경험을 15~30분간 세세하게 쓰고, 그리고 연속 3일간 쓰도록 요청되는 표현적 글쓰기 설계로 확장하였다.[2] 과거의 외상적 사건에 대해 표현적으로 글쓰기를 한 개인들은 그렇지 않은 개인들에 비해 의사를 덜 찾고, 더 향상된 면역기능을 갖고, 그리고 괴로움과 우울을 더 적게 보고한다. Pennebaker는 비록 우리가 그 훈련이 효과가 있다는 것을 안다고 할지라도, 효과가 있는 이유와 누구에게 효과가 있는지를 이해하지 못한다는 것을 인정한다. 제안된 한 가지 이유는 **카타르시스 가설**(catharsis hypothesis)인데, 그 연습이 사람들로 하여금 종이 위에 판단 혹은 구속이 없이 자유롭게 쓰도록 허용함으로써 사고와 정서를 조직화할 수 있도록 해준다는 것이다.

---

2) 최근 연구는 2분간의 글쓰기가 개인의 건강과 웰빙을 증가시킬 수 있다는 것을 보여주었다(Burton & King, 2008).

그러면 이것의 긍정적 측면은 어디에 있는가? Burton과 King(2004)은 참가자가 외상적인 경험과는 반대로 **강한 긍정적 경험**(intensely positive experiences: IPEs)을 회상하라고 요청을 받았을 때 글쓰기와 동일한 긍정적 결과가 나타나는가를 알아보기로 결정하였다. 강한 긍정적 경험들은 '강한 긍정적 정서경험(예, 경이, 행복, 황홀, 졸업, 가족, 자식, 휴가 등으로부터 경이, 행복, 황홀, 사랑 등)'으로 조작적으로 정의되었다. Pennebaker의 연구와 동일한 형식으로 몇몇의 무선화된 통제시행을 거친 후에 IPEs에 관한 글쓰기가 기분, 건강(질병의 발병과 병원을 찾는 것이 감소함), 통찰 및 자기분석을 향상시킬 수 있다고 결론지었다.

King(2001)은 긍정적 경험에 대한 글쓰기 개념을 갖고 '최선의 가능한 자기(best possible self: BPS)'라는 두 번째의 효과가 잘 입증된 훈련을 만들었다. 최선의 가능한 자기라는 것은 당신이 원하는 모든 것을 실현한 최선의 가능한 자기인 자신에 관한 이야기를 기술하는 것이다. 이때에도 3일 혹은 4일 동안 15~30분간 글을 쓴 결과, 훈련 집단이 주관적 웰빙의 증가, 5개월 동안 질병의 감소, 동기와 정서에 관한 통찰의 향상, 낙관성, 자기 조절 및 확신을 나타냄을 보여주었다. 이 연습은 긍정적 정서를 증진시킨다는 결과를 반복적으로 보여주었다(Sheldon & Lyubomirsky, 2006). 더욱 중요한 것은 이 연습이 주요 목표와 하위 목표들을 열거함으로써 우선순위를 밝혀주고 재구조화시켜준다는 것이다. Lyubomirsky(2008)는 사람들이 이런 커다란 목표들을 성취할 수 있는 방법으로 BPS 일기를 사용하여 이 목표들을 추가적으로 작게 나누는 것을 추천하였다.

Watkins 등(2008)은 글쓰기 방법과 감사(gratefulness)의 개념을 결합하였다. 그들은 실험에서 참가자에게 불쾌하게 펼쳐진 기억을 회상하기를 요청하였다. 경험한 많은 기억의 결말에 대해 현재 더 많은 감사를 느끼는 사건의 결과들을 회상하도록 요청을 받은 참가자들은 그 사건 자체 혹은 중립적 주제에 관해 글쓰기를 하도록 요청을 받은 사람들에 비해서 불쾌한 정서적 영향과 방해를 덜 받았다(Watkins et al., 2008).

무작위 친절 행위

긍정심리학에 대한 가장 커다란 비판 중 하나는 쾌락적인 개인적 행복에 고착되어 있다는 것이다(Van Deurzen, 2009). 이것은 다음의 훈련에 의해 알 수 있듯이 더 잘못되거나 혹은 논란의 대상이 될 수 없다. **무작위 친절 행위**(random acts of kindness)라는 이 훈련은 참가자에게 타인에 대해 친절한 행위(예를 들면, 낯선 이를 위해서 문을 잡아주기, 동료의 접시를 닦아주기)를 하도록 요청한다. 이 훈련은 자기존중, 타인에 대한 긍정적인 사회적 상호작용과 자선의 느낌을 강화시켜주는 것으로 생각된다. 이 연습에서 중요한 것은 당신이 하는 행위들의 유형을 변동시키는 것과 동시에 같은 날에 그것들을 모두 하는 것이다. 이것에 대한 이유는 당신이 타인을 위해 반복적으로 동일한 것을 할 때 신기함이 퇴락하고 이타적 행위가 따분한 일이 된다. 따라서 우리가 같은 날에 다섯 가지의 친절한 행위들을 수행하도록 요청을 받으면 자신의 친절에 대한 반응을 이해하고 느낄 것이다. 연구자들은 친사회적 행동들이 그 주간에 분산된다면 효과를 상실할 수 있다는 것을 발견하였다. 전반적으로 이 친절 훈련과 많은 다른 훈련들(예를 들면, Ptake et al., 2006)은 행복이 행동적 훈련 활동에 의해 강화되고 그런 의도적 활동을 하는 시기선택과 다양성이 그 훈련의 효과성에 유의한 영향을 미친다는 것을 시사한다. 연구자들이 말하듯이 '다양성은 삶의 양념이고' 그래서 PPIs에서도 예외는 아니라는 것을 알려준다(Lyubomirsky & Sheldon, 2005).

생각해보기

당신이 누군가를 위해서 멋진 것을 구매하였던 최근의 시간은 언제인가? 새로운 연구들은 개인들이 자기 자신을 위해서 보다 다른 사람을 위해서 돈을 사용할 경우에 더 많은 이득을 얻는다는 것을 보여주었다(Dunn et al., 2008). 그러면 당신이 고대하고 있는 생일날의 용돈 혹은 보너스를 받았을 때 그것을 어떻게 그리고 누구에게 쓸 것인가에 대해 생각해 보라.

적극적이고 건설적 반응하기

Fordyce에서부터 Fredrickson에 이르기까지 연구자들은 우리의 웰빙에 있어서 사회적 관계의 중요성을 일관성 있게 증명하였다. 비극이 도래하면 우리가 주변에 사람을 필요로 한다는 것은 말할 필요가 없다. 그러나 형편이 좋을 때는 어떠한가? Gable 등(2004)은 사람들이 나쁜 소식을 들을 때가 아니라 좋은 소식을 받았을 때 주변 사람에 대해 어떻게 반응을 하는가를 살펴보기로 결정하였다. 적극적이고 건설적으로 반응하기는 어떤 사람에게 진정으로 흥분을 하고, 흥분을 외적으로 표현하고 그리고 다른 사람의 성공을 활용하면서(좋은 뉴스에 대한 장시간의 토론, 사람들과 그것에 관해 이야기하기, 축하하는 활동을 제안하기) 반응을 하도록 요구한다. 흥미롭게도 Gable은 각 구성원이 건설적 반응을 하는 관계가 수동적 건설적(passive constructive), 능동적인 파괴적(active destructive) 및 수동적인 파괴적(passive destructive) 반응법을 사용하는 관계와는 반대로 번영을 하는 경향이 있다는 것을 발견하였다(다음에 있는 '생각해보기'를 참조).

생각해보기

누군가 당신에게 좋은 뉴스를 갖고 다가왔을 때 당신은 어떻게 반응을 할 것인가?

당신은:

1 그것에 대해 행복해 하긴 하나 그리 중요하지 않게 다루는 경향이 있는가(수동적 건설적)?
2 회의적이고 그리고 그 좋은 뉴스가 전연 좋지 않은 이유를 지적하는가(적극적 파괴적)?
3 혹은 무관심한 반응자에 가까운가(수동적 파괴적)?

다음번에 어떤 친구가 좋은 소식을 갖고 왔을 때 적극적인 건설적 반응을 시도하도록 노력하고 그리고 그것에 따른 상호작용을 주목해 보라.

마음챙김 명상

마음챙김(mindfulness)은 자족을 위한 조건을 발달시켜 준다. 개인들은 세상과 자기 자신의 사고와 감정을 과거 혹은 미래, 또는 일방통행의 사고 혹은 선입견에 사로잡히지 않고 끈기 있고 비판단적인 방법으로 관찰하면서 현재 순간에 자신의 주의를 쏟도록 지시를 받는다(Langer, 2009).

마음챙김에 기초한 스트레스 감소(mindfulness-based stress reduction: Kabat Zinn)는 신체의 변화를 수용하고 몸에 관해 숙달하도록 시도하는 동안에 신체의 기능, 이미지 등의 변동을 관리하는 것에 초점을 둔다. 그것은 통증과 심리적 고통의 관리와 감소를 향상시키고, 몸에 대한 통제와 수용을 향상시키는 것으로 발견되었다. 그것이 스트레스와 우울을 감소시키는 효과는 인지 행동적 스트레스 감소 효과와 유사하면서, 마음챙김과 에너지를 고양시키고 그리고 '전통적 치료' 이상으로 통증을 경감시킨다는 것이 발견되었다.

현재 긍정심리학 내에서 검증되고 있는 새로운 형태의 명상은 **자애 명상**(loving-kindness mediation)이다(Fredrickson et al., 2008). 예비 결과들은 자애 명상에 참여함으로써 긍정적 정서가 증가하고 이에 따라 개인적 자원의 축적이 증가함을 보여주었다.

생각해보기

이 장의 끝에 있는 개인 훈련을 따라해봄으로써 지금 바로 마음챙김을 조금 시도해 보자. 그러나 다음을 기억하라.

- 마음챙김은 특정한 방식으로 주의를 쏟는 것을 의미한다. 의도적이고, 현재 순간에 그리고 비판단적으로...
- 그것은 당신의 사고를 변화시키려고 시도하지 않는다. 그것은 사고 자체를 관찰하는 것을 포함한다.
- 그것은 긍정적 사고와 혼동되지 말아야 한다...

결론적으로 우리는 긍정심리학이 존재하는 PPIs를 재검증하거나 향상시키는 작업을 계속하는 동시에 실제적으로 훈련을 시킬 때 새로운 방식으로 생각을 할 필요성이 있다고 믿는다. 예를 들면, 다음 장에서 논의되듯이 PPIs는 신체를 포함하는 좀 더 총체적 접근을 취함과 동시에 수동적 여가활동보다는 더 적극적인 여가활동을 권장하는 것으로 시작할 수 있다.

요 약

당신이 학습목표를 돌이켜 보면 당신은 지금쯤 긍정심리학 훈련의 개념을 이해해야만 한다. 더욱 구체적으로 당신은 다음을 알아야만 한다.

- 사람들은 고정 혹은 성장 사고방식을 채택할 수 있지만, 성장 사고방식이 성공의 기회를 더 많이 제공한다.
- Prochaska의 범이론적 변화 모형은 인간의 행동변화에 대한 흥미로운 조망을 보여준다.
- 근성과 인내는 목표 성취의 성공을 위해 필수적이다.
- 자기 조절은 변화를 지속시키기 위해서 중요하고 자기 조절 연습에 의해 강해질 수 있다.
- PPIs를 평가하기 위한 몇 가지 방법이 있는데, 좀 더 심층적 이해를 가능하게 해 주는 것은 질적 연구이다.
- 효과가 증명된 PPIs는 많지 않으나, 최근의 메타분석은 그것들이 사람들을 행복하게 만들어주는 데 있어서 도움이 된다는 것을 보여준다.
- 감사는 웰빙을 향상시키고 유지하는 데 있어서 근본적인 기제이다.
- 마음챙김 명상은 급속히 성장하는 분야이고 현재의 과학적 증거는 그것이 웰빙에 긍정적 효과를 미침을 보여준다.

추천자료

http://www.carol-dweck.co.uk/

Carol Dweck과 앞으로의 강연 시간표에 관한 정보를 알아보기 위해서는 위의 링크를 접속해 보아라. 그녀는 당신이 반드시 만날 필요가 있는 강사 중 한 명이다!

http://www.faculty.ucr.edu/~sonja/song.html

이것은 당신으로 하여금 선도적인 긍정심리학 연구자인 Sonja Lyubomirsky에 접속하여 그녀의 행복실험실과 웰빙에 관해 출판된 논문 및 서적을 자세히 알아볼 수 있게 해준다.

http://www.signalpatterns.com/iphone/livehappy_std.html

행복은 당장 이용할 수 있는 훈련과 도구를 갖고 21세기에 접어들었다. Sonja Lyubomirsky의 'LIVE HAPPY' 앱을 다운로드 하기 위해서 웹사이트에 접속하거나 혹은 ITunes을 사용하라.

보충 질문

1 당신이 자신의 사고방식을 변화시켰을 경우의 예들을 생각할 수 있는가?
2 이 훈련들 중에서 당신이 이미 사용하고 있는 것은 몇 가지인가?
3 당신의 적합성(Fit) 점수에 대한 반응은 무엇인가?
4 당신은 자신의 상위 네 가지에 속해 있지 않은 어떤 것을 할 것인가? 왜 그런가 아니면 그렇지 않은가?

개 인 훈 련

아래에 제시되는 연습들은 과학적으로 당신에게 자신의 웰빙을 향상시킨다는 것을 보여주는 몇 가지 훈련들을 실천해 보도록 요청을 한다. 첫 번째 것은 강점과 관련이 있는 반면에 두 번째 것은 우리가 학부과정 학생들과 함께 하는 활동이다.

1 대표강점

당신의 상위 다섯 가지 강점을 확인한 후에 그것들을 일주일 동안 새로운 방식으로 매일 사용하도록 시도하라. 대안적으로 당신은 자신의 하위 다섯 가지를 선택하여 7일 동안 그것들을 육성하는 것을 시도할 수 있다. 당신이 이 강점들을 새롭고 창의적인 방식으로 사용할 경우에만 경험하는 활기, 흥분, 진정성 등과 같은 긍정적 정서를 점검해 보아라.

2 포트폴리오

다음 한 달 동안 당신은 실행 가능성과 효과성을 알아보기 위해서 가능한 한 많은 PPI들을 자신의 일상적 활동에 통합하도록 시도를 해보라. '과학적 일기'를 써서 당신은 자신의 사고와 경험을 기록할 수 있고 자신이 4주 동안 해온 것들을 반성할 수 있다. 그 결과들이 원래의 연구와 어떻게 비교될 수 있는가? 그것들은 효과가 있었는가? 왜 그런가 혹은 왜 그렇지 않은가?

당신은 이것을 갖고 더 나아가서 이 책(예를 들면, 생각해보기 부분에서 자신이 답한 것)뿐만 아니라 설문을 통해서 자신이 해온 연습들과 통합할 수 있고 그것들을 한 학기동안 개인적 경험과 여행의 스크랩북에서 포트폴리오로 제시할 수 있다.

측 정 도 구

사람-활동 적합성 진단 (Person-Activity Fit Diagnostic)

(Lyubomirsky, 2008)

지시문

다음 12가지 행복 활동들을 각각 살펴본다. 매주 오랜 시간 동안 하고 싶은 것이 무엇인가를 생각해 본다. 그 다음으로 자연스럽다, 즐겁다, 가치 있다, 가책을 느낀다, 상황 때문이다 용어의 옆에 있는 빈칸에 적절한 숫자를 씀으로써 각각의 활동을 평가한다.

사람들은 많은 상이한 이유로 인해 어떤 것을 한다. 당신이 왜 그 활동들을 지속하느냐를 다음과 같은 각각의 이유들에 의해서 평정하라. 제공된 척도를 이용하라.

1	2	3	4	5	6	7
전혀 그렇지 않다			**어느 정도 그렇다**			**매우 그렇다**

자연스럽다: 나는 이 활동이 나에게 '자연스럽게' 느껴지고 이 활동을 지속적으로 할 수 있기 때문에 계속할 것이다.

즐겁다: 나는 이 활동을 하는 것을 즐기기 때문에 계속할 것이다. 나는 이 활동이 흥미롭고 도전적이라는 것을 알게 될 것이다.

가치 있다: 나는 이 활동을 하는 것을 가치 있게 여기고 동일시를 하기 때문에 계속할 것이다. 나는 이 활동을 즐겁지 않을 때조차도 자유의사로 할 것이다.

가책을 느낀다: 나는 내가 이 활동을 하지 않는다면 수치심, 죄책감 혹은 불

안감을 느끼기 때문에 이 활동을 계속할 것이다.

상황 때문이다: 나는 누군가가 나에게 이 활동을 하도록 원하기 때문에 혹은 나의 상황이 나에게 강요를 하기 때문에 이 활동을 계속할 것이다.

1 **감사 표현하기.** 당신이 가진 것으로 인한 축복을 헤아리기(가까운 사람에게 혹은 사적으로 사색 혹은 일기를 통해서 표현하기) 혹은 이제까지 적절히 감사를 표현하지 못한 몇몇 사람들에게 감사와 감탄을 하는 마음을 전달하기

___자연스럽다 ___즐겁다 ___가치 있다 ___가책을 느낀다 ___상황 때문이다

2 **낙관성을 기르기:** 내가 도달할 수 있는 최고의 미래를 상상하고 일기를 적거나 혹은 모든 상황의 밝은 면을 보는 것을 실천하기

___자연스럽다 ___즐겁다 ___가치 있다 ___가책을 느낀다 ___상황 때문이다

3 **과도한 생각과 사회적 비교를 피하기.** 문제에 매달리고 타인과 자신을 비교하는 빈도를 줄이는 전략을 사용하기

___자연스럽다 ___즐겁다 ___가치 있다 ___가책을 느낀다 ___상황 때문이다

4 **무작위 친절행위를 실천하기.** 친구 혹은 낯선 사람이든지 간에, 직접적으로든 혹은 익명으로, 자발적으로든 혹은 계획적으로 타인을 위해서 선행을 하기

___자연스럽다 ___즐겁다 ___가치 있다 ___가책을 느낀다 ___상황 때문이다

5 **관계를 돈독히 하기.** 강화를 시킬 필요가 있는 관계를 선택하고, 그것을 치유하고, 육성하고, 확인하고, 즐기는 일에 시간과 에너지를 투자하기

___자연스럽다 ___즐겁다 ___가치 있다 ___가책을 느낀다 ___상황 때문이다

6 **대처 전략을 개발하기.** 최근에 겪은 스트레스, 역경 혹은 외상적 경험을 견디거나 극복하기 위한 방법을 실천하기

___자연스럽다 ___즐겁다 ___가치 있다 ___가책을 느낀다 ___상황 때문이다

7 용서를 배우기. 당신에게 상처를 주거나 잘못을 하였던 한두 사람을 향한 분노와 원한은 내려놓으려고 노력하기 위해서 일기 혹은 편지를 쓰기

___자연스럽다 ___즐겁다 ___가치 있다 ___가책을 느낀다 ___상황 때문이다

8 진정으로 몰입을 하게 하는 활동들이 더 많이 하기. 가정과 직장에서 자신을 잊어버릴 수 있는 정도로 도전적이고 몰두를 하게 만드는 체험을 증가시키기

___자연스럽다 ___즐겁다 ___가치 있다 ___가책을 느낀다 ___상황 때문이다

9 삶의 기쁨을 음미하기. 생각, 글쓰기, 그림 그리기 혹은 다른 사람과 공유함을 통해서 삶의 순간적인 즐거움과 경이에 주의를 기울이고, 기뻐하고 그리고 되새겨 보기

___자연스럽다 ___즐겁다 ___가치 있다 ___가책을 느낀다 ___상황 때문이다

10 목표에 헌신하기. 당신에게 의미가 있는 하나, 둘 혹은 셋의 목표를 선택하고, 그것들을 추구하는 데 시간과 노력을 투자하기

___자연스럽다 ___즐겁다 ___가치 있다 ___가책을 느낀다 ___상황 때문이다

11 종교생활과 영성을 실천하기. 교회, 절 혹은 성당에 좀 더 열심히 다니기 혹은 영성 주제를 다루는 책들을 읽거나 그것들에 대해 사색을 하기

___자연스럽다 ___즐겁다 ___가치 있다 ___가책을 느낀다 ___상황 때문이다

12 몸을 돌보기. 신체적 활동, 명상, 미소 짓기, 웃기를 실천하기

___자연스럽다 ___즐겁다 ___가치 있다 ___가책을 느낀다 ___상황 때문이다

채점

12가지 활동 각각에 대해 자연스럽다, 즐겁다 및 가치 있다에서 평정된 값의 평균으로부터 가책을 느낀다와 상황 때문이다에서 평정된 값의 평균의 뺀다. 달리 말하면 12가지 활동들 각각에 대해: 적합 점수 = {(자연스럽다 + 즐겁다 + 가치 있다) ÷ 3} − {(가책을 느낀다 + 상황 때문이다) ÷ 2}.

해석

가장 높은 적합 점수를 받은 네 가지 활동들은 당신에게 가장 효과를 나타내는 활동들이다. 네 가지 활동들을 쓴다. 당분간 그것들을 한 쪽에 놓아두고 우리가 훈련들을 해나가면서 명심을 해보도록 본다.

개관

이 도구는 당신에게 가장 적합한 활동/훈련을 결정하기 위해서 만들어진 것이다. 우리 학급의 학생들은 이 검사 결과에 대해서 엇갈리는 반응을 보고하였다. 이 검사가 자신들에게 이미 알고 있는 것을 말해 주거나 혹은 스스로 하는 것에 대해 결코 생각해 본 적이 없는 어떤 활동을 밝혀 준다는 것이다. 전반적으로 당신이 어떤 훈련을 자신의 삶에 쉽게 통합시킬 수 있는가에 대해 생각을 하도록 해주는 흥미로운 자각 검사이다.

CHAPTER 9

긍정심리학에서의 신체[1)]

❖ 학습목표

이 장에서는 최적의 신체적 심리적 기능을 하는 신체의 중요성에 대해 살펴볼 것이다. 보다 구체적으로 보자면, 신체가 대인관계에서의 접촉, 성적 행동, 영양, 신체활동, 신체적 통증을 통하여 어떤 방식으로 쾌락적, 자아실현적 기쁨을 만드는지에 초점을 두려고 한다.

주제 목록

- 신체화
- 대인관계에서의 접촉의 중요성
- 긍정적 성행동과 웰빙
- 영양 및 최적 기능에서의 영양의 역할
- 신체활동과 웰빙
- 신체 통증과 자아실현적 웰빙

1) 이 장은 Hefferon의 수정판이다(in press a).

☻ 학습 전 질문

1 심리학은 왜 그리 오랫동안 신체의 역할을 경시하였을까? 긍정적 신체의 다섯 구성요소와 관련지어 논의하라.
2 웰빙에서의 대인관계 접촉의 역할에 대해 비판적으로 논의하라.
3 신체 활동 훈련은 어떻게 사회적 웰빙을 고양시키는 데 활용될 수 있는가?

긍정심리학이 과학적 진보와 이해로써 계속 도약을 하고 있지만 최적의 신체심리 기능에 있어서의 신체의 중요성에 대한 관심은 여전히 지지부진하다. 우리는 쾌락적, 자아실현적 웰빙의 요소를 결합시켜 다섯 핵심 기제, 즉 인간의 접촉, 긍정적 성적 행동, 신체 활동, 영양, 신체적 통증을 통하여 '긍정적 신체'를 만들 수 있음을 제안한다. 이 다섯 요소는 일시적인 쾌락 경험 혹은 의미와 자기발전이라는 보다 지속적인 감정을 도와준다.

9장에서는 심리학에서의 신체의 역사 및 Hefferon이 '긍정적 신체'의 다섯 요소로 설명하기 이전의 두 가지 주요 '행복 유형'(쾌락적, 자아실현적)(Kashdan et al., 2008: 219)을 간단하게 살펴볼 것이다. 이것은 긍정심리학 내에서 이 이론적 연관성을 설명한 최초의 시도 중 하나이다(Hefferon의 press b를 참조). 실제로, 긍정심리학이 건강하고 행복한 마음을 가지기 위한 신체의 중요성을 인식하지 않고 계속 '과도하게 초점화된 훈련'(Seligman, 2008)을 하는 것은 바람직하지 않은 것 같다(Resnick et al., 2001; Hefferon et al., 2010; Hefferon & Mutrie, in press).

심리학에서의 신체

수백만 년 동안 인간은 마음과 신체의 상호작용의 복잡성에 대하여 고민해왔다. 현대 의학과 심리학에 나오는 흔한 문구(Passer & Smith, 2006)와 일원론(경험주의의 토대)은 마음과 신체는 별개의 영적 속성이 아니라 하나라고 주장한다. 즉, 우리가 생각하고 느끼는 것은 뇌의 신체적 반응의 직접적인 결과이다. 하지만 이 장에서는 결국, 신체가 정서, 감정, 경험에 영향을 미친다고 주장한다. 인본주의 운동은 긍정심리학에서는 웰빙에서 신체에 대한 관심이 부족하다고 비판하면서 이 신체화(사람들이 자신의 몸의 소유와 사용을 경험하는 방식)의 개념을 확장시키는 데 많은 시간을 쏟아왔다.

행복의 유형

긍정심리학은 전통적으로 진정한 행복은 쾌락적 웰빙과 자아실현적 웰빙의 혼합물이라고 개념화하였다(Lent, 2007; Seligman & Csikszentmihalyi, 2000). 이 두 가지 행복 안에서 세 가지 다른 삶의 양식이 생겨난다: 즐거운 삶, 몰입하는 삶, 의미 있는 삶. 즐거운 삶에는 성공과 웰빙의 필수 요소인 긍정적 정서가 포함된다. 즐거운 삶은 더 나아가 두 가지 종류, 쾌락과 만족으로 나눠진다. 쾌락은 좋은 냄새, 맛, 성적 흥분 등을, 만족은 독서나 요리처럼 약간의 계획이 요구되는 활동을 포함한다(Rashid, 2009a). 고맙게도 우리의 몸은 이러한 쾌락, 욕망, 긍정적 정서를 유도하는 능력을 가지고 있다.

또한 신체는 몰입하는 삶을 만들어낸다. 몰입은 신체 활동에의 참여를 통해, 소속감, 열중, 웰빙을 이끌어낼 수 있다. 게다가 사랑하는 이와 함께 하는 행동에 몰입하는 것은 보다 깊고 의미 있는 관계를 발전시킬 수 있다.

마지막으로 신체는, 영적이고 신체화된 초월성에 관한 여러 보고에 나타나듯이, 의미 있는 삶을 만들어내는 강력한 힘을 지니고 있다. 극단적인 신체적 통증을 경험하는 사람은 상처받은 자신을 통해 의미 있고 영적인 연결감을 일관되게 보고하고 있다(Frank, 1995).

그럼에도 불구하고 우리 사회는 더 나아가서 마침내 자아실현적 성취로 연결될 수 있는 신체적 쾌락의 중요성을 자주 망각한다. 이제 쾌락적 웰빙 및 자아실현적 웰빙과 연관지어 긍정적 신체의 다섯 요소를 살펴볼 것이다.

긍정적 신체의 다섯 가지 요소

대인관계에서의 접촉

지난 수십 년 사이 심리학자들은 신체적, 심리적 웰빙에서의 접촉의 중요성을 점점 더 인식하게 되었다(Gallace & Spence). 대인관계에서 접촉의 중요성을 보여주는 첫 증거는 아기 침팬지가 우유병이 달린 철사 대리모 대신 우유병이 달려있지 않은 따뜻하고 부드러운, 혹은 '접촉 가능한' 대리모를 선택한 Harry Harlow의 연구에서 나왔다(Harlow & Zimmermann, 1959). 현재, Miami based Touch Research Institute는 환자와 일반인을 대상으로 하여 신체적 및 심리적 웰빙에 있어서의 대인 접촉(마사지 요법, 임상적 반사요법, 포옹 등)의 중요성에 관한 수백 가지의 임상 연구를 해오고 있다(Field et al., 2004; Gallace & Spence, 2010). 이 연구들은 '접촉 과학'의 발전을 위한 기초를 제공하였다.

연구량이 가장 많은 훈련 기법은 마시지 요법이다.[2] 연구결과에 의하면 마사지 요법은 신체적, 심리적 기능을 향상시킬 수 있다. 위험에 처한 유아(조산아)를 대상으로 했을 때 마사지 요법은 몸무게를 증가시키고, 체온을 올리고, 수면시간을 늘렸다(Dieter et al., 2003; Diego et al., 2008). 아이가 성장함에 따라 마사지 요법은 주의력결핍장애, 관절염, 천식, 공격성에 도움이 되었다(Field et al., 1997, 1998; Diego et al., 2002). 성인에 있어서 마사지 요법은 암환자와 HIV 환자의 면역 및 신경-내분비 기능(Diego et al., 2001; Hernandez-Reif et al., 2004, 2005)과 세로토닌과 도파민 신경전달물질을 증가시켰을 뿐 아니라 편두통(Hernandez-Reif et al., 1998), 생리전 증상(Hernandez-Rief et al., 2000), 혈압(Moyer et al., 2004), 코르티솔 수준(Field et al., 2005)을 줄여주었다.

심리적인 면에서 마사지 요법은 전통적 심리치료법의 효과와 비슷한 정도로

---

2) 마사지 요법은 '신체의 여러 부분을 압력과 오일로써 문지르거나 두드리는 것'으로 정의된다(Field, 1998: 779).

(Moyer et al., 2004) 우울을 유의미하게 감소시켰다(Field et al., 2004). 마사지 요법은 단 한 번만으로도 도움이 되는 듯하다.

마사지 요법은 왜 신체적 심리적 웰빙에 긍정적인 효과를 보이는가? Moyer 등(2004)은 몇 가지 이론을 제안한다. 첫째는 통증 감소의 '관문 통제(gate control)' 이론이다. 보다 구체적으로 말하면, 마사지 요법은 통증 부위가 아니라 다른 부위에 압력을 가함으로써 트라우마의 원래 장소로 가는 통증을 막아 줄(대문을 닫을) 것이다. 두 번째로, 마사지 요법은 불안 상태를 감소시켜 웰빙을 유도하여 '부교감신경계의 활성화'를 증진시킨다(Sarafino, 2002). 보다 최근에는 마사지를 받은 후에 혈중 세로토닌 수준과 다른 엔도르핀의 증가라는 증거가 발견되어 '신체 화학의 변화' 이론이 제안되었다. 신체 화학의 변화는 이후의 이론, 즉 마사지 요법은 '회복적 수면의 생산'에 도움을 줄 수 있다는 것과 연관이 된다. 스포츠 연구에서 마사지는 '기계적 수단'으로써 작용되어 '마사지는 혈액과 림프의 순환을 증가시킬 뿐 아니라 피하흡착을 분해하여 섬유증(fibrosis)을 예방할 수 있다고 한다(Moyer et al., 2004: 5). 마지막으로, 통증에 대한 마사지 요법의 효과는 마사지 요법사로부터 받는 '대인관계적 집중' 때문일 수 있다. 심리치료의 효과처럼 환자의 웰빙을 변화시키는 것은 관계의 영향이며 반드시 개입 그 자체가 아닐 수도 있는 것이다(Messer & Wampold, 2002). 연구에 의하면, 참가자의 선택 기준, 은폐 통제, 무작위 기법에 대한 비판이 있긴 하지만, 환자와 일반인 모두에서 마시지 요법을 통한 대인 접촉은 자기보고와 객관적 측정에서 신체적, 심리적 웰빙에 유의미한 효과를 가져올 수 있다.

✪ 생각해보기

당신은 마시지 요법의 유익한 효과가 무엇 때문이라고 생각하는가? 만약 마사지를 받은 적이 있다면 어떤 점이 좋았고 어떤 점이 싫었는가?

웰빙을 증진시키기 위해 반사요법을 사용하는 것에 대한 과학적 연구 성과가 있다. 몇 개의 무선 통제 실험에 의하면, 반사요법은 정신건강을 향상시키는 것(Oleson & Flocco, 1993) 이외에도, 폐경기 여성(Williamson et al., 2002)뿐 아니라 다발성 경화증 환자(Siev-Ner et al., 2003)와 암 환자(Stephenson et al., 2003; Shrp et al., 2010)에게서 불안, 우울, 두통, 통증 증상을 감소시키는 데 사용될 수 있다. 반사요법의 유익함도 대인관계/요법사의 영향으로 설명되지만, 연구자들은 일반 발마사지를 경험하는 통제집단을 포함시킴으로써 단순한 인간접촉의 효과를 상쇄시켰다(Williamson et al., 2002). 이 분야의 여러 문제들은 요법사들 사이의 반사요법의 매핑과 표준화된 훈련센터의 부족에 관한 의견불일치와 관련이 있다.

포옹의 생리적 효과에 관한 연구는 이 친밀행동의 긍정적 효과에 대한 흥미로운 통찰을 제공한다. 예를 들어, 연인과의 키스뿐만 아니라 포옹은 심리적 스트레스를 줄이고 건강과 웰빙을 증가시키는 단백질에 영향을 줄 수 있다(Grewen et al., 2005; Matsunaga et al., 2009). 연인들 사이의 포옹은 코르티솔 수준, 혈압을 낮추고 옥시토신의 수준을 더 높여준다(Grewen et al., 2003; Light et al., 2005).

이렇듯 대인 접촉은 신체적, 심리적 웰빙에 대한 점점 더 많은 증거를 보여주었다. 접촉은 사랑하는 사람과의 연결 및 유대감과 같은 보다 자아실현적 성취를 실현하도록 하는 동시에 쾌락적 면에서 기쁨, 만족감 및 평화를 줄 수 있다(Rolls et al., 2003; Light et al., 2005).

인간의 성 행동

번식을 목적으로 하지 않는 성 행동을 하는 종은 아주 드물다.[3] 성심리학자들은 왜 인간은 출산과 상관없이 성관계를 갖는가에 관한 몇 가지 이론(사실상 237가지)을 제안했다(Meston & Buss, 2007). 기본적으로 성적 활동은 신체적, 정서적, 심리적으로 느낌이 좋다. 그럼에도 성 행동은 대개 위험, 수치심, 죄의식, 질병과 연관이 된다. 인간의 성 행동에 관한 이러한 부정적 시각은 성적으로 전염되는 질병이 급속도로 유행하는 탓일 수 있다. 이 질병은 영국에서

3) 침팬지의 사촌인 난쟁이 침팬지(bonobos)와 돌고래는 '재미로' 성행동을 하는 유일한 집단이다(Martin, 2009).

2000년부터 2010까지 63%나 증가했다. 이러한 질병(예를 들어, C형 간염, 임질, 클라미디아, 헤르페스, 에이즈)은 해롭거나 심지어 치명적 결과를 낳아서 성행위의 부정적 흔적을 남길 수 있다(NHS Sexual Health, 2010).

✪ 생각해보기

성 건강 교육과 정부의 캠페인에도 불구하고 세계적으로 왜 성행동으로 전염되는 병이 증가한다고 생각하는가?

몇몇 과학자들(Krafft–Ebbing, Freud, Ellis 등)이 성에 관심을 가지고 있었지만 성 심리학의 기초는 Alfred Kinsey(1894~1956)에 의해 닦여졌다. Kinsey와 그의 연구팀은 오늘날 미국에서의 성생활에 관한 선도적 자료 중 하나인 가장 매력적이고 실험적인 한 가지 연구를 수행했다.[4] 18,500명의 남녀를 대상으로 성 행농 관습을 면접한 결과, '밖으로는' 아주 고상한 사회임에도 불구하고 성 행동은 아주 다양하고 자유분방하다는 것이 밝혀졌다(Kinsey et al., 1953).[5] 예를 들면, 대부분의 사람들은 이성애자 혹은 동성애자로 항상 명백하게 규정되지 않고, 46%의 남자와 6~14%의 여자가 양성애적 경향성을 보였다. 또한 50%의 남자와 26%의 여자가 혼외정사를 가졌음을 인정했다. Kinsey의 보고서 이후 인간의 성의 복잡성을 이해하고 그것이 웰빙과 어떻게 연관되는지에 관한 성 행동 관련 학문이 엄청나게 발전했다. 연구자들은 첨단의 성 심리생리 연구실[6]에서 성관계의 생리학과 해부학을 연구할 수 있다.

---

4) 오늘날 1992년에 실시된 National Health and Social Life Survey만이 킨제이 보고서와 쌍벽을 이룬다.

5) 일반적인 믿음과 반대로, 십대 후반의 평균 성관계 경험은 일주일 2.8번으로 그 뒤를 30대의 2.2번, 50대의 1.0번이 뒤따른다.

6) 이 연구실에서는 선호되는 배우자 선택, 성적 욕망, 성적 반응, 심리적 문제로 인한 성적 역기능을 연구한다.

237

오스틴에 있는 텍사스 주립대학의 Cindy Meston과 David Buss는 지난 수십 년 동안 성심리학을 연구했다. 그들은 2007년에 신체적, 심리적 및 정서적인 이론적 근거를 포함하여 인간이 성관계를 하는 237가지의 이유를 밝히는 흥미로운 연구를 수행했다. Cindy Meston과 David Buss는 인간은 지루해서, 영적인 결합을 위하여, 미안해서, 힘을 느끼기 위하여, 타락하고 싶어서, 자신을 벌주기 위하여, 타인에게 상처를 주기 위하여, 사랑을 표현하기 위하여 등등의 이유로 성관계를 함을 밝혔다(Meston & Buss). 이 연구 후, Cindy Meston과 David Buss는 특히 여자가 성관계를 하는 이유를 계속 연구했다. 그들은 237개의 이유를 지침으로 하여 3000명의 여성을 면접했다. 그들은 면접한 여성들로부터 자신들의 첫 연구 결과를 지지하는 증거를 발견했다. 전반적으로 성은 '여자에게 흔히 흥분, 사랑, 연결감 및 자기탐험의 감각을 제공하는 즐거운 경험'으로 간주되었다.

원문을 보려면 Meston & Buss(2007, 2009)를 참조

성 행동은 남녀 모두에게 신체적, 심리적 이점을 줄 수 있다. 신체적으로, 성관계는 보다 나은 외모, 낮은 혈압, 증가된 면역 기능, 감소된 암 위험(전립선), 심지어 더 긴 수명 등 놀랄 만큼 유익하다(Janssen & Everaerd, 1993; Davey Smith et al., 1997; Brody et al., 2000; Bancroft et al., 2003; Brody, 2006, 2010). 신경학적으로 말해서, 성적 절정 동안에는 다층의 연결이 이루어진다. 약물 복용의 생리적 반응과 마찬가지로, 대뇌 측핵은 절정에서 도파민, 세로토닌, 에피네프린, 노르에피네프린과 같은 신경전달물질을 분비하여 '쾌락 중추'(Kringelbach, 2009)를 활성화시켜 지금 멋진 것을 경험함을 신체에게 알려준다.

내분비계(안도로겐, 에스트로겐, 프로게스테론)는 오르가즘 직후 가동되어 졸음을 유발할 수 있는 프로락틴 호르몬을 분비한다. 이때 신체의 '유대감' 호르몬인 옥시토신도 이완, 진정, 불안 감소 및 연결감 등을 유도하며 분비된다.

심리학적으로 성관계는 강렬한 기쁨, 이완 및 황홀경의 순간에 대한 노출을 향상시킬 수 있고, 자기존중감과 확신(Meston & Buss, 2007) 및 사랑과 타인과의 연결감(Meston & Buss, 2009)을 증가시켰고 그리고 불안과 우울을 감소시켰고 전반적인 삶의 질을 향상시켰다(Janssen & Everaerd, 1993; Bancroft et al., 2003). 이 모든 유익함은 신뢰하는 사람과의 성 행동에서 비롯되는 듯하다. 자신이 사랑하는 사람과의 성관계는 낯선 사람과의 관계에서보다 훨씬 더 높은 수준의 웰빙, 확신 및 자기존중감을 보고한다. 게다가 성관계가 자기발전과 성장을 가져올 수 있음이 연구에서 나타났다(Meston & Buss, 2009).

결론적으로, 인간의 성행동은 안전하게 신뢰하는 이와 했을 경우 긍정적인 생리적, 심리적 효과를 가질 수 있다. 성행동은 오르가즘(쾌락적 웰빙)과 연관된 확실한 만족과 황홀 이외에도 고양된 신체적 웰빙을 이끌 수 있다. 게다가 성관계가 보다 완전한 자아가 되도록 도울(자아실현적 웰빙) 뿐만 아니라 자기존중감과 확신을 높여주어 자아를 발달시킨다는 보고도 있다.

신체활동과 웰빙

신체활동과 긍정심리학은 천상의 궁합이다. 하나는 행복하고 완전하게 기능하는 사람을 만드는 데 초점을 두고(긍정심리학), 다른 하나는 그러한 긍정적 인간을 만들기 위해 시도되고 검증된 통로(신체활동)이다. 의심의 여지없이 신체활동은 최적의 기능을 가능케 하는 가장 중요한 일 중 하나이다. 신체활동은 신체기능을 높여주어 질병의 위험을 줄일 뿐 아니라, 보다 행복하고 힘이 넘치고 확신에 차고 자율적인 인간이 되도록 하며 심지어 더 현명하게 만들어 준다(Ratey, 2008).[7)]

운동이 좋다는 것을 알면서도 인간은 원래 설계된 대로 기능하지 않는다. 우리의 신체는 과거에 사냥꾼과 채집자가 되도록 설계되었고 지금도 그렇다(Astran, 1994). 하지만 연구에 의하면 우리는 신체적으로 100년 전에 비해 거의 1/3 정도(Tudor-Locke & Bassett, 2004), 만 년 전보다는 확실히 더 적게 활

7) 세계 가장 잘사는 나라의 국민들은 일주일에 한두 번 활동에 참여한다고 보고한다(Gallup, Buetner, 2010에서 인용).

동하고 있다. 운동의 가장 큰 장벽 중 하나는 활동하려면 힘과 시간이 들며 '운동가 형'이 따로 있다는 오해이다. 다행스럽게도, 활동의 이점을 누리기 위해 뛰어난 운동선수처럼 훈련할 필요는 없다.

신체활동은 에너지의 소비를 가져오는 모든 종류의 움직임(걷기, 계단 오르기, 정원손질하기, 요가 등)을 말한다. 영국의 일일 권장량은 일주일에 적어도 다섯 번, 30분씩, 중간 정도에서 높은 강도의 신체 활동을 하는 것이다. 게다가 하루 동안 작게 나눠어 활동해도(십 분씩 세 번) 기분과 활력을 제공한다(Backhouse, 2009). 중요한 것은 휴식 수준 이상의 심장 박동(당신의 최대 심장박동률의 60~75 % 정도)을 가져야 한다는 것이다.[8)] 신체활동을 건강 향상에 초점을 둔 정교하고 구조화된 운동(exercise)과 혼동해서는 안 된다. 에어로빅 수업, 달리기 훈련, 혹은 전통적 의미의 모든 활동은 이 범주에 속한다(Biddle & Mutrie, 2007). 이 장의 목적을 위해 여기서는 신체활동과 운동을 상호 교환적으로 언급할 것이다.

✪ 생각해보기

> 당신은 운동을 하는가? 왜 하는가, 혹은 왜 하지 않는가? 시작할 때 어떠했는가? 그만 둘 때는 어떠했는가?

그렇다면 운동은 어떻게 최적의 기능을 향상시키는가? 신체적 수준에서 보면 활동에 참여하는 사람은 비만, 심장혈관질환, 관상성 심장병, 뇌졸중, 당뇨(2형), 골다공증, 일부 수면장애, 고혈압, 암(대장, 유방, 직장, 폐, 전립선, 자궁), 심지어 조산(Salones et al., 1983; Paffenbarger et al., 1986) 등의 질병 위험을 줄일 수 있다. 늦은 때란 없다. 역학 연구에 의하면 이전에 꼼짝도 않다가 뒤늦게 운동을 시작한 사람은 전혀 운동을 시작하지 않은 사람들보다 더 오래 산다(Camacho et al., 1991).

---

8) 당신의 목표 심장박동률 범위를 계산하려면 220에서 나이를 빼고 이것의 60~75%를 계산하라.

심리적 이점으로는 전반적 웰빙, 신체상, 자기존중감, 자기지각의 향상(Moses it al., 1989; Fox, 2000; Mutrie & Faulkner, 2004); 노인 집단에서의 일반적 인지기능 향상(Boutcher, 2000; Rejeski & Mihaldo, 2001; Rejeski et al., 2001); 정서적 스트레스 감소(Steptoe et al., 1996); 불안 감소(McDonald & Hodgdon, 1991), 우울 감소(Babyak et al,. 2000; Hassmen et al., 2000; Kritz-Silverstein et al., 2001) 등이 있다. 신체활동은 병을 없애주거나 최소화할 뿐만 아니라 긍정적 건강을 높여줌을 알아야 한다. 많은 이들이 활동을 시작한 후로 긍정적 정서와 웰빙의 증가를 경험한다. '좋은 기분 요인' 혹은 '달리는 사람의 고양된 기분(runner's high)'은 사람들이 운동을 하는 이유의 한 예이며 이러한 강렬한 긍정적 정서는 급성 혹은 만성의 형태로 경험될 수 있다. 긍정적 정서의 확장-및-구축 이론(Fredrickson, 2001)과 연관시켜보면 신체활동은 긍정적 정서 수준을 높여 심리적, 사회적, 지적 및 신체적 자원을 구축하도록 도와준다(Kobasa et al., 1985).

에어로빅

정신건강에 대한 운동의 효과의 과학적 증거는 Blumenthal 등(1999)과 Babyak 등(2000)의 연구에서 나왔다. 참가자들은 세 집단으로 나눠졌다:

- 운동(일주일에 세 번 30분의 에어로빅)
- 약물(Zoloft, SSRI 항우울제)
- 운동과 약물

16주의 실험 결과에 의하면 세 집단 모두 향상되었다. 게다가 약물 집단이 좀 더 빨리 회복된 점을 제외하고는 집단 간 유의미한 차이가 없었다. 하지만 정말 놀라운 것은 10개월 후의 사후 개입의 결과였다. 약물집단의 38%, 약물과 운동의 복합집단의 31%가 재발했다. 하지만 운동 집단에서는 단지 9%만이 재발하여 운동에 대한 놀라운 연구 발견이 되었다.

원문을 보려면 Blumenthal et al.(1999)과 Babyak et al.(2000)을 참조

임상을 전공하는 이들은 '휴식이 최선은 아니다'라는 것을 알고 있다! 암 환자 연구에 의하면 활동 참여가 신체적 심리적 삶의 질을 높일 수 있다(Biddleet al., 2000; Courneya et al., 2000, 2002; Courneya, 2003; Campbell et al., 2005; Weert et al., 2005; Mutrie et al., 2007). HIV 환자의 경우 신체활동 참가는 CD4 T-cell 수를 높여줄 뿐만 아니라 HIV의 진행도 줄일 수 있다(Mustafa et al., 1999; Arey & Beal, 2002). 신체활동은 화학요법과 HIV의 RNA 종양바이러스 예방치료의 부작용에 대하여 신체 구성의 변화에 저항하도록 도와줄 수 있다. 심지어 적절한 활동이 아닌 요가에 참가하는 것도 신체의 통제를 회복하고 효능감과 희망을 높여줄 수 있다.

또한 활동에 참여하는 것이 개인에게만 유익한 것은 아니다. 지역사회에서 운영하는 신체활동에 참여하는 것은 강한 정체성과 소속감을 형성할 수 있다(Fox, 2000). 지역사회 신체활동 프로그램은 노인이나 정신질환자 등 사회적 소외층이 활동을 하면서 유사한 상황의 다른 사람들과 어울리도록 해준다. 그래서 활동에 참가하는 것과 그로 인해 조성된 분위기는 Ryff가 말한 심리적 웰빙의 구성요소(자율, 환경에의 숙달, 개인적 성장, 긍정적 관계, 삶의 목적, 자기수용)를 촉진시킬 수 있다(Ryff & Singer, 2006).[9] 지역사회는 사람들이 의자에 앉아만 있는 생활방식에서 벗어나도록 함으로써 엄청난 경제적 이익을 얻을 수 있다. 2002년 영국은 신체적 비활동성으로 인하여 약 82억 파운드의 비용을 지불하였다. 오늘날 그 액수는 아마 훨씬 더 많고 앞으로 계속 오를 전망이다(Weiler et al., 2010). 현재 영국에서 진행되고 있는 지역사회의 훈련은 공원, 오솔길, 센터로의 접근을 쉽게 하는 것과 친환경적이고 건강에 유익한 통행을 위한 자전거 전용도로와 무료 자전거 같은 자전거 관련 대책들이 있다.

아마 지난 십년 동안의 가장 놀라운 연구는 신체적 활동이 학생들과 중년 이후의 성인들의 인지적 수행에 미친 영향일 것이다(Boutcher, 2000). 한 연구에 의하면 매일 신체활동 시간이 있는 학교에서는 학업 성취의 증가와 교실 내 행

---

9) 신체활동에 관한 상세한 개관과 Ryff의 심리적 웰빙 모형을 보려면 Hefferon과 Mutrie (출판 중)를 보아라.

동의 향상, 집중뿐 아니라 결석률, 공격행동 그리고 훈육 활동의 감소가 나타났다(Ratey, 2008).

유감스럽게도 전 세계적으로 체육시간이 급속히 사라지고 있으며 미국에서 규칙적 체육 활동을 받는 학생은 3.8% 미만이다. 체육시간의 소멸은 표준화 시험의 증가, 유경험 교사를 위한 예산의 부족, 학업 성취에 대한 영향 등 때문이다. 모순되게도 교육계는 신체활동이 학습 능력을 자극한다는 새로운 신경과학 연구를 무시하는 셈이다. 운동 자체가 인간을 더 영리하게 하지는 않지만 주어진 정보에 보다 잘 집중하고 몰입하도록 준비시켜준다. 뇌가소성은 경험에 의해 뇌가 변화하는 능력이다. 세포는 변할 수 있으며, 실제로 변하며, 활동에의 참여는 뇌가 '새로운 회로를 형성하도록' 도와준다. 운동은 세로토닌, 노르에피네프린 및 도파민의 농도를 높여준다(Ratey, 2008). 게다가 과학자들은 어떤 단백질 즉 뇌를 발달시키는 뇌 분비 신경자극 요소(brain-derived neurotrophic factor: BNDF)가 있다고 믿는다(Ratey, 2008: 40). 운동은 뇌의 BDNF의 양을 증가시켜 학습과 기억의 효율성을 높여준다.

요약하면, 신체활동에의 참여가 개인과 사회의 웰빙을 촉진시켜준다. 신체활동은 신체를 건강하게 해줄 뿐만 아니라 마음까지 건강하고 행복하게 한다.

> **생각해보기**
>
> 활동은 뇌의 활동과 성장에 좋다. 그렇다면 이제 책을 덮고 밖으로 나가든지 아니면 집안에서 가볍게 산책을 하라.* 지금 순간과 같은 때는 없다. 산책을 마치고 돌아오면 새로운 지식에 더 잘 집중할 수 있기를 바란다(Ratey, 2008).
>
> * 새로운 운동계획을 세울 때에는 당신의 주치의와 상담을 하여라.

영양

긍정심리학은 웰빙에 초점을 두기 때문에, 긍정심리학의 훈련이 영양의 역할을 거의 고려를 하지 않는 것이 놀라울 뿐이다. 다시 말하지만, 우리의 웰빙에 영향을 미칠 수 있는 것으로 우리가 하는 것과 신체에 섭취하는 것 사이의 연관성을 인정하면서 웰빙을 전체적으로 바라보는 것이 중요하다. 이제 특정 식품군의 소비뿐 아니라 건강한 체중과 식단을 유지하는 것이 건강과 웰빙에 어떤 영향을 미치는지에 대하여 알아보려고 한다(Benton & Donohoe, 1999).

✪ 생각해보기

고지방, 고열량 음식을 먹고 난 후 기분이 어떤가? 세상을 책임지고 싶은 기분이 드는가? 아마 아닐 것이다. 비록 쥐를 대상으로 한 연구이기는 하지만 포화지방이 많은 해로운 음식을 먹으면 **고지방 숙취**(high-fat hangover)라는 것을 경험하여(Weissmann, 2009: Rath & Harter, 2010: 205 인용) 인지 기능이 저하될 수 있다(Murray et al., 2009; Wincour & Greenwood, 2005; Rath & Harter, 2010 인용). 이제 어떤 음식을 선택하느냐가 당신의 사고방식에 어떤 영향을 미치는지 생각해보아라.

역학적 증거는 연구자들과 정책 결정자들에게 적절한 영양과 신체활동을 통하여 건강한 체중을 유지하는 것이 얼마나 중요한지를 알려준다. 건강한 BMI 범위[몸무게(kg)/신장(m^2)]를 유지하는 것이 일부 암(신장암, 식도암, 대장암, 쓸개암, 췌장암)을 비롯한 여러 질병의 위험을 유의미하게 감소시킬 수 있다(Uhley & Jen, 2007). 영양은 양질의 과일, 채소, 섬유소로 된 식단과 지방 섭취의 감소와 더불어 비만을 예방하는 가장 좋은 방법 중의 하나이다(Pierce et al., 2004). 미국 농무부(USDA)는 신체적 웰빙의 향상을 위한 일일 식단을 추천했다:

- 곡물과 곡물 제품(6~11회[10])
- 과일(2~4)
- 채소(3~5)
- 유제품(2)

---

10) 1회 크기를 알려면 USDA 웹사이트(www.usda.gov)를 참조하라.

■ 살코기, 생선, 가금류(2~3)

왜 어떤 음식이 더 몸에 더 좋을까? 아미노산 트립토판을 포함하는 음식(예를 들어, 칠면조와 바나나)은 대사물질인 5-Hydroxtryptophan(5-HTP)을 생산하여 신체에 흡수될 수 있고, 이것은 마지막에는 세로토닌(5-HT)으로 변한다. 세로토닌은 정신건강의 향상, 수면 패턴, 에너지 그리고 우울감, 스트레스 및 생리전 증후의 감소와 연관된 신경전달물질이다(Isaac & Isaac, 2004).

도파민은 쾌락 혹은 쾌락적 웰빙 경험과 관계되는 신경전달물질이다. 이것은 아미노산 티로신이 풍부한 음식을 분해할 때 만들어진다. 치즈나 초콜릿 등 티로신이 풍부한 음식을 먹으면 스트레스와 불안을 이겨내는 데 도움이 되며 그 순간 만족감을 누릴 수 있다(Isaac & Isaac, 2004).

암과 인지저하를 예방하는 음식이 급속도로 인기를 끌고 있다. Wolk 등(2006)은 여성이 일주일에 한 번 이상 기름진 생선을 섭취할 때 신장암 발병이 74%가 감소됨을 발견했다. 게다가 오메가3 지방산과 알츠하이머, 기분, 우울, 심장병 간의 연관성이 밝혀졌다(El-Mesry et al., 2009, Rath & Harter, 2010에서 인용).

특히 초콜릿과 와인의 영양 성분이 영양과 웰빙에 대한 임상 연구에서 흥미를 끈다. 마야나 아즈텍과 같은 고대 문명에서는 쾌락과 약용의 목적으로 카카오(초콜릿)를 이용했다. 영국에서는 16세기에서 20세기 사이에 초콜릿이 쇠약함, 냉담, 피로, 소화, 열, 통풍, 결석의 경감에서 성기능 장애까지 널리 사용되었다(Dillinger et al., 2000; Cooper et al., 2008).

현대 연구자들은 순수 초콜릿의 신체건강상의 유익함은 폴리페놀, 보다 구체적으로 말해서 플라바놀(카테친) 때문이라고 믿는다. 이 이론에 따르면 카테친은 혈액 속의 항산화물의 수를 증가시켜 유리기의 제거를 돕는다. 항산화물은 최근 항암물질로 각광을 받으며 인기를 얻고 있다. 모두 합쳐 신체와 마음에 대한 초콜릿의 효과에 대한 연구가 약 230번(28번의 임상 연구) 있었다. 이 연구들은 주로 1회 용량으로 연구되었지만, 연구자들은 유익한 효과는 축적될 것이라고 주장한다. 전반적으로 범문화적, 역학적으로 다크 초콜릿 소비(하루

100g)와 인지, 암, 당뇨병, 심혈관 질병, 심지어 모든 원인의 사망률과의 긍정적인 연관성을 보여주는 증거들이 일부 있다(Mink et al., 2007).[11] 문제는 가장 효과적인 초콜릿은 다크 초콜릿(70%)이라는 점이다. 우유와 혼합되면 초콜릿의 이점이 혈액 속에서 소멸된다(Serafini et al., 2003).

신체와 마음에 긍정적인 효과를 가진다고 보이는 또 다른 물질은 와인이다. 연구가 아직 종결되지는 않았지만 적포도주(하루 150ml), 특히 이탈리아의 사르디니아와 남동 지중해의 오래된 포도주는 심혈관 질병을 감소시키고 수명을 증가시킬 수 있다(Di Castelnuove et al., 2003). 연구는 다크 초콜릿과 같은 방식으로 항산화물을 증가시키는 포도껍질에 함유된 폴리페놀에 초점을 둔다. 백포도주와 맥주는 적포도주만큼의 항산화물을 가지고 있지 않기 때문에 신체적 웰빙을 같은 수준으로 고양시키지 않는다(Di Catelnuove et al., 2002).

전체적으로 말하자면, 영양학적으로 균형 잡힌 식단을 통하여(가끔씩 초콜릿과 와인을 섭취하면서) 건강한 체중을 유지하는 것이 아주 중요하다. 또한 현재에도 임상 연구자들이 신체적 웰빙의 보조수단으로 영양을 지지하긴 하지만 앞으로 더 많은 임상적 독립 연구가 확실한 증거의 기초를 만들어야 한다(Lent, 2007).

신체 통증

논쟁적이고 직관에 반하긴 하지만, 연구에 의하면 신체 질병이나 신체 개조(body modification: BM) 동안에 경험되는 것과 같은 신체 통증에 의해서도 자아실현적 웰빙을 경험하는 것이 가능하다.[12]

암에서 생존한 사람들은 진단과 치료의 부정적인 신체적 심리적인 부작용을 보고하지만 신체 통증을 감내함으로써 자아 발달을 인식하게 되었다는 보고도

11) 한 가지 주의해야 할 것은 그 문제의 연구에 자금을 제공한 사람이 누구인지 살펴는 것이다. 초콜릿은 이익집단으로부터 점점 더 많은 자금을 지원받으므로 독자들은 이를 고려해야만 한다.

12) 신체 개조는 흉터 만들기, 낙인찍기, 신체 조작, 문신과 피어싱으로 규정된다.

한다. 희망과 의미뿐만 아니라 자기효능감과 확신의 증가는 암 치료 후에 흔히 보고된다(Low et al., 2007). 어떤 환자들은 자신의 통증이 사후에 보상을 받게 되는 일종의 신성화라고 믿기도 한다(Cuevas-Renaud et al., 2000).

Hefferon 등(2009)이 수행한 메타연구에 의하면 질병에서 생존한 사람들은 질병의 부작용으로 인한 신체적 고통을 자신의 심리적 성장의 동인으로 보았다. 또한 Hefferon 등(2010)에 의하면 사람들은 신체적 악화를 경험할 때 자신의 신체에 대한 고마움뿐만 아니라 내면의 힘도 얻을 수 있음을 보고했다. 게다가 신체적 통증을 경험한 후에는 신체와 보다 건강하고 감사하는 관계를 맺을 수 있다(Hefferon et al., 2008).

신체 변형은 전통적으로 특별한 집단의 관습으로 간주되었다(Fisher, 2002). 심리학 내에서는 주로 고통스러운 자기 촉발 행동과 관련된 정신병리에 초점을 두어왔다(Jeffreys, 2000; Cardasis et al., 2008). 하지만 이것이 항상 사실은 아니었다. 그리스와 로마는 신체 예술을 전장에서의 용기를 포함하여 지도력과 지위의 상징으로 사용했다. 캐나다와 미국의 원주민 집단들은 개인과 집단의 정체성을 공고히 하기 위하여 그러한 관행을 행했다. 최근에 연구자들은 BM에서 비롯될 수 있는 그러한 긍정적 경험과 심리적 웰빙(예를 들어, 고양된 확신, 진실성, 완결성)을 인정했다.

BM에 대한 현재의 이론적 근거는 장식적 본성(패션 악세서리)(Sweetman, 1999)에서부터 보다 자아실현적인 추구까지 포함한다. 구체적으로 말해, 문신은 문신을 하는 사람의 가치나 신념체계뿐만 아니라 성격을 보여주는 자기표현과 진정성의 한 형태일 수 있다. 문신의 통증과 영속성은 BM을 하는 주요한 동기이기도 하다. 문신을 하는 이들은 고통스러운 절차와 이후 관리의 과정을 통하여 성취감과 자기존중감을 가질 수 있다. 자기확신과 '완결성'의 느낌의 증가에 대한 보고(Sweetman, 1999:19)는 모든 사람이 그러한 고통을 참을 수는 없다는 사실, 즉 자신의 신체 변형을 위해 대가를 치러야만 한다는 사실에 근거한다.

✪ 생각해보기

문신을 가지고 있는가? 문신을 했을 때를 생각해보아라. 동기는 무엇이었는가? 지금도 문신에 만족하는가? 문신을 해본 적이 없다면 그 이유는 무엇인가? 지울 수 없다는 사실 때문인가, 혹은 통증 때문인가? 아니면 다른 이유가 있는가? 다른 사람은 왜 문신을 한다고 생각하는가?

사람들은 자신에게 예술적 영속성을 제공함으로써 신체의 일부가 되는 의미 있는 무언가를 창조했다는 기쁨을 가진다. 그들은 자신이 보여지는 방식과, 세상에게 자신을 묘사하는 방식을 확실히 나타내주는 것을 가짐으로써 진정성을 가진다. 신체 변형은 개인적 정체성을 고양시킬 뿐 아니라 어떤 사회 집단과의 연결을 공고히 해준다. 즐거움에서부터 보다 의미 있는 결과까지, 신체는 질병과 BM을 통한 고통에서 웰빙을 이끌어낼 수 있다.

신체가 가져올 수 있는 놀랍고도 긍정적인 효과를 살펴보면, 긍정적인 심리적 번영뿐만 아니라 긍정적 신체를 만드는 법을 이해하기 위한 긍정심리학의 변화를 지지하는 의견도 많다. 대인간의 접촉, 성 행동, 신체활동, 영양과 신체 통증 같은 주제는 신체와 웰빙에 대한 신체의 영향을 이해하는 시작일 뿐이다. 긍정심리학의 대부분의 주제와 마찬가지로 이 모든 분야에서 보다 활발한 연구가 필요하며 이러한 관점에서 미래를 생각하면 흥미진진하다.

궁극적으로 긍정심리학은 행복의 과학이므로 신체 및 행복에서의 신체 역할을 연구에 포함시켜야 한다. 이 장에서 제공된 정보는 긍정심리학의 재미있고 흥미진진한 발전 전망을 보여준다. 우리는 긍정적 신체에 대한 연구를 결합하고 확장하는 것이 긍정심리학의 미래의 한 부분이라고 믿는다.

요 약

학습목표를 돌이켜보면서 이제 '긍정적 신체' 개념을 이해해야만 한다. 보다 구체적으로 다음을 알아야 한다.

- 신체는 긍정심리학과 심리학에서 일반적으로 주목을 받지 못하고 있다.
- 마사지 요법이나 타인과의 개인적 접촉과 같은 대인관계 접촉은 발달과 웰빙에 중요하다.
- 신뢰하는 배우자와의 긍정적 성행동은 쾌락적, 자아실현적 웰빙에 영향을 미칠 수 있다.
- 영양은 '긍정적 신체'를 만드는데 흥미로운 역할을 할 수 있다.
- 신체활동은 신체와 심리적 웰빙을 위해 할 수 있는 가장 중요한 일 중의 하나이다.
- 신체 통증의 경험은 변형적 경험을 일으켜 자아실현적 웰빙을 고양시킨다.

추천자료

www6.miami.edu/touch-research/

이것은 Tiffany Field's Touch Research Institute의 사이트로, 접촉과 웰빙에 관한 그녀의 모든 연구 내용이 들어 있다.

www.mestonlab.com/

성 심리학에 관한 Cindy Meston 박사의 모든 작업에 접근할 수 있으며 온라인 연구에 참여할 수 있다.

http://homepage.psy.utexas.edu/homepage/Group/BussLAB/index.htm

유명한 진화심리학자인 David Buss의 'Buss Lab'으로 심리학과 진화에 관해 보다 많은 것을 배울 수 있다.

www.nhs.uk/livewell/fitness/Pages/Fitnesshome.aspx
이 NHS 사이트는 건강 체크 테스트와 새해의 건강 계획뿐 아니라 건강과 피트니스에 관한 보다 많은 정보로 연결해준다.

보충 질문

1 당신은 포옹을 얼마나 자주 하는가?

2 왜 대부분의 사람들은 신체활동을 하지 않는가?

개 인 훈 련

다음은 당신의 신체와의 관련성 및 그 관련성이 당신의 웰빙에 전반적으로 어떤 영향을 미치는지 알아보기 위한 개인적 발달 도구이다.

1 인간 접촉

다음 주 동안 의미 있는 타인과 가능한 자주 포옹하여라. 한 번에 최소 5초 동안, 적어도 하루에 8번을 하고, 가능하다면 12번을 목표로 하여라. 당신과 그들의 반응을 매일 저녁 기록하여라. 만약 이렇게 하는 것이 힘들거나 적절치 않으면 마사지실에 등록을 하고 그 느낌을 기록하여라. 많은 대학에서 학생들이 연습할 수 있게 스포츠 마사지를 무료나 할인으로 제공하고 있다.

2 운동

당신의 주치의와 상의한 후 가볍거나 중간 강도의 운동을 시작하여라. 일주일에 세 번, 최고 심장박동의 65%로, 30분간 신체활동을 하라. 이러한 활동에는 에어로빅, 청소, 걷기, 자전거타기 등이 포함된다. 이 활동을 10분씩 세 번 나누어 해도 된다. 운동 종류뿐 아니라 운동 전후 당신의 생각을 기록하여라. 시작 단계부터 차근차근 기록하여라. 어디서 활동 수준이 떨어지는지를 보기 위하여 활동 질문지를 활용하여라.

활동 기록지

날짜	활동유형	시간	활동 전 기분	활동 후 기분

측 정 도 구

국제 신체활동 설문지
(International Physical Activity Questionnaire: IPAQ)

지시문

우리는 사람들의 일상생활 속 신체활동에 대하여 관심을 가지고 있습니다. 질문은 지난 일주일 동안 신체활동에 소비한 시간에 관한 것입니다. 당신이 활동적인 사람이 아니더라도 다음 질문에 답해주기 바랍니다. 휴식과 운동을 위해서 여기저기서 한가한 시간에 하는 직장에서의 일, 집안에서와 정원에서의 일들을 떠올려보십시오.

1부

지난 일주일 동안 했던 격렬한 활동에 대해 생각하십시오. 격렬한 활동이란 신체적으로 힘들고 정상보다 훨씬 더 호흡이 가빠지는 활동을 말합니다. 한 번에 적어도 십분 이상 했던 신체활동만을 생각하십시오.

1. 지난 일주일 동안 역기 들기, 땅파기, 에어로빅, 혹은 빠른 자전거타기 등과 같은 격렬한 활동을 며칠 했나요?

   일주일에 _____번

   ☐ 격렬한 활동을 하지 않았다 → **3번으로 넘어가세요.**

2. 격렬한 신체활동을 하루에 얼마 정도 했나요?

   하루에 _____시간

   하루에 _____분

   ☐ 잘 모르겠다.

2부

지난 일주일 동안 한 중간 수준의 활동에 대하여 생각하십시오. 중간수준 활동이란 적당한 정도의 신체활동으로 평소보다 조금 더 힘든 호흡이 필요한 활동입니다. 한 번에 십분 이상 한 활동에 대해서만 응답하십시오.

3. 지난 일주일 동안 가벼운 짐을 나르고, 보통 속도로 자전거를 타고, 복식으로 테니스를 치는 것 등의 중간 수준 신체활동을 몇 번 했나요? 걷기는 제외하세요.

   일주일에 _____번

   ☐ 중간 수준 신체 활동을 하지 않았다 → **5번으로 넘어가세요.**

4. 중간수준 신체활동을 하루에 얼마 정도 했나요?

   하루에 _____시간

   하루에 _____분

   ☐ 잘 모르겠다.

3부

지난 일주일 동안 걷기에 소비한 시간을 생각하십시오. 이것은 직장에서나 집에서, 이리저리 다닌 것과 혹은 기분전환, 운동, 휴식을 위한 걷기를 포함합니다.

5. 지난 일주일 동안 한 번에 최소 10분 이상 며칠 동안 걸었나요?

   일주일에 ______번

   ☐ 걷지 않았다 ➔ **7번으로 넘어가세요.**

6. 걷기를 하루에 얼마 정도 했나요?

   하루에 _____시간

   하루에 _____분

   ☐ 잘 모르겠다.

4부

마지막 질문은, 지난 일주일 동안 앉아서 보낸 시간에 대한 것입니다. 직장에서나 집에서, 일을 하거나 여가 시간 중이거나 전부를 포함시키세요. 책상에 앉아있고, 친구를 만나고, 책을 읽고, 혹은 텔레비전을 보려고 앉거나 누워있는 것 등을 말합니다.

7. 주중에 얼마 동안 앉아 있었나요?

   하루에 _____시간

   하루에 _____분

   ☐ 잘 모르겠다.

채점 및 해석

이 도구는 세 가지 수준의 신체활동에 관한 목록별 점수를 바탕으로 한다.

1 낮음(범주 1)

이것은 가장 낮은 신체활동 수준이다. 목록2와 3의 기준을 만족시키지 못하는 사람은 비활동적으로 간주된다.

2 중간(범주 2)

다음의 세 기준 중의 하나이다.

- 하루에 최소 20분 정도의 격렬한 활동을 3일 이상
- 하루에 최소 30분 이상의 중간 강도의 활동이나 걷기를 5일 이상
- 일주일에 걷기, 중간 강도 활동 혹은 최소 600 MET(대사량)-분에 달하는 격렬한 강도 활동의 조합이 5일 이상

3 높음(범주 3)

다음 두 기준 중 하나이다.

- 일주일에 최소 1,500 MET(대사량)-분에 달하는 격렬한 운동
- 걷기, 중간 강도 혹은 최소 3,000 MET(대사량)-분에 달하는 격렬한 강도 활동의 조합이 7일

개관

이 질문지는 세계적으로 널리 사용되고 있으며 여러 형식이 있다. 여기서 제공하는 것은 간단한 형식의 자가 질문지이며, 이외에 전화나 자기보고식뿐 아니라 더 긴 형식의 질문지가 있다. 또한 이 척도는 여러 언어로 제공된다. 긴 형식의 질문지는 보다 상세하고 많은 참가자들을 요하므로 연구 목적을 위해서는 이 척도를 권장한다.

CHAPTER 10

긍정심리학 응용하기

❖ 학습목표

심리치료가와 임상가는 최적 기능과 심리적 웰빙을 어떻게 촉진시킬 수 있을까? 긍정심리학에서는 대부분 강점에 바탕을 둔 접근법을 사용하므로 이 장은 인간의 강점을 개념화하고 분류하는 여러 접근법, 특히 실행가치(Values in Action: VIA) 목록을 개괄함으로써 시작하려고 한다. 이 장의 나머지 부분에서는 심리치료법, 코칭 및 긍정심리학 사이의 공통영역에 대한 최근의 발전에 대해 다루고, 마지막으로 교육과 조직 장면에서의 긍정심리학의 응용에 대해 살펴볼 것이다.

주제 목록

- 강점의 개념과 응용
- 긍정심리학과 코칭이 연결되는 방식
- '긍정 요법'과 그 유사법들
- 조직에서의 긍정심리학
- 긍정 교육 커리큘럼
- 제도를 사회 속에 정착시키기

☻ 학습 전 질문

1 부족한 것으로부터 강한 것으로의 변화. 약점이 아니라 강점에 초점을 두는 것은 기능을 잘 하는 데에 어느 정도로 기여하는가?

2 긍정심리학의 경험적 연구가 일대일 환경에서 어떻게 사용되어질 수 있는지 논의하라.

3 긍정심리학의 연구결과가 교육심리학이나 조직심리학과 같은 응용 심리학에 어떤 방식으로 정보를 제공할 수 있는지 논의하라.

성격 강점과 미덕

강점이란 정확히 무엇을 말하며 '좋은 삶'을 고양하고 유지하기 위해 어떻게 이용할 수 있는가? 성격의 강점을 연구하는 것은 어려운 문제이다. 과학은 '사실과 객관적 진실'에 기초하여 예견되어야 하는데 미덕과 성격은 고정되기에는 가볍고도 철학적인 개념이다. 어떤 연구자들은 심리학은 성격 연구에 계속 초점을 두어야 한다고 주장하고, 또 다른 연구자들은 성격은 심리학적인 것이라기보다는 철학적인 것이라 여긴다.

하지만 Christopher Peterson과 Martin Seligman은 다르게 생각한다(Peterson & Seligman, 2004). 그들은 세계의 모든 시대의 수천의 문학과 과학, 교재를 광범위하게 살펴본 후 여섯 개의 미덕으로 조직화되는 24개의 강점[1])을 찾아냈다(**표 10.1** 참조). 이리하여 실행 가치(Values in Action: VIA)의 강점 및 미덕 분류(Classification of Strengths and Virtues)는 '비 DSM', 혹은 장애와 역기능의 분류가 아니라 강점과 긍정적 기능의 인식으로 언급할 수 있는 안내서로서 긍정심리학의 세계에 소개되었다.

긍정심리학이 주장하듯 좋은 성격은 나쁜 성격의 부정 혹은 최소화 그 이상

1) 이러한 강점을 형성함으로써 관련된 미덕을 달성할 수 있다.

지혜와 지식	• 호기심과 흥미 • 학습에 대한 열의	• 판단, 비판적 사고, 개방성 • 실제적 지능, 창의성, 독창성
용기	• 용감성 • 근면성, 인내	• 정직, 진실성 • 열정, 활력
사랑	• 친밀감, 상호 애착 • 친절, 관용, 돌봄	• 사회지능, 인간적 지능, 정서지능
정의	• 시민의식, 의무, 충성, 팀워크	• 평등, 공정 • 리더십
절제	• 용서, 자비 • 겸손	• 신중성, 조심 • 자기 조절, 자기절제
초월성	• 경외감, 미와 장엄함에 대한 감상력 • 감사 • 희망, 낙관성, 미래지향성	• 명랑함, 유머감각 • 영성, 목적의식, 신앙심, 종교심

표 10.1 VIA 강점

을 의미한다. 게다가 인간의 강점은 약점에 종속적인 것이 아니다. Peterson과 Seligman의 부단한 연구를 통해 인간 강점은 이제 과학적 평가와 이해에 적합하다.

강점과 재능

심리학에서 용어 사용은 결코 간단한 문제가 아니다. 그래서 어떤 연구자들은 강점(strength)을 연구하고 또 다른 연구자들은 재능(talent)을 연구한다. 그렇다면 일상에서 이 두 가지는 어떻게 다르게 사용되는가? 재능은 보다 더 타고나거나 비도덕적이거나 낭비될 수 있다는 점에서 강점과 구별된다고 한다. 좀 더 자세히 살펴보자면, 어떤 사람이 축구나 노래에 재능을 가지고 있지만 이 재능을 개발하지 않거나 사용하지 않을 수 있다. 하지만 강점은 일상생활에 자연스럽게 드러나며 우리는 그것을 전혀 낭비하지 않는다.

> **생각해보기**
>
> 이러한 구분에 대해 어떻게 생각하는가? 우리는 정말 재능을 가지고 태어나는가, 혹은 부단히 노력하여 재능을 발전시키고 있는가?

강점의 정의

Peterson과 Seligman은 성격강점으로 분류되기 위한 몇 가지 기준을 마련했는데 아래에 그 중 몇 가지가 있다.

- 강점은 개인의 행동, 사고, 감정 및 활동에 존재해야만 하고, 상황과 시간에 일반화될 수 있다.
- 강점은 자신과 타인의 좋은 삶의 구현에 도움이 되어야 한다.
- 강점은 유익한 결과와 상관없이 그 자체로 도덕적으로 가치가 있어야 한다.
- 한 강점을 발휘하는 것이 다른 강점들을 줄이지 않고 오히려 도움이 된다.
- 보다 큰 사회는 강점과 미덕을 훈련하는 기관과 관련 제도를 제공한다.
- 강점은 측정될 수 있다.
- 한 성격강점은 다른 성격강점들과 구별될 수 있다(Boniwell, 2008에서 인용).

> **생각해보기**
>
> www.authentichappiness.org에서 VIA 질문지에 답해보아라. 당신의 상위 다섯 가지 주요 강점과 그 결과로 무엇을 할 수 있는지에 대한 정보를 얻을 것이다.

VIA의 대체 혹은 경쟁 척도는 Clifton Strength Finder로서, 34개의 재능 주제로 조직되어 있다(Lopez & Ackerman, 2009). 저자는 재능이 강점의 기초이며 지식과 기술로써 다듬어질 때 강점이 생긴다고 주장한다. 이 도구는 Donald Clifton에 의해 개발되었는데, 그는 조직(주로 사업과 학계)내의 최상위 수행자 수천 명을 면접하여 성공을 결정짓는 자료를 분석했다. 이 자료는 반구조화된 면접 계획을 개발하는데 사용되어 수백만 명의 지원자들의 기술, 직업, 문화 맥락에서 활용되었다. 통계 분석 자료는 34개의 주제로 축소되었다. 대부분의 자료수집이 내부에서 이루어지며 외부 연구자들은 이 자료에 제한적으로 접근할 수 있지만, 이 도구는 높은 타당도, 내적 신뢰도를 가진다. 현재 전 세계적으로 수백만 명의 사람들이 이 도구를 사용한다. 연구에 의하면 근로자의 약점이 아니라 강점에 초점을 두는 조직은 이직률을 줄이고, 생산성을 증가시켜, 결국 이익을 증가시킬 수 있다(Delichte & Everscacciapaglia, 2010).

생각해보기

당신은 http://www.strengthsfinder.com, 혹은 Clifton Strengths Finder 관련 책을 구입하여 Strength Finder를 알아볼 수 있다.

Realise2

Realise2 강점 평가는 영국의 Warwickshire에 있는 응용 긍정심리학 센터(Center for Applied Positive Psychology: CAPP)에서 개발되었다. 이 도구를 만든 사람은 Alex Linley로 산업과 긍정심리학 분야를 주로 연구하는 저명한 긍정심리학자이다. 당신은 온라인으로 60개의 속성들에 관한 평가를 하여 세 가지 주요 요소, 즉 이 특질이 자신을 재충전시키는지, 자신이 그것에 능숙한지, 그것을 일상생활에서 얼마나 자주 사용하는지를 결정하게 된다.

이 모형에 따르면 Realise2는 개인의 특성을 네 차원으로 나눈다.

- 실현된 강점(realized strengths)은 당신이 이미 잘 알고 있고 사용하는 강점으로, 당신이 최대한으로 능력을 발휘하도록 해준다.
- 실현되지 않은 강점(unrealized strengths)은 당신이 처한 환경이나 직업상의 상황으로 인해 일상생활 차원에서 표현되기 어려운 강점이다. 하지만 그 강점들을 발휘하기만 한다면 에너지와 만족감을 가질 수 있다.
- 학습된 행동(learned behaviours)은 당신이 가지고 있고 시간이 흐르면서 더 잘 학습된 행동을 말한다. 하지만 당신은 이것을 하면서 기쁨이나 에너지를 얻지 못한다. 이것은 Realise2 강점에 포함되지 못한 것으로 잘 학습했지만 당신을 고갈시켜 능력이 최상으로 발휘되는 것을 방해하는 특성이다.
- 약점(weakness)은 시간이 지나도 숙달되지 않으면서 당신을 고갈시키는 행동이다. 이 특성은 문제를 일으킬 수 있으므로 당신의 성공을 방해하지 않도록 대처해야 한다(보다 자세한 정보를 얻으려면 CAPP 웹사이트인 www.cappeu.com/realise2.htm을 참고하여라).

처음 두 차원은 7개의 속성, 반면에 학습된 행동은 4개 그리고 약점은 3개까지의 속성을 보유할 수 있다. 검사에서 속성들의 개수 순위가 그 속성의 잠재력을 보여준다.

www.realise2.com 검사 후 상세한 결과를 보면 당신의 실현되지 않은 강점을 높이고, 학습된 행동을 조절하고, 약점을 최소화할 발전과 우선순위 계획을 만들어줄 것이다. Realise2는 이런 방식으로 당신의 일상의 수행능력을 최대화한다.

한 가지 주의할 점은 이 도구는 최근 것이므로 유용성에 관한 연구가 거의 없다는 점이다. Realise2의 효과에 대한 과학적 자료가 가까운 시일 내에 이루어지리라 본다.

생각해보기

일상에서의 조언을 얻기를 바란다면 CAPP의 강점2020 웹사이트인 http://www.strengths2020.com을 찾아보아라. 이것은 Realise2 및 이와 관련된 도서와도 연결된다.

강점의 가치

검사를 통해 자신의 강점을 알게 되었을 때 그 가치는 무엇이며 풍요로운 삶을 위해서 어떻게 적용할 수 있을까? 연구에 의하면 자신의 강점을 따르는 것만으로도 삶에 대한 통찰과 조망을 얻고, 낙관성, 자기확신, 심지어 활력의 상승을 경험할 수 있다(Clifton & Anderson, 2001). 더 중요한 점은 강점은 알레르기, 당뇨병, 만성 통증과 같은 신체장애 및 일부 심리장애에 대항하여 완충 역할을 함으로써 예방적 기제 역할을 하기도 한다. 강점은 일, 사랑, 놀이 및 긍정적 정서를 일으키는 부모역할 등에서 대표 강점의 사용으로 심리적 탄력성 형성을 돕는다. 결론적으로 강점 접근은 성공적 심리치료법의 핵심이라고 주장된다(Peterson & Seligman, 2004).

분포와 인구학적 통계

우리가 가장 많이 받는 질문 중 하나는 어떤 강점이 어떤 집단, 나라 및 연령층에 더 적합할 수 있느냐는 것이다. 대답은 이 세 가지 모두에서 '그렇다'이다. 미국 및 다른 서방 국가의 117,676명의 응답자에서 나온 통계에서는 가장 흔한 강점이 친절, 공정, 정직, 감사, 판단이고, 상대적으로 적은 강점은 신중함, 겸손 및 자기 조절이다(Park et al., 2004). 희망, 팀워크, 열정은 성인보다 청소년들에게 더 흔하고, 미에 대한 감상, 진실성, 리더십, 개방성은 성인에게 더 많다 (Park et al., 미출판).

Biswas-Diener(2006)는 범문화적 관점에서 강점과 미덕에 관한 심층 경험 조사를 했다. 케냐 마사이의 123명, 북 그린란드의 바다표범 사냥꾼 71명, 일리노이 대학교 학생 519명은 미덕의 존재와 바람직함, 발전에 대하여 높은 비율로 동의를 표했다. 강한 유사성에도 불구하고, 성, 특정 미덕(겸손과 같은 것)의 중요성, 강점을 향상시키는 문화적 기관의 존재에서 문화 간에 차이가 있었다. 영국에서는 남녀 모두 다섯 가지 상위 강점 중 네 가지(개방성, 공정성, 호기심, 학습에 대한 열의)에서 점수가 비슷했다. 게다가 영국 국민들은 나이가 들수록 호기심, 학습에의 열의, 공정성, 용서, 자기 조절에 관련된 강점이 더 높아지는 경향이 있다(Linley et al., 2007).

웰빙의 측면에서, 특정 강점을 갖는 것이 더 좋은 듯하다. 연구로 보아 호기심, 감사, 희망, 사랑 및 열망의 강점들이 삶의 만족과 가장 관련이 깊었다(Park et al., 2004). 그렇다면 이러한 강점이 없으면 절대 행복할 수 없을 거라고 걱정해야 하는가? 많은 다른 연구로 볼 때 행복하기 위하여 강점에 상관없이 당신이 할 수 있는 것이 많다.

예를 들어, VIA 온라인 검사를 하여 당신의 상위 대표 강점을 알아보는 것만으로도 행복 수준을 유의미하게 올릴 수 있다(Seligman et al., 2005). 그 검사로 당신은 강점에 기반한 접근을 할 수 있는 정보를 많이 가짐으로써 많은 일을 할 수 있다. 먼저, 어떤 직업을 선택해야 할지 결정하고 싶다면 자신의 상위 강점 다섯 개를 직업과 연관시켜보아라. 왜냐하면 가장 가치가 있는 직업, 관계, 취미는 그 사람의 강점과 일치되는 것이기 때문이다. 만약 상위 강점이 친절이라면 멘토링의 요소를 가진 직업을 찾아보아라. 호기심이 높다면, 낭만적 관계 속에서 약간의 모험을 시도해보아라.

마지막으로, 당신은 일상에서, 혹은 최소한 일주일 동안이라도, 자신의 대표 강점을 새로운 방법으로 사용하도록 시도해볼 수 있다. 여러 방법으로 일상에 자신 강점을 드러내다보면 6개월 정도까지 행복의 증진과 우울 증상 감소에 지속적인 영향을 미친다(Seligman et al., 2005).

강점은 시간에 따라 변할 수 있을까?

강점은 시간과 환경에 따라 변하는 능력을 가지고 있다. 강점검사는 신뢰할 만하지만 강점은 환경에 따라서 변하게 마련이다. 가장 큰 영향을 미치는 것은 비극이다. 예를 들어, 연구자들은 9.11 사건에서 사건 전후 VIA 검사를 통해 신뢰, 희망, 사랑의 유의미한 증가를 발견했다(Peterson & Seligman, 2003). 게다가 Peterson 등은 질병(신체적, 정신적)과 강점간의 관계를 알아보았다. 보다 구체적으로 보면, 미국인을 대상으로 한 대규모 연구에서 심각한 신체적 질병(암이나 심장병 등)에서 회복된 사람들은 미의 감상, 용기, 호기심, 공정, 용서, 감사, 유머, 친절, 학습에 대한 열의 및 영성에서 더 높은 점수를 나타냈다. 심리장애에서 회복된 이들은 미의 감상, 창의성, 호기심, 감사, 학습에 대한 열의 점수가 더 높아졌다(Peterson et al., 2006).

생각해보기

온라인 검사를 싫어한다면 강점 목록을 살펴보고 자신에게 가장 잘 맞는다고 느끼는 상위 5개를 골라라. 고를 때 다음을 생각하여라.

- 그 강점이 당신이 진정 누구인가를 잘 말해주는가?
- 이 강점을 사용할 때 정말 즐거운가?
- 이 강점을 사용하기 전과 후에 에너지가 넘치는가?

일상생활에서 강점을 어떻게 사용할 것인가

한 집단의 새 구성원들 사이의 냉기를 깨는 흔한 방법은 이름, 고향, 왜 그 모임에 왔는지를 말하는 것이다. 그들에게 자기 소개를 부탁하면 대부분은 눈을 굴리고 무덤덤해진다. 이것이 긍정적 소개가 냉소주의를 막고 교실이나 집단의 즐거움을 높이는 이유이다. 당신이 한 집단을 이끌게 되거나 새로운 사람을 만날 경우 다음과 같은 긍정적 소개를 시도하고 분위기가 좀 더 재미있어졌는지 관찰해보아라.

생각해보기

긍정적 소개의 한 예이다. 시도해보아라.

당신 왼편에 앉아있는 사람에게 몸을 돌리고 지난 주 가장 좋았던 때에 대해 말해달라고 하라. 어떤 기분이 들었는가? 처음, 중간, 마지막 기분을 설명해보아라. 그 사람이 이야기를 마치면 역할을 바꾸어 당신이 자신을 소개하여라.

강점을 사용하여 멋진 날을 만들어보라

Seligman은 '아름다운 날' 만들기, 혹은 '강점 날'을 시작하기 등과 같이 일상생활에서 강점을 활용하는 여러 방법을 제안한다. '아름다운 날'을 만들기 위해서는 완벽한 하루를 만들어줄 자신의 재능과 특성을 사용하라. 자신의 상위 강점이 학습에 대한 열의와 호기심이라면 가장 좋아하는 박물관으로 가거나 읽고 싶었던 책을 읽는 것을 포함시키면 된다. 만약 사랑의 능력이 강점이라면 옛 친구들과 저녁 시간을 보내거나 가족을 식사에 초대할 수 있다. 또한 '강점 날'을 만들어 의미 있는 타인과 함께 보내면서 당신들 모두 자신의 재능을 표현할 수 있다.

강점을 계발하기

우리는 어떻게 강점을 발전시킬 수 있을까? 이렇게 하려면 먼저 대표 강점이 아닌 강점을 알아야 한다. 만약 호기심과 흥미 강점 점수가 '낮다면', 일주일에 세 번, 한번에 30분씩, 책, 잡지, 저널, TV, 라디오, 인터넷 등을 통해 관심분야의 지식을 확장시키도록 노력해야 한다. 더 나아가 당신이 무관심했던 문화 강의나 세미나 등에 참가할 수 있다. 타인에 대한 호기심을 발전시키려면 관심 분야의 인물을 찾아 그가 어떻게 자신의 능력을 발달시키는지 배워보라. 다른 문화의 음식을 먹어보고 문화적 맥락을 알아보고 당신의 생각을 자각해보아라.

만약 미의 감상 능력을 고양할 필요가 있다면 일상에서 만나는 주변 자연의 아름다움(일출, 구름, 일몰, 햇빛, 눈, 무지개, 나무, 흔들리는 나뭇잎, 새, 꽃, 과일, 채소 등등)에 대하여 적어도 한 가지 표현을 시도하고 적어보아라. 또한 음악에 귀를 기울이고 영화를 감상하고 그 감동을 평가할 수 있다. 박물관에 가서 한 작품을 선택해서 그것이 어떤 미적 감동을 주는지 평가해보아라.

열정이라는 강점을 발전시키기 위해서는 이미 하고 있는 일에 보다 많은 에너지를 두사하여 창의적인 다른 방법으로 시도하는 것이 필요하다. 열정을 높이기 위하여 적어도 일주일에 세 번 운동을 시도해보고 그것이 자신의 에너지 수준에 어떤 영향을 주는지 관찰하라. 하고 싶었지만 시작하지 못한 활기찬 신체 활동(자전거타기, 달리기, 스포츠, 노래하기, 놀기)을 시도하라.

정서지능이라는 강점을 위해서는 친구와 친척들의 말을 반박하지 않고 그냥 자신의 감정에 반영하면서 경청해볼 수 있다. 타인의 긍정적 자세를 알아차리고 이를 칭찬해보아라. 그리고 자신의 정서 관련 단어(정서지능의 핵심 구성요소)를 알아보기 위하여 4주 동안 매일 다섯 가지 개인적 감정을 적으며 그 패턴을 관찰하여라.

마지막으로 활력 연습으로 자신이 가장 최고조라고 느꼈던 때가 언제인지를 자문해보아라. 그 사건 동안 발휘된 개인적 강점에 대해 생각하고 일주일 동안 매일 그 이야기를 되새겨보아라. 이 연습을 함으로써 추가적 초점이 필요한 영역이나 강점을 발전시킬 수 있다(Kauffman, 2006).

이제 강점 이야기를 마치고 긍정적 치료법, 코칭, 그리고 관련 기법에 대해 생각해보기로 한다.

긍정적 치료

대부분 사람들은 '치료'라는 말에 자동적으로 부정적이고, 역기능적이고, 망가진 무언가를 연상한다. 긍정심리학 치료는 아직 정립되지 않은 분야이다(Joseph & Linley, 2006, 2009). 긍정심리학 운동에 관여하는 많은 심리학자들이 '긍정심리학 치료'를 행하는 방법에 관해 여러 아이디어를 제공하고 있다. 중요한 원칙은 그 치료가 장애, 역기능 및 고통 등의 진단과 치료에 초점을 두어서는 안 된다는 것이다(Joseph & Linley, 2009; Rashid, 2009b). 또한 치료는 환자를 문제와 장애가 있다고 간주하지 않고 환자의 현재 강점과 자원을 인식하고, 사용하고, 형성시켜야 한다.

긍정적 치료는 개인적 차원에서 강점과 자질을 고양시키는 것뿐만 아니라 정신 질환과 불행감의 예방에도 관심을 가지고 있다(Seligman, 2002). 심리치료의 효과를 해석하는 데 있어 여러 문제들이 있다. Seligman이 말했듯이 통제된 실험실 장면에 비해 현장 연구는 일관되게 더 좋은 결과를 보여준다. 게다가 효과를 나타내는 것처럼 보이는 특정 요소를 격리시켜도 치료기법별로 큰 차이가 없는 것 같다. 결국, 모든 심리학에서처럼, 우리는 위약 효과(placebo effect)를 감안해야만 하는데(Goldacre, 2009), 평균적으로 내담자의 50%가 위약의 약물/치료 처치를 했을 때 긍정적 효과를 보였다(Seligman, 2002).

0:00:00 TIME OUT

치료의 형태

치료법이란 무엇이며 현재 어떤 형태의 치료법이 진행중인가? 현대 심리학에서는 치료법을 고려할 때 아래와 같은 다양한 학파 중에서 선택해야 한다.

1 행동주의(behavioural)(행동을 변화시키고 그 다음에 사고 과정을 변화시키는 것이 목표)

2 인지 행동주의(cognitive behavioural)(사고 과정을 변화시켜 그 다음 행동을 변화시키는 것이 목표)

3 정신분석(psychoanalytic)(과거에서 비롯된 무의식적인 정서상의 문제를 밝히고 다루는 것이 목표)

4 심리역동(psychodynamic)(덜 집중적이고 시간이 더 적게 소요되나 위의 방법들과 유사)

5 게슈탈트(gestalt)(철학의 한 부분으로 개인의 책임감을 밝히는 것이 목표)

6 내담자 중심(client-centered)(비지시적인 치료로서 내담자 자신이 자신의 문제에 대한 해답을 더 잘 알아낸다고 간주)

7 교류분석(transactional analysis)(여러 치료법의 혼합물로서, 모든 사람들이 훌륭하고, 우리는 모두 스스로 생각할 수 있고, 자신의 상황을 변화시킬 힘이 있다고 간주)

8 통합치료(integrative therapy)(치료에 실용적인 접근을 채택하여 여러 형태의 치료법의 긍정적 요소를 새로운 통합적 체계로 결합)

(Boniwell, 2008: 110-11에서 인용)

치료

모든 치료가 효과적인가? 아니면 어느 치료가 더 나은 것인가? 2002년에 Lambert & Barley는 치료적 인간관계와 심리치료의 긍정적 결과의 영향에 관해 논쟁을 일으킨 논문을 발표했다. 그들은 심리치료법 문헌들을 검토한 후 치료법의 성공의 15% 만이 치료적 기술(사용된 방법) 덕분이라고 결론지었다.

나머지는 기대(15%), 공통 요소(공감, 따스한 신뢰)(30%), 그리고 치료법 이외의 변화 덕이었다. Wampold(2005)는 실험실에서 통제된 심리치료들에 대해 유사한 개관을 하여 자신의 결과를 지지하는 증거를 발견했다. 그의 결과로 보아, 치료 성공의 가장 큰 예언 요인은 치료자였고 치료기법은 결과에 대해 단지 미미한 영향만을 미쳤다.

원문을 보려면 Lambert & Barley(2001; 2002)와 Wampold(2005)를 참조

Seligman은 대개의 치료법은 작은 기법들과 깊이 있는 전략으로 나눠질 수 있기 때문에 효과가 있으며, 이러한 것의 활용이 심리치료에 유익한 결과를 일으킨다고 주장한다. 좋은 치료법이 가지는 기법으로는 주의, 권위 있는 인물, 친밀한 관계, 서비스에 대한 지불, 신뢰, 개방성, 문제를 명명하는 것, 작은 배려를 하는 법(예를 들어, '이제 그만 합시다.'보다는 '여기서 잠깐 쉬도록 합시다') 등이 있다(Seligman 2002: 6). 깊이 있는 전략이란 긍정심리학 내의 이론적이고 과학에 기반한 방법들이다. 이러한 전략에는 희망을 불어넣고 강점(용기, 이성, 기쁨을 즐기는 능력 등)을 발전시키는 것이 있다. 치료자는 이러한 전략으로 잘못된 것을 고치려하기보다는 이미 가지고 있는 강한 면을 고양시키고 북돋는 데 힘을 쓸 것이다.

사실, 1960년대 말에도, 치료자들은 치료에는 두 가지 형태가 존재한다는 것을 알고 있었다: 심리 장애를 치료하는 것과 심리적 성장을 가능하게 하는 것(Mahrer, Bernard et al., 2010에서 인용). 긍정적 치료는 삶의 모든 문제를 심리장애로 분류하려는 시도와는 극히 대조적이다. 다음 부분에서는 합리적 정서행동 치료(Rational emotional behavioural therapy: REBT), 웰빙 치료(wellbeing therapy: WBT), 삶의 질 치료(quality-of-life therapy: QoLT)를 포함하여 개인의 성장을 도와주는 주요 치료법에 대해 알아보려고 한다. 물론 이 치료법들이 가장 많은 증거를 가지고 있긴 하지만 이것으로 '긍정적 치료'의 모든 것을 살펴보지는 못한다.

긍정적 임상 심리학[2)]

합리적 정서행동 치료

보편적인 믿음과는 반대로(심지어 긍정심리학 내에서조차) Ellis의 합리적 정서

2) 보다 많은 정보를 원하면, Seligman과 Peterson(2003)의 긍정적 임상심리학에 관한 부분을 찾아보아라.

행동치료는 정서적 문제가 있거나 없거나 간에 모두 충만하고 행복한 삶을 살도록 이끄는 것뿐 아니라 정서적 고통을 다스리기 위함이 목적이었다(Bernard et al., 2010). 합리성이라는 개념에 바탕을 둔 이 과학적 모델은 인지를 재구조화하는 것이 목적으로 개인이 자신의 내면의 강점과 능력으로써 이상적 삶을 살도록 해준다: '합리성은 긍정적 정서(기쁨, 즐거움, 흥분), 역기능적 부정적 정서의 부재, 삶의 문제를 해결하려는 결심, 목표지향적 행동을 그 특징으로 한다'(Bernard et al., 2010: 303). 그렇게 함으로써 개인은 장기적인 목표 획득과 심리적 웰빙뿐 아니라 단기적인 긍정적 정서를 경험할 수 있다.

Ellis는 삶에는 다음과 같은 11개의 합리적 원칙이 있다고 제안하고 있다.

- 자기-이익: 인간은 자신을 타인에게 모조리 넘기지 않고 타인에 앞서 자신의 이익을 추구할 필요가 있다(자신에게 친절하라).
- 사회적 이익: 자신의 행복을 추구할 때, 반드시 타인의 희생을 딛고 하는 것이 아님을 알고 타인에게 친절하라.
- 자기-주도: 타인이 당신의 행복을 '제공'하거나 불만족을 제거하도록 기다리지 말라; 스스로 할 필요가 있다.
- 자기-수용: 자신을 타인과 비교할 때 '비교 척도'에 대한 믿음을 없애라. '포괄적인 기준'이란 없다.
- 타인에 대한 관용: 모든 인간은 실수를 저지르기 쉽다는 것을 이해하는 사람은 결점이나 다양성을 더 잘 다루게 될 것이다.
- 단기/장기 쾌락주의: 이것은 단기적 행복과 장기적 행복에 관한 것이다. 쉬운 길을 가지 말라.
- 창조적이고 몰입시키는 활동과 추구에 전념: 몰입의 개념과 유사한 것으로, '활기 넘치는 몰입' 활동을 시도하고 빠져들라.
- 위험을 감수하고 실험하기: 계속하여 새로운 프로젝트를 탐험하라. 이것은 당신의 마음을 확장시키고 자아의 발달을 도와줄 것이다. 또한 위험을 두려워마라: 실패는 삶의 일부이므로 기회를 붙잡아라!
- 높은 좌절에 대한 인내와 의지력

- 문제 해결
- 과학적 사고(Bernard et al., 2010: 303에서 인용)

Ellis는 부정적 정서의 중요성에도 관심을 기울인 균형이 잘 잡힌 과학자였다. 그는 슬픔을 표현하는 이들은 이성적이므로 그 상황을 다룰 수 있다고 주장했다. 이제 REBT를 마치고 Rogers의 무조건적인 긍정적 관점 개념에 대해 알아보려고 한다.

유기체 가치화 과정

치료자들은 내담자가 **유기체 가치화 과정**(organismic valuing process: Rogers)을 사용하도록 격려하고 가치의 외적 내적 조건을 없애고 무조건적인 긍정적 관심을 제공한다. 치료자들은 내담자와 진실된 관계를 형성해야 하는데(Rogers), 이것은 관계성의 욕구를 만족시켜 치료의 결과에 대한 가장 강력한 예측요인임이 밝혀졌다(Orlinsky et al., 1994; Wampold, 2001). 그래서 치료자가 무엇을 하는가(사용 기법)가 중요한 게 아니라 희망을 불어넣고, 강점을 형성하고, 정신 기능의 일관성을 촉진시키는 것 등의 '깊은 전략'을 사용하는 정도가 중요한 것이다(Joseph & Linley, 2006).

긍정적 심리학자들도 또한 일부 심리병리(예를 들어 정신분열, 양극성 장애, 측두엽 간질발작, 기질성 뇌 질병)는 장애로 간주하여 정신과 의사와 임상 심리학자들에 의해 의료 장면 내에서 다루어져야 함을 인정한다.

웰빙 치료

웰빙 치료는 30~50분짜리 8회기로 구성되며 구조화된 일기에 의한 자기관찰을 강조한다. 이 치료는 개념적으로 Ryff의 심리적 웰빙(psychological well-being: PWB) 모형에 근거한 것으로 환경의 숙달, 개인적 성장, 삶의 목적, 자율성, 자기수용, 타인과의 긍정적 관계 등을 다룬다. 기본적으로 내담자는 단지 PWB의 에피소드의 발생 여부를 감독한다. 그런 다음 치료 시간에 에피소드에 대해 토론하고 장애물은 전통적인 CBT 기법(예를 들어 부정적인 자동적 사고에 대한 반박)으로 다룬다. 예비 증거로 보아 이 치료는 기분과 불안 장애의 재발 방지에서 효과가 있다(Ruini & Fava, 2004; Fava & Ruini, 2009).

삶의 질 치료(quality of life therapy)

삶의 질 치료는 패키지로서 평가되는 종합적인 접근법이다(Frisch, 1998, 2006; Frisch et al., 2005). 다음 부분에서 **가장 두려운 부고**(most feared obituary)와 **놀이 목록**(playlist)과 같은 삶의 질 치료법을 살펴볼 것이다(QoLT 프로그램 전체를 알려면 Frisch, 2006을 참조).

가장 두려운 부고(most feared obituary)

이 연습은 가장 가능한 자기 연습의 '어둠 형'으로서, 자신의 삶을 돌아보고 사는 동안 바꾸겠다고 했지만 결코 바꾸지 못했던 모든 나쁜 습관을 떠올리는 것이다. 그러한 회상이 변화하려는 열망을 더 일으킨다고도 하지만 우리는 이 방법을 그리 좋아하지 않는다. 실제로 우리는 그러한 어둠이 연습이 시도하려는 선함에 대해 그림자를 드리운다고 느낀다. 게다가 학생들은 이것이 강점에 초점을 두고 계발하는 것을 방해하는 아주 끔찍하고 비생산적인 연습이라고 여긴다.

놀이 목록(playlist)

성인들은 잘 '노는 사람'은 아니다. 우리는 상상과 재미거리가 아이들의 것이라 여기는 경향이 있다. 하지만 오락 활동은 이완하고, 즐거워하고, 걱정을 잊고, 창의적이 되고, 새로운 무언가를 배우는 근본적인 방법이다. 이러한 활동들은 일과 관계를 더 잘하도록 힘을 불어넣고 활력을 줄 수 있다. 어른이 되면 우리는 좀처럼 '노는 데' 시간을 할애하지 않는다. 그래서 이 연습은 오락적인 해소책으로 즐길 만한 활동들을 적어보라고 한다. 무엇이 가장 훌륭하고, 가장 현실적이고, 가장 하기 쉬운지를 생각지 말아라. 수동적인 여가 활동보다는 적극적인 활동을 선택하라. 적극적인 활동은 웰빙을 방해하지 않고 향상시킨다고 증명되었기 때문이다(Holder et al., 2009). 놀이 목록에는 서점, 비디오나 음반 가게의 가장 좋아하는 코너에 가는 것, 카드나 보드 게임을 하는 것, 노래하기, 춤추기, 박물관이나 식물원에 가는 것, 이웃집에 놀러가는 것, 도시를 관광하는 것, 골동품 세일에 가는 것, 목공일을 하는 것, 하이킹, 새 관찰하기, 사람 관찰하기, 볼링, DIY 관련서 읽기, 빵 굽기, 스크랩하기, 사진 보기, 껴안기 등등이 있다! 하루에 단 5분이라도 규칙적으로 이런 활동 중 하나에 참여하도록 노력하라.

결론적으로 말해, 특정 '긍정심리학 치료'는 없다. 하지만 보았듯이 어떤 치료는 긍정심리학 관련 모형에 기초한 순수한 긍정심리학 치료(예를 들어 Fava & Ruini, 2009)를 개발하고 있다. SDT 치료법이 가장 전망이 밝지만 아직 개발된 것이 없다(Deci & Ryan, 2008). Seligman 등은 VIA 강점과 미덕을 목표로 하는 긍정심리학 치료를 개발하려고 노력하는 중이다.

'긍정적 치료'에 대한 비판은 고통을 줄이고 행복과 웰빙을 증가시키기 위해 많은 전통 치료법이 이미 긍정심리학 원칙을 사용하고 있다는(하지만 대개 이것을 명시하지는 않는) 인식에서 비롯된다. 예를 들어, 일부 치료는 긍정적 정서, 의미와 목적(자기결정/ 자율), 자기효능감, 지각된 능력/숙달, 관계성 및 대인관계 기능을 촉진시킨다(Weinberg, 1995). 그래서 이 두 가지의 보다 분명한 구분이 필요하다.

긍정심리학과 코칭

2000년부터 긍정심리학의 코칭(coaching)과의 통합(이론과 실제에서)이 기하급수적으로 늘어났다(Kauffman & Scouler, 2004; Grant, in press; Grant & Spence, in press; Hefferon, in press). 이 둘은 분명 잘 어울리는 것이긴 하지만, 코치들은 최근 들어서야 과학적으로 검증된 긍정심리학 매뉴얼(예를 들어,

Authentic Happiness; *The HOW of Happiness*; *Positivity*; *Positive Psychology and Coaching*)으로써 혁신적이고 활력 있는 훈련법을 사용할 수 있게 되었다. 긍정심리학은 코칭의 멋진 이론적 틀을 제공하며, 또한 코칭은 긍정심리학의 학문적 아이디어(긍정적 정서, 탄력성 및 강점)의 좋은 선전물이 될 수 있다(Hefferon, in press).

코칭의 정의는 '학습과 발달을 일으켜 수행이 향상되도록 하는 과정'이다(Parsloe, 1999: 8). 코칭은 전형적으로 강점과 능력의 탐색과 개발, 목표 설정, 특정 시간 내에 성취하는 것에 초점을 맞추는 것 등을 다룬다. 코칭 심리학은 정상적이고 비임상적인 집단을 대상으로 일과 인간관계 영역을 고양시키는 것이 목적이며, 이는 정립된 치료접근에 기반한 코칭 모델에 의해 입증된다(Grant & Palmer, 2002). 간부직 코칭은 경영 분야에서 이뤄지며 변화와 과도기에 '핵심' 직원을 대상으로 한다. 연구에 의하면 동료가 아니라 전문가에 의해 코칭이 이루어지면, 보다 높은 수준의 웰빙(환경적 숙달)뿐만 아니라 보다 큰 몰입과 발전을 보여준다(Spence & Grant, 2007).

긍정심리학 연구에 의하면 12주 동안의 몇 가지 코칭의 조합(360도 피드백, 반나절 리더십 워크숍, 네 번의 일대일 코칭 회기)[3]이 통제집단과 비교하여 근로자의 목적 달성, 자아탄력성, 직장내 웰빙을 유의미하게 증가시켰고 우울과 스트레스를 감소시켰다(Grant et al., 2009).

긍정심리학과 코칭은 모두 내담자를 '고치고', 병리의 징후를 찾고, 내담자를 '망가지고' 결함이 있고 장애가 있는 사람으로 보는 것에서 벗어나야 한다고 주장한다. 코칭과 긍정심리학은 수행 향상을 목표로 그 사람에게 올바른 것을 밝혀서 향상시키면서 최적의 기능을 고양시키는 것에 관심을 갖는다는 점에서 자연스러운 동맹관계이다. 훌륭한 코칭은 내담자가 자신의 기술과 자원을 발견하도록 도와주며, 긍정심리학의 전제, 즉 내담자가 자신의 강점을 발견하고 삶의 모든 영역에서 그것을 보다 자주 활용하는 방법을 발견하도록 도와준다는 전제에 잘 들어맞는다.

---

3) 훈련을 받은 외부의 코치가 인지행동적 해결에 초점을 둔 접근법을 사용하여

교육 장면에 긍정심리학 활용하기

긍정심리학의 응용에서 가장 빠르게 성장하는 방향 중 하나는 긍정적 교육 과정 영역이다. 현재 세계적으로 몇몇 과정들이 긍정적 심리학의 원칙들을 여러 수준으로 통합하고 있다.

어린이들의 웰빙의 개발에 초점을 두는 이유는 두 가지다. 하나는, 서구에서는 유례없이 어린이 및 청소년들의 우울이 증가하고 있다. 영국에서 약 2%의 11~15세 어린이와, 11%의 16~24세 청소년들이 주요우울장애를 겪고 있다(Green et al., 2005). 미국 청소년들의 다섯 중 한 명은 고등학교를 마칠 동안 주요 우울증 에피소드를 경험한다(Leeinsohn et al., 1993). 유사한 양상이 호주에서도 관찰된다(Noble & McGrath, 2005). 높은 수준의 우울 증상이나 우울장애를 겪는 어린이와 청소년들은 학업과 대인관계에서 더 많은 어려움을 겪는다. 그들은 담배를 피우고 약물이나 알코올을 사용하고 자살을 시도하기가 더 쉽다(Covey et al., 1998; Garrison et al., 1989).

긍정 교육은 부모와 교육 기관뿐 아니라 어린이와 청소년들에게 웰빙, 번영, 최적의 기능의 기술을 발전시키는 것이 목적이다. 그렇게 하기 위하여 긍정 교육은 예방적 발전적 기능 모두를 채택한다. 중요한 것은 긍정교육은 원칙과 경험적 타당화의 방법에 근거한다는 점에서 여타 자기개발 방법과 다르다.

미국, 영국, 호주 및 세계 여러 학교는 이 과정에 사회, 정서 문제에 대한 개입(예를 들어 개인적, 사회적 건강 교육, 서비스 학습, 시민교육)을 포함시켜 학생들로 하여금 사회적 정서적 기술의 중요성을 고려하도록 하였다. 그러한 학습을 증진시키기 위해 독자적 프로그램이나 학교 전체 차원에서 많은 일이 이루어졌지만 무선화된 통제 연구를 통해 경험적으로 평가된 프로그램은 비교적 극소수다.

초등 및 중등 학교

세계적으로 살펴보자면 미국의 펜 탄력성 프로그램(Penn Resilience Program,

PRP: Gillham et al., 1995)과 호주의 바운스 백! 프로그램(Bounce Back! Program: McGrath & Noble, 2003)과 같은 경험적으로 검증된 프로그램은 사회적 능력, 자아탄력성, 낙관성이 심리적 장애를 줄여줌으로써 아이들에게 유익하다는 증거를 보여주고 있다.

PRP는 16년 이상 연구 개발되는 중이며 탄탄한 증거를 확보했다(Reivich & Shatte, 2002; Seligman, 2002, 2007; Reicich et al., 2007). 이 증거에 의하면 이 프로그램은 우울과 불안을 예방하며 장기적 효과를 지닌다. 보다 구체적으로 보자면, 2,000명 이상을 대상으로 한 13개의 무선화된 위약 통제 실험에서, 11개의 연구가 우울증상의 감소를 보였고 3개 연구는 불안과 행동 문제에서의 긍정적 효과도 보여주었다. 가장 멋진 일은 PRP를 실시한 지 3년 후 검사에서 우울과 불안의 발생을 50%까지 감소시켰다는 것이다(Gillham et al., 2007).

PRP는 정상인들에게 인지행동치료의 원칙을 적용하여 자아탄력성을 증가시키고 낙관성, 적응적 대처 기술, 효과적인 문제 해결을 증진시키도록 고안된 학교용 훈련 교육과정이다. 이 프로그램은 7개의 '학습 가능한' 자아탄력성 기술을 기반으로 하여 아이들에게 자신의 감정을 알아채는 법, 애매모호함을 견디는 것, 낙관적 설명양식, 문제의 원인을 분석하는 법, 공감, 자기효능감, 새로운 일에 접근하여 시도하는 법 등을 가르친다. 그리하여 이것은 청소년들에게 증거를 바라보고 비현실적인 낙관성을 피하고 현실적인 것을 고려함으로써 습관적인 비관적 설명양식에 대항하도록 교육시킨다.

PRP는 미국 학교 5~8학년(10~14세)을 대상으로 90~120분짜리 12회기를 하게 되어 있다. 또한 영국의 3개 지방 단체에서 7학년(11~12세)을 대상으로 시범적으로 적용되고 있다. 지금 현재로서는 영국의 자료가 없지만 비공식적 평가에 의하면 이 프로그램은 교사와 학생들에게 잘 수용되고 있다.

또 다른 학교의 자아탄력성 프로그램은 바운스 백! 프로그램이다. 이것은 두 명의 호주 심리학자인 Helen McGrath와 Toni Nobele(2003)가 만든 것으로 아주 실용적이면서 교사를 배려한 프로그램이다. 이 프로그램은 학교를 대상으로 한 프로그램의 메타분석에 의한 결론, 즉 많은 단기 프로그램들의 이점이 사실상 지속적이지 않다는 사실에 기반을 두고 있다. 바운스 백! 프로그램은 초등과 중등학교에서 시행되며 시간을 두고 발달단계에 적합한 방법으로 기본적인 개념을 재확인한다. 연구 결과에 의하면 우울에 유익한 효과가 있다(McGrath & Noble, 2003).

어린이와 청소년들의 우울과 불안을 감소시킬 수 있다는 점이 간과될 수 없는 성과이긴 하지만 위의 프로그램들이 심리적 문제를 단순히 경감시키는 차원을 떠나 웰빙을 고양시키는 것까지 나아가지는 않는다. 아프지 않다고 반드시 건강한 것은 아닌 것처럼 웰빙은 단순히 우울의 부재가 아니다. 웰빙의 개발에는 긍정적 정서의 고양, 몰입, 긍정적 관계, 의미 등을 포함하여 성공적인 대처 이상의 기술이 포함되어야 한다.

긍정심리학 분야의 확장으로 지난 십년 동안 여러 측면의 긍정적 기능을 다루기 위해서 놀랄 만큼 풍부한 교육과정들이 개발되었다. 예를 들어, 지혜 교육과정(Wisdom Curriculum)은 주요 과목을 매개로 하여 아이들의 지적 및 도덕적 발달을 키워준다(Reznitskaya & Sternberg, 2004). 학생들은 현명한 사고에 대한 자신의 생각을 형성시킬 수 있으며 이것은 무엇을 생각하느냐가 아니라 어떻게 생각하느냐에 관한 것이다. 이 교육 프로그램은 16개의 교육 원칙과 반영적 사고, 대화적 사고, 변증법적 사고와 같은 6개의 절차를 포함하고 있다.

아이들에게 희망을 주는 프로젝트 중에 희망을 심어주기, 아이들을 위해 희망을 심어주기(Making Hope Happen and Making Hope Happen for Kids: Lopez et al., 2004) 프로그램이 있는데 이것은 사이코드라마와 결합된 희망 모형(목표, 장애물, 경로, 의지력)을 근거로 한 5회기 프로그램이다. 간단히 말해, 아이들은 다중 목표 추구를 포함하고 있는 희망 게임(Hope Game)에 참여하고, 희망 만화를 그리고, 희망적 말을 강조하고, 자신의 목표에 대한 희망 이야기를 써보고 장애물을 탐험하는 이야기를 만들어낸다. 기쁘게도 이 프로그램은 희망 점수의 유의미한 상승을 보여주었다.

갤럽 재단에 의해 개발된 강점 기반 계발 프로그램은 학업성적을 유의미하게 올려준 것으로 밝혀졌다(Hodges & Clifton, 2004). 스토리텔링을 통한 강점 개발을 목표로 하는 강점 축하하기(Celebrating Strengths) 접근법은 영국 잉글랜드 북부의 초등학교에서 광범위하게 활용되고 있다(Eades, 2008). 정서지능은 사회적 정서적 학습 분야의 여러 프로그램의 기반 개념으로 널리 사용되고 있으며 가장 성공적인 경우는 자기과학(Self Science)과 남아프리카 정서지능 교육과정(The South Africa Emotional Intelligence Curriculum)이다(Salovey et al., 2004). 청소년들에게 긍정적 목표 설정과 목표 획득 활성화 기술을 가르치는 목표에 다가가기(Going for the Goal)와 같은 프로그램은 아주 광범위한 규모로 활용되고 있다(Danish, 1996). 인디애나폴리스의 키 스쿨(Key School)은 학생들의 몰입 경험을 향상시키는 것을 목표로 하고 있다. 이 프로그램은 학생들에게 자신의 능력에 도전할 기회를 제공하며, 학교에는 학생들의 흥미와 연관된 활동을 할 수 있는 시간과 공간을 제공하는 몰입 활동 센터(Flow Activities Center)가 있다. 인디아나의 기숙 고등학교 단체인 컬버 아카데미(Culver Academies)는 학교 전반에 걸쳐 성격 강점과 긍정적 정서를 통합했다. 교사진이 강점과 긍정적 정서를 훈련받고, 교사진의 수행은 강점 접근에 기반을 두고 평가된다(Yeager, 2007). 미국의 자선단체 모임인 혼 재단(Hawn Foundation)은 마음챙김 교육 커리큘럼을 개발하였고, 캐나다와 미국의 학교에서 시범 연구가 이루어지고 있다.

2006년 9월, 영국의 사립, 남녀 공학 학교인 웰링턴 칼리지는 학생들을 위한 2개년 웰빙 기술 프로그램을 시작했다. Ian Morris와 Nick Baylis가 이 과정을 계획했으며 '시험 결과와 측정된 결과물에 대한 강조로 인한 현대 교육의 불균형의 수정'이라는 구체적인 목표를 가지고 10, 11학년(14~16세)을 대상으로 격주로 실시된다(Baylis & Morris, 2006: 3). 이 과정의 궁극적 목표는 웰링턴 칼리지 학생들에게 잘 살기 위한 유용하고 쉽게 이해되고 일상에 적용 가능한 실제적 기술을 제공하려는 것이다. 이 과정은 아직 초기단계이지만 이러한 기술을 전달하고자 하는 열망으로 인하여 주목을 받고 있다. 이 열망은, '근시적인' 접근을 피하고 가장 최신 연구 결과와 실제적 개입에 주목하면서 긍정심리학 지식으로 이 과정의 넓이와 깊이를 확장하려는 의도로써 배가된다. 웰빙의 기술(Skills of Wellbeing)은 긍정적 기능의 발전을 목표로 하는 다른 프로그램과 마찬가지로 현재 아주 제한적인 과학적 타당도를 가지고 있다. 그럼에도 불구하고, 이것은 웰빙에 대한 토론을 영국의 정치적 의제의 중심에 둘 정도로 유례없이 미디어의 큰 관심을 받고 있다.

미국에서는 고등학생들에게 긍정심리학을 소개하기 위해 두 시간용 17개의 주제로 된 포괄적 프로그램이 개발되었다. Martin Seligman의 진정한 행복(Seligman, 2002a)의 생각을 기반으로 자아탄력성 요소를 포함한 이 프로그램은, 음미하기(Bryant & Beroff, 2007), 감사 편지쓰기, 축복 세어 보기(Seligman et al., 2005), 용서, 원한 내보내기(McCullough & Witvliet, 2002) 등의 검증된 혁신적 긍정심리학 훈련을 통합하고 있다.

웰빙에 대한 학교중심 접근

특정 기술의 개발을 목표로 하는 프로그램을 예견해보자면, 수업 외에도 긍정적 행동을 보여주는 교사들의 영향 때문인지 심리적 웰빙을 증진시키려는 학교 프로그램(교사와 학생을 포함하는)이 학급 기반 훈련보다 좀 더 효과적이라는(Wells et al., 2003) 증거가 있다. 학교 내의 전반적인 긍정적 분위기는 교사와 학생의 만족, 더 낮은 스트레스 수준, 더 좋은 학업 성과와 연관이 된다(Sangus & Vorpe, 2004).

무엇이 좋은 학교를 만드는가를 규정하기는 어렵지만 연구자들은 학생들이 학업에 참여하고 열심히 하도록 격려하는 학교라는 데 동의한다. 그러한 학교의 일반적 특징은 만족스러운 환경, 학교의 목적에 대한 분명하고 공유된 비전, 학생들에 대한 명백한 목표, 학생 개개인에 대한 강조, 노력이나 향상에 대한 보상 등이다(Peterson, 2006). 학교에 대한 학생들의 만족, 안전감과 소속감은 학생들의 학업에 대한 참여와 성취에 중요한 역할을 한다(Brand et al., 2003).

현재, '긍정적 학교'를 만들기 위한 계획이 호주의 무료 기숙학교인 Geelong Grammar에서 구체화되고 있다. Martin Seligman 교수의 지도하에 펜실베이니아 대학교의 35명의 긍정심리학자들이 몇 달째 긍정심리학의 원칙에 기초하는 학교로 디자인하고 있다. 모든 교사진은 PRP와 고등학생을 위한 긍정심리 프로그램(Positive Psychology Programme for High School Students)의 요소를 사용하여 긍정심리학과 자아탄력성 교육을 받고 있다. 또한 긍정심리학 팀은 위의 프로그램을 독립적 요소로 소개할 뿐만 아니라 영어, 역사, 수학과 같은 주요 과목 내에서 최적의 기능 요소를 발견하고 강조하기 위해서 과목 교사들과 협동을 하고 있다.

경고: 긍정적 부모 역할

물론, 학교만으로 충분하지 않다. 젊은이들의 웰빙은 많은 부분 가정에 달려있으므로 양육문제를 건드리지 않을 수 없다. 양육은 사람들이 당연하게 받아들이는 활동 중 하나이다. 대부분의 부모들은 양육기술을 자신의 부모에게서, 또한 자신의 자녀를 양육하는 과정 '그 자리에서' 배운다. '훌륭한' 양육의 요소에 대하여 여러 견해가 있지만, 아동 심리학자들은 훌륭한 양육이 건강한 발달, 사회적 적응, 학업적 성취, 자기존중감을 지지하는 데 꼭 필요하다는 것에 동의한다. 일반적으로 권위적인 양육—자녀에 대한 높은 민감성과 관심과 결합된 높은 수준의 통제—이 심리적으로 건강한 자녀를 기르는 가장 건설적인 방법으로 간주된다(Baumrind, 1991, 1993). 긍정심리학의 최근 연구는 긍정적 양육에 대해 보다 깊은 의문을 가지고 자녀의 심리적 욕구에 초점을 두어 7개의 양육 원칙을 찾았다(Cameron & Maginn, 2008):

- 보살핌과 보호—자녀의 기본 욕구에 대한 민감성은 자녀에게 부모가 자신을 보살펴 주고 있음과 자신이 중요하다는 사실을 보여준다.
- 안정적 애착—안정적 애착은 불안에 대한 완충의 역할을 하고 보호 기제로 작동된다.
- 긍정적 자기인식—긍정적 자기상을 형성하는 데 필수적이다.
- 정서적 능력—이 능력은 가족 외 관계의 성공적 발전의 토대가 되며, 후의 정신건강 문제를 위한 감수성과 성향을 조절해줄 수 있다.

- 자기 조절—자기 조절은 유혹적이거나 강제적인 외부 요소가 끼어들 때 부적절한 행동을 막아준다.
- 자아탄력성—자아탄력성이 있는 개인은 삶에서 자신에게 일어나는 일들을 이해할 수 있고(통찰), 타인에 대한 이해를 발전시키고(공감), 자신의 삶의 경험을 통제할 수 있다(성취).
- 소속감—관계에 대한 연구는 인간이 기본적으로 사회적이라고 규정하며 소속감의 욕구를 강조한다.

고등 교육

웰빙에 관련된 연구와 연구 결과의 도구화는 청소년들에만 국한된 것은 아니다. 긍정심리학 과정은 점차 고등 교육에서도 인기를 얻고 있다. 현재 미국, 영국, 호주의 수백 개의 학부 과정이 있다. 하버드 대학교에서, Tal Ben-Shahar의 긍정심리학 강의는 학기당 1400명의 학생, 즉 모든 학부생의 20% 정도가 수강하는데 이는 하버드 역사상 가장 대규모의 강의이다.

이미 언급했듯이, 미국 펜실베이니아 대학교와 영국의 이스트 런던 대학교[4]의 응용 긍정심리학 석사 프로그램(Master's programmes in Applied Positive Psychology: MAPP)은 학생들이 다양한 긍정심리학 훈련과 평가법을 공부하고 사용하는 것뿐 아니라 긍정심리학의 이론과 연구에 대한 깊이 있는 지식과 비판적 이해를 발전시키도록 하여 필요한 분야에 적용할 수 있도록 해준다.

두 대륙의 프로그램을 비교해보면 뜻밖에 '삶을 바꾸는 경험', 혹은 '존재의 연소'라고 묘사되는 경험상 유사성이 나타났는데, 아주 높은 수준의 내재적 동기, 열중과 몰입의 지속이 특징이다. 학생들의 경험에 대한 묘사는 다른 문화적 맥락에서 다른 연구 방법으로 다른 연구진에게 교육을 받아도 일치되었다. Boniwell과 Seligman의 연구(준비중)는 'MAPP의 기적'의 6개 주요 요소를 밝혔는데, 직업에 대한 '소명의식', 개인적 변화에 대한 개방성, 재미 혹은 긍정적

---

4) 학생들, 심리학자, 사업, 건강, 교육 전문가, 임원 및 인생 코치, 자선 및 NGO 종사자들을 포함한다.

정서 경험, 강력한 지적 자극과 활기, 타인과의 연결감과 보다 큰 존재(혹은 보다 큰 의미)의 일부가 되는 것이 포함된다. 아르헨티나, 호주, 이탈리아 및 다른 국가들의 대학원 프로그램이 빠르게 발전하는 가운데, 유사한 현상들이 일어나는가를 밝히려면 더 많은 연구가 필요하다.

세계적으로 여러 정부가 어린이들의 웰빙, 긍정심리학 연구와 과학의 활용성, 많은 시도에 대해 적극적인 관심을 보이므로 긍정교육의 미래는 밝다. 그럼에도 불구하고 아직은 아주 초기 단계임을 인식해야 한다. 이러한 프로그램과 개입이 성공하려면 적극적인 연구가 계속되어야만 한다.

긍정심리학과 산업 조직

긍정적 조직은 긍정심리학과 조직 이론 사이의 연결을 뜻하는 용어로서, '일반적 용어로, 그것은 개인, 집단, 조직을 전체로서 번영하게 해주는 조직 내와 조직의 생성 역동을 말한다'(Fredrickson & Dutton, 2008: 1). **긍정조직학**(positive organization scholarship)에서는 조직이란 개인, 집단, 전체 조직을 위한 긍정적 상태와 긍정적 결과를 형성하는 거시적 맥락이라고 간주한다(Cameron et al., Fredrickson & Dutton, 2008: 1에서 인용). **긍정적 조직 행동**은 이 작업의 혈관과 같은 것으로서, 인간의 수행을 고양하는 발달된 긍정적 심리 상태에 보다 좁게 초점을 두고 있다.

2004년에 Jane Henry는 긍정적 조직의 몇 가지 실제를 제안했다:

- **근무 다양성**(job variety): 고용주는 근로자들이 그 일의 다른 분야/기술을 시도할 기회를 제공할 수 있다.
- **내재적 동기화**(intrinsic motivation): 고용주가 외적 보상을 마련하는 것에서 멀어질수록 조직은 근로자의 자율권(탄력성 있는 근로 시간), 연결감(사회적 집단, 네트워킹), 능력(근로자가 발전 과정을 찾아 참가하도록 허용하는 것)을 증가시켜 내재적 동기화를 높일 수 있다.

- **신뢰**(confidence): 조직은 신뢰의 중요성을 인식하고 근로자 사이의 신뢰 수준을 높이도록 도와준다.
- **창의성**(creativity): 긍정적 조직은 개방적인 분위기를 만들어 창의적 사고를 권장한다.
- **강점**(strengths): 조직은 자신의 운영진의 발전 계획에 대하여 약점보다는 강점에 기반한 접근법을 사용할 수 있다.
- **팀 형성**(team building): 조직은 팀별 주말 보내기 활동이나 운동을 통하여 새로운 팀에 투자를 하고 오래된 팀을 발전시킨다.
- **메타 조망**(metaperspective): 조직은 강점과 역량에 관하여 균형 잡힌 조망을 가진다. 강점과 능력은 긍정적일 수도 있고 부정적일 수도 있다.
- **몰입**(flow): 조직은 근로자들에게 분명한 목표, 피드백, 적절한 도전을 제공한다.
- **참여적 근로 관례**(participatory working practice): 조직은 근로자들이 집에서, 혹은 전화를 사용하여 일하는 것 등 근로자들이 자신의 일하는 방식에 대해 결정하도록 허용한다.
- **개방적 분위기**(open climate), **권한부여**(empowerment), **자기조직**(self-organization): 조직은 근로자가 자신만의 팀을 꾸리고 그 팀에 투자하는 것을 허용한다.

시대는 변하고 있지만 많은 조직이 여전히 약점과 문제해결 접근법을 사용하는데 이는 조직과 근로자의 생산성과 번영을 높이는 데 비효율적임이 밝혀졌다. 게다가 관리자의 역할은 산업 조직의 몰입과 번영을 위한 열쇠이다. 예를 들어, 관리자에 의해 무시를 당한다고 느끼는 근로자는 40%가 이직을 한다. 반대로, 자신의 근로자의 말에 경청하고 강점을 활용하도록 격려하는 관리자는 이직률을 1%까지 줄였다.

생각해보기

당신의 상관이 어느 정도까지 당신의 전반적 웰빙에 영향을 준다고 보는가? 흥미롭게도 새로운 연구에 의하면 가까이 다가가고 싶지 **않은** 사람을 순서대로 말하라고 했을 때 남녀 모두 자신의 상관을 첫 번째로 선택했다(Drueger et al., 2008).

산업조직 내의 긍정심리학 개입법

산업 분야에서 '반영된 최고 자기 연습(reflected best selves exercise: RBSE)' 훈련이 점차 인기를 얻고 있다. 최신 연구에 따르면 RBSE가 직업적 자원과 개인적 자원을 모두 사용할 경우가 직업적 자원으로만 적용될 때보다 긍정적 정서와 주체성 및 관계 자원의 상승을 경험한다. 게다가 이 훈련은 강점에 기반한 RBSE뿐만 아니라 향상을 위한 제안들을 보탬으로써 더 강화될 수 있다(Spreizer et al., 2009).

몰입 훈련은 '좋은 기업'에 아주 중요한 것이라고 한다(Csikszentmihalyi, 2003). 직업 장면에서 몰입이 생기지 않는 주요 원인은 사람들로부터 최고를 끌어내지 않고 최다를 얻으려는 생각 때문이다. 분명한 목표를 가진 직업은 극소수이며 피드백도 거의 제공되지 않는다. 게다가 기술과 활동 기회가 서로 적합하지 않으면 근로자는 통제감의 결핍을 경험하게 된다.

현재, 여러 회사에서 커리어 개발, 수행 평가, 팀 형성을 위한 기초 작업으로 강점 접근을 채택하고 있다. 강점에 기반한 접근에는 동료와의 의사소통이나 토론에 강점 언어를 포함시키는 것이다. 최근 연구로 보아, 커리어 웰빙이 좋은 사람들은 그들의 직업 환경에서 규칙적으로 자신의 강점을 사용할 수 있다. 강점을 사용하는 근로자들은 그렇지 않은 사람보다 여섯 배 더 집중하는 것으로 보인다. 또한 강점을 사용하는 이들은 주 40시간까지 일을 즐긴 반면 그렇지 않은 이들은 주 20시간 지점에서 소진을 경험한다(Rath & Harter, 2010).

어떤 회사는 채용과 선발 목적으로 VIA와 같은 강점 평가도구를 사용한다. 하지만 이것이 최종 결정에 있어서 유일한 결정요소가 되면 안 된다. 산업에서는 직무 배치의 적절성에 입각하여 직원들을 그들의 강점과 연결시키기 시작하였고 희망적인 결과를 내고 있다. 게다가, 보완적 강점 프로파일에 기초하여 팀을 구성하고 보완적 파트너 짓기 혹은 강점이 어울리는 팀을 통하여 약점을 조절하는 것이 성공적인 결과를 내고 있다. 결국 강점을 사용할 기회를 더 많이 만들어주는 기업이 높은 생산성과 근로자의 웰빙을 보고한다(Buckingham & Clifton, 2005).

건강 기구에서의 긍정심리학 훈련

아쉽게도 건강관리 장면에서 긍정심리학을 적용하려는 시도에는 몇 가지 문제점이 있다(Harris & Thoresen, 2006). 특히 강점에 기반한 접근은 흔하지 않다. 하지만 긍정심리학에 기반한 훈련(예를 들어, 용서; 자기효능감 훈련)이 병원, 지역 정신건강 센터, 장애에 초점을 맞춘 심리치료 센터에서 적용된다면 강점을 키우기보다는 고통을 줄이는 데 집중했던 건강관리 장면에서 놀라운 효과를 나타낼 것이다.

연구에 의하면 간호와 같은 건강 관련 직업 장면에서는 조직적인 존중('존중, 위엄, 타인의 긍정적 자기-간주를 위한 보살핌, 조직생활의 집단적 특성으로 정의됨, Ramarajan et al., 2008: 5)이 근로자의 소진과 정서적 피로를 유의미하게 줄여줄 수 있다(Ramarajan et al., 2008). 또한 조직체들은 정서적 피로감을 유의미하게 줄여주는 조직에 대한 존중심을 높이기 위해 이러한 개입을 실행해 볼 수 있다(Ramarajan et al., 2008).

긍정심리학과 공공 정책

전통적으로 세계 여러 나라들은 자신의 나라의 부를 국내총생산(GDP)으로써 측정해왔다. Robert Kennedy는 정부가 삶의 가치를 높이는 것을 제외한 모든 것을 측정한다고 주장하면서 이러한 분석 방법을 비판하였다. 긍정심리학자들이 정부에 개인과 사회의 삶의 질과 주관적 웰빙 평가에 주관적 웰빙의 측정도구를 추천하게 되면서 공공 정책 영역에서 많은 진보를 이루었다(Diener et al., 2009). 이러한 도구는 정부에게 국민이 '얼마나' 행복한지에 대한 아이디어를 제공할 뿐 아니라 프로젝트와 계획이 실제로 국민의 웰빙에 도움이 되는지를 판단하게 한다. 세계 여러 정부들은 이러한 정보에 관심을 갖고(예를 들어 영국), 현재 국민의 여론조사에 웰빙 측정도구를 사용하고 있다(Stiglitz et al., 2009).

전반적으로 보아 긍정심리학은 치료, 코칭, 교육, 조직 장면, 공공 정책 등에 급속도로 많이 응용되고 있다. 보다 큰 규모의 평가와 종단적 프로그램을 위한 기금의 증가가 심리학 내의 긍정심리학의 가치를 높여줄 것이다.

요 약

학습목표를 돌아볼 때, 당신은 강점의 개념과 긍정심리학의 몇 가지 적용법을 이해해야 한다. 구체적으로 아래와 같은 것을 알고 있어야 한다.

- 강점에는 VIA, Clifton Strengths Finder, Realize2와 같은 세 가지 주요 모델이 있다.
- 긍정심리학의 대부분의 연구는 6개 덕목으로 분류되는 VIA와 그것의 24개 강점에 기반한다(지혜, 용기, 인간성, 정의, 절제, 초월성).
- 코칭은 긍정심리학 내의 이론을 검증하기 위한 멋진 매개물로서, 상아탑과 현실 세계 사이의 틈을 연결해준다.

- 긍정적 치료법은 '깊은 전략' 접근법을 사용한다.
- 합리적 정서 행동 치료법, 웰빙 치료법, 삶의 질 치료법은 강점을 강화하려는 작업이다.
- 긍정심리학 접근법을 채택하는 조직은 생산성을 높이고 이직률을 줄이고 경영진의 웰빙을 높여줄 수 있다.
- 학교에서의 긍정심리학의 사용은 일일 워크숍에서 3개월 개입법, 혹은 긍정심리학의 이론적 개념을 전체 교육과정으로 재조직하는 것 등 여러 모로 증가되고 있다.
- 긍정심리학의 측정도구들은 국민의 주관적 웰빙 점수를 평가하기 위해 정부 차원에서 채택 사용되고 있다.

추천자료

http://www.ppc.sas.upenn.edu/prpsum.htm

수련 기회 및 Penn Resilience Program에 관한 정보를 원하면 이 사이트가 도움이 된다.

http://www.flourishingschool.org/

학교가 자신의 학교 풍토에 긍정심리학을 어떻게 적용시키는지 살피는 데 도움이 되는 사이트이다.

http://www.businessweek.com/magazine/content/09_62/s0902044518985.htm

BusinessWeek지는 산업 분야에서 긍정심리학을 응용하는 법에 관한 기사를 실었다. 사업 분야에 관심이 있는 학생들에게 아주 유익한 읽을거리이다.

http://ww.bus.umich.edu/Psitive

미시간 대학교의 긍정적 조직 실험실 사이트이다.

보충 질문

1 좋은 대학이란 어떤 대학인가?

2 당신은 진정으로 긍정적인 심리학과를 어떻게 만들 것인가?

3 아이들은 학교에서 무엇을 배워야 한다고 생각하는가? 학업적 능력이면 충분한가?

4 당신의 직장이 번영하는 환경이 되기 위해 해야 할 세 가지는 무엇인가?

개 인 훈 련

마음챙김

- 눈을 감고 편안한 자세를 취하라.
- 자신의 자세, 몸, 호흡을 자각하라.
- 감각과 감정을 자각하라...감각과 감정이 오고 가는 것을 바라보아라.
- 자신의 마음이 어떻게 헤매는지를 자각하고, 관찰하고, 지금 바라보고 있는 것으로 부드럽게 다시 데려오라.
- 자신이 좋아하지 않는 생각이나 감정을 가지더라도 밀어내지 말고... 자신의 모든 경험을 향하여 수용하는 태도를 지녀라(Davidson et al., 2003).

CHAPTER 11

긍정심리학 요약

❖ 학습목표

긍정심리학이 긍정성을 지나치게 강조하고 비관주의, 불평, 의심과 같은 부정적 심리과정의 유용한 기능을 무시하는가? 이 새로운 분야는 적응의 사회적 환경적 예언요인을 희생시키면서 긍정적 정서 및 인지와 같은 심리적 요인을 지나치게 강조하는가? 이 장에서는 긍정심리학의 제한점 및 최근의 비판에 대하여 알아볼 것이다.

주제 목록

- 긍정심리학에 대한 10가지 비판
- 긍정심리학의 미래
- 이 책의 핵심

학습 전 질문

1 긍정심리학 운동은 계속될 것인가?
2 불균형에 대한 비판에 대해 논의하라.
3 긍정심리학은 모두 다 긍정성에 관한 것인지 비판적으로 논의하라.

긍정심리학에 대한 비판 10가지

그렇다면 긍정심리학은 동네북이 될 것인가? 사실 긍정심리학을 21세기의 저주라고 하면서 맹렬하게 비판하는 많은 비평가들이 있다. 만성적인 자연재해, 세계경제 침체, 만연한 질병으로 많은 이들이 고통을 받고 있는 가운데 좋은 삶을 고양시키려고 하는 것은 죄악이지 않은가? 긍정심리학은 자본주의 국가인 미국의 행복을 추구하려는 이기적, 개인주의적 집착의 한 부산물일 뿐인가? 우리는 과학과 인문학의 모든 영역에 걸쳐 긍정심리학에 대한 상위 10가지 비판을 정리해보았다.

1. 부정성이 더 중요하고 급박한데 왜 긍정성을 연구하는가?

가장 큰 비판 중 하나는 유명한 정서/대처 연구자인 Richard Lazarus에게서 비롯된다. 2003년, 그의 비판은 긍정심리학이 너무 많은 약속을 하면서 보답하지 않는 일종의 일시적 유행일 뿐이라는 믿음에서 출발되었다. 그는 긍정심리학의 초점은 '긍정성을 강조하고, 부정성을 제거하며, 어중간한 것과 어울리지 않는 것'(p. 93)이라고 생각했다. 기본적으로 긍정심리학에서 말하는 긍정성은 긍정이 부정과 분리될 수 있다는 것인데 이는 그 자체로 위험하다. 왜냐하면 나머지 하나의 희생으로 다른 것을 강조해서는 안 되기 때문이다(Lazarus, 2003).

2. 방법론

게다가 Lazarus는 긍정심리학은 횡단적 상관 연구를 지나치게 강조함으로써 방법론에 문제가 많다고 주장한다. 이런 연구방법은 상관은 보여주지만 인과의 방향을 보여줄 수는 없다. 하지만, 연구 설계의 제한점은 심리학 일반의 문제이며 긍정심리학만에 국한된 문제가 아니다. 대부분의 긍정심리학자들은 이러한 심리학 전반의 제한점에 동의를 하지만, 긍정심리학이 성장함에 따라 종단적 연구와 전 세계적인 조사가 더욱 많아지는 가운데 횡단적인 자기보고법과 같은 방법론적 문제가 점차 줄어들고 있다.

3. 긍정성과 부정성의 개념

자주 거론되는 긍정심리학의 또 다른 비판은 정서의 다차원성에 대한 단순한 관점이다. 정서는 긍정적이거나 혹은 부정적으로 간주되나, 실제로는 자주 혼합적이다(Larsen et al., 2001, 2004). 예를 들어, 원하는 결과물에 대한 바람인 희망(긍정)은 불확실성과 불안(부정)을 아주 많이 일으킬 수 있다. 기쁨은 즐거운 것이긴 하나 대개 일시적이다. 자부심은 일곱 가지 대죄 중의 하나이다. 사랑은 기쁘나 상호적일 경우일 때만 그렇다. 분노는 자신의 주장을 내세울 필요가 있을 때는 긍정적일 수 있다. 따라서 긍정심리학이 이러한 비판에 귀를 기울이고 정서의 혼합성과 인간의 삶 속에서 발생하는 그 혼합물을 계속 규명한다면 더욱 발전할 것이다.

Held(2002)는 긍정심리학은 뉘앙스를 배제한 채 양극화된 메시지(긍정은 좋고 부정은 나쁘다)를 전달한다고 주장하며 이러한 비판을 지지한다. 일부 긍정심리학자(예를 들어 Seligman)는 '우리는 긍정적으로 사고해야 한다, 우리는 긍정적 정서와 태도를 길러야 한다, 그리고 우리는 행복하고 건강하고 지혜롭기 위하여 자신의 강점을 발휘해야 한다'고 제안하는 것으로 보인다.

4. 주제와 연구 결과물에 대한 불균형적인 관점

또한 Lazarus는 긍정심리학의 낙관성 옹호가 심하게 편향되고 불균형적이라고 비판한다. 사실 현실에서 비관주의자('현실주의자')들은 잔인함, 살인, 노예제도, 인종 학살, 편견 및 차별에 대항하여 가치 있는 분노를 표현한다.

그리고 Lazarus는 이전에 주장되듯 '전통의 심리학'이 불균형적이지 않다고 주장한다. 이것은 사실 해명하기 어려운 비판이다. 자기존중감, 신뢰, 긍정적 재평가 등과 같은 영역의 연구는 수십 년간 계속되어 왔다. 이것은 새로운 긍정심리학자들이 무엇이 '새로운' 것이고 무엇이 이전 이론의 확장물인지를 이해하기 위하여 그들 이전의 연구와 주제에 대해 알 필요가 있다는 이야기다.

Held는 Seligman의 메시지가 때로 지나치게 일방적이고 메시아적이라고 비판한다: '비관주의자들은 많은 영역에서 패배자들이다'(authentic happiness). '긍정성을 촉진하는 것'(부정성을 무시하기)은 굉장히 유익하다는 암묵적인 메시지가 있다(Held, 2004). 하지만 연구에 의하면 부정적 정서와 기억의 공동 활성화도 통합과 성장을 위해 필요하다(Larsen et al., 2003). 그렇지만 다른 측면에서 연구자들은 긍정적 경험과 부정적 경험의 건강한 균형이 필요하다고 하는 증거가 없다고 제안한다(King, 2003). 게다가 긍정적 착각을 경험하는 사람들은 현실적인 사람들보다 더 잘 산다.

비판자들은 주제에 있어서의 불균형적인 조망뿐 아니라 피험자와 연구 결과물에 대한 비판적 보고도 역시 불균형적이라고 비판한다. 긍정심리학자들은 자주 긍정적 정서/인지는 일관되게 더 좋은 건강과 장수로 이끈다고 주장한다. 일부 연구는 경미한 우울증을 가진 나이든 여성들이 더 오래 생존하고(Hybels et al., 2002), 한 종단 연구에서 명랑성(낙관성과 유머 감각)은 보다 이른 나이의 사망과 관련이 있음을 시사한다(Friedman et al., 1993).

5. 부정성의 필요

Van Deurzen(2009)의 긍정심리학 비판은 자신의 삶에 의미가 결여되어 있다고 여기는 사람들의 공허함을 채워주는 긍정심리학에 초점을 두고 있다. 잘 알려진 대로, Deurzen은 인간의 존재에는 투쟁과 역경이 필요하며 긍정심리학은 행복한 결말에 고착되어 있다고 말한다. 뒷부분의 비판에 대해 대답하자면, 자아탄력성과 외상 후 성장 분야는 특히 이 개념과 고통을 통하여 배우고 자신에 대하여 가치 있는 것을 변화시키는 방식에 초점을 두고 있다. 이러한 비판은 진정한 행복과 주관적 웰빙에 대한 이해의 부족에서 비롯된 것으로 그것이 긍정심리학의 유일한 초점은 아님을 이제는 알게 되었을 것이다.

결국 Van Deurzen과 여러 다른 저명한 연구자들은 긍정심리학에서 삶을 가치 있게 만들어준다고 제안한 것을 비판하면서 외상 후 성장 분야를 보지 못한 것이다. 비판자들은 우리가 존경해야 할 완벽한 모델로 Flankl을 이용하기조차도 한다: 우리는 이에 동의하며 비판가들에게 Frankl은 의미와 외상 후 성장 분야의 대표이며 이 분야는 긍정심리학의 영역에 들어있는 것을 상기시켜주고 싶다.

6. 유행으로서의 긍정심리학

긍정심리학은 단지 이념적 운동인가? 점점 세속화되고 있는 이 사회의 교리인가? 일부 연구자들은 긍정심리학이 시류에 편승한다고 주장한다. 하지만 이러한 비교는 분명 문제를 심하게 단순화시킨 것이다. 긍정심리학이 새로움을 과도하게 강조했을 수도 있으나, 출발단계부터의 긍정심리학의 조망 변경을 안다면 이해할 수 있을 것이다. 긍정심리학의 연구자들과 학생들은 중요한 주제와 현상을 지지하는 과학적 증거를 마련하기 위해 노력하며 심리학적 실험을 통하여 적절히 타당화되지 못하는 자기계발 기법들을 옹호하지 않는다.

7. 긍정심리학자들의 윤리

Van Deurzen은 긍정심리학자들은 복잡한 문제들을 접근이 쉽고 잘 팔리는 상품으로 변화시켜서 신속한 해결책을 제공한다고 주장한다. 하지만 우리는 항상 연구와 상아탑 그리고 실천–응용 사이의 공백을 메우기 위해 애쓰고 있지 않는가? 만약 실천이 가능하지 않다면 아이디어는 무슨 소용이 있는가?

Van Deurzen은 긍정심리학의 목적은 일종의 마인드 컨트롤처럼 도움이 되지 않는 부정적인 사고/정서를 보다 생산적/긍정적 실체로 변화시키는 것이라고 주장한다. 하지만 전통적인 임상 심리학은 수십 년 동안 환자의 부정적 사고에 '개입하여' 해로운 방식을 없애려고 노력했다. 우리가 생각하는 차이점은 긍정심리학은 부정적 사고의 제거뿐만 아니라, 적응적 사고과정의 증진도 또한 제안한다는 것이다. 긍정심리학은 배타적으로 긍정적 사고만을 바라는 것은 아니다. 오히려 긍정심리학은 부정적 사고와의 건강한 균형의 중요성을 이해하고 강조한다. 긍정심리학 운동은 무의식적 만족을 지지하지 않는다.

8. 긍정적 사고의 독재

Held(2002)는 긍정심리학 운동에 중요한 '어두운 이면'이 있다고 주장한다. 이것은 불운한 환경의 희생자들과 고통을 받는 이들은 자신의 불행에 대하여 책임이 있다고 하는 부작용을 말한다. 희생자들이 필요한 낙관성, 강점, 미덕 및 의지력을 보이지 않는 경우 그것은 그들의 잘못이다. 모순되게도, 긍정적 태도의 독재는 주관적 웰빙을 줄일지 모른다. 불행은 참을 수 없으므로 없애야 한다는 암묵적 문화적 믿음은 해로울 수 있다(Held, 2002):

> "인간 존재의 유일하면서 가장 두드러진 사실은 인간이 행복해지기가 얼마나 어려운가이다. 만약 우울하고, 중독되고, 불안하고, 분노하고, 자기파괴적이고, 소외되고, 근심이 많고, 충동적이고, 일에 중독되고, 자신감이 없고, 고통스러울 정도로 낯가림을 하고, 이혼을 하고, 친밀감을 회피하고, 스트레스를 받는, 혹은 과거에 그랬던 인간을 모두 모아본다면, 고통은 인간 삶의 기본 특성이라고 결론내지 않을 수 없다:
>
> —(Hayes, Strosahl, and Wilson, 1999—http://contextualpsychology.org/act에 있는 ACT 사이트를 참고하라.)"

9. 일부 긍정심리학자들의 분리주의적 입장

Seligman은 인본주의 심리학을 비과학적이라고 거부하면서(Taylor, 2001;

Held, 2004), 양적 및 경험적 연구를 긍정심리학의 유일한 합법적 과학적 기초라고 정의한다. '이러한 거부는 긍정심리학의 우세한, 분리주의적 메시지의 맥락에서 이해될 수 있다. 즉 만약 어떤 사람이 자신의 운동이 "사회과학 내의 독립적인 접근법"을 구성한다고 주장한다면, 그러한 구분에 도전하는 경쟁하는 접근법을 제거해야만 한다.'(Held, 2004).

$9_{1/2}$ 일관성 있는 이론의 부족

비판자들은 긍정심리학에서는 변인들 사이의 논리적 혹은 경험적 관련성이 분명하게 정립되지 않는다고 주장한다. 우리는 연구 영역을 묶는 선두 이론이 있다고 여기기 때문에 이 비판을 $9_{1/2}$로 표기한다. 그렇다. 서로 잘 연결되지 않는 일부 영역들이 있다. 하지만 모든 영역은 인간이 어떻게 번영할 수 있는지를 이해하기 위해 노력하고 있다. 게다가 인지 심리학을 들여다보면 뇌를 관찰하고 뇌가 인간행동에 어떤 영향을 미치는가를 주로 다루면서도, 많은 주제 영역들이 다른 영역들과 유사성이나 연관성이 거의 없다.

10. 긍정심리학은 '부정적 사고'의 긍정적 면을 무시한다.

비판자들은 부정적 사고의 긍정적 효과에 대한 분명한 사례가 있다고 주장한다. 예를 들어, 5장에서 보았듯이 방어적 비관주의는 개인에 따라 좋은 것일 수도 있다. 게다가, '불평 변호'(Kowalski, 2002)를 지지하는 일부 증거가 있다. 사람들은 만성적인 불평가들을 싫어하거나 따돌리고 만성적 불평은 자신과 타인의 부정적 기분을 활성화시키는 경향이 있지만 불평을 하는 것이 유익하기도 하다. 예를 들어, 새 대학이나 대기실같이 낯설고 불쾌한 상황에서 불평하는 것은 사회적 유대감을 일으키는 데 효과적일 수 있다(불편한 환경에 대한 불평은 차가운 분위기를 깨는 데 도움이 된다). 결론적으로 말해, Kowalski는 '긍정심리학이 부정적인 대인관계 행동의 긍정적 특성을 소홀히 했다'고 주장한다.

긍정심리학의 미래

흥미롭게도 긍정심리학의 주요 인물(예를 들어, Diener, Linley, Joseph)들은 긍정심리학의 통합(그러므로 소멸)이 이상적인 미래라고 믿는다. 궁극적으로 Seligman의 APA 선언의 목적은 '전통 심리학' 내의 불균형을 환기시키려는 것이었다. 이제 이것이 전달되었으므로 다른 선언은 '필요'없을 것이다. 이것이 자리를 잡는 데 얼마나 시간이 걸릴지는 알 수 없다. 관점의 통합과 변화는 기금, 연구자들, 발전된 이론과 응용의 필요 등에 따라 십년 혹은 그 이상이 걸릴지 모른다(Linley et al., 2006).

긍정심리학의 연구자, 상담가, 강사로서 우리는 독특한 통찰을 가지고 긍정심리학의 미래를 예견했다. 우리는 긍정심리학이 Joseph과 Linley가 소외화(심리학의 다른 분야에서 긍정심리학이 분리되는 것)라고 묘사했던 식으로 계속되는 것은 이 주제의 통합과 성장에 해로울 것이라고 생각한다. 교수로서 우리는 그런 편협된 시각의 파괴적인 결과를 느낄 수 있으므로 학생들이 그렇게 생각하지 못하도록 할 것이다. 어떤 학문분야가 고립되면 될수록 깊이와 풍부함, 상대적인 것에 대한 이해를 더 많이 잃게 될 것이다.

우리는 긍정심리학이 발전 성장하고 계속 전문화를 추구하면서도 과학의 다른 영역들과 통합이 이루면 그 강점이 배가 될 것이라고 여긴다. 이러한 긍정심리학의 미래는 연구기금이라는 실용적인 요소와 더불어 심리학계 내에서 존재를 보장받아야 하는 구조적인 문제를 갖고 있다. 긍정심리학은 원래 불균형 때문에 시작되었으므로 긍정성을 연구하면서 부정성을 인정할 필요가 있다는 점을 인식해야만 한다.

요 약

학습목표로 볼 때 긍정심리학에 대한 현재의 비판을 이해해야 한다. 보다 구체적으로 다음을 알고 있어야만 한다.

- 여기서는 긍정심리학 운동의 10가지 주요 비판을 살펴보았고 대부분은 이 운동에 대한 오해의 결과이다.
- 이 운동은 성장하고 시간이 지날수록 종단 연구와 세계적 설문이 보다 많아지므로 방법론(횡단 연구, 자기보고)의 문제가 줄어들 것이다.
- 6장에서 살펴보았듯이 긍정심리학은 부정적 경험이 삶의 한 부분임을 인식하고 있으며 자아탄력성과 성장에 관한 연구를 통해 비판가들이 생각하는 것보다 더 큰 전체적인 관점을 이해하려고 한다.
- 긍정심리학 개입이 어떤 이에게는 효과적이지만 어떤 이들에게는 효과적이지 않은 점 등 풀어야 될 문제가 여전히 남아있다. 이것은 유전적인가?
- 긍정심리학 영역의 미래는 분리, 통합, 완전한 해체 가운데 한 가지 모습이 될 것이다.

추천자료

http://www.uel.ac.uk/psychology/programmes/postgraduate/positive-msc.htm

영국의 East London 대학교의 MAPP 과정에 관한 정보를 얻는 데 도움이 된다.

http://www.sas.upenn.edu/lps/graduate/mapp/

미국의 관점이 궁금하고 정보를 원하면 MAPP USA 사이트를 찾아보아라.

http://www.intentionalhappiness.com/workbooks.html

긍정심리학 분야의 워크북을 원하면 Robert Biswas-Diener의 워크북 모음에 접속하여라.

http://www.uel.ac.uk/psychology/lp4/index.htm

http://positivepsychologynews.com

이 사이트는 긍정심리학 분야의 모든 최신 개발품, 도서 리뷰, 토론에 관한 정보를 담고 있다.

http://www.centreforconfidence.co.uk

http://www.bowdoin.edu/faculty/b/bheld/

교재 핵심

이제 긴 여행을 마쳤으니 일반적 과정뿐 아니라 이 교재로 이루어낸 것을 살펴보자.

우리는 학부생들에게 긍정심리학을 이해할 수 있는 최신의 비판적 교재를 제공하기 위해 이 책을 만들었다. 우리는 신체에 대한 긍정적 영향 및 실존적 긍정적 죽음과 같은 주제 등 전통적이고 편협된 긍정심리학의 관점을 뛰어넘는 내용을 제공하려고 했다. 당신은 여기서 배운 것을 토대로 긍정심리학의 다음 단계로 나아갈 수 있을 것이다. 참고 자료를 활용하고 응용 긍정심리학 대학원 과정 이학석사(MAPP MSc) 프로그램을 찾아보고 지역 혹은 국가의 긍정심리학 센터를 알아보아라.

우리는 당신이 '생각해보기' 부분에서 잠시 멈추고 생각하면서 이 책을 활용했기를 바란다. 또한 긍정심리학 전공학생이 알아야 하는 흥미롭지만 때로 알려지지 않은 실험을 재미있게 읽었기를 바란다.

마지막으로 우리는 당신이 매주 시간을 내어 매 장의 주제와 연관된 개인 훈련 부분을 시도해보기를 바란다. 이것은 과학적 증거에 기반하고 있으며, 열심히 한다면 당신의 웰빙에 큰 영향을 끼칠 것이다.

요약하자면, 우리는 당신이 비판적 사고로써 긍정심리학에 대하여 균형 잡힌 관점을 가지기고, 더 나아가 독립적인 연구를 하기를 진심으로 바란다.

보충 질문

1 당신은 긍정심리학에 대한 지식으로 무엇을 하고 싶은가?
2 당신은 이 훈련이 편견적이고 배타적이라고 여기는가?
3 이러한 훈련을 한 문장으로 말한다면?
4 당신이 생각하는 긍정심리학의 이상적인 미래는 무엇인가?

개 인 훈 련

1 당신 자신의 마인드맵 만들어보기

시간을 내어 1장에서 만들었던 마인드맵을 점검하고 새롭고 보다 세련된 마인드맵을 만들어보아라. 11주 전에 만들었던 마인드맵과는 어떻게 다른가? 주요 가지는 어떤 모습인가? 지금 그 가지들에게서 무엇이 돋아나는가? 마인드맵을 어떻게 하는지 상기할 필요가 있다면 1장의 예를 찾아보아라.

2 '정서' 스크랩북을 만들기

이 마지막 훈련은 이 과정을 마친 후에도 오랫동안 계속 할 수 있는 개인 훈련을 제공하려는 것이다. 이것은 8장의 포트폴리오의 개념과 비슷하다. 10가지 긍정적 정서(예를 들어, 감사, 혹은 평화 포트폴리오) 중 하나를 바탕으로 포트폴리오를 만들어라. 이렇게 하기 위해서 소중히 간직하고 싶은 정서를 느끼게 해주는 사진과 기념물을 모아라. 의미 있고 적절한 항목을 선택한 것이라고 확신하면 나름대로 창의적일 수 있다. 하나를 완성한 다음 시간을 내어 10가지 정서를 모두 해보아라(Fredrickson, 2009). 몇 주나 몇 달 후에 다시 생각해보고 계속 첨가할 수 있다.

참고 문헌

Abramson, L. Y., Seligman, M. E. P. and Teasdale, j. D. (1978) Learned helplessness in humans—critique and reformulation. *Journal of Abnormal Psychology*, *87*(1): 49–74.

Ackerman, C. (2009) Dopamine. In S. Lopez (ed.) *The Encyclopedia of Positive Psychology* (pp. 288–90). Chichester: Blackwell Publishing Ltd.

Adelmann, K. (1987) Occupational complicity, control and personal income—their relationship to well being in men and women. *Journal of Applied Psychology*, *72*(4): 529–37.

Affleck, C., Tennen, H., Croog, S. and Levine, S. (1987) Causal attribution, perceived benefits, and morbidity after a heart attack: an 8-year study. *Journal of Consulting and Clinical Psychology*, *55:* 29–35.

Ai, A. L., Tice, I. N., Whitsett, D. D., Ishisaka, I. and Chim, M. (2007) Posttraumatic symptoms and growth of Kosovar war refugees: the influence of hope and cognitive coping. *Journal of Positive Psychology*, *2*(1): 55–65.

Ajzen, I. (1988) *Attitudes, Personality, and Behavior*. Milton Keynes: Open University Press.

Ajzen, I. (1991) The theory of planned behaviour. *Organisational Behaviour and Human Decision Processes*, *50:* 179–211.

Ajzen, I. and Fishbein, M. (1980) *Understanding Attitudes and Predicting Social Behaviour.* Englewood Cliffs, NJ: Prentice-Hall.

Aked, J., Marks, N., Cordon, C. and Thompson, C. (2008) *Five Ways to Wellbeing*. London: New Economics Foundation.

Amabile, T. M. (1983a) *The Social Psychology of Creativity*. New York: Springer-Verlag.

Amabile, T. M. (1983b) The social psychology of creativity: a componential conceptualization. *Journal of Personality and Social Psychology*, *45:* 357–76.

Antoni, M. H., Lehman, J. M., Kilbourn, K. M. et al. (2001) Cognitive-behavioral stress management intervention decreases the prevalence of depression and enhances benefit finding among women under treatment for early-stage breast cancer. *Health Psychology*, *20*(1):

20–32.

Antonovsky, A. (1979) *Health, Stress and Coping*. San Francisco, CA: Jossey–Bass.

Antonovsky, A. (1987) *Unraveling the Mystery of Health—How People Manage Stress and Stay Well*. San Francisco, CA: Jossey–Bass Publishers.

Antonovsky, A. (1993) The structure and properties of the Sense of Coherence Scale. *Social Science and Medicine, 36:* 725–33.

Antonovsky, H. and Sagy, S. (2001) The development of a sense of coherence and its impact on response to stress situations. *Journal of Social Psychology, 126*(2): 213–25.

Arey, B. D. and Beal, M. W. (2002) The role of exercise in the prevention and treatment of wasting in acquired immune deficiency syndrome. *Journal of the Association of Nurses in AIDS Care, 13:* 29–49.

Åstrand, P. O. (1994) Physical activity and fitness: evolutionary perspective and trends for the future. In C. Bouchard, Ri. Shephard, and T. Stephens (eds) *Physical Activity, Fitness, and Health: International Proceedings and Consensus Statement* (pp. 98–105). Champaign, IL: Human Kinetics.

Babyak, M., Blumenthal, J. A., Herman, S. et al. (2000) Exercise treatment for major depression: maintenance of therapeutic benefit at 10 months. *Psychosomatic Medicine, 62*(5): 633–8.

Backhouse, S. (2009) Aerobic activity. In S. Lopez (ed.) *The Encyclopedia of Positive Psychology* (pp. 18–21). Chichester: Blackwell Publishing Ltd.

Baltes, P., Staudinger, U., Maercker, A. and Smith, J. (1995) People nominated as wise: a comparative study of wisdom–related knowledge. *Psychology and Aging, 10:* 155–66.

Bancroft, J., Janssen, E., Strong, D. et al. (2003) The relation between mood and sexuality in heterosexual men. *Archives of Sexual Behavior, 32*(3): 21 7–30.

Bandura, A. (1977) *Social Learning Theory*. Englewood Cliffs, NJ: Prentice–Hall.

Bandura, A. (1986) *Social Foundations of Thought and Action: A Social Cognitive Theory*. Englewood Cliffs, NJ: Prentice–Hall.

Bandura, A. (1997) *Self–Efficacy: The Exercise of Control*. New York: Freeman Press.

Bandura, A., Ross, D. and Ross, S. A. (1961) Transmission of aggression through imitation of aggressive models, *Journal of Abnormal and Social Psychology, 63:* 575–82.

Baumeister, R. F. (2003) Ego depletion and self–regulation failure: a resource model of self–control. *Alcoholism: Clinical and Experimental Research, 27*(2): 281–4.

Baumeister, R. F., Bratslavsky, E., Mu raven, M. and lice, D. M. (1998) Ego depletion: is the active self a limited resource? *Journal of Personality and Social Psychology, 74*(5): 1252–65.

Baumeister, R. F., Cailliot, M., DeWall, C. N. and Oaten, M. (2006) Self–regulation and personality: how interventions increase regulatory success, and how depletion moderates the effects of traits on behavior. *Journal of Personality, 74*(6): 1773–801.

Baumeister, R. F., Muraven, M. and lice, D. M. (2000) Ego depletion: a resource model of volition, self–regulation, and controlled processing. *Social Cognition, 18*(2): 130–50.

Baumrind, D. (1991) The influence of parenting style on adolescent competence and substance use. *Journal of Early Adolescence*, 11: 56–95.

Baumrind, D. (1993) The average expectable environment is not good enough. *Child Development, 64:* 1299–1317.

Bayiis, N. and Morris, I. (2006) *The Skills of Wellbeing: Course Overview*. Tonbridge Wells: Wellington College.

Beck, A. T. (1976) *Cognitive Therapy and the Emotional Disorders*. New York: International Universities Press.

Benton, D. and Donohoe, R. T. (1999) The effects of nutrients on mood. *Public Health Nutrition, 2*(3A): 403–9.

Bernard, M. E., Froh, J. J., DiCiuseppe, R., Joyce, M. R. and Dryden, W. (2010) Albert Ellis: unsung hero of positive psychology, *Journal of Positive Psychology, 5:* 302–10.

Biddle, S. J. H., Fox, K. R., Boutcher, S. H. and Faulkner, C. (2000) The way forward for physical activity and the promotion of psychological wellbeing. In S. J. H. Biddle, K. Fox and S. H. Boutcher (eds) *Physical Activity and Psychological Wellbeing* (pp. 154–68). London: Routledge.

Biddle, S.J. H. and Mutrie, N. (2007) *Psychology of Physical Activity: Determinants, Wellbeing and Interventions* (2nd edn). London: Routledge.

Biswas–Diener, R. (2006) From the equator to the north pole: a study of character strengths. *Journal of Happiness Studies, 7:* 293–310.

Biswas–Diener, R. and Diener, E. (2006) The subjective wellbeing of the homeless, and lessons for happiness. *Social Indicators Research, 76:* 185–205.

Black, A. E. and Deci, E. L. (2000) The effects of instructors' autonomy support and students' autonomous motivation on learning organic chemistry: a self–determination theory perspective. *Science Education, 84:* 740–56.

Blanchflower, D. C. (2001) Unemployment, wellbeing, and wage curves in eastern and central Europe. *Journal of the japanese and International Economies, 15*(4): 364–402.

Blanchflower, D. C., Oswald, A. J. and Stutzer, A. (2001) Latent entrepreneurship across nations. *European Economic Review, 45*(4–6): 680–91.

Blumenthal, J. A., Babyak, M. A., Moore, K. A. et al. (1999) Effects of exercise training on older patients with major depression. *Archives of Internal Medicine, 159:* 2349–56.

Bohart, A. (1993) Emphasizing the future in empathy responses. *Journal of Humanistic Psychology, 33*(2): 12–29.

Boniwell, I. (2008) *Positive Psychology in a Nutshell*. London: Personal Wellbeing Centre.

Boniwell, I. (2009) European Network for Positive Psychology. In S. Lopez (ed.) *The Encyclopedia of Positive Psychology* (pp. 357–9). Chichester: Blackwell Publishing Ltd.

Boniwell, I. and Seligman, M. (in preparation) The ''magic' of MAPP: factors behind optimal engagement of students studying for a Master's in Applied Positive Psychology.

Boutcher, S. H. (2000) Cognitive performance, fitness and aging. In S. J. H. Biddle, K. R. Fox and S. H. Boutcher (eds) *Physical Activity and Psychological Wellbeing* (pp. 118–129). London: Routledge.

Bower, J. E., Kemeny, M. E., Taylor, S. E. and Fahey, J. L. (1998) Cognitive processing, discovery of meaning, CD4 decline, and AIDS-related mortality among bereaved HIV-seropositive men. *Journal of Consulting and Clinical Psychology*, 66(6): 979–86.

Brackett, M., Crum, A. and Salovey, P. (2009) Emotional intelligence. In S. Lopez (ed.) *The Encyclopedia of Positive Psychology* (pp. 310–15). Chichester: Blackwell Publishing Ltd.

Brand, S., Felner, R., Shim, M., Seitsinger, A. and Dumas T. (2003) Middle school improvement and reform: development and validation of a school-level assessment of climate, cultural pluralism, and school safety. *Journal of Educational Psychology*, *95:* 570–88.

Branden, N. (1994) *The Six Pillars of Self-esteem.* New York: Bantam Books.

Braun, V. and Clarke, V. (2006) Using thematic analysis in psychology. *Qualitative Research in Psychology*, *3:* 77–101.

Brickman, P., Coates, D. and Janoff-Bulman, R. (1978) Lottery winners and accident victims—is happiness relative? *Journal of Personality and Social Psychology*, *36*(8): 917–27.

Bridges, S. and Wertz, F. (2009) Abraham Maslow. In S. Lopez (ed.) *The Encyclopedia of Positive Psychology* (pp. 599–600) Chichester: Blackwell Publishing Ltd.

Brody, S. (2006) Blood pressure reactivity to stress is better for people who recently had pen ileintercourse than for people who had other or no sexual activity. *Biological Psychology*, *71*(2): 214–22.

Brody, S. (2010) The relative health benefits of different sexual activities, *Journal of Sexual Medicine*, *7*(4): 1 336–61.

Brody, S., Veit, R. and Rau, H. (2000) A preliminary report relating frequency of vaginal intercourse to heart rate variability, Valsalva ratio, blood pressure, and cohabitation status. *Biological Psychology*, *52*(3): 251–7.

Brunstein, J. (1993) Personal goals and subjective wellbeing: a longitudinal study. *Journal of Personality and Social Psychology*, 65: 1061–70.

Brunstein, J., Schultheiss, O. C. and Grassman, R. (1998) Personal goals and emotional well-being: The moderating role of motive dispositions. *Journal of Personality and Social Psychology*, 75: 494–508.

Bryant, F. B. and Veroff, J. (2007) *Savoring: A New Model of Positive Experience*. Mahwah, NJ: Lawrence Erlbaum Associates.

Buckingham, M. and Clifton, D. (2005) *Now Discover Your Strengths: How to Develop Your Talents and Those of the People You Manage*. New York: Pocket Books.

Buettner, D. (2010) *Thrive: Finding Happiness the Blue Zones Way*. Washington, DC: National Geographic Society.

Burton, C. M. and King, L. A. (2004) The health benefits of writing about intensely positive experiences. *Journal of Research in Personality*, *38*(2): 150–63.

Burton, C. M. and King, L. A. (2008) Effects of (very) brief writing on health: the two-minute miracle. *British Journal of Health Psychology*, *13:* 9–14.

Cadell, S., Regehr, C. and Hemsworth, D. (2003) Factors contributing to post-traumatic growth: a beginning structural equation model. *American Journal of Orthopsychiatry*, *73*(3): 279–87.

Calhoun, L. C. and Tedeschi, R. C. (2004) The foundations of posttraumatic growth: new considerations. *Psychological Inquiry*, 15(1): 93–102.

Calhoun, L. C. and Tedeschi, R. C. (2008) The paradox of struggling with trauma: guidelines for practice and directions for research. In S. Joseph and A. Linley (eds) *Trauma, Recovery, and Growth: Positive Psychological Perspectives on Posttraumatic Stress* (pp. 325–37). Hoboken, NJ: John Wiley & Sons, Inc.

Camacho, I. C., Roberts, R. E., Lazarus, N. B., Kaplan, C. A. and Cohen, R. D. (1991) Physical activity and depression: evidence from the Almeda county study. *American Journal of Epidemiology*, *134*(2): 220–31.

Cameron, R. and Maginn, C. (2008) The authentic warmth dimension of professional childcare. *British Journal of Social Work*, *38:* 1151–72.

Cameron, R. J. and Maginn, C. (manuscript submitted for publication) The authentic warmth dimension of professional childcare.

Campbell, A., Mutrie, N., White, F., McCuire, F. and Kearney, N. (2005) A pilot study of a supervised group exercise programme as a rehabilitation treatment for women with breast cancer receiving adjuvant treatment. *European Journal of Oncological Nursing*, *9:* 56–63.

Cantor, N. and Sanderson, C. (1999) Life task participation and wellbeing: the importance in taking part in daily life. In D. Kahneman, E. Diener and N. Schwarz (eds) *Wellbeing: The Foundations of Hedonic Psychology* (pp. 230–243). New York: Russell Sage Foundation.

Cantril, H. (1965) The Pattern of Human Concerns. New Brunswick, NJ: Rutgers University Press. Cardasis, W., Huth–Bocks, A. and Silk, K. (2008) Tattoos and anti–personality disorder. *Personality and Mental Health*, *2:*171–82.

Carr, A. (2004) *Positive Psychology: The Science of Happiness and Human Strengths*. Hove: Brunner–Routledge.

Carstensen, L. L. and Charles, S. T. (2002) Human aging: Why is even good news taken as bad? In L. Aspinwall and U. Staudinger (eds) *A Psychology of Human Strengths: Perspectives on an Emerging Field*. Washington, DC: American Psychological Association.

Carver, C. S. and Scheier, M. F. (1982) Control theory—a useful conceptual–framework for personality, social, clinical and health psychology. *Psychological Bulletin*, *92*(1): 111–35.

Carver, C. S. and Scheier, M. F. (1990) Origins and functions of positive and negative affect—a control process view. *Psychological Review*, *97*(1): 19–35.

Carver, C. S. and Scheier, M. F. (1998) *On the Self–regulation of Behavior*. New York: Cambridge University Press.

Carver, C.S and Scheier, M. F. (2009) Optimism. In S. Lopez (ed.) *The Encyclopedia of Positive Psychology* (pp. 656–63). Chichester: Blackwell Publishing Ltd.

Cassel, L. and Suedfelda, P. (2006) Salutogenesis and autobiographical disclosure among Holocaust survivors, *Journal of Positive Psychology*, *1*(4): 212–25.

Charney, D. (2004) Psychobiological mechanisms of resilience and vulnerability: implications for successful adaptation to extreme stress. *American Journal of Psychiatry*, *161:* 195–216.

Cheavens, J. and Dreer, L. (2009) Coping. In S. Lopez (ed.) *The Encyclopedia of Positive Psychology* (pp. 232–9). Chichester: Blackwell Publishing Ltd.

Christakis, N. and Fowler, J. (2009) *Connected: The Surprising Power of Our Social Networks and How They Shape Our Lives*. New York: Little, Brown & Company.

Ciarrocchi, J. W., Dy-Liacco, C. S. and Deneke, E. (2008) Cods or rituals? Relational faith, spiritual discontent, and religious practices as predictors of hope and optimism. *Journal of Positive Psychology, 3*(2): 120-36.

Claessens, B., Van Eerde, W., Rutte, C. and Roe, R. (2007) A review of the time management literature. *Personnel Review, 36:* 255-76.

Clark, A. E., Diener, E., Heorgellis, Y. and Lucas, R. (2008) Lags and leads in life satisfaction: a test of the baseline hypothesis. *The Economic Journal, 118:* 222-43.

Clifton, D. O. and Anderson, E. C. (2001) Strengths Quest. Washington: The Callup Organization. Cohen, S., Doyle, W. J., Turner, R. B., Alper, C. M. and Skoner, D. P. (2003) Emotional style and susceptibility to the common cold. *Psychosomatic Medicine*, 65(4): 652-7.

Cohn, M. and Fredrickson, B. (2009) Broaden-and-build theory of positive emotions. In S. Lopez (ed.) *The Encyclopedia of Positive Psychology* (pp. 105-10). Chichester: Blackwell Publishing Ltd.

Collins, R. L., Taylor, S. E. and Skokan, L. A. (1990) A better world or a shattered vision? Changes in perspectives following victimization. *Social Cognition, 8:* 263-85.

Compton, W. C., Smith, M. L., Cornish, K. A. and Quails, D. L. (1996) Factor structure of mental health measures. *Journal of Personality and Social Psychology, 71*(2): 406-13.

Cook, I. D. and Campbell, Dl. (1979) *Quasi Experimentation: Design and Analysis Issues for Field Settings*. Chicago: Rand-McNally.

Cooper, K. A., Donovan, J. L., Waterhouse, A. L. and Williamson, C. (2008) Cocoa and health: a decade of research. *British Journal of Nutrition, 99*(1): 1-11.

Cordova, M. (2008) Facilitating posttraumatic growth following cancer. In S. Joseph and A. Linley (eds) *Trauma, Recovery and Growth: Positive Psychological Perspectives on Posttraumatic Stress* (pp. 185-206) Hoboken, NJ: John Wiley & Sons, Inc.

Cordova, M., Cunningham, L., Carlson, C. and Andrykowski, M. (2001) Posttraumatic growth following breast cancer: a controlled comparison study. *Health Psychology, 20:* 176-85.

Costa, P. T. and McCrae, R. R. (1992) *Revised NEO Personality Inventory (NEO-PI-R) and NEO Five-Factor Inventory (NEO-FFI) Manual*. Odessa, FL: Psychological Assessment Resources.

Costa, I. and McCrae, R. R. (1980) Influence of extraversion and neuroticism on subjcetive well-being: Happy and unhappy people. *Journal of Personality and Social Psychology, 38*(4): 668-78.

Courneya, K. S. (2003) Exercise in cancer survivors: an overview of research. *Medicine and Science in Sports and Exercise, 35*(11): 1846-52.

Courneya, K. S., Mackey, J. and Jones, L. (2000) Coping with cancer: can exercise help? *The Physician and Sportsmedicine, 28:* 49-73.

Courneya, K. S., Mackey, J. R. and McKenzie, D. C. (2002) Exercise for breast cancer survivors

–research evidence and clinical guidelines. *Physician and Sportsmedicine, 30*(8): 33–42.

Covey, L. S., Classman, A. H. and Stetner, F. (1998) Cigarette smoking and major depression. *Journal of Addictive Diseases, 17:* 35–46.

Craig, C. (2007) *Creating Confidence: A Handbook for Professionals Working with Young People.* Clasgow, UK: Centre for Confidence and Wellbeing.

Day, A. and Carroll, S. (2008) Faking emotional intelligence (El): comparing response distortion on ability and trait–based El measures. *Journal of Organizational Behavior, 29:* 761–84.

De Voider, M. (1979) Time orientation: a review. *Psychologica Belgica, 19:* 61–79.

De Voider, M. and Lens, W. (1982) Academic achievement and future time perspective as a cognitive–motivational concept. *Journal of Personality and Social Psychology, 42:* 566–71.

Deaton, A. (2008) income, health and wellbeing around the world: Evidence from the Cal up World Poll. *Journal of Economic Perspectives, 22:* 2.

Deci, E., Connell, J. and Ryan, R. (1989) Self–determination in a work organ isation. *Journal of Applied Psychology, 74:* 580–90.

Deci, E. L. and Ryan, R. M. (1995) Human agency: The basis for true self–esteem. In M. H. Kernis (ed.) *Efficacy Agency and Self–esteem* (pp. 31–50). New York: Plenum.

Deci, E. L. and Ryan, R. M. (2000) The 'what' and 'why' of goal pursuits: human needs and the self–determination of behavior. *Psychological Inquiry, 11*(4): 22 7–68.

Deci, E. L. and Ryan, R. M. (2008) Self–determination theory: a macrotheory of human motivation, development, and health. *Canadian Psychology–Psychologie Canadienne, 49*(3): 182–5.

Delichte, J. and Evers–Cacciapaglia, R. (2010) The science and application of strengths. Lecture presented 16 April, UEL MAPft

Delie Fave, A. and Massimini, F. (2004) Bringing subjectivity into focus: optimal experiences, life themes, and person–centred rehabilitation, in P. A. Liniey and S. Joseph (eds) Positive Psychlogy in Practice (pp. 581–97) Hoboken, NJ: John Wiley & Sons, Inc.

DeNeve, K. M. and Cooper, H. (1998) The happy personality: a meta–analysis of 137 personality traits and subjective wellbeing. *Psychological Bulletin, 124*(2): 197–229.

Di Castelnuovo, A., Rotondo, S. and de Caetano, C. (2003) Protective effects of alcohol or wine consumption: wishful thinking? In J. Arnout, C. de Caetano, M. Hoylaerts et al. (eds.) *Thrombosis: Fundamental and Clinical Aspects* (pp. 679–703). Leuven: Leuven University Press.

Di Castelnuovo, A., Rotondo, S., iacoviello, L., Donati, M. B. and de Caetano, C. (2002) Metaof wine and beer consumption in relation to vascular risk. *Circulation, 105*(24): 2836–44.

Diab, D. L., Cillespie, M. A. and Highhouse, S. (2008) Are maximizers really unhappy? The measurement of maximizing tendency. *Judgment and Decision Making, 3:* 364–70.

Diego, M. A., Field, I. and Hernandez–Reif, M. (2008) Temperature increases in preterm infants during massage therapy. *Infant Behavior and Development, 31*(1): 149–52.

Diego, M. A., Field, I., Hernandez–Reif, M. et al. (2001) HIV adolescents show improved immune function following massage therapy. *International Journal of Neuroscience, 106*(1–2):

35–45.

Diego, M. A., Field, I., Hernandez–Reif, M. et al. (2002) Aggressive adolescents benefit from massage therapy. *Adolescence, 37*(147): 597–607.

Diener, E. (1984) Subjective wellbeing. *Psychological Bulletin, 95:* 542–75.

Diener, E. (2000) Subjective wellbeing—the science of happiness and a proposal for a national index. *American Psychologist, 55*(1): 34–43.

Diener, E. (2003) What is positive about positive psychology: the curmudgeon and Pollyanna. *Psychological Inquiry, 14:* 115–20.

Diener, E. (2009) *The Science of Wellbeing: The Collected Works of Ed Diener*. New York: Springer.

Diener, E. and Biswas–Diener, R. (2008) *Happiness: Unlocking the Mysteries of Psychological Wealth*. Boston, MA: Blackweil Publishing.

Diener, E. and Diener, M. (1995) Cross–cultural correlates of life satisfaction and self–esteem. *Journal of Personality and Social Psychology, 68:* 653–63.

Diener, E., Emmons, R. A., Larsen, R. J. and Criffin, S. (1985) The Satisfaction with Life Scale. *Journal of Personality Assessment, 49*(1): 71–5.

Diener, E., Horowitz, J. and Emmons, R. A. (1985) Happiness of the very wealthy. *Social Indicators Research, 16:* 263–74.

Diener, E., Kahneman, D., Arora, R., Harter, J. and Toy, W. (2009) income's differential influemce on judgements of life versus affective wellbeing. in A. C. Michalos (ed.) 'Social Indicators Research Series', vol. 39. *Assessing Well–being: The Collected Works of Ed Diener*. London: Springer.

Diener, E. and Larsen, R. (1984) Temporal stability and cross–situational consistency of affective, behavioral, and cognitive responses. *Journal of Personality and Social Psychology, 47:* 871–83.

Diener, E., Lucas, R. E., Oishi, S. and Suh, E. M. (2002) Looking up and looking down: weighting good and bad information in life satisfaction judgments. *Personality and Social Psychology Bulletin, 28*(4): 437–45.

Diener, E., Lucas, R., Schimmack, U. and Helliweil, J. (2009) *Wellbeing for Public Policy*. Oxford: Oxford University Press.

Diener, E. and Oishi, S. (2000) Money and happiness: income and subjective wellbeing across nations. in E. Diener and E. M. Suh (eds.) *Subjective Wellbeing Across Cultures*. Cambridge, MA: MIT Press.

Diener, E., Sandvik, E., Pavot, W. and Callagher, D. (1991) Response artifacts in the measurement of subjective wellbeing. *Social Indicators Research, 24*(1): 35–56.

Diener, E., Suh, E. M., Lucas, R. E. and Smith, H. L. (1999) Subjective wellbeing: three decades of progress. *Psychological Bulletin*, 125: 276–302.

Diener, E., Wirtz, D., Toy, W. et al. (2009) New measures of wellbeing: flourishing and positive and negative feelings. *Social Indicators Research, 39:* 247–66.

Dieter, J. N. I., Field, I., Hernandez–Reif, M., Emory, E. K. and Redzepi, M. (2003) Stable preterm infants gain more weight and sleep less after five days of massage therapy. *Journal of Pediatric Psychology*, *28*(6): 403–11.

Dillinger, T. L., Barriga, P., Escarcega, S. et al. (2000) Food of the gods: cure for humanity? A cultural history of the medicinal and ritual use of chocolate. *Journal of Nutrition*, *130*(8): 2057S–2072S.

Duckworth, A. L. and Seligman, M. E. P. (2005) Self–discipline outdoes 1Q in predicting academic performance of adolescents. *Psychological Science*, *16*(12): 939–44.

Duckworth, A. L. and Seligman, M. E. P. (2006) Self–discipline gives girls the edge: gender in self–discipline, grades, and achievement test scores. *Journal of Educational Psychology*, *98*(1): 198–208.

Dunigan, J. I., Carr, B. I. and Steel, J. L. (2007) Posttraumatic growth, immunity and survival in patients with hepatoma. *Digestive Diseases and Sciences*, *52*(9): 2452–9.

Dunn, E. W., Aknin, L. B. and Norton, M. I. (2008) Spending money on others promotes happiness. *Science*, *319:* 1687–8.

Dweck, C. S. (2006) *Mindset: The New Psychology of Success*. New York: Random House.

Dweck, C. S. and Bempechat, J. (1983) Children's theories of intelligence: implications for learning. In S. Paris, C. Olson and H. Stevenson (eds) *Learning and Motivation in Children*. Hiilsdale, NJ: Erlbaum.

Dweck, C. S., Chiu, C. and Hong, Y. (1995) implicit theories: elaboration and extension of the model. *Psychological Inquiry*, *6:* 322–33.

Eades, J. (2008) *Celebrating Strengths: Building Strengths–based Schools*. Warwick: Capp Press.

Ekman, P. (2003) *Emotions Revealed: Recognizing Faces and Feelings to Improve Communication and Emotional Life*. New York: Henry Holt and Company, LLC.

Emerson, H. (1998) Flow and occupation: A review of the literature. *Canadian Journal of Occupational Therapy*, 65: 37–43.

Emmons, R. A. (1991) Personal strivings, daily life events, and psychological and physical well–being. *Journal of Personality*, *59:* 453–72.

Emmons, R. A. and McCullough, M. E. (2003) Counting blessings versus burdens: An experimental investigation of gratitude and subjective wellbeing in daily life. *Journal of Personality and Social Psychology*, *84*(2): 377–89.

Epel, E., Bandura, A. and Zimbardo, C. (1999) Escaping homelessness: The influences of self–efficacy and time perspective on coping with homelessness. *Journal of Applied Social Psychology*, *29:* 575–96.

Falkenstern, M., Schiffrin, H., Nelson, K., Ford, L. and Keyser, C. (2009) Mood over matter: can happiness be your undoing? *Journal of Positive Psychology*, *4:* 365–71.

Fava, C. and Ruini, C. (2009) Well–being therapy. in S. Lopez (ed.) *The Encyclopedia of Positive Psychology* (pp. 1034–6). Chichester: Biackwell Publishing Ltd.

Festinger, L., Riecken, H.W. and Schachter, S. (1956) *When Prophecy Fails*. Minneapolis, MN: University of Minnesota Press.

Festinger, L., Riecken, H. and Schachter, S. (2008) *When Prophecy Fails*, 2nd edn. London:

Pinter & Martin.

Field, T. (1988) Stimulation of preterm infants. *Pediatrics in Review, 10:* 149–54.

Field, T., Diego, M. A., Hernandez–Reif, M., Schanberg, S. and Kuhn, C. (2004) Massage therapy effects on depressed pregnant women. *Journal of Psychosomatic Obstetrics and Gynecology*, 25(2): 115–22.

Field, T., Hemandez–Reif, M., Diego, M. et al. (2004) Massage therapy by parents improves early growth and development. *Infant Behavior and Development*, *27*(4): 435–42.

Field, T., Henteleff, T., Hernandez–Reif, M. et al. (1998) Children with asthma have improved pulmonary functions after massage therapy. *Journal of Pediatrics*, *132*(5): 854–8.

Field, T., Hernandez–Reif, M., Diego, M. et al. (2005) Cortisol decreases and serotonin and dopamine increase following massage therapy. *International Journal of Neuroscience*, *115*(10): 1397–413.

Field, I., Hernandez–Reif, M., Seligman, S. et ai. (1997) Juvenile rheumatoid arthritis: benefits from massage therapy. *Journal of Pediatric Psychology*, *22*(5): 607–17.

Field, T., Quintino, O., Hernandez–Reif, M. and Kosiovsky, C. (1998) Adolescents with attention deficit hyperactivity disorder benefit from massage therapy. *Adolescence*, *33*(129): 103–8.

Findley, M. J. and Cooper, H. M. (1983) Locus of control and academic achievement: a literature review. *Journal of Personality and Social Psychology*, *44:* 419–27.

Fine, M. and Cordon, S. M. (1989) Feminist transformations of/despite psychology. in M. Crawford and M. Cently (eds) *Gender and Thought: Psychological Perspectives* (pp. 146–74). New York: Springer–Verlag.

Fisher, J. (2002) Tattooing the body, marking culture. Body and Society 8(4): 91–107. Ford, M. E. and Nichols, C. W. (1991) Using goal assessments to identify motivational patterns and facilitate behavioral regulation and achievement. In M. L. Maehr and P. Pintrich (eds) *Advances in Motivation and Achievement* (Vol. 7, pp. 51– 84). Creenwich, CT: JAI.

Ford, j. D., Tennen, H. and Albert, D. (2008) A contrarian view of growth following adversity. In S. Joseph and P. A. Linley (eds) *Trauma, Recovery and Growth: Positive Psychological Perspectives on Posttraumatic Stress* (pp. 297–324). Hoboken, NJ: Wiley.

Fordyce, M. (1977) Development of a program to increase personal happiness. *Journal of Counseling Psychology*, *24*(6): 511–21.

Fordyce, M. (1981) *The Psychology of Happiness: A Brief Version of the 14 Fundamentals*. Fort Myers, FL: Cypress Lake Media.

Fordyce, M. (1983) A program to increase happiness—further studies, *Journal of Counseling Psychology*, *30*(4): 483–98.

Foret, M. and Steger, M. F. (2004, October) Valence of Temporal Perspective: An important Dimension in the Relation between Time Perspective and Well–being. Presented at the international Positive Psychology Summit, Washington, DC.

Forrester, M. A. (ed.) (2010) *Doing Qualitative Research in Psychology: A Practical Guide*. London: Sage.

Fowler, J. and Christakis, N. (2008) Dynamic spread of happiness in a large social network: longitudinal analysis over 20 years in the Framingham heart study. *British Medical Journal, 337:* 1-9.

Fox, K. R. (2000) Self-esteem, self-perceptions and exercise. *International Journal of Sport Psychology*. *31*(2): 228-40.

Frank, A. W. (1995) The Wounded Storyteller; Body Illness and Ethics. Chicago: University of Chicago Press.

Franki, V. (1963) *Man's Search for Meaning*. New York: Pocket Books.

Fredrickson, B. (2001) The role of positive emotions in positive psychology—the broaden-and-build theory of positive emotions. *American Psychologist*, *56*(3): 218-26.

Fredrickson, B. (2009) *Positivity: Groundbreaking Research Reveals how to Embrace the Hidden Strength of Positive Emotions, Overcome Negativity and Thrive*. New York: Crown.

Fredrickson, B., Cohn, M. A., Coffey, K. A., Pek, J. and Finkel, S. M. (2008) Open hearts build lives: positive emotions, induced through loving-kindness meditation, build consequential personal resources. *Journal of Personality and Social Psychology, 95:* 1045-62.

Fredrickson B. and Dutton, J. (2008) Unpacking positive organizing: organizations as sites of individual and group flourishing, *Journal of Positive Psychology, 3:* 1-3.

Fredrickson, B. and Levenson, R. W. (1998) Positive emotions speed recovery from the cardiovascular sequelae of negative emotions. *Cognition and Emotion, 12*(2): 191-220.

Fredrickson, B. and Losada, M. F. (2005) Positive affect and the complex dynamics of human flourishing. *American Psychologist*, *60*(7): 678-86.

Friedman, H. S., Tucker, J. S., Tomlinson-Keasey, C. et ai. (1993) Does childhood personality predict longevity? *Journal of Personality and Social Psychology, 65:* 176-85.

Frisch, M. (2006) *Quality of Life Therapy: A Life Satisfaction Approach to Positive Psychology and Cognitive Therapy*. Hoboken, NJ: John Wiley & Sons, Inc.

Frisch, M. B. (1998) Quality of life therapy and assessment in health care. *Clinical Psychology —Science and Practice*, *5*(1): 19-40.

Frisch, M. B., Clark, M. P., Rouse, S. V. et al. (2005) Predictive and treatment validity of life satisfaction and the quality of life inventory. *Assessment*, *12*(1): 66-78.

Froh, J. J., Fives, C. J., Fuller, J. R. et al. (2007) interpersonal relationships and irrationality as predictors of life satisfaction. *Journal of Positive Psychology*, *2*(1): 29-39.

Froh, J. J., Kashdan, I. B., Ozimkowski, K. M. and Miller, N. (2009) Who benefits the most from a gratitude intervention in children and adolescents? Examining positive affect as a moderator. *Journal of Positive Psychology*, *4*(5): 408-22.

Fromm, E. (1976) *To Have or to Be*. London: Abacus.

Gable, S. L., Reis, H. I., Impett, E. A. and Asher, E. R. (2004) What do you do when things go right? The intrapersonal and interpersonal benefits of sharing positive events. *Journal of Personality and Social Psychology*, *87*(2): 228-45.

Gaiiiiot, M. I. and Baumeister, R. F. (2007) The physiology of willpower: linking blood glucose to self-control. *Personality and Social Psychology Review, 11:* 303-2 7.

Gailliot, M. I., Baumeister, R. F., DeWall, C. N. et ai. (2007) Self-control relies on glucose as a limited energy source: Willpower is more than a metaphor. *Journal of Personality and Social Psychology*, *92*(2): 325-36.

Gainotti, C. (1972) Emotional behavior and hemispheric side of the lesion. *Cortex*, *8*(1): 41-55.

Galati, D., Manzano, M. and Sotgiu, I. (2006) The subjective components of happiness and their attainment: a cross-cultural comparison between Italy and Cuba. *Social Science In formation Sur Les Sciences Sociales*, *45*(4): 601-30.

Gallace, A. and Spence, C. (2010) The science of interpersonal touch: An overview. *Neuroscience and Biobehavioral Reviews*, *34*(2): 246-59.

Garbarino, J. (1975) The impact of anticipated reward upon cross-aged tutoring, *Journal of Personality and Social Psychology*, *32:* 421-8.

Gardner, H. (1993) *Frames of Mind: The Theory of Multiple Intelligences*. 2nd edn. New York: Basic Books.

Gardner, J. and Oswald, A. (2006) Money and mental wellbeing: a longitudinal study of medium-sized lottery wins. *Journal of Health Economics*, *26*(1): 49-60.

Garrison, C. Z., Addy, C. L., Jackson, K. L., McKeown, R. E. and Wailer, J. L. (1992) Major depressive disorder and dysthymia in young adolescents. *American Journal of Epidemiology*, *135:* 792-802.

Garrison, C. Z., Schluchter, M. D., Schoenbach, V. J. and Kaplan, B. K. (1989) Epidemiology of depressive symptoms in young adolescents. *Journal of the American Academy of Child and Adolescent Psychiatry*, *28:* 343-51.

Gilbert, D. (2007) *Stumbling on Happiness*. London: Harper Perennial.

Gilbert, D., Pinel, E. C., Wilson, I. D., Blumberg, S. J. and Wheatley, T. (1998) immune neglect: A source of durability bias in affective forecasting. *Journal of Personality and Social Psychology*, *75:* 617-38.

Giibert, P., McEwan, K., Mitra, R. et al. (2008) Feeling safe and content: A specific affect regulation system? Relationship to depression, anxiety, stress, and self-criticism, *Journal of Positive Psychology*, *3*(3): 182-91.

Giliham, J. E., Reivich, K. J., Freres, D. R. et aI. (2007) School-based prevention of depressive symptoms: a randomized controlled study of the effectiveness and specificity of the Penn Resiliency Program. *Journal of Consulting and Clinical Psychology*, *75*(1): 9-19.

Gillham, J. E., Reivich, K. J., Jaycox, L. H. and Seligman, M. E. P. (1995) Prevention of depressive symptoms in schoolchildren: Two-year follow-up. *Psychological Science*, *6*(6): 343-51.

Goldacre, B. (2009) *Bad Science*. London: Harper Collins Publishers.

Goldenberg, J. and Shackelford, T. (2005) is it me or is it mine? Body self-integration as a function of self-esteem, body esteem and mortality salience. *Self and Identity*, *4:* 227-41.

Goleman, D. (1996) *Emotional Intelligence: Why It Can Matter More Than IQ*. New York: Bantam Books.

Gomez, M. (2009) Albert Bandura. In S. Lopez (ed.) *Encyclopedia of Positive Psychology* (pp.

98–9). Chichester: Blackwell Publishing Ltd.

Grant, A. (in press) Coaching and positive psychology. in K. M. Sheldon, I. B. Kashdan and M. Steger (eds) *Designing the Future of Positive Psychology*. Oxford: Oxford University Press.

Grant, A., Curtayne, L. and Burton, C. (2009) Executive coaching enhances goal attainment, resilience and workplace wellbeing: a randomised controlled study. *Journal of Positive Psychology*, *4*(5): 396–407.

Grant, A. and Palmer, S. (2002) Coaching psychology. Meeting held at the annual conference of the Division of Counselling Psychology, British Psychological Society, *Torquay*, 18 May.

Grant, A. and Spence, C. B. (in press) Using coaching and positive psychology to promote a flourishing workforce: a model of goal–striving and mental health. In A. Linley, S. Harrington and N. Page (eds) *Oxford Handbook of Positive Psychology and Work*. Oxford: Oxford University Press.

Green, H., McCinnity, A., Meltzer, H., Ford, I. and Goodman, R. (2005) *Mental Health of Children and Young People in Great Britain 2004*. London: Office for National Statistics.

Grewen, K. M., Anderson, B. J., Cirdier, S. S. and Light, K. C. (2003) Warm partner contact is related to lower cardiovascular reactivity. *Behavioral Medicine*, *29*(3): 123–30.

Grewen, K. M., Cirdler, S. S., Amico, J. and Light, K. C. (2005) Effects of partner support on resting oxytocin, cortisol, norepinephrine, and blood pressure before and after warm partner contact. *Psychosomatic Medicine*, *67*(4): 531–38.

Grolnick, W. S. and Ryan, R. M. (1987a) Autonomy–support in education: Creating the facilitating environment. in N. Hastings and J. Schwieso (eds) *New Directions in Educational Psychology Volume 2: Behavior and motivation*. London: Faimer Press.

Grolnick, W. S. and Ryan, R. M. (1987b) Autonomy in children's learning: an experimental and individual difference investigation, *Journal of Personality and Social Psychology*, *52:* 890–8.

Grubb, W. and McDaniel, M. (2007) The fakability of Bar–On's Emotional Quotient inventory Short Form: catch me if you can. *Human Performance*, *20:* 43–59.

Hafstrom, J. L. and Paynter, M. A. (1991) Time use satisfaction of wives: home, farm, and labor force workload. *Lifestyles*, *12*(2): 131–43.

Haidt, J. (2006) *The Happiness Hypothesis: Finding Modern Truth in Ancient Wisdom*. New York: Basic Books.

Harker, L. A. and Keitner, D. (2001) Expressions of positive emotion in women's college yearbook pictures and their relationship to personality and life outcomes across adulthood. *Journal of Personality and Social Psychology*, *80*(1): 112–24.

Harlow, H. F. and Zimmermann, R. R. (1959) Affectional responses in the infant monkey. *Science*, *130*(3373): 421–32.

Harmon–Jones, E., Simon, L., Creenberg, J. et al, (1997) Terror management theory and self–esteem: evidence that increased self–esteem reduces mortality salience effects. *Journal of Personality and Social Psychology*, 72: 24–36.

Harris, A. H. S. and Thoresen, C. E. (2006) Extending the influence of positive psychology interventions into health care settings: lessons from self-efficacy and forgiveness, *Journal of Positive Psychology, 1*(1): 27–36.

Harter, J. (2009) Employee engagement. In S. Lopez (ed.) *The Encyclopedia of Positive Psychology* (pp. 330–334). Chichester: Blackweil Publishing Ltd.

Hassmen, P., Koivula, N. and Uutela, A. (2000) Physical exercise and psychological wellbeing: a population study in Finland. *Preventive Medicine, 30*(1): 17–25.

Hayes, S. C., Strosahl, K. and Wilson, K. C. (1999) *Acceptance and Commitment Therapy: An Experiential Approach to Behavior Change*. New York: Guilford Press.

Headey, B. (2008) Life goals matter to happiness: a revision of set–point theory. *Social Indicators Research, 86:* 213–31.

Headey, B., Schupp, J., Tucci, I. and Wagner, C. (2010) Authentic happiness theory supported by impact of religion on life satisfaction: a longitudinal analysis with data for Cermany. *Journal of Positive Psychology, 5:* 73–82.

Headey, B., Veenhoven, R. and Wearing, A. (1991) Top–down versus bottom–up theories of subjective wellbeing. *Social Indicators of Research, 24:* 81–100.

Headey, B. and Wearing, A. (1989) Personality, life events, and subjective wellbeing: toward a dynamic equilibrium model. *Journal of Personality and Social Psychology, 57:* 731–9.

Hefferon, K. (in press a) Creating 'positive bodies': corporality in hedonic and eudaimonic wellbeing. In C. Martin–Krumm (ed.) *Handbook of Positive Psychology*.

Hefferon, K. (in press b) Positive psychology and coaching. In L. Wildflower and D. Brennan (eds) *Theories, Concepts and Applications of Evidence Based Coaching: A User's Manual*. San Francisco, CA: Jossey–Bass.

Hefferon, K., Crealy, M. and Mutrie, N. (2008) The perceived influence of an exercise class intervention on the process and outcomes of posttraumatic growth. *Journal of Mental Health and Physical Activity, 1*(2): 47–88.

Hefferon, K., Creaiy, M. and Mutrie, N. (2009) Posttraumatic growth and life threatening physical illness: a systematic review of the qualitative literature. *British Journal of Health Psychology, 14*(2): 343–78.

Hefferon, K., Creaiy, M. and Mutrie, N. (2010) Transforming from cocoon to butterfly: the potential role of the body in the process of posttraumatic growth. *Journal of Humanistic Psychology, 50*(2): 224–47.

Hefferon, K. and Mutrie, N. (in press) Physical activity as a 'stellar' positive psychology intervention. in E.O. Acevedo (ed.) *Oxford Handbook of Exercise Psychology*. Oxford: Oxford University Press.

Hefferon, K. and Ollis, S. (2006) 'Just clicks': an interpretive phenomenological analysis of professional dancers' experience of flow. *Research in Dance Education, 7:* 141–59.

Held, B. S. (2002) The tyranny of the positive attitude in America: observation and speculation. *Journal of Clinical Psychology, 58*(9): 965–91.

Held, B. S. (2004) The negative side of positive psychology. *Journal of Humanistic Psychology, 44*(1): 9–46.

Hernandez–Reif, M., Dieter, J., Field, I., Swerdlow, B. and Diego, M. (1998) Migraine headaches are reduced by massage therapy. *International Journal of Neuroscience, 96*(1–2): 1–11.

Hernandez–Reif, M., Field, I., Ironson, C. et al. (2005) Natural killer cells and lymphocytes increase in women with breast cancer following massage therapy. *International Journal of Neuroscience, 115*(4): 495–510.

Hernandez–Reif, M., lronson, C., Field, I. et al. (2004) Breast cancer patients have improved immune and neuroendocrine functions following massage therapy. *Journal of Psychosomatic Research, 57*(1): 45–52.

Hernandez–Reif, M., Martinez, A., Field, I. et al. (2000) Premenstrual symptoms are relieved by massage therapy. *Journal of Psychosomatic Obstetrics and Gynecology, 21*(1): 9–15.

Hewitt, J. (2009) Self–esteem. in S. Lopez (ed.) *The Encyclopedia of Positive Psychology* (pp. 880–6). Chichester: Blackwell Publishing Ltd.

Hodges, I. D. and Clifton, D. O. (2004) Strengths–based development in practice. in P. A. Linley and S. Joseph (eds) *Positive Psychology in Practice* (pp. 256–68). Hoboken, NJ: John Wiley & Sons, Inc.

Hodgins, D. and Engel, A. (2002) Future time perspective in pathological gambling, *Journal of Nervous and Mental Disease, 190*(11): 775–80.

Holder, M. and Klassen, A. (2009) Personality. in S. Lopez (ed.) *The Encyclopedia of Positive Psychology* (pp. 689–91). Chichester: Blackweli Publishing Ltd.

Holder, M. D., Coleman, B. and Sehn, Z. L. (2009) The contribution of active and passive leisure to children's wellbeing. *Journal of Health Psychology, 14*(3): 378–86.

Howell, A. J. (2009) Flourishing: achievement–related correlates of students' wellbeing, *Journal of Positive Psychology. 4*(1): 1–13.

Howitt, D. and Cramer, D. (2008) *Introduction to Research Methods in Psychology*, 2nd edn. Harmondsworth: Pearson Education Limited.

Huta, V., Park, N., Peterson, C. and Seligman, M. E. P. (2003, October) Pursuing pleasure versus eudaimonia: which leads to greater satisfaction? Poster presented at the international Positive Psychology Summit, Washington, DC.

Hybeis, C., Pieper, C. and Blazer, D. (2002) Sex differences in the relationship between subthreshoid depression and mortality in a community sample of older adults. *American Journal of Geriatric Psychiatry, 10:* 283–91.

Isaac, M. I. and Isaac, M. B. (2004) *Eat Yourself Happy*. London: Carroll & Brown.

Iyengar, S. S. and Lepper, M. R. (2000) When choice is demotivating: can one desire too much of a good thing? *Journal of Personality and Social Psychology, 79*(6): 995–1006.

James, O. (2007) *Affluenza*. London: Vermillion.

James, W. (1890) *The Principles of Psychology* (2 vois.). New York: Henry Holt (reprinted Bristol: Thoemmes Press, 1999).

Janoff–Bulman, R. (1992) *Shattered Assumptions: Towards a New Psychology of Trauma*. New York: Free Press.

Janoff-Buiman, R. (2004) Posttraumatic growth: three explanatory models. *Psychological Inquiry, 15*(1): 30–4.

Janssen, E. and Everaerd, W. (1993) Determinants of male sexual arousal. *Annual Review of Sex Research, 4:* 211–45.

Jeffreys, S. (2000) Body art and social status: cutting, tattooing and piercing from a feminist perspective. *Feminism and Psychology, 10*(4): 409–29.

Jimenez, S. (2009) Suffering. In S. Lopez (ed.) *The Encyclopedia of Positive Psychology* (pp. 979–83). Chichester: Blackweil Publishing Ltd.

Johnson, K. J., Waugh, C. M. and Fredrickson, B. L. (2010) Smile to see the forest: facially expressed positive emotions broaden cognition. *Cognition and Emotion, 24*(2): 299–321.

Joseph, S. and Hefferon, K. (in press) Posttraumatic growth: eudaimonic happiness. in I. Boniweil and S. David (eds) *Oxford Handbook of Happiness.* Oxford: Oxford University Press.

Joseph, S. and Linley, A. (2006) *Positive Therapy: A Meta-theory for Positive Psychological Practice.* Hove: Routiedge.

Joseph, S. and Linley, A. (eds) (2008) *Trauma, Recovery and Growth: Positive Psychological Perspectives on Posttraumatic Stress.* Hoboken, NJ: John Wiley & Sons, Inc.

Joseph, S. and Linley, A. (2009) Positive therapy. in S. Lopez (ed.) *The Encyclopedia of Positive Psychology* (pp. 758–9). Chichester: Blackwell Publishing Ltd.

Joseph, S., Linley, A. and Harris, C. J. (2005) Understanding positive change following trauma and adversity: structural clarification. *Journal of Loss and Trauma, 10*(1): 83–96.

Joseph, S., Williams, R. and Yule, W. (1993) Changes in outlook following disaster: The preliminary development of a measure to assess positive and negative responses. *Journal of Traumatic Stress, 6*: 271–9.

Judge, I., Erez, A., Bono, j. and Thorensen, C. (2002) Are measures of self-esteem, neuroticism, locus of control, and generalized self-efficacy indicators of a common core construct? *Journal of Personality and Social Psychology, 23:* 693–710.

Kahana, E. and Kahana, B. (1983) Environmental continuity, futurity and adaptation of the aged. In C. D. Rowles and R. J. Ohta (eds) *Aging and Milieu* (pp. 205–28). New York: Haworth Press.

Kahneman, D. (1999) Objective happiness. In D. Kahneman, E. Diener and N. Schwarz (eds) *Well-being: Foundations of Hedonic Psychology* (pp. 3–25). New York: Russell Sage Foundation Press.

Kahneman, D., Krueger, A., Schkade, D., Schwarz, N. and Stone, A. (2004) A survey method for characterizing daily life experience: the day reconstruction method. *Science, 306:* 1776–80.

Kangas, M., Henry, j. L. and Bryant, R. A. (2002) Posttraumatic stress disorder following cancer –a conceptual and empirical review. *Clinical Psychology Review, 22*(4): 499–524.

Karpinski, A. and Steinberg, R. (2006).The single category implicit association test as a measure of implicit social cognition. *Journal of Personality and Social Psychology, 91:* 16–31.

Kashdan, I. B., Biswas-Diener, R. and King, L. A. (2008) Reconsidering happiness: the costs of distinguishing between hedonics and eudaimonia. *Journal of Positive Psychology, 3:* 219-33.

Kasser, I. and Ryan, R. M. (2001) Be careful what you wish for: optimal functioning and the relative attainment of intrinsic and extrinsic goals. In P. Schmuck and K. M. Sheldon (eds) *Life Goals and Well-being: Towards a Positive Psychology of Human Striving* (pp. 116-31). Cottingen: Hogrefe & Huber Publishers.

Kasser, I., Ryan, R. M., Zax, M. and Sameroff, A. J. (1995) The relations of maternal and social environments to late adolescents'materialistic and prosocial aspirations. *Developmental Psychology, 31:* 907-14.

Kauffman, C. (2006) Positive psychology: the science at the heart of coaching. In D. R. Stober and A. M. Crant (eds) *Evidence Based Coaching Handbook: Putting Best Practices to Work for your Clients* (pp. 219-53). Hoboken, NJ: John Wiley & Sons, Inc.

Kauffman, C. and Scouler, A. (2004) Towards a positive psychology of executive coaching. In A. Linley and S. Joseph (eds) *Positive Psychology in Practice*. New York: John Wiley & Sons, Inc.

Kazakina, E. (1999) Time perspective of older adults: relationships to attachment style, psychological wellbeing, and psychological distress. *Dissertation Abstracts International: Section B; The Sciences and Engineering, 60*(1-b), 0368.

Keith, M. and Schafer, R. B. (1982) A comparison of depression among employed single-parent and married women. *Journal of Psychology, 110*(2): 239-47.

Keough, K. A., Zimbardo, C. and Boyd, J. N. (1999) Who's smoking, drinking and using drugs? Time perspective as a predictor of substance use. *Basic and Applied Social Psychology, 21:* 149-64.

Kesebir, P. and Diener, E. D. (2008) In pursuit of happiness: empirical answers to philosophical questions. *Perspectives on Psychological Science, 3*(2): 117-25.

Keyes, C. and Annas, J. (2009) Feeling good and functioning well: distinctive concepts in ancient philosophy and contemporary science, *Journal of Positive Psychology, 4:* 197-201.

Keyes, C. and Michalec, B. (2009) Mental health. In S. Lopez (ed.) *The Encyclopedia of Positive Psychology* (pp. 614-17). Chichester: Blackwell Publishing Ltd.

Keyes, C., Shmotkin, D. and Ryff, C. D. (2002) Optimizing wellbeing: the empirical encounter of two traditions. *Journal of Personality and Social Psychology, 82*(6): 1007-22.

King, L. A. (2001) The health benefits of writing about life goals. *Personality and Social Psychology Bulletin, 27*(7): 798-807.

King, L. A. (2003) Some truths behind the trombones? *Psychological Inquiry, 14*(2): 128-31.

King, L. A. and Napa, C. K. (1998) What makes a life good? *Journal of Personality and Social Psychology, 75*(1): 156-65.

Kinsey, A. C., Pomeroy, W. B., Martin, C. E. and Cebhard, H. (1953) *Sexual Behavior in the Human Female*. New York: Pocket Books.

Kirschenbaum, D. S. (1984) Self-regulation and sport psychology: nurturing an emerging symbiosis. *Journal of Sport Psychology, 6:* 159–83.

Kobasa, S., Maddi, S., Puccetti, M. and Zola, M. (1985) Effectiveness of hardiness, exercise and social support as resources against illness. *Journal of Psychosomatic Research, 29:* 525–33.

Kowalski, R. (2002) Whining, griping, and complaining: positivity in the negativity, *Journal of Clinical Psychology, 58:* 1023–35.

Kringelbach, M. (2004) Food for thought: Hedonic experience beyond homeostasis in the human brain. *Neuroscience, 126*(4): 807–19.

Kringelbach, M. (2009) *The Pleasure Centre: Trust Your Animal Instincts.* New York: Oxford University Press.

Kritz–Silverstein, D., Barrett–Connor, E. and Corbeau, C. (2001) Cross–sectional and prospective study of exercise and depressed mood in the elderly—The Rancho Bernardo study. *American Journal of Epidemiology, 153*(6): 596–603.

Krueger, A., Kahneman, D. Schkades, D., Schwartz, N. and Stone, A. (2008) *National Time Accounting: The Currency of Life.* Princeton, NJ: Princeton University, Department of Economics, Industrial Relations Section.

Lambert, M. J. and Barley, D. E. (2001) Research summary on the therapeutic relationship and psychotherapy outcome. *Psychotherapy, 38*(4): 357–61.

Lambert, M. J. and Barley, D. E. (2002) Research summary on the therapeutic relationship and psychotherapy outcome. In J. C. Norcross (ed.) *Psychotherapy Relationships that Work: Therapist Contributions and Responsiveness to Patients.* New York: Oxford University Press.

Lambert, N. M., Fincham, F. D., Stillman, T. F. and Dean, L. R. (2009) More gratitude, less materialism: the mediating role of life satisfaction, *Journal of Positive Psychology, 4*(1): 32–42.

Landis, S. K., Sherman, M. F., Piedmont, R. L. et al. (2009) The relation between elevation and self–reported prosocial behavior: Incremental validity over the Five–Factor Model of Personality, *Journal of Positive Psychology, 4*(1): 71–84.

Langdridge, D. (2004a) Fundamentals of qualitative analysis. In D. Langdridge (ed.) *Introduction to Research Methods and Data Analysis in Psychology* (pp. 249–60). London: Pearson Education.

Langdridge, D. (2004b) Research in the social sciences. In D. Langdridge (ed.) *Introduction to Research Methods and Data Analysis in Psychology.* London: Pearson Education.

Langer, E. (2009) Mindfulness. In S. Lopez (ed.) *The Encyclopedia of Positive Psychology* (pp. 618–22). Chichester: Blackwell Publishing Ltd.

Langer, E. and Rodin, J. (1976) The effects of choice and enhanced personal responsibility for the aged: a field experiment in an institutional setting. *Journal of Personality and Social Psychology, 134:* 191–8.

Larsen, J. T., Hemenover, S. H., Norris, C. J. and Cacioppo, J. T. (2003) Turning adversity to advantage: on the virtues of the coactivation of positive and negative emotions. In L. C. Aspinwall and U. M. Staudinger (eds) *A Psychology of Human Strengths: Perspectives on an Emerging Field* (pp. 211–26). Washington, DC: American Psychological Association.

Larsen, J. T., McCraw, A. P. and Cacioppo, J. T. (2001) Can people feel happy and sad at the same time? *Journal of Personality and Social Psychology, 81:* 684–96.

Larsen, J. T., McCraw, A. P., Mellers, B. A. and Cacioppo, J. T. (2004) The agony of victory and thrill of defeat: mixed emotional reactions to disappointing wins and relieving losses. *Psychological Science, 15:* 325–30.

Larsen, R. and Diener, E. (1992) Promises and problems with the circumplex model of emotion. In M. S. Clark (ed.) *Review of Personality and Social Psychology.* Vol. 13 (pp. 25–59). Newbury Park, CA: Sage.

Lazarus, R. S. (2003) Does the positive psychology movement have legs? *Psychological Inquiry, 14*(2): 93–109.

Lazarus, R. S. and Folkman, S. (1984) Stress, Appraisal, and Coping. New York: Springer. Leary, M. R., Tambor, E. S., Terdal, S. K. and Downs, D. L. (1995) Self–esteem as an interpersonal monitor: the sociometer hypothesis. *Journal of Personality and Social Psychology, 68:* 518–30.

Lechner, S. (2009) Benefit finding. In S. Lopez (ed.) *The Encyclopedia of Positive Psychology* (pp. 99–1 02). Chichester: Blackwell Publishing Ltd.

Lechner, S., Stoelb, B. and Antoni, M. (2008) Croup–based therapies for benefit finding in cancer. In S. Joseph and A. Linley (eds) *Trauma, Recovery and Growth: Positive Psychological Perspectives on Posttraumatic Stress* (pp. 207–31). Hoboken, NJ: Wiley.

Lee, I. M. (1995) Exercise and physical health: cancer and immune function. *Research Quarterly for Exercise and Sport, 66*(4): 286–91.

Lent, R. (2007) Restoring emotional wellbeing: a model. In M. Feuerstein (ed.) *Handbook of Cancer Survivorship*. New York: Springer Science.

Lent, R. and Hackett, C. (2009) Social cognitive theory. In S. Lopez (ed.) *The Encyclopedia of Positive Psychology* (pp. 908–12). Chichester: Blackwell Publishing Ltd.

Lepore, S. and Revenson, T. (2006) Resilience and posttraumatic growth: recovery, resistance and reconfiguration. In R. C. Tedeschi and L. C. Calhoun (eds) *Handbook of Posttraumatic Growth* (pp. 24–46). Mahwah, NJ: Lawrence Erlbaum Associates.

Lev–Wiesel, R. and Amir, M. (2003) Posttraumatic growth among holocaust child survivors. *Journal of Loss and Trauma, 8*(4): 229–37.

Levy, B. (1996) Improving memory in old age by implicit self–stereotyping. *Journal of Personality and Social Psychology, 71:* 1092–1107.

Levy, B. (2009) Stereotype embodiment: a psychological approach to aging. *Current Directions in Psychological Science, 18:* 332–3.

Levy, B., Hausdorff, J., Hencke, R. and Wei, J. Y. (2000) Reducing cardiovascular stress with positive self–stereotypes of aging. *Journal of Gerontology: Psychological Sciences, 55B:* P205–P213.

Levy, B. R., Slade, M., Kunkel, S. and Kasl, S. (2002) Longevity increased by positive self–perceptions of aging. *Journal of Personality and Social Psychology, 83:* 261 –70.

Lewinsohn, P. M., Hops, H., Roberts, R. and Seeley, J. (1993) Adolescent psychopathology: I.

Prevalence and incidence of depression and other DSM–III–R disorders in high school students. *Journal of Abnormal Psychology, 102:* 110–20.

Light, K. C., Crewen, K. M. and Amico, j. A. (2005) More frequent partner hugs and higher oxytocin levels are linked to lower blood pressure and heart rate in premenopausal women. *Biological Psychology, 69*(1): 5–21.

Linley, A. (2003) Positive adaptation to trauma: wisdom as both process and outcome. *Journal of Traumatic Stress, 16:* 601–10.

Linley, A. (2009) Positive psychology (history). In S. Lopez (ed.) *The Encyclopedia of Positive Psychology* (pp. 742–6). Chichester: Blackwell Publishing Ltd.

Linley, A. and Joseph, S. (2004) Positive change following trauma and adversity: a review, *Journal of Traumatic Stress, 17*(1): 11–21.

Linley, A. and Joseph, S. (2009) Posttraumatic growth. In S. Lopez (ed), *The Encyclopedia of Positive Psychology* (pp. 769–73). Chichester: Blackwell Publishing Ltd.

Linley, A., Joseph, S., Harrington, S. and Wood, A. (2006) Positive psychology: past, present, and (possible) future. *Journal of Positive Psychology, 1*(1): 3–16.

Linley, A., Maltby, J., Wood, A. M. et al. (2007) Character strengths in the United Kingdom: The VIA Inventory of Strengths. *Personality and Individual Differences, 43*(2): 341–51.

Litovsky, V. C. and Dusek, J. B. (1985) Perceptions of child rearing and self–concept development during the early adolescent years. *Journal of Youth and Adolescence, 14:* 373–88.

Lopes, M. P. and Cunha, M. P. (2008) Who is more proactive, the optimist or the pessimist? Exploring the role of hope as a moderator. *Journal of Positive Psychology, 3*(2): 100–9.

Lopez, S. and Ackerman, C. (2009) Clifton Strengths Finder. In S. Lopez (ed.) *The Encyclopedia of Positive Psychology* (pp. 163–7). Chichester: Blackwell Publishing Ltd.

Lopez, S. J., Snyder, C. R., Magyar–Moe, J. L. et al. (2004) Strategies for accentuating hope. In P. A. Linley and S. Joseph (eds) *Positive Psychology in Practice* (pp. 388–403). Hoboken, NJ: John Wiley & Sons, Inc.

Low, C., Beran, I. and Stanton, A. (2007) Adaptation in the face of advanced cancer. In M. Feuerstein (ed.) *Handbook of Cancer Survivorship*. New York: Springer Science.

Lucas, R. E. (2005) Time does not heal all wounds: a longitudinal study of reaction and adaptation to divorce. *Psychological Science, 16:* 945–50.

Lucas, R. E. (2007) Long–term disability has lasting effects on subjective wellbeing: evidence from two nationally representative longitudinal studies. *Journal of Personality and Social Psychology, 92:* 717–30.

Lucas, R. E., Clark, A. E., Ceorgellis, Y. and Diener, E. (2003) Re–examining adaptation and the set point model of happiness: reactions to changes in marital status. *Journal of Personality and Social Psychology, 84:* 527–39.

Lucas, R. E., Diener, E. and Sub, E. (1996) Discriminant validity of wellbeing measures. *Journal of Personality and Social Psychology, 71*(3): 616–28.

Lupien, S. J. and Wan, N. (2004) Successful ageing: from cell to self. *Phil. Trans. R. Soc. Lond. B, 359:* 1413–26.

Lykken, D. and Tellegen, A. (1996) Happiness is a stochastic phenomenon. *Psychological Science*, *7*(3): 186–9.

Lyubomirsky, S. (2006) Happiness: lessons from a new science. *British Journal of Sociology*, *57*(3): 535–6.

Lyubomirsky, S. (2008) *The How of Happiness: A Practical Guide to Getting the Life you Want*. London: Sphere.

Lyubomirsky, S. (in press) Hedonic adaptation to positive and negative experiences. In S. Folkman (ed.) *Oxford Handbook of Stress, Health and Coping*. New York: Oxford University Press.

Lyubomirsky, S., Dickerhoof, R., Boehm, J. K. and Sheldon, K. M. (2009) Becoming happier takes both a will and a proper way: Two experimental longitudinal interventions to boost wellbeing. Manuscript submitted for publication.

Lyubomirsky, S., King, L. A. and Diener, E. (2005) The benefits of frequent positive affect: does happiness lead to success? *Psychological Bulletin*, *131:* 803–55.

Lyubomirsky, S. and Lepper, H. (1999) A measure of subjective happiness: preliminary reliability and construct validation. *Social Indicators Research*, *46:* 137–55.

Lyubomirsky, S., Sheldon, K. M. and Schkade, D. (2005) Pursuing happiness: the architecture of sustainable change. *Review of General Psychology*, *9:* 111–31.

Lyubomirsky, S., Sousa, L. and Dickerhoof, R. (2006) The costs and benefits of writing, talking, and thinking about life's triumphs and defeats. *Journal of Personality and Social Psychology*, *90*(4): 692–708.

Maddux, J. (2002) Self–efficacy: The power of believing you can. In C. R. Snyder and S. J. Lopez (eds) *Handbook of Positive Psychology* (pp. 277–87). New York: Oxford University Press.

Maddux, J. (2009a) Self–efficacy. In S. Lopez (ed.) *The Encyclopedia of Positive Psychology* (pp. 874–80). Chichester: Blackwell Publishing Ltd.

Maddux, j. (2009b) Self–regulation. In S. Lopez (ed.) *The Encyclopedia of Positive Psychology* (pp. 874–80). Chichester: Blackwell Publishing Ltd.

Magnus, K., Diener, E., Fujita, F. and Pavot, W. (1993) Extroversion and neuroticism as predictors of objective life events: a longitudinal analysis. *Journal of Personality and Social Psychology*, *65*(5): 1046–53.

Marks, N. F. and Flemming, N. (1999) Influences and consequences of wellbeing among Australian young people: 1980–1995. *Social Indicators Research*, *46:* 301–23.

Martin, P. (2009) *Sex, Drugs and Chocolate: The Science of Pleasure*. London: HarperCollins.

Maslow, A. H. (1954) *Motivation and Personality*. New York: Harper.

Mason, M. and Tiberius, V. (2009) Aristotle. In S. Lopez (ed.) *The Encyclopedia of Positive Psychology* (pp. 63–4). Chichester: Blackwell Publishing Ltd.

Matsunaga, M., Sato, S., Isowa, I. et al. (2009) Profiling of serum proteins influenced by warm partner contact in healthy couples. *Neuroendocrinology Letters*, *30*(2): 227–36.

Matsunaga, M., Yamauchi, I., Nogimori, I., Konagaya, I. and Ohira, H. (2008) Psychological and physiological responses accompanying positive emotions elicited on seeing favorite persons. *Journal of Positive Psychology*, *3*(3): 192–201.

Mayer, J., Roberts R. and Barsade, S. C. (2008) Human abilities: emotional intelligence. *Annual Review of Psychology*, *59:* 507–5.

Mayer, J. and Salovey, P. (1993) The intelligence of emotional intelligence. *Intelligence*, *17*(4): 433–42.

Mayer, J., Salovey, P. and Caruso, D. R. (2004) Emotional intelligence: theory, findings, and implications. *Psychological Inquiry*, *15*(3): 197–21 5.

Mayer, J., Salovey, P., Caruso, D. R. and Sitarenios, C. (2001) Emotional intelligence as a standard intelligence. *Emotion (Washington DC)*, *1*(3): 232–42.

Mayer, J., Salovey, P., Caruso, D. R. and Sitarenios, G. (2003) Measuring emotional intelligence with the MSCEIT V2.0. *Emotion (Washington DC)*, *3*(1): 97–105.

McCullough, M. E., Emmons, R. A. and Tsang, J. A. (2002) The grateful disposition: a conceptual and empirical topography. *Journal of Personality and Social Psychology*, *82*(1): 112–27.

McCullough, M. E. and Witvliet, C.V.O. (2002) The psychology of forgiveness. In C.R. Snyder and S. J. Lopez (eds), *Handbook of Positive Psychology* (pp. 446–58). New York: Oxford University Press.

McDonald, D. C. and Hodgdon, J. A. (1991) *The Psychological Effects of Aerobic Fitness Training: Research and Theory*. New York: Springer–Verlag.

McGrath, H. and Noble, T. (2003) *Bounce Back! Teacher's Handbook*. Port Melbourne, VIC: Pearson Education.

McGregor, I. and Little, B. R. (1998) Personal projects, happiness, and meaning: on doing well and being yourself. *Journal of Personality and Social Psychology*, *74*(2): 494–512.

McMakin, D. L., Santiago, C. D. and Shirk, S. R. (2009) The time course of positive and negative emotion in dysphoria. *Journal of Positive Psychology*, *4*(2): 182–92.

Meehl, E. (1975) Hedonic capacity: some conjectures. *Bulletin of the Menninger Clinic*, *39*(4): 295–307.

Mei–Chuan, W., Lightsey, O. R., Pietruszka, I., Uruk, A. C. and Wells, A. G. (2007) Purpose in life and reasons for living as mediators of the relationship between stress, coping, and suicidal behavior. *Journal of Positive Psychology*, *2*(3): 195–204.

Messer, S. B. and Wamplod, B. E. (2002) Let's face the facts: common factors are more potent than specific therapy ingredients. *Clinical Psychology: Science and Practice*, *9*(1): 21–5.

Meston, C. and Buss, D. (2007) Why humans have sex. *Archives of Sexual Behaviour*, *36:* 477–507.

Meston, C. and Buss, D. (2009) *Why Women have Sex: Understanding Sexual Motivations – From Adventure to Revenge (and Everything In Between)*. New York: Times Books.

Michalec, B., Keyes, C. and Nalkur, S. (2009) Flourishing. In S. Lopez (ed.) *The Encyclopedia of Positive Psychology* (pp. 391–4). Chichester: Blackwell Publishing Ltd.

Milam, J. (2004) Posttraumatic growth among HIV/AIDS patients. *Journal of Applied Social*

Psychology, *34*(11): 2353–76.

Mink, j., Scrafford, C. C., Barraj, L. M. et al. (2007) Flavonoid intake and cardiovascular disease mortality: a prospective study in postmenopausal women. *American Journal of Clinical Nutrition*, *85*(3): 895–909.

Mischel, W. (1978) How children postpone pleasure. *Human Nature*, *1*(12): 50–5.

Mischel, W. and Ebbesen, E. B. (1970) Attention in delay of gratification. *Journal of Personality and Social Psychology*, *16*(2): 329–337.

Mischel, W., Shoda, Y. and Rodriguez, M. L. (1989) Delay of gratification in children. *Science*, *244*(4907): 933–8.

Miserandino, M. (1996) Children who do well in school: individual differences in perceived competence and autonomy in above-average children, *Journal of Educational Psychology*, *88:* 203–14.

Moses, J., Steptoe, A., Mathews, A. and Edwards, S. (1989) The effects of exercise training on mental wellbeing in the normal population: a controlled trial, *Journal of Psychosomatic Research*, *33:* 47–61.

Moskowitz, J. I. and Epel, E. S. (2006) Benefit finding and diurnal cortisol slope in maternal caregivers: a moderating role for positive emotion. *Journal of Positive Psychology*, *1*(2): 83–91.

Moyer, C. A., Rounds, J. and Hannum, J. W. (2004) A meta-analysis of massage therapy research. *Psychological Bulletin*, *130*(1): 3–18.

Mueller, C. M. and Dweck, C. S. (1998) Praise for intelligence can undermine children's motivation and performance. *Journal of Personality and Social Psychology*, *75*(1): 33–52.

Murray, A., Knight, N., Cochlin, L. et al. (2009) Deterioration of physical performance and cognitive function in rats with short-term high-fat feeding. *Federation of American Societies for Experimental Biology Journal*, *23:* 4353–60.

Mustafa, I., Sy, F. S., Macera, C. A. et aI. (1999) Association between exercise and HIV disease progression in a cohort of homosexual men. *Annals of Epidemiology*, *9*(2): 127–31.

Mutrie, N., Campbell, A. M., Whyte, F. et al. (2007) Benefits of supervised group exercise programme for women being treated for early stage breast cancer: pragmatic random ised controlled trial. *British Medical Journal*, *334*(7592): 517–20B.

Mutrie, N. and Faulkner, C. (2004) Physical activity: positive psychology in motion. In A. Linley and S. Joseph (eds) *Positive Psychology in Practice*. London: Wiley.

Myers, D. C. (2000) The funds, friends, and faith of happy people. *American Psychologist*, *55*(1): 56–67.

Nakamura, J. and Csikszentmihalyi, M. (2005) Engagement in a profession: the case of undergraduate teaching. *Daedalus: Journal of the American Academy of Arts and Sciences*, *134:* 60–7.

Nelson, D. W. (2009) Feeling good and open-minded: the impact of positive affect on cross cultural empathic responding. *Journal of Positive Psychology*, *4*(1): 53–63.

Nes, R. B., Czajkowski, N., Roysamb, E. et al. (2008) Wellbeing and ill-being: shared environments, shared genes? *Journal of Positive Psychology*, *3*(4): 253–65.

NHS Sexual health (2010) www.nhs.uk/Livewell/Sexualhealthtopics/Pages/Sexual-health

Noble, I. and McCrath, H. (2005) Helping children and families 'bounce back'. *Australian Family Physician*, *9:* 34.

Norem, J. K. and Cantor, N. (1986b) Defensive pessimism: harnessing anxiety as motivation. *Journal of Personality and Social Psychology*, *51:* 1208–17.

Norem, J. K. and Chang, E. C. (2002) The positive psychology of negative thinking. *Journal of Clinical Psychology*, *58(9):* 993–1001.

Nozick, R. (1974) *Anarchy State, and Utopia*. New York: Basic Books.

Oishi, S. and Diener, E. (2001) Coals, culture, and subjective wellbeing. *Personality and Social Psychology Bulletin*, *27*(12): 1674–82.

Oishi, S., Diener, E., Suh, E. and Lucas, R. E. (1999) Value as a moderator in subjective wellbeing. *Journal of Personality*, *67*(1): 157–84.

Olds, J. and Milner, P. (1954) Positive reinforcement produced by electrical stimulation of the septal area and other regions of rat brain, *Journal of Comparative and Physiological Psychology*, *47:* 41 9–27.

Oleson, I. and Flocco, W. (1993) Randomised controlled study of premenstrual symptoms treated with ear, hand and foot reflexology. *Obstetrics and Gynecology*, *82*(6): 906–11.

Orlinsky, D. E., Crawe, K. and Parks, B. K. (1994) Process and outcome in psychotherapy. In A. E. Bergin and S. L. Carfield (eds) *Handbook of Psychotherapy and Behavior Change* (pp. 270–376). New York: John Wiley & Sons, Inc.

Otake, K., Shimai, S., Tanaka-Matsumi, J., Otsui, K. and Fredrickson, B. L. (2006) Happy people become happier through kindness: a counting kindnesses intervention, *Journal of Happiness Studies*, *7:* 361–75.

Paffenbarger, R., Hyde, R., Wing, A. and Hsieh, C. (1986) Physical activity, all-cause mortality, and longevity of college alumni. *New England Journal of Medicine*, *314:* 605–13.

Papageorgiou, C. and Wells, A. (2003) Nature, functions, and beliefs about depressive rumination. In C. Papageorgiou and A. Wells (eds) *Depressive Rumination: Nature, Theory and Treatment* (pp. 3–20). Chichester: John Wiley & Sons, Ltd.

Park, C., Cohen, L. and Murch, R. (1996) Assessment and prediction of stress-related growth. Journal of Personality 64: 71–105.

Park, N., Peterson, C. and Seligman, M. (2004) Strengths of character and wellbeing: a closer look at hope and modesty. *Journal of Social and Clinical Psychology*, *23*(5): 628–34.

Parsloe, E. (1999) *The Manager as Coach and Mentor*. London: Chartered Institute of Personnel and Development.

Passer, M. and Smith, R. (2006) *Psychology: The Science of Mind and Behaviour*. Maidenhead: McCraw-Hill.

Pavot, W. and Diener, E. (2008) The Satisfaction With Life Scale and the emerging construct of life satisfaction, *Journal of Positive Psychology*, *3*(2): 137–52.

Pawelski, J. (2009) William James. In S. Lopez (ed.) *The Encyclopedia of Positive Psychology* (pp. 537–8). Chichester: Blackwell Publishing Ltd.

Pawelski, J. and Cupta, M. (2009) Utilitarianism. In S. Lopez (ed.) *The Encyclopedia of Positive Psychology* (pp. 998–1001). Chichester: Blackwell Publishing Ltd.

Pennebaker, J. W. (1997) Writing about emotional experiences as a therapeutic process. *Psychological Science*, *8*(3): 162–6.

Pennebaker, J. W. (2004) *Writing to Heal: A Guided Journal for Recovering from Trauma and Emotional Upheaval*. Oakland, CA: New Harbinger Press.

Pentland, W. E., Harvey, A. S., Lawton, M. P. and McColl, M. A. (eds) (1999) *Time Use Research in the Social Sciences*. New York: Kluwer Academic/Plenum Publishers.

Peterson, C. (2000) The future of optimism. *American Psychologist*, *55:* 45–55.

Peterson, C. (2006) *A Primer in Positive Psychology*. New York: Oxford University Press.

Peterson, C. and Deavila, M. E. (1995) Optimistic explanatory style and the perception of health problems. *Journal of Clinical Psychology*, *51*(1): 128–32.

Peterson, C., Park, N. and Seligman, M. E. P. (2006) Creater strengths of character and recovery from illness. *Journal of Positive Psychology*, *1*(1): 17–26.

Peterson, C. and Seligman, M. (2003) Character strengths before and after September 11. *Psychological Science*, *14*(4): 381–4.

Peterson, C. and Seligman, M. (2004) *Character Strengths and Virtues: A Handbook and Classification*. New York: Oxford University Press.

Peterson, C., Seligman, M., Yurko, K. H., Martin, L. R. and Friedman, H. S. (1998) Catastrophizing and untimely death. *Psychological Science*, *9*(2): 127–30.

Peterson, C. and Vaidya, R. S. (2001) Explanatory style, expectations, and depressive symptoms. *Personality and Individual Differences*, *31*(7): 1217–23.

Pöhlmann, K., Cruss, B. and Joraschky, P. (2006) Structural properties of personal meaning systems: a new approach to measuring meaning of life. *Journal of Positive Psychology*, *1*(3): 109–1 7.

Porter, F. (1913) *Pollyanna*, 2nd edn. Rockville, MD: lark Classic Fiction.

Positive Psychology Center (1998) Positive psychology network concept paper. Retrieved from http://www.ppc.sas.upenn.edu.

Pressman, S. D. and Cohen, S. (2007) The use of social words in autobiographies and longevity. *Psychosomatic Medicine*, *69:* 262–9.

Prochaska, J. and DiClemente, C. C. (1984) Self–change processes, self–efficacy and decisional balance across five stages of smoking cessation. *Progress in Clinical Biological Research*, *156:* 131–40.

Prochaska, J., Norcross, J. C., Fowler, J. L., Follick, M. J. and Abrams, D. B. (1992) Attendance and outcome in a work site weight control program: processes and stages of change as process and predictor variables. *Addictive Behaviors*, *17*(1): 35–45.

Prochaska, J. and Prochaska, J. (2009) Stages of change. In S. Lopez (ed.) *The Encyclopedia of Positive Psychology* (pp. 125–8). Chichester: Blackwell Publishing Ltd.

Prochaska, J. and Velicer, W. F. (1996) Addiction versus stages of change models in predicting smoking cessation—on models, methods and premature conclusions—comment. *Addiction*, *91*(9): 1281–3.

Prochaska, J., Velicer, W. F., Rossi, J. S. et aI. (1994) Stages of change and decisional balance for 12 problem behaviours. *Health Psychology*, *13*(1): 39–46.

Pury, C. (2009) Perseverance. In S. Lopez (ed.) *Encyclopedia of Positive Psychology* (pp. 678–82). Chichester: Blackwell Publishing Ltd.

Pyszczynski, I., Creenberg, J. and Coldenberg, J. (2002) Freedom versus fear: on the defence, growth, and expansion of the self. In M. Leary and J. Tangney (eds) *Handbook of Self and ldentity* (pp. 314–43). New York: Guilford Press.

Ramarajan, L., Barsade, S. and Burack, O. (2008) The influence of organizational respect on emotional exhaustion in the human services, *Journal of Positive Psychology*, *3*(1): 4–18.

Rashid, I. (2009a) Authentic happiness. In S. Lopez (ed.) *Encyclopedia of Positive Psychology* (pp. 71–5). Chichester: Blackwell Publishing Ltd.

Rashid, I. (2009b) Positive psychotherapy. In S. Lopez (ed.) *Encyclopedia of Positive Psychology* (pp. 749–52) Chichester: Blackwell Publishing Ltd.

Rasmussen, H. and Pressman, S. (2009) Physical health. In S. Lopez (ed.) *Encyclopedia of Positive Psychology* (pp. 695–701). Chichester: Blackwell Publishing Ltd.

Ratey, J. (2001) *A User's Guide to the Brain*. New York: Abacus.

Ratey, J. (2008) *SPARK: The Revolutionary New Science of Exercise and the Brain*. New York: Little, Brown Company.

Rath, I. and Harter, J. (2010) Wellbeing—The Five Essential Elements. New York: Callup Press. Rathunde, K. and Csikszentmihalyi, M. (2005) Middle school students' motivation and quality of experience: a comparison of Montessori and traditional school environments. *American Journal of Education*, *111:* 341–71.

Redelmeier, D. A., Katz, J. and Kahneman, D. (2003) Memories of colonoscopy: a randomized trial. *Pain*, *104*(1–2): 187–94.

Reed, CM., Kennedy, M. E., Taylor, S. F., Wang, H. Y. J. and Visscher, B. R. (1994) Realistic acceptance: as a predictor of decreased survival time in gay men with Aids. *Health Psychology*, *13:* 299–307.

Reivich, K., Cillham, K., Shatté, A. and Seligman, M. (2007) *Penn Resiliency Project: A Resilience Initiative and Depression Prevention Program for Youth and their Parents*. Executive Summary Philadelphia, PA: University of Philadelphia.

Reivich, K. and Shatte, A. (2002) *The Resilience Factor: Seven Keys to Finding your Inner Strength and Overcoming Life's Hurdles*. New York: Broadway Books.

Rejeski, W. J. and Mihalko, S. L. (2001) Physical activity and quality of life in older adults. *Journals of Gerontology Series A —Biological Sciences and Medical Sciences*, *56:* 23–35.

Rejeski, W. J., Shelton, B., Miller, M. F. et aI. (2001) Mediators of increased physical activity and change in subjective wellbeing: results from the Activity Counseling Trial (ACT). *Journal of Health Psychology*, *6*(2): 159–68.

Resnick, S., Warmoth, A. and Serlin, I. (2001) The humanistic psychology and positive psychology connection: implications for psychotherapy. *Journal of Humanistic Psychology, 41*(1): 73–101.

Reynolds, F. and Kee Hean, L. (2007) Turning to art as a positive way of living with cancer: a qualitative study of personal motives and contextual influences, *Journal of Positive Psychology, 2*(1): 66–75.

Reznitskaya, A. and Steinberg, R. J. (2004) Teaching students to make wise judgments: The 'Teaching for Wisdom' program. In P. A. Linley and S. Joseph (eds.) *Positive Psychology in Practice* (pp. 181–96). New York: John Wiley & Sons, Inc.

Roberts, R. D., Zeidner, M. and Matthews, C. (2001) Does emotional intelligence meet traditional standards for an intelligence? Some new data and conclusions. *Emotion, 1:* 196–23 1.

Robson, C. (2004) *Small-scale Evaluation.* London: Sage Publications.

Rolls, F. I., O'Doherty, J., Kringelbach, M. L. et al. (2003) Representations of pleasant and painful touch in the human orbitofrontal and cingulate cortices. *Cerebral Cortex, 13*(3): 308–17.

Rosenberg, M. (1965) *Society and the Adolescent Self-image.* Princeton, NJ: Princeton University Press.

Rosenberg, M., Schooler, C., Schoenberg, C. and Rosenberg, F. (1995) Clobal self-esteem and spec if ic self-esteem: Different concepts, different outcomes. *American Sociological Review, 60:* 141–56.

Ross, C. F. and Huber, J. (1985) Hardship and depression. *Journal of Health and Social Behavior, 26*(4): 312–27.

Rothschild, B. (2000) The Body Remembers. New York: W. W Norton & Company. Rotter, J. (1966) Ceneralized expectancies for internal versus external control of reinforcements. *Psychological Monographs, 80*(609).

Ruini, C. and Fava, C. A. (2004) Clinical applications of wellbeing therapy. In P. A. Linley and S. Joseph (eds) *Positive Psychology in Practice* (pp. 371 –87). Hoboken, NJ: John Wiley & Sons, Inc.

Russell, J. A. (1980) The circumplex model of affect. *Journal of Personality and Social Psychology, 39:* 1161–78.

Ryan, R. and Deci, F. (2000) Self-determination theory and the facilitation of intrinsic motivation, social development and wellbeing. *American Psychologist, 55:* 68–78.

Ryan, R., Deci, F. and Crolnick, W. S. (1995) Autonomy, relatedness, and the self: their relation to development and psychopathology. In D. Cicchetti and D. J. Cohen (eds) *Developmental Psychopathology: Theory and Methods* (pp. 618–55). New York: John Wiley & Sons, Inc.

Ryan, R. and Crolnick, W. S. (1986) Origins and pawns in the classroom: a self-report and projective assessment of children's perceptions. *Journal of Personality and Social Psychology, 50:* 550–8.

Ryan, R. M., Huta, V. and Deci, F. L. (2008) Living well: a self-determination theory perspective on eudaimonia. *Journal of Happiness Studies, 9:* 139–70.

Ryff, C. D. (1989) Happiness is everything, or is it? Explorations on the meaning of psychological wellbeing. *Journal of Personality and Social Psychology, 57*(6): 1069–81.

Ryff, C. D. and Keyes, C. L. M. (1995) The structure of psychological wellbeing revisted. *Journal of Personality and Social Psychology*, *69*(4): 719–27.

Ryff, C. D. and Singer, B. H. (2006) Best news yet on the six–factor model of wellbeing. *Social Science Research*, *35*(4): 1103–119.

Sabiston, C. M., McDonough, M. H. and Crocker, R. F. (2007) Psychosocial experiences of breast cancer survivors involved in a dragon boat program: exploring links to positive psychological growth. *Journal of Sport and Exercise Psychology*, *29*(4): 419–38.

Sackeim, H. A., Creenberg, M. S., Weiman, A. L. et al. (1982) Hemispheric–asymmetry in the experssion of positive and negative emotions: neurologic evidence. *Archives of Neurology*, *39*(4): 210–18.

Salmela–Aro, K., Nurmi, J.–F., Saisto, I. and Halmesmäi, F. (2001) Coal construction and depressive symptoms during transition to motherhood: Evidence from two longitudinal studies. *Journal of Personality and Social Psychology*, *81:* 1144–59.

Salonen, J., Puska, P. and Tuomilehto, J. (1982) Physical activity and risk of myocardial infarction, cerebral stroke and death: a longitudinal study in Finland. *American Journal of Epidemiology*, *115*(4): 526–37.

Salovey, P., Caruso, D. and Mayer, J. D. (2004) Emotional intelligence in practice. In P. A. Linley and S. Joseph (eds) *Positive Psychology in Practice* (pp. 447–63). Hoboken, NJ: John Wiley & Sons.

Salovey, P., Mayer, J. and Caruso, D. (2002) The positive psychology of emotional intelligence. In C. R. Snyder and S. J. Lopez (eds) *Handbook of Positive Psychology* (pp. 159–71). New York: Oxford University Press.

Salovey, P. and Mayer, J. (1990) Emotional intelligence. Imagination, *Cognition and Personality*, *9:* 185–211.

Sangsue, J. and Vorpe, C. (2004) Professional and personal influences on school climate in teachers and pupils. *Psychologie du Travail et des Organisations*, *10*(4): 341–54.

Sarafino, F. P. (2002) *Health Psychology: Biopsychosocial Interactions*. New York: John Wiley & Sons, Inc.

Saroglou, V., Buxant, C. and Tilqu in, J. (2008) Positive emotions as leading to religion and spirituality, *Journal of Positive Psychology*, *3*(3): 165–73.

Scheier, M. and Carver, C. (1987) Dispositional optimism and physical wellbeing: the influence of general ised outcome expectancies on health. *Journal of Personality and Social Psychology*, *55:* 169–210.

Scheier, M. F. and Carver, C. S. (1992) Effects of optimism on psychological and physical wellbeing: theoretical overview and empirical update. *Cognitive Therapy and Research*, *16:* 201–28.

Scheier, M. and Carver, C. (2009) Optimism. In S. Lopez (ed.) *Encyclopedia of Positive Psychology* (pp. 656–63). Chichester: Blackwell Publishing Ltd.

Scheier, M. F., Carver, C. S. and Bridges, M. W. (1994) Distinguishing optimism from neuroticism (and trait anxiety, self–mastery, and self–esteem): a re–evaluation of the Life

Orientation Test. *Journal of Personality and Social Psychology, 67:* 1063–78.

Scheier, M., Mathews, K., Owens, J. et aI. (1989) Dispositional optimism and recovery from coronary artery bypass surgery: the beneficial effects on physical and psychological wellbeing. *Journal of Personality and Social Psychology, 57:* 1024–40.

Schmuck, P. (2001) Intrinsic and extrinsic life goal preferences as measured via inventories and via priming methodologies: Mean differences and relations with wellbeing. In P. Schmuck and K. M. Sheldon (eds) *Life Goals and Wellbeing: Towards a Positive Psychology of Human Striving* (pp. 132–47). Coettingen: Hogrefe & Huber Publishers.

Schmuck, P., Kasser, I. and Ryan, R. M. (2000) Intrinsic and extrinsic goals: their structure and relationship to wellbeing in Cerman and US college students. *Social Indicators Research, 50*(2): 225–41.

Schulz, U. and Mohamed, N. F. (2004) Turning the tide: benefit finding after cancer surgery. *Social Science and Medicine, 59*(3): 653–62.

Schutte, N. S., Malouff, J. M., Simunek, M., Hollander, S. and McKenley, J. (2002) Characteristic emotional intelligence and emotional wellbeing. *Cognition and Emotion, 16:* 769–86.

Schwartz, B. (2000) Self-determination: the tyranny of freedom. *American Psychologist, 55:* 79–88.

Schwartz, B. and Ward, A. (2004) Doing better but feeling worse: The paradox of choice. In P. A. Linley and S. Joseph (eds) *Positive Psychology in Practice* (pp. 86–104). Hoboken, NJ: John Wiley & Sons.

Schwartz, B., Ward, A., Monterosso, J. et al. (2002) Maximizing versus satisficing: Happiness is a matter of choice. *Journal of Personality and Social Psychology, 83*(5): 1178–97.

Schwartz, S. H. (1994) Are there universal aspects in the structure and contents of human values? *Journal of Social Issues, 50:* 19–45.

Schwartz, S. H. and Sagiv, L. (1995) Identifying culture-specifics in the content and structure of values. *Journal of Cross-Cultural Psychology, 26:* 92–11 6.

Schwarzer, R. and Jerusalem, M. (1995) Ceneralized self-efficacy scale. In j. Weinman, S. Wright and M. Johnston (eds) *Measures in Health Psychology: A User's Portfolio. Causal and Control Beliefs* (pp. 35–7). Windsor: NFER-Nelson.

Schyns, P. (1998) Crossnational differences in happiness: economic and cultural factors explored. *Social Indicators Research, 43:* 3–26.

Seligman, M. (1998) *Learned Optimism: How to Change your Mind and your Life*. New York: Free Press.

Seligman, M. (2002a) *Authentic Happiness: Using the New Positive Psychology to Realize your Potential for Lasting Fulfilment*. New York: Free Press.

Seligman, M. (2002b) Positive psychology, positive prevention, and positive therapy. In C. R. Snyder and S. J. Lopez (eds) *Handbook of Positive Psychology* (pp. 3–9). New York: Oxford University Press.

Seligman, M. (2007) *The Optimistic Child*. New York: Houghton Mifflin.

Seligman, M. (2008) Positive health. *Applied Psychology, 57:* 3–18.

Seligman, M. and Csikszentmihalyi, M. (2000) Positive psychology—an introduction. *American Psychologist, 55*(1): 5–14.

Seligman, M. and Peterson, C. (2003) Positive clinical psychology. In L. C. Aspinwall and U. M. Staudinger (eds) *A Psychology of Human Strengths* (pp. 305–17). Washington, DC: American Psychological Association.

Seligman, M. and Schulman, P. (1986) Explanatory style as a predictor of productivity and quitting among life insurance agents. *Journal of Personality and Social Psychology, 50:* 832–8.

Seligman, M., Steen, I. A., Park, N. and Peterson, C. (2005) Positive psychology progress –empirical validation of interventions. *American Psychologist, 60*(5): 410–21.

Serafini, M., Bugianesi, R., Maiani, C. et al. (2003) Plasma antioxidants from chocolate—dark chocolate may offer its consumers health benefits the milk variety cannot match. *Nature, 424*(6952): 1013.

Sharp, D. M., Walker, M. B., Chaturvedi, A. et al. (2010) A randomised, controlled trial of the psychological effects of reflexology in early breast cancer. *European Journal of Cancer, 46*(2): 312–22.

Sheldon, K. (2009) Authenticity. In S. Lopez (ed.) *Encyclopedia of Positive Psychology* (pp. 75–8). Chichester: Blackwell Publishing Ltd.

Sheldon, K., Abad, N., Ferguson, Y. et al. (2010) Persistent pursuit of need–satisfying goals leads to increased happiness: A 6–month experimental longitudinal study. *Motivation and Emotion, 34*(1): 39–48.

Sheldon, K. and Deci, F. L. (1995) *The Self–Determination Scale*. Unpublished manuscript, University of Rochester.

Sheldon, K., Elliot, A. J., Kim, Y. and Kasser, T. (2001) What's satisfying about satisfying events? Comparing ten candidate psychological needs. *Journal of Personality and Social Psychology, 80:* 325–39.

Sheldon, K., Fredrickson, B., Rathunde, K., Csikszentmihalyi, M. and Haidt, J (2000) Positive Psychology Manifesto, revised at the Akumal 2 meeting, Mexico, January, www.ppc.sas.upenn.edu/akumal manifesto. htm.

Sheldon, K. and Kasser, T. (1995) Coherence and congruence: two aspects of personality integration, *Journal of Personality and Social Psychology, 68:* 531–43.

Sheldon, K. and Lyubomirsky, S. (2004) Achieving sustainable new happiness: prospects, practices, and prescriptions. In A. Linley and S. Joseph (eds) *Positive Psychology in Practice* (pp. 127–45). Hoboken, NJ: John Wiley & Sons.

Sheldon, K. and Lyubomirsky, S. (2006a) Achieving sustainable gains in happiness: change your actions, not your circumstances. *Journal of Happiness Studies, 7:* 55–86.

Sheldon, K. and Lyubomirsky, S. (2006b) How to increase and sustain positive emotion: the effects of expressing gratitude and visualizing best possible selves, *Journal of Positive Psychology, 1*(2): 73–82.

Sheldon, K. and Lyubomirsky, S. (2007) Is it possible to become happier? (And if so, how?)

Social and Personality Psychology Compass, 1: 129–45.

Sheldon, K. and Lyubomirsky, S. (2009) Change your actions, not your circumstances: An experimental test of the Sustainable Happiness Model. In A. K. Dutt and B. Radcliff (eds) *Happiness, Economics, and Politics: Toward a Multi-disciplinary Approach* (pp. 324–42). Cheltenham: Edward Elgar.

Shiota, M. N., Keltner, D. and John, O. P. (2006) Positive emotion dispositions differentially associated with Big Five personality and attachment style. *Journal of Positive Psychology, 1*(2): 61–71.

Shoda, Y., Mischel, W. and Peake, K. (1990) Predicting adolescent cognitive and self-regulatory competence from preschool delay of gratification: identifying diagnostic conditions. *Developmental Psychology, 26*(6): 978–86.

Shogren, K. A., Lopez, S. J., Wehmeyer, M. L., Little, T. D. and Pressgrove, C. L. (2006) The role of positive psychology constructs in predicting life satisfaction in adolescents with and without cognitive disabilities: An exploratory study. *Journal of Positive Psychology, 1*(1): 37–52.

Siev–Ner, I., Camus, D., Lerner–Ceva, L. and Ach iron, A. (2003) Reflexology treatment relieves symptoms of multiple sclerosis: a randomized controlled study. *Multiple Sclerosis, 9*(4): 356–61.

Sin, N. L. and Lyubomirsky, S. (2009) Enhancing wellbeing and alleviating depressive symptoms with positive psychology interventions: a practice–friendly meta–analysis. *Journal of Clinical Psychology, 65*(5): 467–87.

Smith, J. and Eatough, V. (2006) Interpretative phenomenological analysis. In C. Breakwell, C. Fife–Schaw, S. Hammond and J. Smith (eds) *Research Methods in Psychology*. London: Sage Publications.

Smith, J., Flowers, P. and Larkin, M. (2009) *Interpretative Phenomenological Analysis: Theory Method and Research*. London: Sage Publications.

Snyder, C. (2002) Hope theory: rainbows of the mind. *Psychological Inquiry, 13:* 249–75.

Snyder, C. and Lopez, S. (2007) *Positive Psychology: The Scientific and Practical Explorations of Human Strengths*. Thousand Oaks, CA: Sage Publications.

Solnick, S. and Hemenway, D. (1998) Is more always better? A survey on positional concerns. *Journal of Economic Behaviour and Organisation, 37:* 373–83.

Spence, C. B. and Crant, A. M. (2007) Professional and peer life coaching and the enhancement of goal striving and wellbeing: An exploratory study. *Journal of Positive Psychology, 2*(3): 185–94.

Spreitzer, G., Stephens, J. P. and Sweetman, D. (2009) The Reflected Best Self field experiment with adolescent leaders: exploring the psychological resources associated with feedback source and valence, *Journal of Positive Psychology, 4*(5): 331–48.

Steger, M. (2009) Meaning. In S. Lopez (ed.) *Encyclopedia of Positive Psychology* (pp. 605–10). Chichester: Blackwell Publishing Ltd.

Steger, M., Frazier, P., Oishi, S. and Kaler, M. (2006) The Meaning in Life Questionnaire: assessing the presence of and search for meaning in life, *Journal of Counseling Psychology, 53:* 80–93.

Stephenson, N., Dalton, J. A. and Carlson, J. (2003) The effect of foot reflexology on pain in patients with metastatic cancer. *Applied Nursing Research, 16*(4): 284–6.

Steptoe, A., Wardle, J., Pollard, T. M., Canaan, L. and Davies, C. J. (1996) Stress, social support and health-related behavior: A study of smoking, alcohol consumption and physical exercise. *Journal of Psychosomatic Research, 41*(2): 171–80.

Steinberg, R. (2009) Wisdom. In S. Lopez (ed.) *The Encyclopedia of Positive Psychology* (pp. 1037–44). Chichester: Blackwell Publishing Ltd.

Stiglitz, J. E., Sen, A. and Fitoussi, J. (2009) Report by the commission on the measurement of economic performance and social progress. Retrieved from httpV/www.stiglitz-sen

Strauss, C. P. and Allen, D. N. (2006) The experience of positive emotion is associated with the automatic processing of positive emotional words. *Journal of Positive Psychology, 1*(3): 150–9.

Suh, E., Diener, E. and Fujita, F. (1996) Events and subjective wellbeing: Only recent events matter. *Journal of Personality and Social Psychology, 70:* 1091–102.

Sweetman, P. (1999) Anchoring the (postmodern) self? Body modification, fashion and identity. *Body and Society, 5:* 51–76.

Taylor, S. (1989) *Positive Illusions: Creative Self-deception and the Healthy Mind.* New York: Basic Books.

Taylor, S. (2001) Positive psychology and humanistic psychology: a reply to Seligman. *Journal of Humanistic Psychology, 41:* 13–29.

Taylor, S. (2009) Positive illusions. In S. Lopez (ed.) *Encyclopedia of Positive Psychology* (pp. 727–30) Chichester: Blackwell Publishing Ltd.

Taylor, S. and Brown, J. (1988) Illusion and wellbeing: a social psychological perspective on mental health. *Psychological Bulletin, 103*(2): 193–210.

Taylor, S. and Brown, j. (1994) Positive illusions and wellbeing revisited: separating fact from fiction. *Psychological Bulletin, 116:* 21–7.

Taylor, S., Kemeny, M. E., Reed, C. M., Bower, J. E. and Cruenewald, T. L. (2000) Psychological resources, positive illusions, and health. *American Psychologist, 55:* 99–109.

Tedeschi, R. C. and Calhoun, L. C. (1995) *Trauma and Transformation: Growing in the Aftermath of Suffering*. Thousand Oaks, CA: Sage Publications.

Tedeschi, R. C. and Calhoun, L. C. (1996) The posttraumatic growth inventory: measuring the positive legacy of trauma. *Journal of Traumatic Stress, 9:* 455–71.

Tedeschi, R. C. and Calhoun, L. C. (2003) Routes to posttraumatic growth through cognitive processing. In D. Paton, J. M. Violanti and L. M. Smith (eds) *Promoting Capabilities to Manage Posttraumatic Stress: Perspectives on Resilience* (pp. 12–26). Springfield, IL: Charles C. Thomas.

Tedeschi, R. C. and Calhoun, L. C. (2006) Foundations of posttraumatic growth. In R. C. Tedeschi and L. C. Calhoun (eds) *Handbook of Posttraumatic Growth* (pp. 3–23). Mahwah,

NJ: Lawrence Erlbaum Associates.

Tedeschi, R. C. and Calhoun, L. C. (2008) Beyond the concept of recovery: growth and the experience of loss. *Death Studies*, *32:* 27–39.

Tedeschi, R. C., Park, C. and Calhoun, L. C. (1998) Posttraumatic growth: Conceptual issues. In R. C. Tedeschi, C. Park and L. C. Calhoun (eds) *Posttraumatic Growth* (pp. 1–22). Mahwah, NJ: Lawrence Erlbaum Associates.

Tellegen, A., Lykken, D. T., Bouchard, T. J. et aI. (1988) Personality similarity in twins reared apart and together. *Journal of Personality and Social Psychology*, *54:* 1031–9.

Tennen, H. and Affleck, C. (2002) Benefit–finding and benefit–reminding. In C. R. Snyder and S. Lopez (eds) *Handbook of Positive Psychology* (pp. 584–96). Oxford: Oxford University Press.

Thompson, S. C. (2002) The role of personal control in adaptive functioning. In C. R. Snyder and S. J. Lopez (eds) *Handbook of Positive Psychology* (pp. 202–13). Oxford: Oxford University Press.

Thornton, A. A. (2002) Perceiving benefits in the cancer experience. *Journal of Clinical Psychology in Medical Settings*, *9:* 153–65.

Thornton, A. A. and Perez, M. A. (2006) Posttraumatic growth in prostate cancer survivors and their partners. *Psycho–Oncology*, *15*(4): 285–96.

Tiberius, V. and Mason, M. (2009) Eudaimonia. In S. Lopez (ed.) *Encyclopedia of Positive Psychology* (pp. 351–5). Chichester: Blackwell Publishing Ltd.

Tkach, C. and Lyubomirsky, S. (2006) How do people pursue happiness? Relating personality, happiness–increasing strategies, and wellbeing. *Journal of Happiness Studies*, *7:* 183–225.

Tomarken, A. J., Davidson, R. J., Wheeler, R. E. and Kinney, L. (1992) Psychometric properties of resting anterior EEC asymmetry: temporal stability and internal consistency. *Psychophysiology*, *29*(5): 576–92.

Tomes, N. (1986) Income distribution, happiness and satisfaction. A direct test of the interdependent model. *Journal of Economic Psychology*, *7:* 425–46.

Tudor–Locke, C. and Bassett, D. R., Jr. (2004) How many steps/day are enough? Preliminary pedometer indices for public health. *Sports Medicine*, *34:* 1–8.

Tugade, M. M., Fredrickson, B. and Barrett, L. F. (2004) Psychological resilience and positive emotional granularity: examining the benefits of positive emotions on coping and health. *Journal of Personality*, *72*(6): 1161–90.

Updegraff, J. A. and Suh, E. M. (2007) Happiness is a warm abstract thought: self–construal abstractness and subjective wellbeing. *Journal of Positive Psychology*, *2*(1): 18–28.

Urcuyo, K. R., Boyers, A. E., Carver, C. S. and Antoni, M. H. (2005) Finding benefit in breast cancer: relations with personality, coping, and concurrent wellbeing. *Psychology and Health*, *20*(2): 1 75–92.

Vaillant, C. (2004) Positive aging. In P. A. Linley and S. Joseph (eds) *Positive Psychology in Practice* (pp. 561–78). Hoboken, NJ: John Wiley & Sons.

Van Deurzen, E. (2009) *Psychotherapy and the Quest for Happiness*. London: Sage Publications.

Veenhoven, R. (1991) Is happiness relative? *Social Indicators Research*, *24*(1): 1–34.

Veenhoven, R. (2010) World Database of Happiness, Erasmus University Rotterdam. Available at http://worlddatabaseofhappiness.eur.nl Accessed at: (November, 2010).

Vitterso, J. (2004) Subjective wellbeing versus self–actualization: using the flow–simplex to promote a conceptual clarification of subjective quality of life. *Social Indicators Research*, *65*(3): 299–331.

Vitterso, J., Overwien, P. and Martinsen, E. (2009) Pleasure and interest are differentially affected by replaying versus analyzing a happy life moment. *Journal of Positive Psychology*, *4*(1): 14–20.

Vohs, K. D., Schmeichel, B. J., Nelson, N. M. et al. (2008) Making choices impairs subsequent self–control: A limited–resource account of decision making, self–regulation, and active initiative. *Journal of Personality and Social Psychology*, *94*(5): 883–98.

Wampold, B. E. (2001) *The Great Psychotherapy Debate: Models, Methods, and Findings*. Mahwah, NJ: Lawrence Erlbaum Associates.

Wampold, B. E. (2005) Do therapies designated as ESTs for specific disorders produce outcomes superior to non–EST therapies? Not a scintilla of evidence to support ESTs as more effective than other treatments. In J. C. Norcross, L. E. Beutler and R. F. Levant (eds) *Evidence–based Practices in Mental Health: Debate and Dialogue on the Fundamental Questions* (pp. 299–308, 317–19). Washington, DC: American Psychological Association.

Wasko, L. and Pury, C. (2009) Affective forecasting. In S. Lopez (ed.) *Encyclopedia of Positive Psychology* (pp. 24–6). Chichester: Blackwell Publishing Ltd.

Waterman, A. S. (1993) Two conceptions of happiness: contrasts of personal expressiveness (eudaimonia) and hedonic enjoyment. *Journal of Personality and Social Psychology*, *64:* 678–91.

Waterman, A. S., Schwartz, S. and Conti, R. (2008) The implications of two conceptions of happiness (hedonic enjoyment and eudaimonia) for the understanding of intrinsic motivation. *Journal of Happiness Studies*, *9:* 41–79.

Watkins, C., Cruz, L., Holben, H. and Kolts, R. L. (2008) Taking care of business? Crateful processing of unpleasant memories. *Journal of Positive Psychology*, *3*(2): 87–99.

Watson, D., Clark, L. A. and Tellegen, A. (1988) Development and validation of brief measures of positive and negative affect: the PANAS scales. *Journal of Personality and Social Psychology*, *54*(6): 1063–70.

Waugh, C. E. and Fredrickson, B. L. (2006) Nice to know you: positive emotions, self–other overlap, and complex understanding in the formation of a new relationship. *Journal of Positive Psychology*, *1*(2): 93–106.

Waugh, C. E., Wager, T. D., Fredrickson, B. L., Noll, D. C. and Taylor, S. F. (2008) The neural correlates of trait resilience when anticipating and recovering from threat. *Social Cognitive and Affective Neuroscience*, *3*(4): 322–32.

Weert, E., Hoekstra, J., CroI, B. et aI. (2005) A multidimensional cancer rehabilitation program for cancer survivors. Effectiveness on health related quality of life, *Journal of*

Psychosomatic Research, 58: 485–96.

Wehmeyer, M. and Little, T. (2009) Self-determination. In S. Lopez (ed.) *Encyclopedia of Positive Psychology* (pp. 868–74). Chichester: Blackwell Publishing Ltd.

Weinberger, J. (1995) Common factors aren't so common: the common factors dilemma. *Clinical Psychology: Science and Practice, 2:* 45–69.

Weiss, T. (2004) Correlates of posttraumatic growth in husbands of breast cancer survivors. *Psycho-Oncology, 13*(4): 260–8.

Wells, J., Barlow, J. and Stewart-Brown, S. (2003) A systematic review of universal approaches to mental health promotion in schools. *Health Education, 103:* 197–220.

Werner, E. E. (1993) Risk, resilience and recovery: perspectives from the Kauai longitudinal study. *Development and Psychopathology, 5*(4): 503–15.

Werner, E. E. (1996) Vulnerable but invincible: high risk children from birth to adulthood. *European Child and Adolescent Psychiatry, 5*: 47–51.

Wessman, A. E. and Ricks, D. F. (1966) *Moods and Personality*. New York: Holt, Rinehart & Winston.

Whalen, S. P. (1999) Finding flow at school and at home: a conversation with Mihaly Csikszentmihalyi. *Journal of Secondary Gifted Education, 10:* 161–6.

Wheeler, R. E., Davidson, R. J. and Tomarken, A. J. (1993) Frontal brain asymmetry and emotional reactivity: a biological substrate of affective style. *Psychophysiology, 30*(1): 82–9.

Wilkinson, S. (1998) Focus groups in feminist research: power, interaction and the co-construction of meaning. *Women's Studies International Forum, 21:* 111–25.

Williams, C. C., Crow, V. M., Freedman, Z., Ryan, R. M. and Deci, E. L. (1996) Motivational predictors of weight loss and weight-loss maintenance, *Journal of Personality and Social Psychology, 70:* 115–26.

Williamson, J., White, A., Hart, A. and Ernst, E. (2002) Randomised controlled trial of reflexology for menopausal symptoms. *International Journal of Obstetrics and Gynaecology, 109*(9): 1050–5.

Willig, C. (2008) *Introducing Qualitative Research Methods in Psychology*, 2nd edn. Maidenhead: McCraw-Hill/Open University Press.

Wills, I. A., Sandy, J. M. and Yaeger, A. M. (2001) Time perspective and early-onset substance use: a model based on stress-coping theory. *Psychology of Addictive Behaviours, 15:* 118–25.

Wincour, C. and Creenwood, C. (2005) Studies of the effects of high fat diets on cognitive function in a rat model. *Neurobiology of Aging, 6:* 46–9.

Winkelmann, L. and Winkelmann, R. (2008) Personality, work, and satisfaction: evidence from the Cerman Socio-Economic Panel. *Journal of Positive Psychology, 3*(4): 266–75.

Wolk, A., Larsson, S., Johansson, J. and Ekman, P. (2006) Long term fatty fish consumption and renal cell carcinoma incidence in women. *Journal of the American Medical Association, 296:* 1371–6.

Wong, P. (2009) Existential psychology. In S. Lopez (ed.) *Encyclopedia of Positive Psychology* (pp. 361–8). Chichester: Blackwell Publishing Ltd.

World Health Organization (1948) Preamble to the constitution of the World Health Organization as adopted by the International Health Conference 1946. Retrieved from www.who.intlabout/definition/en/print.html.

Yeager, J. (2007) The Culver model—positive psychology and wellbeing in the independent high school. *Positive Psychology News Daily*, 10 October 2007, http://pos-psych.com/news/john-yeager/20071010436.

Zaleski, Z., Cycon, A. and Kurc, A. (2001) Future time perspective and subjective wellbeing in adolescent samples. In P. Schmuck and K. M. Sheldon (eds) *Life Goals and Wellbeing: Towards a Positive Psychology of Human Striving* (pp. 58–67). Goettingen: Hogrefe & Huber.

Zimbardo, C. (2002) Just think about it: time to take our time. *Psychology Today, 35:* 62.

Zimbardo, C. and Boyd, J. N. (1999) Putting time in perspective: a valid, reliable individual-differences metric. *Journal of Personality and Social Psychology, 77:* 1271–88.

Zimbardo, C., Keough, K. A. and Boyd, J. N. (1997) Present time perspective as a predictor of risky driving. *Personality and Individual Differences, 23:* 1007–23.

Zullow, H. M., Oettingen, C., Peterson, C. and Seligman, M. E. P. (1988) Pessimistic explanatory style in the historical record: CAVing LBJ, presidential candidates and east verus west berlin. *American Psychologist, 43*(9): 673–82.

찾아보기

[ㄴ]

[ㄷ]

[ㅁ]

[ㅂ]

[ㅅ]

[ㅇ]

[ㅈ]

[ㅊ]

[ㅋ]

[ㅌ]

[ㅍ]

[ㅎ]

[기타]

역자 소개

정봉교

서울대학교 심리학과 학사·석사
서울대학교 심리학과 박사
현 영남대학교 심리학과 교수

〈저·역서〉
생리심리학(2008, 박학사)
애트킨슨과 힐가드의 심리학 원론(2011, 박학사)
동기와 정서의 이해(2011, 박학사)

추선희

경북대학교 영어교육과 학사
영남대학교 심리학과 석사 및 박사과정 수료
현 영남대학교 심리학과 외래교수

〈저·역서〉
삶의 질을 높이는 이완·명상법(2005, 학지사)
치매예방과 뇌장수법(2006, 학지사)
처음 만나는 명상 레슨(불광출판사, 2011)
명함(2012, 학이사, 수필집)

긍정심리학: 이론, 연구 및 응용

발 행 일 | 2013년 6월 20일 초판 1쇄 발행
저 자 | Kate Hefferon · Ilona Boniwell
역 자 | 정봉교 · 추선희
발 행 인 | 구본하
발 행 처 | 도서출판 박학사
주 소 | 서울시 마포구 서교동 460-26 동아빌딩 2층
전 화 | (02)3142-3764~5
팩 스 | (02)3142-3766
웹사이트 | www.pakhaksa.co.kr
등록번호 | 제10-2230호

가격 18,000원 ISBN 978-89-98521-06-6